ちくま学芸文庫

裏社会の日本史

フィリップ・ポンス
安永 愛 訳

筑摩書房

れる如く、低い身分を掟破りの勢力へと転化させるのである。空間的な周縁性（下層）に加え、固有の意味で「社会的」な周縁性というものが存在し、前者から抽出されはするが一線を画す。我々が「やくざ性」と呼ぶものの本質を成すのはこの「能動的」周縁性である。

これも漠とした概念である。「やくざ」は、語の固有の意味で言う「犯罪性」よりもさらに広く、住民のうちの非合法的で周縁的な層を含んでいる。やくざは、盗賊集団や現代のギャングスターと同様、社会秩序の周縁にあって、ある程度まではそうした集団の暴力に加担しているが、その活動が散発的であり軽犯罪的である点で、盗賊集団、ギャングスターとは性質を異にしている。それに、やくざ（語の広い意味としては「ごろつき」）はそもそも江戸時代においてはプロの賭博師であって、巷の不良（かぶき者）、ペテン師や男伊達、侠客、親方とは必ずしも重ならない。今日、世論において混同が見られ（そもそも警察が混同している）、異論はあろうが、今日、テキヤや刺青をした男性がやくざであるとは限らない。

見捨てられたり、自ら周縁へと向かい、世に認められた行動規範から逸脱した生を営んだりしている社会層の展開に注目してみよう。そうした社会層の価値観が秩序に反するにしても、その価値観は社会全体の機能に参与している。やくざの場合、白日の下に曝すことのできない利害関係を裁きながら、漂泊のナビゲーターとなったり、社会の「暗部」の調停者となったりしている。社会のどん底に暮らす人々は、搾取され、隷属下に置かれている。おそらくまた別種の周縁民が認められるであろう。すなわち狂気の人々、アルコール依存症患者、「制度的」に差別されている一群の名もなき貧民（昔の賤民の子孫とされる被差別民）や民族的偏見の犠牲者(在日韓国・朝鮮人)である。以上の周縁民は、元来それぞれの共同体に固有の陰の文化から生じたわけではないので、本書の検討の対象とはならない。「被差別民」は、「普通」(後にみていくが、この言葉は両義性をはらんでいる)であろうとして、排除や抑圧のただ中で作り出されたアイデンティティの復権に、逆説的に沈潜している。在日韓国・朝鮮人に関しては、日本の大衆の中に溶け込もうとする人々もあれば、分断国家の政治的亀裂により二重化してしまった祖国への帰属を激しく希求している人々もある。周縁化された「被差別民」と「在日」の中には、やくざの道に入っていく者もある。

本書で論じる陰の文化は、都市で誕生したものである。本書の対象となる時代は、大都市の出現(十六世紀後半から十七世紀初頭にかけて)から現代までである。大まかにいって、江戸時代③(一六〇三—一八六八)から二十世紀末までを対象とする。現代社会の母胎である江戸時代、さらに明治期の産業・政治の革新を経て現代社会に至るまでの四世紀が、本書の対象とする時代である。

江戸時代初期の都市の発展は驚異的で、おそらく歴史上他に類を見ない。この時期までに一〇万を超える人口を擁したのは、最盛期の平城京と平安京のみである。戦国時代が終わり、諸国が統一され、商業が発展を遂げると共に都市が勃興し、十八世紀初頭、江戸の人口は一〇〇万人に達し、大坂の人口は四〇万人を超えていた。金沢と名古屋の人口は一〇万人に迫り、岡山、鹿児島、広島、長崎等の人口は六万人に届こうとしていた。十八世紀の日本では、都市民が全体の一五パーセントを占めていたとする歴史家もある。当時、日本はイギリスやオランダと並び、最も都市化の進んだ国に数えられていた。

貨幣経済の発達と参勤交代によって市場経済や諸藩間の交易が発展し、都市には大きな労働需要が生まれ、漂泊民が押し寄せてきた。江戸では、肩書きなしの、従って士農工商のどの階層にも属さない労働者がほぼ一定の割合で増加していた。

意に逆らってか、選択によるものであるのか、いずれにせよ富を求め、水呑百姓や飢饉の犠牲者、旧来の社会から切り離され根こぎにされた一群の人々が、都市に溢れ出した。かくして都市は、農村とは異なる新たなタイプの貧困を産むことになる。都市生活の複雑なしくみに適応するのは容易なことではなかった。生活は明日をも知れず、不安定なものであったので、「一所不住の」漂泊の人々は、そのあてどなさ、すなわち「賤民」の「反社会性」ゆえに、主流社会の周縁に追いやられることになった。こうして都市には新しい連帯感が生まれ、しばしば擬似親戚関係のようなものができあがったり、溜まり場に人々が寄り集まったりした。定かならぬ境界に随伴するまるごとひとつの世界というのがあって、社会全体の周縁に組み込まれているのである。それが、社会の中でどのような歯車となって組み込まれているのかを理解することが重要となろう。

おそらく社会は、既存の秩序と断絶した生活をしたり、犯罪的だと思われる活動（売春、物乞、賭け事）にふけったりする人々を排除しようとするのであるが、それでもそうした人々を利用しようともする。一方、ある種の人々は自ら周縁に身を置き、西欧中世でならば«coquinaille»と総称されていたような存在になるのである。

本書では、以下のような横断的テーマが浮かび上がるであろう。幾つか挙げてみよう。犯罪を生み出すものとしての貧困と差別。放浪への導きの道具としてのやくざ、周縁層を組織化する力、路上と下層民、黙契と共謀、個人的あるいは集団的な反抗、「拒絶の伝統」の表現、最後に、文学や社会的想像性の中で育まれる彷徨のテーマである。

漂泊、貧困、犯罪は、通時的に見て、日本の社会的周縁の主要三要素である（歴史家ブロニスワフ・ゲレメクが指摘する通り[4]、この三要素は西欧文明にも見出される）。周縁民の中には、社会の流動的分子が含まれる。放浪者と犯罪者が街路で結びつく。漂泊、貧困、犯罪のそれぞれの要素の占める度合は、集団により、また個々人により異なるが、この三要素の結びつきは、周縁の人々の風俗の中に常に見られるものである。

漂泊

様々な文明の歴史において、漂泊者と宿無しは、常に不審人物であった。日本の村落共同体も、「風来坊」に対しては、敵意ではないにしても不審の念を露わにした。住民の大半が定住農民であった日本において、旅人は恐怖と猜疑の目で見られた。日本の中世においては、旅人とは巡礼の僧であり、ある種の渡世職人であり、大道芸人、行商人、巫女、売春に携わる踊り子、山の狩人であった。俗世（ケ）の周縁で、こうした漂泊民は聖なるオーラに包まれ、祝祭の世界、「非日常」（ハレ）の世界に結びついていた。

こうした漂泊の人々は中世社会の周縁にある種の仕方で組み込まれ、ひとつの重要な社会的カテゴリーとなっていた。後に見るように漂泊民は、壮大な語り物を聞かせ、日本の文化的伝統の伝播の役割を果たしたのみならず、知識や交易の発展においても重要な役割を果たした。聖なる領域に起源を持つ漂泊民は、村人たちがまじないによって遠ざけようとしてきた諸悪を背負う任務をも負っていた。中世末期に、こうした漂泊の社会層は、それまで漂泊者を庇護していた権力（将軍、寺社）の影響力が失墜し、社会全体から魔術的心性が後退したために、社会のヒエラルキーのさらに下層へと追いやられていった。十七世紀初頭から、徳川幕府は社会に掣肘を加えようとし、漂泊民を周縁的な存在へと仕立てあげた。放浪は犯罪となり、産業化以前のヨーロッパ社会と同様に、漂泊は既存の機能区分を攪乱するがゆえに社会にとって危険なものとなった。

とはいえ、文学においては漂泊民の聖化が見られる。実際、漂泊や旅には、また別の観念が結びついていたのである。すなわち、流謫、追放による孤独という観念である。神話において「旅立つ」とは、二十世紀前期の偉大なる民俗学者の折口信夫が「貴種流離譚」と命名した、天照大神の弟である風雲児、須佐之男命の運命ではないか。従って、追放者や漂泊民は、定住を基本とする社会においてはアンチ・ヒーローの類であり、民衆的想像力の中では悲痛な性格を帯びているのである。勇敢な武士でありながら、運命の急転の犠牲者となり、兄（鎌倉幕府の最初の将軍）の憎しみを買い、追放され罠にかけられた義経は、きわめつきの流謫人であるのだ。

別離と象徴的なしぐさ（目深にかぶった旅笠、涙にそぼつ袖、故郷の愛しい人々が眺める月に向けられる目）は、演劇や映画の山場となっている。それぞれの時代に、旅立つ男、風来坊の典型的人物が存在する。現代日本においては、数多くの映画（殊にやくざの世界を描いた）や演歌がこうしたアンチ・ヒーローを描いている。これらは戦前にブームであった「股旅物」や風来坊物語の流れを汲んでいる。放浪の道すがら、放浪と犯罪とアンチ・ヒーローは交差し、社会的想像力の中では、時にそれらは混じりあっている。

貧困

全ての貧民が犯罪者であるわけではないし、全てのやくざが貧しい境涯に由来するというわけではない。とはいえ都会における貧苦の世界は、主流の社会の周縁を構成しており、そこでは犯罪者や貧者、雑多な周縁民が隣り合わせになっている。

日本における貧困とその表象の変遷の問題は、本書の分析の追いつかない大きな主題である。従って、そうした問題が、様々な歴史的視点のもと、いかなる言葉で提起されているのかについて触れるにとどめよう。貧困は単なる経済的指標によって定義するのでは足りない、微妙な概念である。貧困は振幅の大きな現象であり、時代によってその捉え方も異なる。

他の諸文明と同様に日本においても、貧しさは精神的な価値として称揚されていた。仏教は、自己放棄や自己犠牲に対し、聖なる地位を授けた。漂泊の生活には、聖なる性質というもうひとつの側面が存在するのである。一遍（一二三九—一二八九）のような初期の偉大な説経師たちは、漂泊の托鉢僧であり、貧者への憐憫に溢れた人物であった。隠者（例えば山伏）もまた、聖なる行の域にまで高められた禁欲主義により、自己犠牲と献身を体現する人物であった。

自己完遂へと向かう道程の一段階としての貧困は、歴史における貧困という概念の本質的な次元であり、慈悲や施しの概念に結びついている。江戸時代までの日本において、貧しさは聖なる領域に属するものだった。その後、権力は貧困に潜在する危険を問題視するようになる。中世においては僧院が広く慈善活動を行ったが、それは、病者や孤児を救うために悲田院や施薬院を作り、慈善事業に専心した光明皇后（七〇一―七六〇）を先駆とする憐憫の歴史に発するものである。仏教において、病は前世の因果であり、苦しみは仮初《かりそめ》のものであるとされたが、だからといって、救援活動を閑却するわけにはいかなかった。善行は仏の道にかなう。憐憫は智と対をなすものである。(5)

慈善を施すことは功徳を積む機会ともなる。施しを求める者は、施す者に功徳の機会を与えるのである。病人（例えば、その病状で極度の恐怖を覚えさせ、天罰で病に罹ったと考えられていた癩者）や乞食は、中世において、しばしば、聖者の化身とされた。歴史家によれば、聖者の化身とは、聖と穢れの観念の両義性の例証ともなっている観念である。(6)『今昔物語集』のいくつかの説話では、功徳を積むのが遅れようとも、乞食に対して敬意を表す必要があるとまで説かれている。(7) 九世紀になると、天変地異があると、人々は施しをした。また、例えば乞食に対し、光明皇后が始めた浄化の営みである施浴を行ったりした。このような慈善活動は十二世紀から盛んになり、寺の内部に公衆浴場が建設されるようになった。

癩者への慈善活動は江戸時代にも続行されたが、寺社の慈善活動は衰退し、貧者の位置づけも変わり、貧者が聖なる領域に属するものであるとする見方は次第に薄らいでいった。貧困への対策は、以後、貧困を社会の不安定要素と見る権力の手に委ねられるようになった。貧困をネガティブで恥ずべきものとする風潮が支配的となった近代日本において、慈善の伝統はますます希薄なものとなった。慈善活動に関しては、キリスト教関連組織が、他の在来宗教と比較すると、以後、活発なものとなってゆく。

こうした変化を経て、貧苦の世界は周縁化した。そこでは、社会全体の規範とは異なる文化モデルと価値観のヒエラルキーが練り上げられていった。貧者と同じくアウトローは敵意に囲まれ不安定な暮らしをしているために、貧苦の中には、犯罪をもたらす要素がある。それについては現象の総括的な説明をするべきではないだろうが、社会的逸脱の原因に関して、貧苦の問題を無視するのも適当ではなかろう。それには複数の要因が関わっている。すなわち偶然、不運、非力、ある種の精神的気質といったことである。一方、アウトローの危険な性質は、ある種の貧者の層にも及んでいる。社会の支配的な基準に照らすと「価値のない」こうした人々は、都市の特定の界隈に凝集する傾向も持っている。従って、日本の都市には、三つの呪われた領域が並び合う一種の「三位一体」が存在するのである。すなわち快楽（遊郭）、貧民街、盛り場の三つである。こうした界隈は現代の東京（吉原、山谷、浅草）や大阪（飛田、釜ヶ崎）でも隣接している。

江戸時代、明治維新直後、現代とでは、集団的心性における貧困の像は決定的に異なっている。まず何より、貧困の閾値、すなわち量的なものとして捉えられる貧困の定義の指標がシフトしたのである。十九世紀から二十世紀にかけての社会と経済の変容は、労働条件の漸進的改善に向かう全体的進展を支えたが、それにより、労働者と貧者は次第に切り離されていった。江戸の乞食、非人頭の管理下の乞食の寄合組織、そして組織化されておらず庇護もなく手配師に委ねられている現代の日雇労働者たちに共通するのは、ただ社会の周縁に追いやられ、社会的劣性（流動性、雇用と収入の不安定、主流社会からの無視）を帯びた運命だけである。横山源之助のような二十世紀初頭の著作家による下層民の記述——研究対象としての貧困の発見に分ち難く結びついた悲嘆調を免れてはおらず、当時、主張されていた貧困と「労働者の問題」とを結びつけた——は、おそらく時代遅れである。しかし、貧者が寄り集まる場所の特徴や、手配師の契約に服する現代の日雇労働者に及ぶ力関係には、ある種の連続性がある。結局、社会的不平等はわずかに軽減されたに過ぎないのである。

貧困は困窮状態にとどまらない。特殊な社会的身分に対応しているのである。そこで、これから貧困と差別の歴史、それから江戸時代から二十世紀初頭にかけての周縁化と排除の過程を大まかに粗描することにしよう。日本の歴史地政学は、下層民の世界や文明化した社会の周縁部の深層にようやく目を向け始めたところである。駕籠かき、放浪者、行商人、渡世職人、旅回りの役者、接骨師、偽遊行僧や聖、媚薬売り、浮かれ女《め》、ありとあらゆる堕落者、はずれ者といった人々からなる多様な一群で、地域や時代により様々な、長らく無視されてきた賤民は、明治維新直後の被差別身分の撤廃により、輪郭ははっきりしないものの、産業化初期の貧民から成る殆ど均質な（「被差別部落民」に対する強い偏見の維持によるのではないにしても）大集団へと変貌することになる。

雑多にひしめきあい、未だあまり知られておらず、興味尽きない陰の文化の原型ともなっている民衆の歴史を述べるのが、まさしく本書のねらいである。しかし、都市における非合法の世界や漂泊民、手配師、非合法賭博といったことを論ぜずして、やくざが演ずる放浪の水先案内人的な役割を理解することができようか。放浪や行商の伝統と結びつけずして、テキヤの伝統を捉えることができようか。最下層とされた人々や犯罪者たちの運命を知らずして、下層民たちのアイデンティティ希求（刺青がその表現である）を理解できようか。

貧苦の「考古学」による迂回は、こうした問題を把握するために是非とも必要なのである。現代の日本において、多数派の服する規範により管理されている労働の世界の外れに置かれた日雇労働者たちは、（ホームレスとは違って）貧困に還元することのできない社会集団の一例であるが、彼らは、制約の中で従順と反抗と駆引きとが混在するような振舞いによって、客観的条件（不安定な生活、手配師の仲介）の帰結としてひとつの地位へと再適応し、特殊な社会的アイデンティティを形成する傾向がある。彼らを通じ、昔日の下層民、産業革命で根こぎにされた大衆、労働者階級の最底辺の人々とを互いに結ぶものが見えてくる。

犯罪

アウトローの歴史は、社会史理解の鍵のひとつである。アウトローの歴史において、犯罪は二次的要素ではない。犯罪は都市のただなかに渦巻き、いつの世にあっても民衆社会の「エキゾチズム」を体現するものであり、幾多の伝説を生んできた。日本も他の諸国と同様である。しばしば、まつろわぬ者と無法者のイメージは混じり合っている。今日でもなお、やくざはまつろわぬ者と無法者とが重なるイメージをまとっている。現代のやくざの分析において、彼らにまとわされているでっちあげや懐古的イメージの数々――おそらくは、模糊とした憧れに対応したものであろう不服従の伝統――を無視することはできない。アウトローが日常的な制約を免れ、冒険に富み、悲劇的な色合いを強く持った自由な人生の体現であるのでなければ、どうして民衆的想像力はアウトローをヒーローとしたであろうか。

やくざは社会のグレー・ゾーンに君臨しているので、やくざも権力の一部を成している。国家は、やくざと闘うが、まさしくその動きの中で、やくざに周縁的領域の管理という社会的機能を授けることによって、彼らを味方に付けようとしているのである。江戸時代末期から明治初期にかけて「義賊」や「政治的略奪」の現象が生じたにしても、無法者たちはすぐさま元に戻り、社会の保守主義の潜在的な（あるいは開かれた）力となり、順次、非合法の警察、用心棒、手配師、スト破りに、そして現代社会においては、支持者のあしらいや公的資金の裏工作に依存する政治・やくざ連携システムの媒介者になっていったのである。われわれが注目するのは、犯罪現象そのものというより、こうした社会環境の特徴とその内的機能である。

正常性を規範とする世界から、定かならず流動的な境界で隔てられ、過去の深みに閉じ込められてしまった、これら「歴史なき人々」に焦点を合わせることによって、繰り返すが、日本社会全体に関する解説を与えるつもりは毛頭ない。ただ、周縁性に「光をあてる」ことによって、歴史の厚みと複雑さの中で、日本社会の一面を理解してゆきたいのである。

*

日本社会の諸側面を貫く「一貫性ある論理」なるものを浮かび上がらせることを目的とした、過去の資料に基づく個別研究が、長らく海外における日本研究の趨勢を成していた。このような文化主義は、記憶の中で選択を施し、記憶から庶民文化の全側面を排除し、武士階級のエリート文化を規範として仕立て上げてしまい、国の伝統を「発明した」明治の寡頭政治の轍を踏んだのだった。このようなアプローチは、硬直化した、非歴史的な一種の文化のブロックを形成し、日本的心性の常数とされるものの公式化へと向かっていった。集団の存在形態の複雑さやその歴史性を消し去り、歴史と照らし合わせてみるや否や、欺瞞的なものとなる幾つかのパラダイム（島国根性、等質的社会等）に行き着いてしまうのである。(8) 今日も残る陰なる文化と周縁の人々は、このようなアプローチの悪弊を浮き彫りにする。陰なる文化についての研究はむしろ、様々な価値体系に刻まれている支配的な像に当てはまらない現象や、そうした像を併呑してしまうような現象を明らかにするものである。

第一部　日陰の人々

周縁民たち

明治四年（一八七一）八月二十八日、太政官は、太政官布告第六一号を採択し、それまで差別されてきた社会身分の解放を宣言した。「穢多《えた》非人等ノ称被廃候条　自今身分職業共平民同様タルヘキ事」（穢多、非人その他の名称を廃止し、これにより、職業、身分に関しては、平民と同じ扱いとする）。

太政官布告第六一号については、平等を目指すというだけであって、世の人々の差別的な態度を根本的に覆すものとはならなかったことを後に見ていくこととするが、この法令には、江戸末期に差別（全ての面での制限）の集中した「穢多」と非人の名称に言及がある。この法令に関わる被差別民のうち、七三パーセントを穢多が占め、非人が六パーセント、その他が二〇パーセントを占めている。この太政官令が発布された年に実施された調査によれば、穢多は二八万三一一人、非人は二万三四八〇人、その他は七万九〇九五人に上る。

穢多や非人の勢力範囲内にあったり、そのリーダーたちに依存したりしている者を含んでいたにせよ、狭義の意味での穢多でも非人でもない「その他」というカテゴリーがあること自体、広範な差別が存在していたことを物語っている。

穢多と非人にのみ注目したのでは、差別の現象の広がりを見誤ってしまう。起源がかなり漠としており、呪術的＝宗教的次元の禁制に根ざしていた差別の現象は、十六世紀の終わりから、都市民のうちの「漂泊層」を構成するあらゆるタイプの、貧しく、みすぼらしく、寄る辺なき人々の、社会身分の規制による制度的な隔離という形を取るようになった。明治維新（一八六八年）直後に産業プロレタリアートを形成し、都市の下層を成すようになるのは、こうした人々である。

人々のひしめきあう日常生活を描いた浮世絵に見られるような様々な職業や庶民が、こうした「漂泊民」を構成していた。日雇労働者、下人、作男、徒弟、荷担ぎ人、行商人、駕籠かき、乞食、売春婦、辻芸人、様々な落伍者たち……。江戸時代末期（十九世紀初頭）には、士農工商の身分制度の周縁に置かれた下層民が、江戸の庶民（武士階級に属さない）全体の六〇パーセントまで、大坂では三〇パーセントから四〇パーセントを占めていたであろうとまで推論する歴史家もある。[1] おそらく、この数値を鵜呑みにするわけにはいかないであろうが、下層民がかなり多かったであろうことを示している。

江戸時代においては、被差別階級の全てが同じ偏見の犠牲者であったわけではない。差別の性質は多様であり、あからさまなものもあれば、隠然たるものもあったが、穢多と非人に対する差別が最も激しかった。とはいえ、他のグループに対しても差別は及んでいた。江戸ではあからさまに差別されるカテゴリーには属していない人々の携わる三〇ばかりの職業が、穢多頭である弾左衛門の「裁判権」の下にあった。

いかなる価値観によってこうした差別が成立したのだろうか。また差別は、身分決定の基準となった後、どのようにして社会統制の道具へと変容したのだろうか。こうした問題を検討する前に、時代や地域により異なり[2]、歴史の変遷とともに再編されることになる複雑で浮動的な名称を超え、日本の中世から明治にかけて、歴史を一貫する区別があることを明確化しておくのがよいだろう。すなわち、どこで区分されるかは明確ではないが、「良民」と「賤民」と呼ぶべきものの二項対立の構図が心性の中に一貫して存在しているのである。多様なメンバーから成り、外延の定かならぬ「賤民」は、差別と排除により様々なレベルで打撃を蒙ることになるのである。

「日本社会の等質性」といったイメージを覆す、貧しくつつましい人々の歴史は、中世に端を発する。我々の検証もここから始まる。

第一章　中世における周縁民

一般に、日本の中世と呼ばれる時代は、十二世紀末から十六世紀末までである。日本の中世は混沌とした時代であり、戦乱と暴力、社会不安に明け暮れた。政治の面では朝廷の崩壊と、鎌倉幕府による政治（言い換えれば武士の覇権）に要約される。鎌倉幕府の治世は長くは続かない。足利尊氏率いる京都の室町幕府（北朝）といわゆる南朝との対立により、南北朝時代（一三三六―一三九二）に突入する。この戦いで南朝が敗れた。十四世紀末に足利幕府が勝利を収めたものの、覇権は長くは続かず、日本は再び戦乱の時代を迎えた。この武士の時代は、略奪そして、ついには百姓一揆の時代でもあった。十六世紀後半に、戦国大名の織田信長が覇権を宣言し、京都から最後の足利将軍を追放するまで、戦いは広がりをみせた。天下統一が始まった。一五八二年から一五九八年にかけては豊臣秀吉が、そして、十七世紀の初頭には、徳川家康が覇権を握った。

こうした戦乱を越え、中世の日本においては十三世紀から国内外の交易が著しく発展し（十六世紀に初めて日本を訪れた宣教師は、堺の港をヴェネツィアに喩えている）、いくつかの都市で自治権を持つ座が勃興し、職人は専門化した。戦国大名の「城下町」では、街道や市や縁日が発達した。日本は商業経済の道を辿っていった。中世は決して停滞期ではなく、混沌とした時代であって、十六世紀から市民社会の始動を見たのである。社会的気運（不服従、反抗、自治への志向）が、往々にして反体制的な文化の盛り上がり（芸術的創造力、価値の多元化、権力への異議申し立て）と結びつき、十五世紀は下剋上の世紀と呼ばれるほどである。(3) こうしたダイナミズムの源泉となったもののひとつが賤民である。彼らはひとつの身分に縛られることなく、共通して耕作に携わらず、多くが漂泊の雑多な民衆たちである。こうした周縁民は、物（財）と非物質的なもの（価値、風俗、情報）の交換の発展に大いに拍車をかけ、ひとつの文化を国の規模で広め、ある程度の国家的アイデンティティの意識形成に寄与した。

良民と賤民

賤民の身分は、八世紀に律令制度により定められた。賤民は貴族や平民とは一線を画されていた。そして、十世紀に入ると律令制度の衰退により、社会身分そのものを表す名称としての賤民の名は消滅した。しかし、この名称、とりわけそれが孕み持つ差別意識は維持され、広く下層の人々を指すのにこの言葉が使用された。価値体系の中心的要素となった「穢れなさ」の観念の浸透とともに、下層民に対する差別は強まっていた。

従って、「普通一般の社会」の心性の中には、一貫して差別が存在したのであるが、江戸時代になると、士農工商の四身分が置かれ、その四身分以外の人々は、いわば「社会の埒外」へと追いやられたのである。士農工商以外の人々の中でも最も下位に位置づけられ、最もあからさまな差別を受けたのが穢多と非人である。しかし、良民と被差別民という社会の両端のこれらのカテゴリーの間には、境界のはっきりしないグレー・ゾーンがあり、その境界域には通常社会と「非社会」の両者に結びつきをもつ漂泊民が存在していた。

律令制下において賤民階級は、天皇・皇族の墓の守衛に専従した陵戸《りょうこ》、何らかの理由により良民の身分を奪われ官奴司《かんぬし》に所属して雑用に従事した官戸《かんこ》、貴族に隷属した家人《けにん》、官奴司に隷属し雑用に従事した公奴婢《くぬひ》、個人の所有下に置かれ雑用に従事した私奴婢から成り、五《ご》色《しき》の賤《せん》と呼ばれた。また、良民の下層部には手工業をはじめとする特殊な技能を持つ各種の品部《しなべ》、雑戸《ざっこ》が置かれ、その職能は世襲され、他の良民に比して卑賤視されたが、そのうちのある者は賤民に近い扱いを受けていた[4]。八世紀の初頭に、良民と賤民の婚姻は一切禁じられた。律令時代の賤民に対する差別の原因は、穢れの観念よりも非農業民に対する強い偏見に求められる[5]。

中世になると、殺生を禁じる仏教の教えと結びついて、穢れ(死や血との接触を持つものは穢れている)を忌み嫌う思想が発展し、社会の下層に位置するある種のカテゴリーに対する差別が明確化しはじめた。いくつかの仕事(葬式、斃牛馬の解体、皮のなめし)が卑しく軽蔑すべきものと見なされ、こうした仕事に携わる者たちは貶められた。十五世紀に激しさを増すことになる追放の犠牲たる一社会身分が生まれる。すなわち穢多である。

おおまかに言うと、平安時代から、もっとはっきり言うなら九世紀の後半に、血や病による穢れの観念が制度化され、「穢れなさ」の基準に基づき、社会的価値の要諦を定め、社会身分を定めるための、忌避と禁制の複雑なシステムが作られた。例えば癩者に関しては、以前には穢れていると見なされたことはなかったが、平安時代になると、前世の罪の報いであると考えられるようになり、癩者は村落から追放され放浪人となった。[6] その他の病人や乞食など、不運な人々や罪人も、似たような運命を辿った。その頃、非人の概念が現れたが、その内実は決して等質的なものではない。非人とは、中世の日本における生活の経済的・社会的基盤である共同体に属していることから得られるわずかばかりの権利をも失ってしまった、哀れな人々であった。身分や病、罪や不運のために路上に打ち捨てられた人々が皆、漂泊の民となったのである。遊行僧（乱僧）やありとあらゆる大道芸人が「河原者」の集団を成した。周縁領域とは、川岸や河原（京都の鴨川に見られるような）であり、そこは瀕死の人々や病人たちの吹き溜まりとなった。実際、死による穢れを都市区域から隔離する必要があったのである。[7]

こうして、十―十一世紀頃から、通常社会の周縁へと排除されるグループが出現する。排除（そして、それによる漂泊）の理由は様々であろうが、排除された者たちは、程度は異なるにしても一様に死の穢れと関わりを持っていたり、身寄りがなかったりしたゆえに、社会にとっては危険を孕み持つ存在だったのである。こうした人々の身分はまだ明確に定義されてはいなかったが、賤民の中に特殊な集団が形成され始めていた。[8]

中世から江戸末期にかけて、穢多と非人は二大被差別カテゴリーであった。彼らは社会の周縁や社会組織の隙間に生き、卑しいとされる仕事に携わった。起源ははっきりしていないが、穢多と非人は、(9)江戸期にますます強化された身分制の標的であった。しかし、こうしたあからさまに被差別的な社会的カテゴリーの背後に、厖大な数の「非農業民」(きこり、猟師、渡世職人、漁民、大道芸人、占い師、漂泊の僧や尼、遊女等)が存在していたことを忘れてはならない。非農業民のうちには穢多や非人と同一視されていた者もある。

問題は二つある。なぜ中世に、ある特定の集団に対する差別に見られるような、活動の機能による社会的序列化が起こったのか。そして、その後、どのように差別が構造化され、穢多や非人、その他、似たような運命を辿る身寄りのない人々に対する制度的排除のシステムへと、いかにして変貌していったのだろうか。

明治以前の日本における周縁化=差別化には二つの起源がある。実際には重なり合うところもあるのだが、便宜のために両者を区別しておこう。第一の要因は穢れにまつわる呪術的・宗教的水準での禁制に関わることであり、それは、十世紀から、「穢れなさ」によって自らを他と画然と区別することにより権力を安定させようとする朝廷の価値体系の基盤となった。第二の要因は、既存の秩序に背く活動をする社会の不安定層(貧者、放浪者、大道芸人)を統御しなければという、あらゆる権力に共通の懸念に由来するものである。日本においては、移動を伴う職業に携わる人々は、定住化に対しては反抗的であり、中世においては、聖なるものと結びつきを持ち、多くの場合、売春と不可分であった。そのようなわけで、前近代の日本社会の周縁は、零落者や、職業ゆえに差別されている人々で構成されていた。また周縁には、罪を犯したのでもなければ、卑しいとされる職業に携わるでもなく、飢饉によって零落した人々のカテゴリーもある。

徳川時代には（その当時は、社会が世俗化しつつあったにもかかわらず）、徐々に、宗教的禁制が、社会下層カテゴリーや様々なレベルで危険であると見なされた社会カテゴリーを管理するシステム確立の正当化となっていっただけに、こうした差別＝隔離の二大プロセスは、ますます緊密に結びついていった。徳川幕府は、身分の極度の固定化（身分制に違反する者に対する制裁も含む）と、都市内での身分による住み分けにより、社会の周縁層の管理を確実なものにしようとした。明治以後は、「貧民」という未分化の一団と前代の被差別者との同一視により、社会統制という同じ目的に呼応する新しい型の差別が確立された。被差別者に対する根強い偏見に結びつき、より拡散した、しかし実に切実でより現代的な差別が旧来の差別にとってかわった（衛生思想が穢れのタブーにとってかわったのである）。

以上が多様な要素を含みもつ賤民の総体である。「非農業民」という曖昧な定義から狭義の意味での被差別者まで、賤民とは輪郭がはっきりしないカテゴリーであるが、これから穢れと漂泊という、差別の二つの源泉について検討しつつ、賤民の把握を試みたい。

穢れと差別、穢れなさと権力

死との接触による穢れと、古式に則った儀式による死の忌避から、日本古来の伝統に根差した思考が生まれた。天皇死後の遷都は、死による穢れ忌避の心性の一例である。在位中の天皇の臨終の際、譲位の慣行があるのは、死を避けるためであって、これもその一例である。

清めの儀式は、やはり朝廷の重要な行事であった。六月と十二月に執り行われる大祓《おおはらえ》は、不吉な事が起こった後に為される特別な儀式と並び、上古より神道の中で最も重要な儀式のひとつであった。大祓は、七世紀に編纂された『日本書紀』でも言及されており、明治維新の後は神道国家の一大儀式となった。穢れは道徳への背反、おそらくはその最も深刻なものであるとされていた。[10]

穢れは神への背反（罪）のひとつであったのであろう。それゆえ、穢れは口にすることさえ憚られるタブー（忌）であると見なされていたのである。死や怪我や病気は穢れの源泉であるため、清めの儀式が必要とされた。死と関わりを持ったり、処刑したり、瀕死の病人のいる家で食物を摂るのは、穢れる行為であった（今日、穢れの伝統は、葬儀から帰宅すると、塩を撒いて清めの儀式を行うといったことに表れている）。穢れ忌避の例は他にもある。昔の日本女性は、月経時や出産時には隔離されなければならなかった。

穢れは神にとって嫌悪すべきものと見なされたので、罪と同じく負の価値を帯びていた。すなわち、穢れとは、世の秩序を乱す神の掟への背理であり災いであったのだ。この三つの現象（穢れ、罪、災い）に接すれば、通常の生活に戻れるよう、清めの儀式が行われる必要があった。

神道信仰は死を等閑視し、拒絶しようとする傾向がある。それゆえ、明治維新まで葬儀を執り行っていたのは、ほとんど専ら仏教であった。だからといって日本に、仏教とは別の、死を視野に収めた思考体系が存在しなかったというわけではない。[11]「仏教は死、殊に死体に対する新しい態度の形成に関わっている。すなわち死体は成仏に関わるという役割を失い、穢れや不吉さの領域へと追いやられてしまった[12]」と思われる。このような思考は、死による穢れに敏感な指導的階層に広まったが、その他にまでは、さほど影響を及ぼさなかった。

また、仏教伝来（六世紀に朝鮮半島から伝来）に伴い、死にまつわる神道の禁忌は、動物の死体との接触にも及んでいったようである。古代日本の神道において、肉食は禁忌事項ではなかった（天皇は狩をし、その獲物を食した）。神道と仏教の二つの信仰の間で急速に進行し、両部神道を生んだ神仏習合とともに、肉食の禁止が広まった。ある種の動物（牛、馬、犬、猿）を食することを禁じた初めての両部神道の勅令が六七六年（一説によれば六四七年）に出されている。また他に、八世紀中頃には、肉食した者の寺院への立ち入りを禁じた勅令が出されている。また、ついに七二五年には、神や仏を拝む前に身を清めねばならないことが定められた。禁令成立への宗教の影響は否定しえないが、おそらく経済的な要因も存在したと見るべきであろう。すなわち、耕作に役立つ動物を農民たちに殺させないようにするためである。

八世紀以降、心性に染みこんだ穢れの観念は、神話や宗教的儀礼を通じ、穢れを撲滅することにより支配権を強化しようとする朝廷に独占されるようになる。言い換えるなら、権力はプリミティブで呪術的な心性に固有の価値体系を取り込み、穢れを全く免れた天皇の領域を顕現させ[13]、「穢れに対する己の位置づけを行うことが、社会身分や朝廷関係者の規範の標準となった」のである。従って、例えば神祇官の職員は、全き「穢れのない」状態に身を置くために肉食を断ったのである。朝廷権力は一方では、こうした策略によって、外来の宗教である仏教の進出を阻もうとしたのではなかったろうか。仏教は、権力の源泉である土着の神々を占奪しようとして、土着の神を菩薩と同一視させていったのだった。ともあれ、穢れの排除というイデオロギーを介し、朝廷は「穢れなさ」により、民衆から際立つひとつの実体として顕現することができたのである。徐々に朝廷の貴族政治は、穢れを免れた、あるいは穢れとの関わりは殆どないと見なされる独立の社会集団で構成されていった。社会のヒエラルキーの頂点である天皇が、生ける者の中では最も穢れなき者であった。

朝廷権力の強化を図るために宗教的禁忌に頼るという現象は、明治以前の日本における差別現象の起源だったのであり、朝廷政治が衰退した後も存続した。穢れた活動をしているという理由で他の民衆の目から劣位と見なされたある種の社会層（例えば屠畜業者、斃《へい》牛馬解体業者、皮なめし職人）を排除することにより、穢れの糾弾は、社会統制のひとつのメカニズムとなったのである。当初、貴族には軽蔑されていた武士たちだが（支配的な価値体系からすると、武士は人を殺めるために穢れているとされた）、彼らは急速に、秩序を支える者として登場するようになり（それゆえ、肯定的な役割を担うものとされるようになる）、ついに十二世紀には、独立の権力（幕府）を構成するに至る。死と関わりを持つその他の集団は、社会の穢れという重荷を背負わされ、屈辱的とされた役割（屍体やゴミの処理）を引き受け、とりわけレッテルを貼られた集団である賤民の一員、つまり穢多であると次第に見なされるようになっていく。

このような職業による差別は殊に、社会身分の複雑な序列化と連動していた。江戸時代以降、こうした差別は下層民統制の配慮と結びついていった。当初、宗教的禁忌に発したある種の社会カテゴリーの特殊身分は、職業による社会の差別的分割の一カテゴリーとなった。穢れの禁忌に触れる集団は、社会層の末端に象徴的に位置づけられ、その対極に穢れを一切免れた天皇が位置する。(14) 穢れとその忌避に価値体系が依拠し、それによって社会身分が定められ、社会身分によって（都市や村落の中での）居住空間が定められた。穢れのオブセッションは、江戸の物質文化の発展と、広範な世俗化を迎えた社会の発展と共に和らいだが、なおも穢れの糾弾は、社会統制システム正当化の基盤であり続けた。

「穢多」共同体の発展

「穢多」については語源そのものもあまり知られていないが、その起源自体もさほど知られていない。最も広く認められているのは、二十世紀の初めに喜田貞吉が支持した説で、(15) それによれば、「穢多」の語は、朝廷の鷹や犬の餌を手配するのを職業とする人々を指す「餌取《えとり》」に由来するものである。平城京の鷹狩の部署である鷹司に属していた餌取は、まだ差別されてはいなかった。仏教が広まるのに伴い、八六〇年に鷹司は廃止され、おのずと餌取は、その仕事の方法を心得ている人々、すなわち動物の肉を扱うのを生業とする人々の仕事となった。十三世紀に入って、「穢多」の語が現れる。この語は初めて『塵袋』（一二八〇年に編纂されたと推定される）の中で用いられ、「餌取」という言葉の代案として提出されている。『師守《もろもり》記《き》』（一三六二年）と『壒嚢鈔《あいのうしょう》』（一四四六年）の両書にも、この語に関する解説が見られる。『塵袋』と『師守記』の二書では、「穢多」の語が、ごみ収集や井戸の掃除に携わる人々を指す言葉として、かなり曖昧に使われているが、『壒嚢鈔』では「汚れの中で暮らしている人々」として、より限定的にこの語が使用されている。(16)

これが「穢多」の語源の説明として一番もっともらしく思われるが、この説には「穢多」の語の指す社会集団に関する記述は殆どない。やがて、もうひとつ別の社会集団が宗教的禁忌の対象となる。皮革を扱う職人たち（皮なめし業者、甲冑制作者等）である。十五世紀半ばの国語辞典『下学集』の記述によれば、屠畜業者（屠師、屠者）や皮なめし業者、さらに「河原者」たちは穢多のカテゴリーとされている。十六世紀末に宣教師が編纂した『日葡辞書』にも穢多に関する記述がある。

「穢多」の語は否定的意味あいを帯びはじめたが、江戸時代におけるほど差別的なものではなかった。中世の穢多は、寺の掃除や神社の鳥居の建立といった、ある種の職業に関わるものだった。そうした職業に携わる人々の集落は村落に作られ、村落共同体のほぼ従属下に置かれていた。一般に穢多の集落は、土地が最も痩せている森のはずれや河原の近くにあり、(17)固有の氏神を持たなかった。

近畿（京都―奈良）地方では、人里離れて生活する穢多共同体が十一世紀に初めて出現した。京都の南、桂川のほとり、吉祥院の南には、例えば児島村があった。児島村は、もと石《いし》原里《はらのさと》と佐比里《さひのさと》という二つの村があった場所に形成された。古代においては家畜を飼育したり、死者を埋葬したりする仕事に携わっていた人々が住んでいた場所である。その場所に、後継の役目をなくしてしまった餌取たちがやって来て住み着くことになる。彼らは、朝廷で下賤とされた仕事を引き受けていたが、戦乱による天皇の権力の失墜により、同じく自らの役割を失ったある種の職人たちと合流した。

応仁の乱（一四六七—一四七七、場所は京都）に続く戦国時代（十五世紀末から十六世紀後半）には、社会的流動性が高まり、政治が混乱した結果、旧来の社会システムによる統制が取れなくなり、宗教的禁忌も緩み、差別も異なった様相を帯び始め、より一層、職業の特殊性に依拠したものとなっていった。排除された者たちは社会経済的構造の中で明確な役割を担うようになっていった。社会制度内での位置と役割は、江戸時代においてさらに堅固なものとなっていく。

中世において特徴的なことは、百姓一揆、そしてゲリラ戦術に駆使される身分の低い兵士であり、しばしば戦場に詳しい「案内知タル兵」とされる地元の村落から集められた悪党的な傭兵（足軽）[18]の社会的な上昇、堺や大坂といった商業都市の発展、外国との交易である。中世の末期には、次の時代に決定的な役割を演ずることになる職人や商人の新たな社会集団が出現する。鎌倉時代（一一八五—一三三三）に起こった座が強化され、領主による庇護がなされたことにより、商人の影響力は増大した。「賤民」の位置もまた変化した。政治不安のため、旧来の社会的枠組みは弱体化し、宗教的禁制は骨抜きにされた。戦団の高まる要求と共に、馬具や武器を製造する穢多が「社会的承認」を受けるようになった。

存続の当否が自らの武器にかかっていた戦国大名は、職人である穢多を城下町の傍に引き寄せ、彼らには免税の特権と土地を与えた。その頃、皮革業は最盛期を迎えたが、それまで穢多の共同体には無縁であった民衆層も皮革業に取り込まれた。こうして、動物の屍体との接触による穢れは一時のことにすぎず、また、穢れはその仕事に携わる者の家族に及ぶものではないと考えられるようになり、差別は和らいだ。十六世紀末に、大名は、戦に必要な皮革を確保するために、皮革職人の共同体に対する統制を強化した。皮革商人の中にはかなり富裕になる者も現れ、良民・賤民間の婚姻禁止は弱まった。しかし、皮革業に携わる職人の大半は依然として貧しく、彼らの居住区の周囲には、乞食や日雇労働者、小作人が寄り集まっていた。被差別部落は分業化のシステムの下、封土に繰り込まれると共に、社寺に従属し、住人は清掃を請け負った。

この戦乱の時代において、街道の安全確保は重大事であった。日本西部の中心に位置する富裕な地方では、大名は郎党を引き連れ軍を維持することができたが、こうした地方では、商業を活性化させ、領地の管理をより円滑なものにする交通・交信システムが発展した。近畿地方では、街道に沿い、一定の間隔で穢多共同体が置かれており、穢多共同体には明確な役割が与えられていたことが推察される。(19) その役割とはすなわち、交通・交信の道の管理維持、農民一揆の際の秩序維持といったことである。

穢れの糾弾と「穢れた」と見なされる職業に従事する社会層の排除だけが、中世に見られた差別の理由ではない。差別のもうひとつの原因は、彼らが漂泊の身であり、従属的な絆を持たなかったことである。宿無しや放浪者、零落者といった多様な人々からなる一団である漂泊民もまた、社会の周縁に位置づけられていたのである。

漂泊と差別

「漂泊民」とは、何かの穢れと直接の関わりを持つわけではないが、共同体から追放されたり、放浪の生活を選んだりした人々(遊行僧、落武者、逃亡者、大道芸人、遊女)であった。こうした人々は「非農業民」であり、社会の枠組みに当てはまらず、程度の差こそあれ皆、差別(偏見、禁忌、拘束)の犠牲者である。しかし、身寄りのない人々のうちのある種のカテゴリーは、象徴的秩序の中で果たしている役割ゆえに、両義的なものであり続けた。天皇に穢れを免れさせるために「穢多」が穢れを引き受けたように、大道芸人や遊行僧、朝廷に仕えるある種の職人たち、それから場合によっては遊女も含め、彼らは聖の領域を喚起し、少なくとも「非日常」の世界の一部をなしていたのである。そのため、漂泊民は畏怖されるとともに崇められもした。彼らは既存の社会階級に属さないために、封建的な従属関係の軛を逃れ、自由な立場にあった。漂泊民は、中世的想像力の世界の中で、俗世と聖なる世界の境界に英雄的な位置を占めており、漂泊民には漂泊の神話が捧げられ、文学によって聖化された。漂泊民は河原に住んだ。河原は此岸と彼岸を繋ぐとりわけ境界的な場所であり、領主の権力とは無縁である。そこは、穢れ(河原は死体の安置場所となり、川に流す死体が持ち込まれた)や、世を捨てた聖への信仰、大道芸人の夢想、ある種の職業(流水の必要な染め物のすすぎ)

に従事する追放された人々や賤民の零落のさま、そうしたものが交錯する場であった。岸には動物解体業者や皮なめし業者が生活しており、「穢れた」仕事に携わっていた。江戸の遊郭が伝説的な場所であったと同様に、中世において河原は、日常生活を超えた、神話的な場所であった。

河原者に対する一般社会のアンビバレントな態度は、中世における旅に関する思考の中にも見られる。古来日本は定住農業社会であり、旅はある種の警戒心をもって捉えられていた。[20] 旅は死（魂は極楽に成仏する前に旅するものとされた）や、人間社会への折節の神々の来訪と重ね合わされていたのではなかったか。彼方から現われ、共同体にとっての異人である旅人（風来坊）は、不安を抱かせる者であったので、仏教は旅人への警戒心を鎮め、巡礼にポジティブな価値を与え、歓待の伝統発展に寄与するまでになった。[21] 布教に努め、諸国を遊行した一遍上人（一二三九―一二八九）のような偉大な説経師（遊行聖）たちは、漂泊を一種の苦行の遂行（俗世と断絶することによって、生の根源的な無常との関係を取り結ぶことを主眼とする）とし、彼らが歓待の伝統発展に寄与したのである。

しかし、閉鎖的な村落の外部にある者は、ながらく、危険を孕み持つものと見なされ、笠や蓑をつけた異人に対しては非常な警戒感が抱かれ、彼らに一夜の宿を提供するのは憚られた。「彼方からやってきた人」は、不幸や病を齎すものと考えられていた。次のような慣習を見れば、そのことがよくわかるであろう。村で休息しようとする旅人は、草鞋を脱ぎ、草鞋親となる村人に担保として渡さなければならなかった。[22] 旅人の集落への接近に対しては、共同体のはずれや峠、辻で、外部から来る邪悪な力の侵入を阻む石の像、時に地蔵と同一視される道祖神が守りとなった。道祖神と地蔵はまた、死者と生者の世界を分つ境界を見守った。

旅にはもうひとつのイメージが結びついている。すなわち孤独と追放のイメージである。古代の日本には「旅の悲壮なヴィジョン」が溢れていた[23]。旅立ちは、高天原から追放された天照大神の弟、荒くれ者の須佐之男命の運命ではなかったか。八世紀に編纂され四五〇〇首以上を収める日本初の歌集『万葉集』の時代から、旅とメランコリーの結びつきが結晶化されていった。日本人の感受性に宿る旅人のイメージは、草枕に眠ることを余儀なくされた「一文無しの」男のイメージである[24]。財も名誉も失い、蟄居して生きる流謫の者は、十一世紀初頭に書かれた有名な『源氏物語』からお馴染みの登場人物である。

旅人の原型である追放者や放浪者は、時として悲痛な性格を帯びるアンチ・ヒーローでもある。熱血の須佐之男命がその例であり[25]、追放された神々や、兄の頼朝（十二世紀に鎌倉幕府を開く）に追放された義経の物語を幾度となくたぐりよせ、現代人の想像力の中にも住まっている寄る辺なき者の人物造形の大部分もまた、その例に他ならない。そして、浪人や俠客は、しばしば放浪者や風来坊と見なされた。近代日本では幾多の演劇や歌、映画がやくざを主人公としている。こうした演目は、長谷川伸（一八八四―一九六三）の戯曲『股旅草鞋《わらじ》』でブームとなった股旅物の系列に属し、一九六〇年代のやくざ映画もその流れを汲んでいる[26]。古代の日本文学の一要素である旅のメランコリーが股旅物で繰り返されているのは、現代社会の軋みと受け取れる。どこにあっても、大衆の心性は旅立ちを好まないものである。かつては水杯《みずさかずき》が別離の挨拶だった。旅は往々にして行って帰れぬものだったのであり、それは道中に仆れた旅人たちの碑が街道に沿って建っていることからも知られよう。「幻のちまたに離別の泪をそゝぐ」と、希有の旅人、俳人の芭蕉は「奥の細道」への旅立ちに際し書きつけている。

仏教は数世紀をかけて、こうした旅のイメージを塗り替え、旅は人間の宿命に思いを馳せる機会、俗世を逃れた浄化と求道の同義語となっていった。中世末、ことに十二世紀から、旅は巡礼の形を取って発展してゆくが、それには街道の整備改良が一役買った。その頃、金と食料を携え、明確な目的地を持った正真正銘の旅行者が登場した。巡礼は確かに平安時代(九—十世紀)から貴族が行っていたが、江戸後半に至って庶民的な現象となり、信心と気晴らしの欲求の混じりあう気運の中で、人々は、熊野三山や伊勢神宮といった聖地にこぞって出かけていった。

巡礼と共に、旅はプラスの価値を担うようになったが、漂泊や放浪は、権力者にとって常に無秩序の危険の素であった。いかなる権力も自らの統制をすり抜けるものは好まない。官僚制的な理想とは、人民を定住させ、徴税や賦役、兵役の統括を容易にすることである。日本においても、権力者は放浪を抑制しようとした。

律令制の時代から、住居に関わる項には、浮浪人の名で、決まった住居を持たない者のことが記されていた。中には把握されていた浮浪人もあり、その名を浮浪帳に記録され、賦役や兵役を課されている。定められた住居から離れ追放された者については無視された。浮浪人の記述は『日本書紀』に初めて現れるが、それは六七〇年のことである。相次ぐ法令によっても捉えられなかった漂泊民とはいったい何者であったのだろうか。

古代日本において、放浪者は「浮かれ人」、ついで「無宿人」と呼ばれていた。奈良時代から平安時代にかけて、その数は非常に多かった。女性の放浪者（「浮かれ女」）が身を売ったのに対し、男性の放浪者は物乞いで生計を立て、時に見世物や狩をし、手ずから作った細々とした品々をひさぎもした。こうした新参者（「来たり者」）は、定住民からは不審な目で見られ、村のはずれや河原に小屋を建てた。河原者の一部は穢多共同体や非人共同体に属していた。漂泊民について詳細に検討する前に、「非人」に注目してみよう。

非人

中世において非人（「人間ならざるもの」とは、「通常社会の成員ならざるもの」という意味と解釈するのが妥当である）の身分は、種々の理由で出身共同体から排除されたことに由来するものであるが、いわゆる穢多とはあまり区別されてこなかった。[27]

非人の身分が制度的に定められたのは、江戸時代に入ってからであるが、非人という表現は十一世紀から十二世紀にかけての文書に見られる。当時、非人という言葉は、追放されたり、排除されたりして職業を持たない個人を指したが、宗教的謙譲の意味をも含むことのある言葉であった。[28] 例えば空海（七七四―八三五）は、自らを非人と称した。平安時代（七九四一一八五）の都である京都では、都に殺到し、鴨川のほとりに住みついていた多数の放浪者を指して非人と呼んだ。(29)中世の非人の状況は均質的なものではなかった。非人はありとあらゆる職業に従事していたが、とりわけ街路や穢れた場所（処刑場）の掃除をしたり、罪人に刑罰を加えたり（罪は穢れと同一のものとされていた）した。恥辱と、身体への加害と、処刑。換言すれば、非人たちは「浄化」の仕事を請け負っていたのである。

十二世紀になると、非人は寺（京都の清水寺、奈良の興福寺）や祇園の神社（祇園社）(30)に身を寄せ、下賤とされる仕事（ゴミの収集、建物や井戸の掃除、死人の処置）に携わるようになる。神仏に仕えていたため、非人はささやかではあるが、誇りも持っており、時には「聖」と名乗りもした。非人は穢れを拭い去っているのであるから、祭りの際には神輿を担ぐこともできた。(31)検非違使庁に入る者もあり、溶鉄工、金物屋、鍛冶屋などのように化外《けがい》の民となる者もあった。祇園社の非人は「犬神人《いぬじにん》」と呼ばれてはいたが、非人が他の人々から一定の敬意を得ていたことを示していると言えよう。清水寺周辺の坂や丘に住む女性の非人は売春を行ったが、神仏の加護を受けた……。もっとも、非人の共同体は均質なものではなかった。十三世紀初頭には、奈良の興福寺の非人と、京都を見下ろす丘に位置する清水寺の非人との間で縄張り争いが起こった。しかし神社や朝廷の制度的管理下の非人グループもあったものの、多くの非人は散らばって単独に生活していたのである。

非人には、住処や職業によって様々な名称があった（河原者、坂の者、宿の者、谷の者）。歴史家の小山靖憲は、非人を乞丐《こつがい》系、ヒジリ系、遊芸系、キヨメ系、職人系（金物屋、鋳物師、油売り、ござ売り、酒売り)、その他、の六つのカテゴリーに大別している。その他の非人は単なる放浪者か元囚人である。[32]

中世の非人の身分は両義的なものであった。非人は下賤とされる仕事に携わっていたために、やはり穢れの世界を逃れることはできなかった。非人は、幾分かは軽蔑されていた。通常世界との絆を断ち切られた非人は、聖なる世界との結びつきがあると考えられていたのである。[33]たとえば叡尊(一二〇一―一二九〇)は非人を文殊菩薩の生まれ変わりであるとした。[34]非人はこうして一種の憐憫の対象となった。十世紀から十三世紀にかけて入浴の習慣が広まり、非人に湯浴みをさせるのが慈善の行為となった。そのため、初の公衆浴場は寺院内に作られたのであろう。穢れなき者も穢れた者も、男も女も、この安息の場所で存分に沐浴することができた。[35]その後、天皇の威光が失墜し、戦乱が激しくなると共に、非人への差別は江戸時代に至るまで先鋭化し続けることになる。

漂泊の立役者

中世の漂泊民の分厚い層の中で、被差別的身分がある程度は明確に定義可能だったような集団が、江戸時代になると穢多と非人の主要な構成要素となっていく。穢多は、皮職人(かわた)、なめし職人(カワツクリ)、皮剝ぎから成る。当初、皮職人は皮剝ぎ職人やなめし職人ほどには差別されていなかったが、中世後半になると違いははっきりしなくなっていった。それから穢多には藍染めの専門家(紺屋)、竹細工職人(細工あるいはササラ)や茶道具(茶筅)

職人といった人々が存在する。非人のカテゴリーの中には売春婦、乞食、占い師や零落者たちが含まれる。非人の職業は一五ほどにのぼる。乞食、乱僧、傀儡《くぐつ》、鐘つき、鉢叩き、声聞《しょうもん》師《じ》、猿飼、日吉社《ひえしゃ》、白山雑人《はくさんぞうにん》、聖、巫女、三味線[36]を弾く瞽女《ごぜ》(ヒンコ)、神社の掃除人(キヨメ)。最後に墓掘り人、寺院の雑役(おんぼ)と宿《しゅく》(夙《しゅく》)、そして癩者たちが加わる。

戦乱の時代に膨れ上がった、こうした寄る辺なき民衆の中から、社会文化的に重要な役割を担う人物が登場する。「聖」や遊女、大道芸人は、中世的想像力の世界の中において、河原者の境界的な位置を象徴的に示す人物たちである。というのも彼らは(その移動性と何ものにも帰属していないところから)地理的・社会的な境界と象徴的な境界の両者を越えるからである。

彼らの状況は、中世の社会文化的な重大事と結びついていた。すなわち高僧との関わりを持たない新しい仏教の出現である。元来エリートの宗教であった仏教は、鎌倉時代(一一八五—一三三三)に入って、庶民にも浸透していった。同時に教義についての考察や探究が深められ、秘教主義と厳格主義による救いへの新たな道の探索に繋がっていった。この新たな仏教を広めるのに貢献したのは、説経師にして偉大なる世捨て人、熱血の放浪者、諸国遊行の聖である。様々な宗派が生まれ、宗教的気運が盛り上がり、実に多様な流れがあったが[37]、新仏教の担い手は一様に、何ら社会的地位に縛られない「無縁者」であった。説経師たちは庶民に教えを説き、庶民に立ち混じって暮らした。いかなる人のもとにも赴き、阿弥陀仏の加護を得るための簡素な実践を説いた。

僧院生活を放棄した説経師たちは、いかなる寺にも属さず、巡礼の旅に出ることを選んだ。説経師と称する者の中には、ペテン師や、僧のふりをした放浪者もあり、物乞いをして生活していた。祈禱師や占い師やある種の聖は、古代の土着的な信仰と結びついた仏教の呪術的次元に、時に降りてゆくこともあった。その具体的な表れが巫女であり、巫女の実践の源泉は密教や道教である。呪術的な信仰は、とりわけ修験道（苦行による霊力獲得の道）に由来するもので（巫女の場合は神のお告げによるものであるから、話は別である）、仏教伝来直後に発展した。[38] 八世紀から修験道は複数の流派に分れた。その中で最も有力な流派が、熊野（紀伊半島）と、聖山である出羽三山（現山形県）に存在した。修験道を実践する山伏はその超自然的な力ゆえに、畏怖されると同時に崇拝された。山伏はお守りや経文、「妙法奇薬」を売り歩いた。[39] こうした山の隠棲者は篤い信仰を持っていたが、彼らの中にもペテン師が数多く存在した。

庶民の庇護者である聖は、社会に対して二つの面で影響力を持っていた。聖たちは哀れな者たちの代弁者たらんとし、民衆の間に新たな連帯感を引き出した。新宗派の創始者の中には浄土宗を基盤とした法然（一一三三―一二一二）がおり、庶民を擁護し、阿弥陀信仰によって破戒・無戒の者も往生できると説いた。法然の弟子の親鸞（一一七三―一二六三）が法然の仕事を継承した。妻帯し、庶民の身なりをした親鸞は「屠《と》沽《こ》下《げ》類《るい》のわれら」と述べ、虐げられた人々と共にあろうとした。他の宗派の反感を買い、親鸞は一二〇七年には追放の身となったが、穢多の過半数は親鸞によって創始された浄土真宗を信仰し、近代に至るまで、彼らはその信者であり続けた。もうひとりの偉大な説経師が網元の家に生まれた日蓮（一二二二—一二八二）で、彼もまた差別されている者たちの庇護者であった。前述した偉大なる「世捨て人」、熱烈な説経師にして時宗の創始者である諸国遊行の一遍上人（一二三九—一二八九）もまた、乞食や賤民の救いを認めた、弱き者たちの庇護者であった。

聖は、寺院建設や公共工事（灌漑、架橋）や慈善事業のために、勧進をした。このような活動（「勧進」）はそれまでにも時折行われていたが、とりわけ十一世紀から発展しはじめて大成功を収め、民衆の中に、公的枠組みの周縁に存在する共同体の意義を知らしめるのに貢献した。[40]

「無縁者」、すなわち自由なる者「聖」は、そもそも新しい現象であった。制度的な社会構造からは独立な、連帯性を基盤とする集団活動が出現したのである。聖の「無縁性」については、歴史家の網野善彦が中世の鍵概念のひとつとしているが、その他の社会集団の特徴ともなっており、[41]「無縁性」は伝統的枠組みによる境界を越境し、新たな社会関係の創出を可能とするような解放へと繫がってゆくのである。

こうした新たな形の連帯感から、この時代を特徴づける集団的異議申立てや反抗の気運が生じる。反逆の農民たちの連盟である一揆（志を同じくする武士や信徒の同盟契約をも示す語）は、こうした新たな連帯の表現であり、多くは神仏の前での誓いに基礎を置き、集団的勢力の源泉となっていった。[42]大寺社は、一揆をいかがわしい活動であるとして糾弾し、警察組織は混乱を懸念し、両者は程なく、これら正義と救いを説く「無縁」の者たちを、伝統的な枠組みを脅かす破壊的分子であるとした。十六世紀の終わりには、農民と武士を結びつけることに成功してきた一向宗の農村部の連との相次ぐ闘争のさなかに、織田信長が、高野聖一三八三人を間諜の罪で処刑した。

中世の遊行僧や説経師は、別の社会文化的機能を持っていた。諸国を遊行し、説経をし、教訓的な、あるいは驚異に満ちた語り物を聞かせながら、知識階級の文化と民衆文化とを交流させ、真に国民的な文学の形成に寄与したのである。[43] 当初、仏の教えを説くものとしてあった語り物が、より俗なテーマへと発展して語りの文学となり、様々な神話やテーマ、ヒーローが生まれ、それらは、後代の物語作家たちの作品の源泉となっていくのである。

語りの芸術が発展するのは中世のことであり、それは、民俗学者の柳田國男が、「口承文芸」と見事に定義づけた、寓話文学（説話文学）と呼ぶべきものである。[44] 儀礼的演劇の役者たちの顔ぶれは、そのまま、地獄の苦しみや極楽の麗しさを体現し、仏法思想や現世利益の思考に則っている。芝居の登場人物たちは、呪文や経文を唱えたりすることによって、中世の人間たちの想像力に住み着いていた邪悪な魂や鬼を屈服させることも教えた。語りの芸術は、宗教的なものであれ非宗教的なものであれ、呪術的・宗教的なカタルシスの次元に達していた。説経師は、語り物によって鬼や死人の魂を鎮め、神仏への帰依の意を表し、魂を救うと考えられた。説経師は、この世の悪を象徴的に担っていたのである。[45]

一種のリュートを携えた盲目の語り手である琵琶法師や瞽女[46]は、偉大な叙事詩を圧縮された形で、時に、時事的なテーマも導入することで新たなものにしつつ広めた（こうして中世の記念碑的作品である『平家物語』(47)の登場人物たちが民衆にお馴染みのものとなった)。語り手たちは、声による劇場的な芸術表現の確立に貢献した。遊行僧や、芸能に関わる尼、とりわけ熊野三山の社寺所属の熊野比丘尼たちによって宗教的テーマの図解(絵解き)に付された解説は、美文の芸術の到達点であり、それは絵巻物の中に読み取ることができる。

布教活動は、もうひとつの活動に結びついていた。十七世紀の小説家、西鶴も描いているが(48)、熊野の比丘尼たちは、地獄と極楽が描かれたお守りを売っていた。このことは、語り物の芸術と布教活動、売春が結びついていたことを示している。売春は、以前からなされていた。

旅芸人や「聖」と共に、遊女は中世の漂泊民の重要な要素であり、中世的想像力の聖なる空間と俗なる空間とのあわいに位置していた。遊女は、巡礼という仏教的経験に結びついており、遊女と僧との出会いは、諸国遊行の物語に頻出する主題である。一夜限りの逢瀬に翻弄されるはかない人生、その放浪によって、遊女は人間の根本的条件や無常の象徴となっているのである(49)。

あそびめ(50)(遊女)と呼ばれていた人々は、巫女の跡継ぎでもあった。そのため、中世末期まで、ある種の威光を保っていたのではなかったのだろうか。後に白拍子の名で知られることになるあそびめたちが結集する場所(宿場町、内海の停泊地や港)が、平安時代にはすでに存在していた。あそびめたちは港で、旅の客を乗せた船に横付けした小船で活動した。旅物語では、たびたび巡り合いが語られ、あそびめの姿が絵巻物に描かれた。宿場から宿場へと諸国を遊行するあそびめたちのおかげで、宿場町は有名になった。あそびめは、しばしば、浮かれ女と呼ばれた。

売春に携わる女性たちが、売春にのみ関わっていることはまれであった。売春の宗教的起源には謎めいたところがあるが、売春と見世物との間には緊密な関係が生じていた。それが、江戸時代の初頭に、女性が舞台に上がることが禁じられた理由ではなかろうか。遊女であり人形遣いである傀儡女《くぐつめ》は、売春と見世物との秘められた関係を証しだてるものである。遊女は、余興、踊り、歌の技を持ち、ある種の儀礼の際には、朝廷にまで呼ばれて芸を披露することもあった。遊女はまた、貴族の伝統を諸国に知らしめたり、逆に下層社会から生まれた様々な芸術を朝廷に持ち込んだりして、朝廷と民衆との関係を取り持つことにも貢献した。遊女たちは、時に朝廷の行政機関とも結びついていた。貴族や天皇までも、特定の遊女と関係を持ち、そのことは、周知の事実であった。つまり、当時、遊女たちは差別の被害者ではなかったのである。遊女に対する見方がすっかり変化するのは十四世紀のことであり、十五世紀にかけて、遊女の身分は急速に変貌を遂げていった。遊女たちは、実際、京都のいくつかの特定の路地の館に集められ、遊女たちの名は傀儡女の名と共に、公の記録からは姿を消した。ちょうどこの時代に、職業的賭博師も犯罪の世界へと追いやられる。[51]

漂泊民の末端である大道芸人は、浄瑠璃、後には歌舞伎といった優れた芸術的表現、とりわけ演劇的表現を生み出した。[52]漂泊の世俗芸人（絵解き法師、あるいは比丘尼、[53]琵琶法師、瞽女）は同業組合を結成した。それは、既成権力から独立の共同体であり、整然としたヒエラルキーを持ち、それぞれが活動を展開しうる縄張りが定められていた。また、この時代に、日常性とは相背理する特別な場所、誰にも属することのない（無衆）場所の名が歴史に現れる。放浪の芸人たちは、この特別な場所で生まれた。

小山靖憲の作成した非人の職業リストによれば、芸人と被差別民とが重なっていたことに疑いはない。リストに挙げられているのは、遊芸の分野では、すでに述べた絵解きと声聞師である。大道芸人はまた、河原者であり、その名は河原乞食と同様に「川辺の乞食」を指す表現であり、役者を指す言葉としても用いられていた。

彼らが周縁的存在となったことが、屈辱の烙印を補って余りある、漂泊の民、河原者の創造性の理由の一端ではなかっただろうか。一般に、封建的イデオロギーの陥穽を免れていたこれら遊行の芸人や周縁的な者たちが、世間との絆を持たなかったために、独立独歩の精神を持っていたという点を強調する歴史家もある。何ものにも属さないことに由来する「自由」は、当時、最高の芸人が河原者の中から輩出された要因となっている。このことは、芸能の分野に限らず、[54]他の文化表現においても同様である。能を完成させたのは観阿弥とその息子の世阿弥であり、また当時最高の庭師であった善阿弥も、斃牛馬の解体業者の息子であった。ところで「阿弥」という呼称は、一遍上人によって創始された時宗の信者であることを示すものである。とはいえ、観阿弥も世阿弥も善阿弥も、時宗の信徒ではなく、「阿弥」を名乗ることによって被差別民に近い時宗に同化し、河原者という出自を引き受けようとしたのではなかったろうか。砂と岩からなる善阿弥の枯山水の庭は、河原の風景の昇華された

ヴィジョンだったのではないだろうか。(55)

こうした賤民出身の芸人たちは、日本の中世における被差別民の両義的な地位を示す格好の例である。権力者に寄生し、メセナとしての貴族の計らいで生計を立てつつ、彼らはいわば、社会に認知され組み込まれていったのである。さらに、歴史家の佐藤和彦は、こうした様々な周縁的な人々が創造性の担い手たり得たということこそが、おそらく室町時代（一三三六—一五七三）の見過ごしてはならない特色であったと見ている。(56) その後、事態は変化する。「革命的」説経師の熱意にもかかわらず、漂泊の民への侮辱や抑圧は、逆に強まっていくのである。(57)

第二章　江戸期下層のヒエラルキー

奈良、京都といった日本の中枢地域に初めて出現した、賤民のメンバーである、ある種の人々に対する差別は、中央集権的な徳川幕府の下で強まり、制度化された。十八世紀以降、下層民の複雑なヒエラルキーに対応し、民衆の中でも最下層にあたる人々の隔離・差別が制度化された。江戸時代初頭、差別は公の規則というより、慣習的なものに根差していたが、脱宗教的社会へと変化を遂げていたにもかかわらず、民衆の心性に穢れという古い社会・宗教的恐怖が植えつけられて、差別はやがて社会統制の道具となっていった。社会最下層の人々に対する差別の強化は、土地との絆を持たない漂泊民、すなわち統制（封建的関係、課税の強制）のシステムに組み込まれない人々が都市にあふれ出すことに対する為政者側の懸念と、おそらく無縁ではないだろう。

社会統制

徳川治下の二世紀半の間、藩主間での大きな戦はなかった。合理的秩序が課されていた武士の間では、平和が保たれていた。しかしながら、こうした藩主間の平和は、別の葛藤を生んだ。すなわち農民の隷属化である。十二世紀の幕府制度の導入以来、農民統制は指導者の重要課題であった。「胡麻の油と百姓は絞れば絞るほど出るものなり」。しかし、農民たちはしばしば蜂起した。慶安年間の細目にわたる御触書（一六四九年）は、農民の一挙手一投足まで支配下に置こうとするかのようで、農民統制の困難さが十分に窺われる。こうした施策にもかかわらず、江戸時代も農民は逃亡したり蜂起したりした。(1)

とはいえ、江戸の幕藩体制の正統性は、その安定性にこそあった。社会秩序は二重の統制に基礎を置いていた。ひとつは、幕藩体制による大名統制である。幕藩体制は、「藩」と呼ばれる領地において相対的な自立性を持つ地方の支配者である大名と、中央権力である幕府とを結びつけるもので、江戸での長期滞在といった将軍の指令を遵守することが条件とされた。諸大名が自らの領地に戻る際には、家族を殆ど人質のように江戸に残さねばならなかった。一六三五年に、ある種の軍事的任務の遂行という名目で導入された江戸への参勤交代の制度は、大藩主の統制（隷属化）には、実に有効なものであった。徳川氏が行ったもうひとつの取り組みが（これについては、藩主たちの協力も得て）、最も大きな人口にのぼる農民の統制である。

幕府はとりわけ、農民と武士とを分離させようとした（兵農分離）。こうして地方権力の出現、すなわち中央に対する蜂起のリスクを縮減しようとしたのである。これは、初めて天下統一を果たした豊臣秀吉（一五三七―一五九八）が始めた政策で、刀狩政策と対になっていた。徳川歴代将軍もその政策を引き継ぎ、仕事もなく、金もない多くのサムライたちが都市に住み着くことになった。後に見ていくが、浪人は、都市賤民のひとつの源泉である。当時、日本の諸都市は世界でもまれに見る発展を遂げ、消費の一大中心地となり、負債を背負い土地を失った農民や、特定の社会的身分を持たない人々があふれだしていった。都市への人口流入は労働市場を生み、単なる雑役は、報酬の得られる職へと変化していった。都市下層民の出現に示されるように、社会身分間の関係には根本的な変化が現れた。貨幣経済と前資本主義の発展に伴い、徳川時代が享受した平和は、ついに商人富裕階級の台頭を呼ぶことになる。

幕藩体制は統制を理想化し、入念に国を細分化した上で支配するものである。徳川家が導入した社会秩序は、四つの身分の機能的な区別に基づき、理論上は、世襲の身分を固定するものであった。徳川イデオロギーは、「理」と「気」の二元論に基づく朱子学を基盤とし、士農工商（武士、農民、職人、商人の略）の名で知られる社会統制システムに依拠していた。支配階級（武士）に有利になるように社会を固定するため、このシステムは、見かけこそ厳格ではあるが、ある程度の社会の流動性を許していた。

実際、身分制度は、社会全体を階層化させることを目的とした理論的構成物であって、欠陥もないではなかった。まず、組み込まれていない社会カテゴリーがある。公家は身分制度の埒外にあり、政治的権力は持たないものの、特権を享受していたし、神道や仏教の聖職者たちもまた、公的分類を免れていた。それに、エリート層（貴族、聖職者、武士）に対して、農民、職人、商人は画然と区別された地位を占め、「平民」とも呼べるような集団を形成していた。加えて、システムの厳格さにも欠陥はあり、これら四つの身分のそれぞれは、社会身分を目に見えるものにする制約に服しているものの、それぞれに更に細分化された身分があって、四身分の区別はあいまいなものになっていた。その上、身分の変更を妨げる法的禁止は存在していなかった。平民の間では、世継ぎや結婚を重ねるうちに、富裕な商人と貧窮した武士との間で見られるように、養子縁組がなされることもしばしばだった。制度の硬直性ゆえに、ついに、この身分制度は、ひとつの身分に固定されない「分類不能の」人々、マージナルな人々を生み出したのである。庶民のさらに下の社会階層の最底辺に、何の係累も持たない無数の個人の寄せ集めが認められる。社会のはみだし者、「社会の埒外」のカテゴリー、すなわち、かつての賤民の子孫たちである。それらの中でも最も下に位置するのが穢多と非人である。

社会が大きく変動し、都市人口が増大したこともあって、四つの身分と更にその下のカテゴリーとの境界をはっきり見定めることは難しく、固定化された身分は浮動的なものになっていった。そして、本来の四身分の周縁の社会カテゴリーに属する人々は、都市の漂泊民に似たものになった。例えば、徳川時代初期には、四〇万人の浪人は官吏となり、残りの浪人たちは社会的周縁へと落ちこぼれていった。職人、商人の区別は、ますます理論上のことに過ぎなくなっていく。職業の変更や人生の浮沈、結婚、養子縁組などにより、身分の区別は流動的となり、この二つの社会身分は、「町人」(都市民という意味での)というひとつの階層と見なせるようになったのである。「町人」は、都市文化の隆盛に決定的な役割を果たした。

農民に関しては、土地を所有する農民である百姓と、土地を持たない「水呑百姓」との差異はあまりにも大きく、水呑百姓は、その他の百姓よりむしろ、賤民に近かった。

江戸時代には、こうした賤民が都市人口のかなりを占めていた。サムライの屋敷や豊かな商家の奉公人や下女など、あらゆる分野の低所得者、露天商、様々な周縁民、ならずものや被差別民などなど……。

社会的ヒエラルキーよりむしろ、人々の心性の中に、良民とそれ以外の民との深い溝は、依然として存続していた。徳川幕府は社会を支配する意図を持って賤民を囲い込もうとしたり、少なくともその一部を多数の「分類不可能者」として、穢多や非人の居住地に集めようとしたりした。このようにして徳川時代の身分制は、賤しいとされ軽蔑されている仕事や、路上でのありとあらゆる零細な仕事に携わる社会集団のステイタスを、決定的に固定化した。宗教的禁忌（穢れ）に基づく差別に続いたのは、まさしく賤民統制強化を目的とした賤民差別だったのである。

賤民統制

十六世紀の後半まで、賤民は、新たに耕地を切り拓いたり、廃田を耕したりすることで、農民になる希望を持つことができた。しかし、豊臣秀吉が一五八二年から九一年まで行った検地によって、農民は土地に縛り付けられ、実際に全ての耕作可能な土地は細分化された。以来、列島の北の蝦夷地を除いては、新参者が農民になることは殆ど不可能となった。

一方、穢多の居住地は、戦闘用の武具の需要によって発展した。皮革業の需要があり、その他の穢多出自者ではない者たちも村に集まってきた。彼らは皮革業（屠畜業、なめし、革細工）の他に、草履や下駄、雪駄、提灯作りに携わった。しかし、彼らの身分は統一化されていたわけではなかった。穢多が皮革業独占の特権を享受した地域もあれば、そうでない地域もあった。地域間の違いは呼称にも表れている。確かに「穢多」はこうしたタイプの被差別民を指す言葉として最も広く用いられていたが、地域により他に様々な呼称があった。関西では「かわた」、また関東では「長吏」と呼ばれ、軽蔑的なニュアンスは関西より弱かった。差別政策はもはや一枚岩ではないだけでなく、地域や時代によってその機能が異なっていた。江戸末期になってようやく、身分分離政策が確立されたと言いうるのである。中世の被差別民が浮動的で複雑な層を成していたのに対して、江戸時代の被差別民は、以後、はるかに厳格なシステムの束縛下に置かれることになる。(2)

穢多の身分が変わり、幕府がしかるべき措置を取ることになるには、あと一世紀を要した。一連の指令は、前代の戦国大名によって設置された穢多共同体の統制を制度化し、（規則違反に対しては厳罰で処することによって）より厳格なものにすることを目指したものであった。

穢多の経済的状況は、馬具や鎧の需要により、全般的に上向いたが、皮革職人の身分は、逆に低くなった。実際、斃牛馬解体業者と皮なめし職人、もう一方の側の、比較的穢れていないと考えられていた狭義の皮革職人との間の区別は、彼らが一カ所に集められるようになると、徐々に失われていった。戦国時代には、彼らの移動の自由を制限する規則は存在していなかったが、一層明確な空間分離によって、彼らに対する偏見は強まっていった。彼らの集落は街道沿いにあり、都市や村落からは離れていた。そこで彼らは、往来の様子を眺められる場所に居たため、警察への情報提供者としての役目を負い始めた。穢多共同体の統制が一層厳しい地域もあり、徳川幕府が導入することになる制度の先駆けとなった。

天下統一者である信長、秀吉、家康は、穢多共同体に対して、当初は戦国の武将たちと同様の措置を取った。時代の社会的、政治的混乱の中で、賤民は依然としてある種の自律性と出世の可能性を享受していたが、それもやがて失われる。秀吉の政策は農村部の人間たちを定住化させることを目指したもので、賤民を「非農耕民」として周縁に追いやった。太閤検地によって、皮革職人の居住する集落は、他の構成員が別の職業に携わっていても、穢多共同体とされた。

専ら被差別民を支配する目的で措置が取られるようになったのは、享保年間（一七一六―一七三六）のことであり、安永年間（一七七二―一七八一）、寛政年間（一七八九―一八〇一）、天保年間（一八三〇―一八四四）にかけて、措置は強化された。[3] こうした措置は、賤民の日常生活を統制し、平民と賤民の間の亀裂を深めた。例えば穢多の場合、特別な髪形をし、毛皮の印を身に付けることが強制された。また、穢多は農家に出入りしたり、農民と共に食事をしたりすることは禁じられた。一七〇九年に上演された近松門左衛門の『心中刃は氷の朔月』の鍛冶屋の利右衛門に対する反応に見られるように、十八世紀初頭に、穢多は実際に嫌悪の対象となっていたように思われる。[4]

一七一五年に京都で、一七一九年には江戸で、幕府は穢多地域の人口調査を実施し、特別台帳が作成され、穢多の名が記された（領主が村ごとに作成させた戸籍簿的な帳簿である宗門人別改帳に彼らの名は記されておらず、このことは、賤民への差別や蔑視を表すものである）。[5]こうした措置によって、被差別民が一般民に再統合されることは、ますます困難になっていった。「足を洗う」ことは穢多にとっては不可能であり、それは、非人のうちのほんの一握りの人々にのみ残された可能性だった。非人の最大の罪は、自らの身分を隠匿し、平民のふりをすることであるとされた。一七九〇年の政令によれば、非人は、ささいな過失を一度でもすると、左の上腕部に彫り物を施され、二度目の過失を犯すと手首に刺青を入れられ、三度目には、処刑されたという。[6]

十八世紀末になると新たな措置が取られるようになる。それは平民と賤民の、さらに、賤民にあっては、穢多と非人との分離政策を強化することであった。一七七四年に、穢多と非人は寺社に出入りすることを禁じられた。また、新たな法令（一七九六年）により、非人は町奉行のさらに厳しい統制下に置かれ、町奉行は百姓一揆の制圧に寄与する勢力として非人を利用した。こうして、庶民の心性に宿っていた非人に対する侮蔑の感情は、膨れ上がるばかりであった。

十八世紀後半から幕府は、被差別民たちを潜在的な危険性を持った階層であると見なすようになった。大飢饉の直後、一八三六年から一八三七年にかけて起こった米一揆の後、特別措置によって、都市の下層民たちの結集行動が回避されるようになったが、それは、容易に見て取れるよう、非人に目を引く格好をさせ、統制を強めたからであった。非人はまげを結うことを禁じられ、衣服は木綿に限られ絹布類の使用は一切許されなかった。顔を隠すことができないように、(暑熱、酷寒、雨降りのとき)頭にのせる手拭いの長さまで定められていた。[7]居住地を離れた非人を捕らえるため、十九世紀の初めに警察の臨検が増えた。

こうした措置は都市の漂泊民を支配するためのものであり、幕府の直轄地に適用されたが、それは諸藩の法のモデルともなった。地域によって相違はあるが、様々の措置はひとつの懸案事項、すなわち都市の下層民の管理を目指したものであった。

社会の周縁に対し、徳川幕府は両面政策を取った。すでに何段階か見てきたが強制措置、そして社会統制に関わる一層画期的な措置としての、貧民の複雑な序列化である。被差別共同体に対し、内部の運営に関しては前世紀から引き継がれてきた一定の自律性を残しつつ、穢多、非人という二大勢力の周辺に位置する下層民の隷属の秩序を導入することで、多様な下層民の世界を支配しようとしたのである。

境界的領域の支配と序列化

都市の下層民、ことに住居も職もない貧民の群れの監視と管理のために、非人の身分が公式に制定されたのは、十七世紀初めである。彼らの最大の罪は、寄る辺なく、物乞いをするほか生活の糧を得られないことであった。非人は、本質的に都市の現象である。非人の共同体は依然として浮動的かつ不安定であり(非人の共同体は天災や飢饉の際には膨れ上がった)、社会的落伍者など（私生児、心中に失敗した男女、賭け事で破産した者）、些細な盗みをはたらいた不良少年[8]や、乞食、障害者[9]などで構成されていた。その中には独立のグループを形成し、特別地区の非人小屋に暮らしていた癩病者（物吉《ものよし》）もあった。穢多とは違い、非人の身分は一代限りのものであった。実際は、世襲となる傾向があった。江戸末期になると、非人は一般の生活に戻ることが許されなくなった。

受刑者たちは、非人頭の許に預けられた。彼らは「あずかりもの」（字義通りに取ると、誰かに預けられた物／者）となった。以来、こうした落伍者たちは、一般の人々の裁判所に委ねられることはなくなり、ゲットーの法に服することになるのである。運命を決めるのは非人頭たちであり、逃亡しようとする者たちは処罰された。

幕府は非人を二つのカテゴリーに区別した。一方がしかるべく登録された非人（抱え非人）で、多数を占める。もう一方が、当局が把握しきれていない「野非人」であり、ことに商売に失敗した者や、飢饉により貧困に陥った農民といった落伍者たちから成っている。飢饉で貧困に陥った農民のうちには、田畑を再び手に入れる者もあり、また都市に残る者もあったが、抱え非人として登録され、藩主の管理下に置かれる者もあった。そのほかの者たちは漂泊者と見なされた[10]。

登録された非人には、三つのカテゴリーが存在する。非人の親から生まれた生来の非人、罪や違反を犯した落伍者、そして捜査の網にかかった放浪者である。「足を洗う」（すなわち通常の社会に戻る）特権は、前二者には与えられていないが、第三のカテゴリーには、問題の事件後、一〇年に限り、当該の者の親の申請により認められた。足洗い金は、一般社会への復帰の手続きを早めるにあたって、一定の役割を果たしていたようである。罪を犯した非人は、一〇年経過しないと許しを乞うことができなかった。

抱え非人は、非人頭による責任管理の下、非人小屋に集められた。江戸には非人頭が一〇〇人存在し、そのうち、浅草界隈を取り仕切り、三六八の小屋を統括していた車善七と、品川の鈴ヶ森の処刑場（二三六の小屋）の責任者である松右衛門（代々の非人頭に付けられる呼び名）が、江戸の非人の八〇パーセントを統括していた。[11] その人数は一七五一年の時点で推定一万八五五五名に上る。十八世紀以降、江戸の地図には、非人の集合居住地である「非人溜り」が示されるようになる。二大「非人溜り」は、浅草と品川の「非人溜り」である。[12] 台帳に記載されていない非人たちも、五〇人ばかりの乞食集団を取り仕切る非人頭に依存していた。非人頭は縄張りを規定し、自らの集団のメンバーたちに、物乞いする場所を割り当てた。

十九世紀の初めには、「野非人」の数は飢饉のせいで増大し、幕府は非人寄場を開設し、そこに非人たちが集められた。非人寄場は一八五三年まで存続した。非人共同体の管理方法は地域によって様々であったが、加賀藩主のように、とりわけ非人に対し善政を行った藩主もあった。[13]

非人たちは様々な形態の物乞いをし、移動する権利を持っていた。こうした「特権」の代償として、非人の職業は特定のものに限定されていた。物乞いは統制下にあり、後に見るとおり、様々な乞食が存在した。非人はある種の場面（誕生、結婚、葬式）に物乞いを行う権利

を有していたが、慶事や弔事を妨げず、一定の距離を保ってもらえるよう、住民はしばしば

非人頭に少額の寄付を納めた。非人たちは、多彩な手品や曲芸を披露し、歌ったり踊ったり

し、女性たちは「鳥追い」と呼ばれる歌を歌った。これは、害鳥を田畑から追う正月の農耕

儀礼である。[14]

非人の中には乞食よりも大道芸人や役者に近い者もあり、他の貧窮の民たちと競合関係に

あった。美女たちは売春に携わっていた。想像がつくであろうが、非人の世界は罪人を生む

場所でもあった。非人の仮小屋は避難所であると同時に賭博場でもあった。

非人はまた、共同体に対する一定の奉仕活動を義務づけられていた。すなわち、拷問にかけられ死んだ罪人の亡骸を筵に包んで運んだり、受刑前に見せしめにされる罪人に付き添ったりといった、忌むべきものとされている仕事である。[15]非人たちはまた、死刑（火焙り、斬首、磔刑、四肢切断）執行や、溺死体の引き上げも請け負った。[16] さらし首となった罪人の番もした。徳川の歴代将軍はミシェル・フーコーが「刑罰というスキャンダル」と呼ぶところの感覚を持っていたのである。江戸において（大坂や京都では顕著ではないが）、非人は秩序の権力のために、手先として、目明しとしての奉仕をしなければならなかった。徳川時代末期には、長州藩などが藩内の被差別民を騒動の仲裁役として軍事的に組織しさえした。

穢多共同体は、一種のギルドのようなものとなっており、幕府は皮革の製造、販売、斃牛馬の解体、皮革のなめしから革製品の生産、販売にかかわる活動に対し、独占権を与えた。この独占権は、メンバーに仕事を割り振り、独占権を遵守する共同体のリーダーに与えられ

た。皮革職人は穢多共同体の最重要メンバーであったが、その共同体において、別の活動（竹細工、草鞋作り、染色）に携わる職人も嘱望されていた。共同体内部で、どういった職業が主であったかは、地域によって異なる。

皮革に関連する職業は、大坂や江戸在住の穢多にとっては、特に重きをなしていた。十八世紀から十九世紀にかけての皮革生産の二大中心地は、大坂の渡辺村と姫路の高木村であった。また、奈良、和歌山、および関東平野は皮革の一大消費地であった。大坂では、穢多共同体に属し、なめした皮を地方から買い入れ、製品として江戸や関西、その他日本各地に販売する有力な皮革卸売協同組合が結成され、高木村（姫路）の職人たちは、大名や富裕な町人層に評判が高かった。江戸末期の混乱の中で、賤民のみが携わっていた皮革製造にも弱小の商人たちが職を求めて集まってきたために、皮革業の独占権は崩れていったが、収益の大きな皮革業の中から穢多のエリートが出現することになった。

もうひとつ穢多が占拠していた職域としては、染色業、特に藍染が挙げられる。青屋、紺掻きなどと呼ばれる職人たちが、京都と江戸に多数存在していた。賤民に属する彼らは、鎌倉時代から河原で仕事をしていた。すでに述べたように、河原は最下層の人々の集まる場所である。江戸時代に「穢れている」とされる活動に従事していた染物師たちは、穢多と一体視されたが、依然として朝廷や貴族、寺社との関係を保持しており、そのことは、彼らがある種の儀式に参加していたことからもわかる。十八世紀末になってようやく、染色業は穢多の身分と切り離されることになる。

農村部において穢多共同体は、さほど制度的に特定の仕事に従事させられていたわけではないようで、穢多の身分は、むしろ不毛な土地に入植した貧農や、洪水の被害を受けた地域の農民のステイタスに近かった[17]。農村部の穢多共同体の特徴は、他の農民の共同体よりも急速に人口が増大していったことである。その理由は主として、天災により、農民が土地を追われることになったからである。

農村部には、他人に耕作させる土地を持っていた者もあったが、穢多共同体の特権的エリートは、とりわけ都市部の皮革商人の中から輩出した。被差別民のうちのエリートに対して、大名はその共同体の運営につながる仕事を託した。権力側は、生活の糧を保障する一定の独占権を認める代わりに、穢多共同体のリーダーに対し、社会秩序の維持、監視、雑用、監獄の清掃といった仕事をするよう要請した。穢多のエリートは独占権を手放したくないがために、権力と結託した。

従って穢多は、権力当局と共同体内部のヒエラルキーという二重の統制のもとに置かれていた。こうした権力の二重構造は、ことに幕府直轄の都市で発展した。被差別集団の管理には、地域による違いも存在した。穢多共同体内部の権力構造は、領主と皮革製造職人頭との間に庇護・依存関係が生じた戦国時代のシステムに準ずるものであった。皮革製造職人頭の地位は世襲制のようなものとなり、職人頭の子息は幕府や藩により、穢多共同体のリーダーたるべく養成された。とはいえ、徳川歴代将軍は、リーダーの権力が穢多社会にあって部分的なものであるよう、配慮を怠らなかった。

穢多共同体の最も強力なリーダーが、江戸に居住していた。弾左衛門（世襲の敬称）と呼ばれた穢多（長吏）頭は、江戸に四つの蔵を所有していた富裕な皮革商、矢野一族の長であった。弾左衛門の影響力は関東内外の穢多共同体に及び、弾左衛門は皮革業を行うための資格証を、納付金と引き換えに発行した。徳川家康により、関東地方の皮革職人の長に任命されてから、弾左衛門は、いわば家康の家臣のような地位を得、天下分け目の戦いであった一六〇〇年の関ヶ原の戦いに参戦した。

弾左衛門由緒書によると、矢野一族は池田（現在の大阪府）の出身で、鎌倉幕府の源頼朝（一一四七―一一九九）に仕え、一一八〇年には、穢多および非人社会の統括を任されたとされている。一七一九年の、穢多の一団による幕府への異議申し立ての後、弾左衛門は、穢多共同体の頭（穢多頭）が幕府との関係で有する特権および義務を明文化した。すなわち、幕府への皮革の納入、幕府の管轄地の秩序維持、危機（火災）の際の監獄の監視、死人の処理や、死刑執行の人員の幕府への派遣といったことである。また、心中（幕府は有罪としていた）した者の亡骸は、三日間、公衆の面前に曝されることになっていたが、その際も穢多が亡骸の見張り役を務めた。彼らは心中した者の所持品を自分のものとすることが許されていた。彼らはまた、都市民の排泄物の汲み取り事業を独占しており、排泄物を肥料として農民に販売した。

弾左衛門は、まず処刑場のそばの日本橋に居を定め、次に鳥越、さらに浅草の新町（あるいは囲内《かこいうち》）という名の界隈に移っていった。弾左衛門は関東八州に支配を広げていった。[18] 弾左衛門は、小規模ではあるが共同体運営のための行政集団（一五〇人）を持ち、関東一円の皮革市場独占で収入を得、しかも納税義務は免除されており、あたかも小禄の大名のごとく振舞った。弾左衛門支配下の地方においては、小頭（地域のリーダー）を介し長吏を掌握するものとされた。小頭は二〇の村々に支配を及ぼし、年に一度は江戸に赴いて弾左衛門に報告書を提出し、納付金を納めなければならなかった。弾左衛門は世帯ごとに税を米で徴収し、管轄地内の手工業に対し税を課した。弾左衛門はまた、支配下のメンバーを裁く権利——これは、十八世紀後半にのみ、大名に与えられていた特権である——も有していた。

他の穢多頭たちも特権的な地位を得ていた。例えば、姫路の穢多の代々の頭である仁太夫や、京都の染色業の元締めであった下村一族である。一方、大坂では、幕府から任命された穢多頭はいなかった。渡辺村は皮革商の長老から成る寄合によって運営されていた。

こうして、穢多共同体のいわば体系ができあがり、共同体のメンバーは金貸しになることも可能なほど、富裕になる可能性を持っていた。例えば『日本永代蔵』において井原西鶴は、「銀替の手代これに腰をかがめ機嫌をとる程になりぬ」と書いている。[19]

穢多共同体は、中世において日本各地に出現し、一族（一六二四年から一七〇七年にかけては江戸の矢野一族、京都の下村一族）によって支配された重要な地区が存在したが、複数の穢多共同体が統合されたり、共同体全てを統括する中枢権力が出現したりしたことはなかった。将軍が穢多共同体を監視していたのである。穢多共同体を統括する中枢権力が存在しなかったために、共同体の地位や管理方法は、地方によって大きく異なっており、差別政策強化への抵抗がほとんど見られなかったのである。

江戸で将軍は、穢多と非人のヒエラルキーを確立させるのに、矢野一族との関係を利用した。車善七（江戸の非人頭のひとり）と弾左衛門との抗争後の一七二二年、弾左衛門は、自らの先祖が穢多と非人の共同体の支配権を源頼朝から授与されたとの文書を持ち出した。幕府にはこの文書が偽書であるとの認識があったが、弾左衛門の肩を持ち、「屋号」にお墨付きを与え、穢多頭が非人共同体に対し優位に立つと裁定を下した。

しかし、非人の穢多頭に対する依存状況は地方により異なる。京都において、穢多頭は非人に対する統制権を持っていなかったようであるが、序列としては非人より上にあった。穢多の非人に対する優位は、穢多が生計を、皮革を商う（したがって、権力側にとっても穢多は有用であった）ことで立てていたのに対し、非人の唯一の糧は、物乞いという寄生的なものであったためであると考えることができる[20]。穢多の非人に対する優位は、もうひとつの要因による。つまり、少なくとも江戸では、穢多が皮革業を独占し、斃牛馬の解体業はほぼ非人のものであったからである。言い換えれば、日々の生業において、穢多と非人は重なる傾向があったのだが、穢多が非人を下と見なすことによって、差別に関しては立場の違いが存在していたのである。

江戸では逆説的に、穢多はその地位ゆえに、非人よりも差別されていた（彼らが犠牲となった分離差別政策が、実際、代々続いてきた）。そのため穢多は一般社会から最も遠い存在であった。しかし、同時に穢多は下層社会では非人よりも上であり、穢多は地位において平民とさほど遠くはなく、穢多の中には、再び平民に戻ることのできる者もあった。社会から拒絶された者たちの序列化はそれにとどまらない。穢多と非人に注目は集まりがちであるが、江戸の多様な下層社会には、他にも様々なマイナー集団があった。社会から排除されたこうした者たちは、穢多頭の支配下にあったのである。

周縁の混沌

江戸末期において顕著な現象が二つあった。すなわち穢多の人口が増加したことと、程度の差はあれ差別されていた周縁層が拡大し、穢多社会の周囲に集まってきたことである。十八世紀の初めから十九世紀の半ばにかけて、日本の人口は殆ど増加しなかった（一七二六年に二六二〇万人、一八五二年に二七二〇万人、一八七二年に三三〇〇万人）[21]。一方、穢多共同体は遥かに急速なスピードで発展したようである。穢多は平民には含まれていないので、調査の対象外となっており、人口を把握するのは一層困難である。一七一五年の推計によれば、穢多は一四万五〇〇〇人である。穢多の身分から解放された一八七一年には、二八万人である。この数字からすると、全体の人口増加は停滞気味であるのに対して、穢多人口の増大は顕著である。地方毎の調査もあり、これは範囲が限定されているだけにより信頼に足るものであるが、その調査結果からも同じことが窺われる。この現象をどのように説明すればよいだろうか。

まず、幾分か動物性たんぱく質の豊かな食事を摂っていたことで、貧困や飢饉にも相対的によく耐え得た社会層において、自然と人口が増大したと考えられる。穢多は、こうした危機をも逆手に取った。動物の屍体が増えると仕事が増えるのである。穢多の携わる仕事（様々な手仕事、道路管理、秩序維持）は凶作の影響をそれほど受けない。さらに、極度の貧窮から農民の間で当時、広く行われていた堕胎や間引きは、穢多においては、さほど行われなかった。[22]

他にも理由がある。江戸時代の差別政策が強化され、穢多の仕事に直接結びついていない者たち、例えば傍系親も穢多集団に組み入れられたのである。貧窮したり、村を去らねばならなくなったりした農民や病人、身体障害者、前科者など、故郷を追われた出自も様々な人々が、被差別部落に救いを求めてやって来たことで、穢多の人口は増加した。[23] そのかわりに、穢多には農作業が割り当てられた。凶作や飢饉の後は、地域全体から死者が出るので、土地を耕すよう、当局は穢多を田畑に派遣した。税は村ごとに計算されており、課された租税を納められるよう、当局に把握されている耕作可能な土地は全て耕さなければ、と農民たちは考えていた。「かわた百姓」の蔑称で呼ばれる人々が出現し、差別は農村にも広がっていった。かわた百姓は他の農民と同じ仕事をし、租税を納めていたが、村人と通常の隣人付き合いをすることは許されなかった。劣者の印を帯びたかわた百姓は、村祭りからも制度的に排除されていた。灌漑施設を穢多に使用させない地域もあり、穢多は、いつまでも不毛な耕地の収穫を上げることはできなかった。[24] 従って、農村部においても、穢多は除け者だったのである。本州の最貧地方である仙台以北の東北地方には事実上、被差別部落はもはや存在しないが、あたかも農民はなべて貧窮状態にあったかのごとくであった。

穢多・非人と時に同等、時により劣ったものとされてきた、すでに何度か言及した差別対象としての漂泊民もまた増加した。漂泊民は当初、弾左衛門の統制下にあり、矢野一族が十二世紀から割り振っていたという二八の職業に携わる者から成っていた。そのうちのいくつかの職業（染物師、人形遣い）はすでに挙げた。その他の職業としては、盲目の音楽師である「座頭」[25]、幸若舞の踊り手（舞々）、壁ぬり、筆結、墨師、笠縫、石切、鋳物師、渡し守、獅子舞の演者、傾城《けいせい》屋などが挙げられる。[26] 地方により位置づけは異なるが、これに、墓掘り人や火葬にあたる者たちが付け加わることもある。おそらく、亡霊に対する恐怖が、彼らのマージナルな身分と無関係ではなかったろう。[27]

蔑視を受ける職業の数も次第に減っていくが、こうした蔑視されている職業に携わりながら、良民と結婚する権利を得た者は、次第に一般社会に組み入れられていった。また、裁判によって穢多の身分から解放される者もあった。まず青屋——なめし職人や乞食と共に河原に住んでいたせいで、「穢れ」ているとされた——に続き、一六八九年に座頭が、一七〇七年には竹本義太夫（一六五一—一七一四）と近松門左衛門（一六五三—一七二四）という天才により大成功を収めた人形浄瑠璃師が、穢多の身分から解放された。役者もまた弾左衛門の管理下から解放されたが、依然として差別（編笠着用の義務）の被害者であり続けた。[28] 一方、地域や時代によっては、あらたに弾左衛門の統制下に置かれるようになった職人仕事もあり、江戸における穢多の職業は実に多様であった。路上生活の習慣を持つこうした職人仕事に携わる人々は、後に論じていく陰の文化、すなわち行商人のひとつの源となった。

　歴史家の石井良助によれば、賤民の職業の中には、ヒエラルキー的に言うと、良民と、最も差別される社会階層である穢多・非人との間のグレー・ゾーンに位置するものもあった。石井は、良民の下に位置するグループを上から順に五つ挙げている。良民の社会の周縁に乞食芸人（乞胸《ごうむね》）がおり、続いて被差別農民（夙《しゅく》）、茶筅職人、猿飼、そして、最後が穢多・非人である。(29)

　その周縁的身分により最も興味深いのが乞胸《ごうむね》である。乞胸は良民であると考えられていた。彼らは蔑視される生業（物乞い）に携わっていたために、江戸では浅草の非人頭、車善七の管理下に置かれていたものの、良民であると考えられていた。しかし、穢多とは違い、乞胸は出身共同体の外部の人間と結婚することができた。

　もともと乞胸は浪人であり、江戸時代初期に倍増した。そのひとりが、上方出身の長嶋磯右衛門で、大きな編笠で顔を隠し、謡や浄瑠璃をくちずさむことで、乞食としての生活の糧を得ていた。乞胸の名は、「乞う」（要求）と、「胸」から成り、彼らが、胸中にあることを知らしめたり、胸を叩いたりしながら物乞いをする人であったことを物語っている。(30)

　寺社で大道芸を始める乞胸もあり、彼らは、乞食芸人を支配下に置いていた非人頭と衝突を起こした。そのため幕府は、良民の地位を当面は失うことなく大道芸の仕事もできるよう、乞胸を非人頭の下に置いた。その上、一七七三年まで、乞胸は二本の刀を差すことができた。犯罪を犯した場合、乞胸は、穢多・非人の法廷ではなく、一般の法廷で裁かれた。彼らには彼らの縄張りがあり、一定の場所に居住しなければならなかった。その居住地は、日本橋界隈、続いて上野の近くの下谷界隈へと移った。上野はその後も第二次世界大戦が終わるまで、大道芸人や変装者など、多彩な人々が寄り集まる賑やかな場所であり続けた。

乞胸が携わっていた職種は十ばかりあり、パントマイムの演者である猿若、新年のめでたさを伝える万歳[31]、石を使う路上の大道芸人辻放下、糸で形を描く芸をする綾取、からくり手品師、人形あやつり、三味線を弾きながら物語を語る人、説経師、芝居の役者の物真似、能の滑稽版である仕方能、物読、講釈師といったものが挙げられる[32]。

こうした職業に携わる人々は、程度の差こそあれ、乞胸と結びつきがあり、乞胸と同じく、零落した良民、かぶり乞食であって、非合法な物乞いをしていた。農民乞食(夙)もまた、両義的なカテゴリーである。彼らを指す「しゅく」という言葉は、「宿」あるいは仮の宿りを意味する漢字で書かれたり、用いられることはまれだが組み合わせることで中国語で「犯罪者」を意味することになる「夙」の漢字で書かれたりする[33]。おそらく、居住場所によって名指されていた非人の一カテゴリーのことであったのであろう。「夙」の名は(先に、中世の非人宿について述べたように)、姫路や奈良でとりわけ多く見られる。夙は、穢多頭に依存し、三味線と胡弓の伴奏でささやかな芸を披露した。女性の夙は草鞋を編んだ。夙には一般の農民と結婚する権利がなかったことから、農民より劣位の存在であると考えられていたが、土地を耕すことは許されていた。夙の身分は、地域によって異なっていた[34]。

もうひとつの境界的な賤民のカテゴリーが「茶筅」である[35]。彼らは、とりわけ広島周辺に暮らしていた。穢多頭に依存する者もあったが、そうでない者もあった。彼らは茶筅を売り、米を乞うた。茶筅が農民から差別を受け、農民が茶筅に同じ竈を使わせようとしなかった地方もあった。また、ある地方では、茶筅が監獄の警備役を務めていた。茶筅は穢多管轄地の産物なのである。

非人の次に蔑視されていたのが、猿飼である。彼らは皮革業には何ら携わらず、物乞いもしなかったが、穢多の一員であった。彼らは猿の芸を見せ、馬の病の治癒のため祈禱を上げた。江戸には、猿飼の長で脇差を帯びた「長太夫」がおり(36)、猿飼たちは、「長太夫」に納付金を納めていた。

こうした漂泊の社会層の概観に加え、歴史に記録され続けたもうひとつのカテゴリーについて語らなければならない。それは、狂気の人々や障害者、病人である。三つの宝、すなわち仏、仏の教え、僧侶集団（仏法僧）から見放されたとされ「三宝の捨て者」と呼ばれた癩者の多くは、路上に放り出され、物乞いをしていた。彼らは因果応報で、仏の加護を失ったものとされていた(37)。

まだ述べていない社会層に、放浪者や、洞窟や山の住人が挙げられる。その人口はわずかであるが、いずれも「サンカ」の名で呼ばれ、二十世紀初めに柳田國男が彼らについて書いている。物乞いや、籠編み・竹細工を生業とする巡回説経師や、それに準ずる「サンカ」(38)のうち、一部は実際に穢多出身であり、柳田は彼らを西洋におけるロマと比較している。都市の漂泊民のうちには、仕事が見つからない間、物乞いに手を染める者もあり、彼らは本書の研究対象である陰の文化の基盤のひとつの、日雇労働者でもあった。支配層は、先に述べたような様々な社会集団を牛耳ろうとすると同時に、求職市場のシステムを作り、証書を発行することによって、日雇労働者を管理した。貧者に規律を与える方策は日雇仕事の元締めの管理をめざす方策と対になっていた。

就労

徳川時代の末期に、ひとつの身分に固定されていない個人の割合は、江戸、大坂や京都で上昇していた。このような下層民は、都市へと追われた農民と共に、明治期の産業プロレタリアートを成すことになった。ゲーリー・P・ルップは、西欧における日本研究の新たな手法を展開した著作の中で「おそらく一般に考えられている程、江戸時代の都市労働者と近代の産業プロレタリアートとの差は大きなものではなかった」と述べている(39)。ルップは、武士の反乱が起こらないようにと徳川体制が企てた政治的変革が、はからずも、住民の移動を管理する措置に逆らう効果を生んでしまった経緯を明らかにしている。

徳川歴代将軍は、相矛盾する課題に引き裂かれていた。幕府は大規模な公共工事のために、労働者を動員する必要があったが、同時に特定の身分を持たない人間たちが都市にあふれることに対しては、歯止めをかけなければならなかった。

都市が膨張し、大規模工事のために、ますます労働力への需要が高まっていったので、湿地に位置し、常に整備が必要となった江戸に限らず、数々の城下町においても労働自由市場が出現することになった。農民に課された賦役があまりに過酷で、収穫にも支障が出てきたこともあり、賦役から賃労働へと転換が図られた。この展開は、人身売買の禁止と結びついていた。ただし、貧窮し、娘を売春宿に売る親は絶えなかった。[40]土地を持たず、労働力以外、何も持っていないという点で「自由な」都市のプロレタリアートが出現し始めていた。貨幣は社会の各階層を結びつける傾向を持った。さらに幕府は、採用期間についての規則を制定した。[41]十七世紀半ば以降の幕府の課題は、徳川体制の依拠する束縛と依存のシステムに矛盾する、何者にも依存せず独立独歩の「主なき人々」を管理することであった。

職人や熟練工は座に組織化され、将軍から承認を受けた。しかし、日雇労働者は、職人の弟子と同様の身分を享受することができなかった。また、親方（この概念については後に述べる）――つまり多かれ少なかれやくざな世界に結びついた手配師――を中心として組が組織された。力仕事に携わる「下層プロレタリアート」は、あまり明確でない境界上に位置するが、盗人や、大道芸人や、ざんばら髪の放浪者たちの非合法の世界と重なるところがあり、権力者をおびやかす存在であった。従って幕府は二つの段階を踏んだ。まず、日雇労働者の元締めである親方たちを組織して、穢多頭や非人頭と同じく権力の歯車とし、それから日雇労働者たちを一種の契約によって親方に結びつけたのである。こうして、犯罪と貧窮のつながりは事実、深まった。

幕府は十七世紀の半ばから、日雇労働者を仕事の元締めのもとに登録する方式を課した。

元締めは木製の日雇札を発行し、労働者はそれを身に付ける義務があった。このようにして、日雇頭の管理下に身を置くことが可能となったのである。このシステムは一六六五年、日雇座の記録簿方式の開始により強化された。日雇労働者が正式に登録されていない場合、元締めは罰金を科されることがあった。

都市の漂泊層の統制のその他の方法には、移動してきた者の元の藩への強制的送還や、貧窮状態の者たちが仕事に従事できる作業所の設立があった。最も練り上げられた統制の形が、人足寄場である。

こうした政策の多くは、放浪を食い止め、「強者と弱者が都市で共存していくことを可能にする」方法として、十六世紀から十八世紀にかけてのヨーロッパにおいて実施されたものと重なる。[42]ヨーロッパの権力者たちもまた、乞食や放浪者を特にマークし、領内の経済のため、安定した労働力が得られるよう、彼らの移住を制限しようとした。さらに貧者集団を隔離しようとした。そのほとんどが農業をやめ非農業地域に移った人々であり、そのため、彼らは当然、地域共同体とは断絶があり、強制労働市場に組み込まれることになった。そこは「貧者の監獄[43]」と呼ばれ、そこで物を作ることにより、人間として更生するものとされた。

徳川幕府の政策と、こうしたヨーロッパにおける政策の意図の類似は明らかである（徳川幕府の貧者に関する法も、規律を授け、教化することであった）が、ヨーロッパと日本とでは、ゲーリー・P・ルップが明らかにしているように、根本的な状況の違いがあった。ルップによれば、ヨーロッパでは労働力が余っていたのに対し、日本では労働力需要が供給を上回っていた。そのため、飢饉や天災により何万人もの農民が周期的に路頭に迷うことになったにもかかわらず、少なくとも徳川時代の前半においては、放浪者が減ったのである。(44) また、徳川時代に鎖国されていた日本は、ヨーロッパほど豊かではなかった。

江戸前半期に、放浪者たちは都市から定期的に追い出されたが、罰としての強制労働は一般化しなかった。日本で放浪者の組織的な収監が行われるようになったのはヨーロッパより遅く(英語でいうワークハウスは十六世紀に創設され、パリでは一六五六年に一般施療院が設立された)、その期間も相対的には短く(十八世紀後半から十九世紀半ばにかけて)、ヨーロッパの例ほど多くの人間を(パリの一般施療院は、創設二年後に六〇〇〇人を擁していた。これは、パリの人口の一パーセントに相当する)(45) 抱え込んだことはなかった。

ヨーロッパにおける「大いなる閉じ込め」が、心性の変化(「狂気が貧困や労働不能、適応不可能の社会的局面に見られるようになり」、あるいは、「無為が呪われ糾弾され」、仕事に「倫理的な超越性」が与えられた時期)(46) に対応したものであったと同様に、日本において初めての貧者の施設が開設されたのは、十八世紀中頃から顕著になっていた罪と贖いの観念の変化の時期にあたっている。幕府は、例えば、拷問を受けた肉体を曝すことで歯止めをかけるより、仕事を通じて、再教育しようとしたのであった。(47)

人足寄場が作られる以前にも、様々なタイプの施設があった。特に無宿者の集まる場所である「溜《ため》」が一六八七年、浅草に、界隈の非人頭によって作られた。そこに貧窮者が匿われ、囚人の収容場所ともなった。次の段階として一七七八年に幕府は、佐渡金山での放浪者の強制労働システムを創始した。放浪者たちは、地下の揚水施設に送られた（「水替人足寄場」という施設の名前はこれに由来する）。「仕事も持たず、落ち着きのない」放浪者たちを教化することが目的であった。一七八八年、水替人足寄場には二〇〇人が収監されていた。[48]江戸では短期間しか続かなかったが、無宿養育場が開設され、一七八六年に閉鎖されている。

こうした性格の施設は地方に見られた。例えば、一七八六年、金沢に非人小屋が作られ、この地における行政管理の良さが評判となった。[49]十八世紀末、矯正院は四五〇〇名を収監していた。[50]金沢においては、実際に地方のレベルでの（貧者と犯罪者たちの）「大いなる閉じ込め」政策が実施されており、その広がりにおいて、ヨーロッパに比すべきものであったと考えられる。貧者を収監しようとしたのは、人道主義的配慮（金沢における儒教思想家の影響）がなかったわけではないにしても、トラブルが起こらないようにとの懸念からであった。強制労働所の設立は、漂泊民を管理する全体政策の一部をなしていた。[51]

江戸では、伝説的な火付盗賊改であり、物語の主人公ともなった長谷川平蔵の提案により、一七九〇年に放浪者の収監所が設立され、かぶき者たちも収容された。[52]これが、初の人足寄場である。

この寄場は、隅田川河口の石川島にあり、放浪者や無宿人、男も女も収監されており、それぞれに仕事（大工、石工、鍛冶屋、籠編み、縫い物など）[53]があてがわれた。同様の施設が常陸、ついで長崎（一八二四年）、大坂（一八四三年）、長岡（一八六七年）、横須賀（一八六八年）に設立された。常陸の人足寄場は、農民になりたいと望む人々を収監し、油絞りの重労働をさせた。三年の年季が明ければ、元売春婦を娶り、わずかながらも土地をもらうこともできた。人足寄場の収監者たちには少額の給金があり、そのわずかな一部（煙草銭）が彼らの手に渡った。残りは施設を去る際に、賞与金として渡された。きわめて勤勉に働いた者は、都市に出て油紙を売る権利を得た。彼らは柿色の地に白の水玉が染め抜かれた御仕着せを身に付けていた。水玉の数は寄場で過ごす年数（平均三年）に伴って少なくなる。一八四五年に、石川島の施設に収監されていたのは、一番多い時で六〇〇人であった。寄場には稲荷信仰があり、おそらくは神社の中で最もありふれた像であり、稲荷信仰のシンボルである狐が、囚人や売春婦たちの守護神となっていた。

石川島に施設を開設することを決めた老中の松平定信は、回顧録の中で、抑圧の伝統的な方法（流刑や刺青）が功を奏さなくなり、ごろつきや放浪者が、都市において猛威を振るう暴れ者を増大させかねないと述べている。実際、石川島の寄場が設立される三年前に、都市の貧者や放浪者を増加させた天明の飢饉（一七八一―一七八九）に続いて江戸で騒動が起こった。またしても飢饉が続き、一八四二年に江戸では、非人のための寄場が作られ、中には米一揆（五〇〇〇人が江戸から追放された）[54]に参加する者もあった。多くは野非人や没落者たちであったが、先祖からの非人や罪人ではなかった。

パリの一般施療院と同様に、寄場の機能は「社会秩序をおびやかす物乞いや無為徒食を防ぐこと」であった。換言すれば、寄場は騒乱や暴動を防ぐ役割を果たしていたのであり、「犯罪予防の趣旨[55]」を持っていたのである。パリの一般施療院やその他、フランスの同様の施設の役割は、閉じ込め就業させるのみならず、教え諭すことであったが、人足寄場も秩序維持の機関であり、収監者を更生させることを目的としていた。例えば儒者の中沢道二《どうに》（一七二五―一八〇三）は、石川島の人足寄場で、石田梅岩の教えについての講演を定期的に行った。[56] 石井良助は、佐渡島の強制労働所が苦行を課すことを目的としていたのに対し、人足寄場は再教育のためのものであると考えられていたと見ている。人足寄場は、[57] 西洋よりむしろ中国の影響の下、懲罰から道徳的更生へと理念の転換をもたらしたのであった。

おそらく人足寄場に、儒家が推奨する「仁政」の表現を見て取ることができよう。しかし、収容者＝囚人を教化するという発想は、人足寄場の抑圧的性格を証さないではいない。最も手に負えない者たちは、さらに佐渡金山に送られた。その上、一八二八年から人足寄場は、[58] 無宿者や無収入者、ごろつきや不良少年といった、社会の様々な者を収監した。ヨーロッパとは異なり、狂人のみが強制収容所や更生のための作業所に収監されたという形跡はない。[59] 人足寄場は明治維新によって廃止され、収監者は解放された。収監者たちは、勃興しようとしていた都市のプロレタリアートの一員となっていった。

差別・支配・反抗

本章の冒頭で述べた良民と賤民との間の時代を超越した溝は、こうして江戸時代に大いに深まっていった。本質的には習慣的なものであった身分差別が、制度的差別へと移行したのである。制度的差別にあっては、宗教的禁忌や、元来ある種の生業に結びついていた偏見は、

社会統制メカニズムの無条件の正当化ではないとすれば、もはや言い訳でしかない。(60)

徳川幕府は、個々人をそれぞれの身分につかせることによって人心を把握しようとした。そして、すでに述べたとおり、中世において売春婦は、頻繁に移動する生活を送っていたが、幕府は売春婦にもすまいをあてがった。「快楽」に場所があてがわれたのである（合法的界隈と共に、違法な売春地区とが存在した）。その後、天下統一の立役者のひとりである秀吉は、京都の売春婦を島原に集結することを試みた。江戸の吉原のような大規模な遊郭が生まれた。一七八九年に非合法な、すなわち統制外の売春が禁止されるに伴って、遊郭は増えていった。江戸には三五の遊郭があり、地方の諸都市には、一〇〇を超える遊郭が存在した。公衆衛生の観念により、外の社会と隔てられた囲い（これは実に鮮烈な象徴であって、遊郭には「郭」すなわち「囲い」の名が与えられた）の内側で、洗練とどん底の貧困とが隣り合わせの、まさしく「裏世界」が生み出され、江戸の創造の一大中心地となったのである。

権力者たちは、士農工商の四つの身分にも、その下位区分にもきちんと位置づけられていない人々に、とりわけ意を払わなければならなかった。都市の膨張により、こうした人々は増加する傾向にあった。路上で展開される様々な職に携わる都市部の漂泊民だけでなく、日雇労働者、大道芸人、手品師、流れ者、浪人、無禄の武士といった人々が集まり、都市は犯罪者やトラブルメーカーのるつぼと化していた。

都市への流入を抑制するために、幕府は都市にやって来る流入者の検問を確立し、強制的に出身の農村に送還する制裁を行い、人口の流動を制限しようとした。しかし、こうした政策は不十分なものとなっていった。それに続いて強制労働所が作られた。幕府は、望ましくない人々を排除するかわりに、仕事をさせたのである。おそらくこうした政策には人道的な目的がなくはなかった。徳川家康は賤民（穢多、乞食、盲人）に対し憐憫の情を持つよう薦めたのではなかったか。本居宣長（一七三〇—一八〇一）は、貧者のための施策を実施するよう幾度も呼びかけている。ついには仏教の諸宗派も、最も恵まれない人々や被差別者に援助の手を差し伸べた。しかし幾多の措置も、弱者たちの運命を実際に救うには至らなかったように思われる。

多様な賤民を区分し、隷属させようとする徳川幕府の意図は、本質において、十六世紀から十八世紀にかけてのヨーロッパの権力者たちの場合と、さしたる違いはない。メアリ・ダグラスが述べるように、徳川時代の日本以外の歴史的文脈においても、「権力構造の網の目から零れ落ちる人々は、身分がはっきりと定められている人々に対し、潜在的危険性を持つ」[61]のである。なぜなら、そうした人々は浮動的で、その意味で危険分子となるので、権力者が警戒すべき無秩序の温床となるのである。そして、ここに抑圧が始まる。貧窮や「快楽」といったものが辻々で抑制されるのでなければ、社会秩序は保たれない。権力者が警戒するのは、彼らの生活様式である。というのも、彼らは社会の整然とした区分に反発を示すからである。

さらに、メアリ・ダグラスによれば、日本において、境界的な領域の住人たちの中には霊力を持っていたり、本質的に象徴的な地位（「穢れなき」天皇と対を成すものとしての「穢れ」）を占めたりするものがあったとされているが、そうした者たちは、権力者にとって危険な存在であった。賤民は社会全体の中で欠かせない仕事を果たしつつも、彼らをその職業によって差別し、序列化する複雑なシステムによって、社会の周縁に置かれた。

こうした差別は、社会的整合性を強化するための象徴的な役割を担っていたのかも知れない。地域や時代により、賤民の身分にはバリエーションがあったが、「劣位」であると見なされ、差別される人々が存在したこと自体、社会のヒエラルキーの中で自分たちよりも下の存在がいるのだから自分たちは恵まれている、といった感情を貧農たちに抱かせるのに役立った。当の農民もまた、その社会のヒエラルキーの中で上の者たちからの差別を耐え忍ばなければならなかったのである。自分たちよりも悲惨な状況に置かれ、蔑視されている人々に対する貧者たちの態度は、権力側が、これら社会の落伍者を下層民の暴動を抑圧するのに利用したために、ますます硬化した。身分に結びついた偏見のせいで劣位とされている人々や被差別民は、貧者を裏切り権力側に付いたものと見なされた。社会から孤立したものの、他の恵まれない者たちとの連帯意識もなかったので、彼らは、かなり確固とした権力の手下となっていった。蜂起農民を制圧する軍勢として、例えば穢多が幾度も組織化された。言い換えれば、被差別民は、もともと自らを社会的におとしめたものである当の秩序を、防衛するよう求められていたのである。

厳格に被差別民の身なりを規定する幕府の相次ぐ布令は、賤民に対する偏見を生みそれを助長し、良民と賤民の違いを際立たせることになった。偏見は庶民の心性に浸透していった。

しかし、賤民に対する蔑視にもとづいた強制的な慣行は、日本にのみ固有のものではなかった。(62)

江戸時代の差別のシステムは、社会統制および浮動的社会層の隷属化、口実としてのみ取り入れられた宗教的秩序による伝統的禁忌の合理化の手段であったと考えられる。西欧思想の影響を受けた政治家にして実業家である大江卓(一八四七―一九二一)が民部省へ提出した穢多非人廃止建白書において述べているように、一世紀の後には「新たな下層階級」が出現したのである。大江はまた、穢多異民族起源説の「理論」がいかにまやかしであるかについても述べている。(63)

徳川幕府の法制は、良民と賤民の分離を推し進めるのに貢献し、穢多の一層の地位低下により、徳川末期に、差別は弱まるどころかますます強まっていった。そのことを証すよく知られた事件がある。一八五九年に穢多の若者と一般町人とのあいだの喧嘩に続き、江戸の町奉行池田播磨守が、穢多頭の弾左衛門により事件の審議を付託された。池田播磨守は、穢多の命は平民の七分の一に相当するという旨の判決を下している。これは、文字通りには受け止めないほうがよい逸話であろうが、(64)当時の社会の混乱や、危険因子となりつつあった下層階級に対する態度の硬化を反映するエピソードである。

権力者の戦略は、平民と賤民との間の断絶を強調し、両者の身なりを相異なるものにし、賤民を秩序維持のための最も惨めな役目に就かせることであったが、こうした戦略は徳川家没落の時期まで、かなり順調に機能していた。多数の非差別民が民兵に組み入れられたが、中には下層民の反乱にも参加した者があった。庶民の心性における被差別民のイメージは、権力の「番犬」にとどまらない。被差別民はその周縁性ゆえに、無法者とまでは言わないまでも、いわば解放されているとの印象を与えていた。暗示的であるが、反乱農民たちは、しばしば、非人の身なりをした。これはおそらく、被差別民との連帯感を示すものというより、領主との絆を授ける封建関係からの離脱の欲求を表すものであろう。単純素朴な農民たちは暴徒となった[65]。中世と同じく江戸時代の非人も、社会の中で恥ずべきものと見なされ、正負両面の価値を帯びた象徴的な存在であったようだ。すなわち、法からは切り離された人間、寄る辺なく、係累もなく、中世的な野の自由をまとい、蓑を着、大きな編笠をかぶった人。非人はこうした意味で「外から来た」人物なのであり、悲劇的宿命を背負っていた。そのイメージは、今日に至るまで民衆の想像力の中に残存している。

徳川末期の反乱には複雑な問題があり、そうした局面のいくつかについては後に見ていくこととしよう。ただ、さしあたって、徳川時代最後の数十年間は、反乱、都市暴動、相当数の都市流入がきわ立ち、その規模と熱気は西洋中世の千年王国運動に比すべきものであったとだけ言っておこう。農民反乱の性格は、十八世紀の後半から変容しはじめた。それまでは、村落共同体が反乱の連帯に枠組みを与えていた。続いて、村落共同体内部での敵対関係が鍵を握るようになってくる。大地主と農民、貧者と商人といった具合である。打ちこわしが反乱者の戦略のひとつとなり、米問屋、金貸し、酒屋や権力の代表者が標的となった。反乱者たちは社会の悪の「聖なる矯正」をするのだと考えていた。これは、例えば、天保年間（一八三〇—一八四四）の騒動の例にあてはまる。大坂では一八三七年に反乱が起こり制圧されたが、その反乱（大塩平八郎の乱）はこの時代の異議申し立て運動の典型例となった。続いて、徳川時代の最晩年に、興奮状態の群衆が歌うリフレインの文句である「ええじゃないか」の名で知られる大規模な準宗教運動が広がった。歴史家の二宮宏之は、フランス革命の《Ah! ça ira, ça ira》（フランス革命期の歌の有名なリフレインで「嗚呼、いけるぞ、うまくいくさ」の意。民衆たちはこの歌を口ずさみ踊り狂いつつ反乱の輪に加わったとされる。）に比している。(66) 十九世紀の初頭は、民衆たちの未曾有の大規模な移動や、江戸時代に民衆に広まった巡礼のアナーキーな慣習が特徴となっている。「おかげ年」（伊勢神宮で遷宮のあった翌年で、この年はお蔭を特に授かるとされた。）と呼ばれるめでたい年には、民衆が一団となって繰り出し（一八三〇年には四〇〇万人を超える）、道々、至るところを荒らしつつ、巡礼の地を目指して諸国を駆け抜けていった。伊勢神宮、熊野三山、四国の八十八箇所が、この熱烈かつ奔放な巡礼の目的地であった。

この不安定な時代に、被差別層は、異議申し立て運動や自由奔放な運動の中心となった。例えば一八五五年には、備前の穢多が主導する反乱があり、ついで松代（長野）でも穢多主導の反乱があった。江戸末期の「賤民」は「危険階級」となりつつあったのだろうか。この問題については、第一部の結論部において述べることにする。その前に、排除の犠牲者であったにもかかわらず、被差別階級が、徳川体制が終焉へと向かうにつれて、多様で浮動的な人々から構成され、後の明治の産業プロレタリアートの前身となる「賤民」の一群に、いかに溶け込んでいったのかを見ていこう。

「月の友」

退廃と反乱の時代である徳川末期はまた、大いに人的移動や交換がなされた時代でもあった。すでに述べたように、徳川体制の秩序の厳格さは上辺のみで、従来の秩序は緩み、社会の流動性は高まっていた。しかし、だからといって、徳川体制下において、反乱が増える前の社会が、硬直し、停滞した社会であったと見なすのは間違いである。それどころか社会は複雑で多様性に富み流動的で、創造的なダイナミズムに活気づいていたのである。徳川体制の敷いた鎖国政策は、国家統一および、中世以来、土着文化的表現を通して形成され始めていた国家的アイデンティティの顕揚に貢献した。しかし、出世を時代の主導的傾向とする商人階級の推進力のもとで、江戸文化は都市の庶民が担っていた。特に文学や浮世絵が示すように、当時のめざましい民衆文化は、近代における日本の転換の本質的な基盤を成している。徳川時代の社会がこのような創造的な力によって活気づけられていなければ、明治時代の鮮やかな転換を準備することになる近代の祖型(当時のイギリスのみが成し遂げた都市化、貨幣経済、高い識字率)をもたらすことはなかったであろう。西洋との接触(とそれのもたらす脅威)は、近代化のきっかけともなり、素因ともなったが、それだけで日本の近代化の説明はつかないであろう。

偏見の犠牲になっていた社会層も江戸文化のダイナミズムから切り離されてはいなかった。

被差別民たちについて、そのことは確かに言える。浮世絵には、斃牛馬解体業者や、肉を食する者たちの光景が地獄でもあるかのように描かれた（例えば歌川豊国（一七六九―一八二五）の「観音の霊力」は穢多の身分に対する偏見が広まっていたことを明かしている）。こうした偏見は、動物を捨てたり、捕獲したり殺したりしてはならないとする、十七世紀の終わりに将軍綱吉の定めた生類憐れみの令（綱吉が殊に犬を保護しようとしたことから、綱吉には犬公方のあだ名が付けられた）によって、いわば制度化された――これはある時期については真実である――のである。十九世紀初めに曲亭馬琴（一七六七―一八四八）は、穢多に対する蔑視を（永続化されるべく）なぞっている。馬琴は実際、一八〇三年の旅行記（『羇旅漫録』）の中に次のように記している。「大坂の市中犬すくなし。これは穢多主なき犬猫をつれゆき、皮を剝ゆゑなり」。馬琴の傑作とされる『南総里見八犬伝』（一八一四―一八四二）では、次のように書かれている。「人に貴賤の差別あり。婚家は其分に随ひ、みな類をもて友とせり。かゝれば下ざまなる穢多、乞児といふといへども、畜生を良とし妻とせらる、例を聞ず」[67]。「同じ火は共有しない」あるいは、「共に酒は飲まない」とされた被差別民は、江戸の文学や演劇の中で無視されてはいなかった。すでに述べたとおり、十七世紀に井原西鶴は、作品の中で幾度となく穢多と非人に言及している。西鶴は穢多の金貸し（それについては『日本永代蔵』で描いている。穢多の金貸しを追いかけるのが、金持ちになるための恥ずべき方法であることが述べられている）や、火を囲んで河原に暮らす三人の非人（『男色大鑑』）、京都の清水寺の坂道の「人の気を引く女性の物乞い」（『好色一代女』）を登場させており、一六六四年に上演され一七三六年に文楽として再演された、あまり知られていない歌舞伎の演目（『非人の敵討ち』）の主人公は、父親を殺した敵に報いるため非人になった二人の兄弟である。

被差別民は、都市の庶民文化勃興の大きな要因のひとつでもあった。中世と同様に、被差別民の中から多くの才能が花開いた。俳優たち――「芝居のスーパースター」たる歌舞伎役者（現在においてもスターである）――をはじめ、十七世紀に声帯模写を確立したとされる松川鶴市といった身振り、声色の天才などである。確かに差別はされていたが非人の社会の中には、才能ゆえに賞賛を得ていた者もあった。

また、穢多の職業は蔑視されるべきものとされていたが、それでも、その重要性は社会的に認められており、松尾芭蕉（一六四四―一六九四）や小林一茶（一七六三―一八二七）は、彼らを俳句に詠んだ。芭蕉は柳の下に座る皮はぎ職人を詠み、鵜飼や猿飼の運命を哀れんだ。芭蕉にとって、「賤民」は存在しなかった。「川上とこの川しもや月の友」と芭蕉は詠んだ。一茶は穢多に対する差別を告発している。「えた寺の桜まじ〳〵咲にけり」。

浮世絵師たちは、賤民を描くことを侮らなかった。すでに十三世紀に、一遍上人の伝記の挿絵の中に、乞食や癩者が描かれている。この挿絵付きの伝記は、当時の風俗を伝える貴重な資料である。続いて、室町時代の画家、狩野正信（一四三四―一五三〇）の屏風絵に、京都に朝鮮通信使の一行がやって来た際の警備役を務めている穢多が描かれている。ある十七世紀の屏風絵には、京都の鴨川沿いの芝居小屋や大道芸が描かれている。鴨川のほとりには、河原者が住んでいた。少々倒錯的な絵金（一八一二―一八七六）の芝居絵に罪人が描かれているのは驚くに当たらないが、有名な安藤広重（一七九七―一八五八）が、「国尽貼交図会《くにづくしはりまぜずえ》」の中で、阿波の藍染師や姫路の皮職人を、堂々と描いている。歌川国芳（一七九八―一八六一）は餌取を描いた。当時の挿絵画家は、革の武具や馬具、筆（鹿の毛を使うことが多い）や茶道具の製造者、猿遣い、大道芸人、皮なめし職人、草履の修理人、獣医、川船の船頭、「托鉢の乞食」（関心を引くために、鉢をたたく）などの職業を描きこんでいる。背を丸め、担い棒の端に籠を吊り下げて早足に行く荷担ぎも描かれている。このように、江戸時代の図像の中で、被差別民は、「賤民」という漠たる集団の周縁に重要な位置を占めているのである。

十八世紀末から十九世紀の初めにかけて、幕府による差別政策は強化されたにもかかわらず、穢れのイデオロギー（秩序維持政策の根幹のひとつとしての）の有用性は、エリート層の精神の中で後退し始めたように思われる。まさしく将軍が差別を強化した時点で、差別の存在理由に関する文書が出回ったのであるが、これは差別政策が反動的なものであった証左である。一八六三年に、長州藩の武士たちが被差別民を兵士として組織することを決定したのは、メンタリティの変化を物語っている。幕府に反抗を示した強力な長州藩は、経済の面でも軍事の面でも、近代化の推進力となった。[68] 皆（それまでは侍の「部外者」（外様）であった）に兵士になる道を拓いた長州藩のイニシアティブは、明治国家を基礎づける徴兵制度のさきがけとなった。

江戸時代の終わりに、被差別民は単に社会的に認められた役割を担うとともに、偏見はまだ根強かったものの、封建社会の社会関係から完全に排除されずにいたようである。非人もまた他の下層民、殊に第二部で取り上げることになる二種の人々の生活圏にあった。すなわち放浪の導き役をするやくざと、街路を跋扈するテキヤである。彼らは都市部で隣り合って暮らし、埃っぽい街路や宿駅では、乞食の嘆きや猿飼の口上、客に呼びかける商人の物売りの声が混じりあっていた。

江戸時代に、商品や人の循環は驚異的に発展し、人的交流が盛んになった。幕府は安全を気遣い、人口の移動を取り締まりはした。旅する者は関所を越える際に通行手形を提示しなければならなかった。しかし江戸への参勤交代に伴う大名の往来、大規模工事のため都市に赴く日雇人夫の波、交易の驚異的発展、巡礼熱などにより、主要街道や宿駅はきわめて賑やかな場所となり、交通や様々な活動は殆ど途絶えることがなかった。行商人、荷担ぎ、日雇労働者、説経師、放蕩者、売春婦である飯盛り女、放浪の聖、風来坊、大道芸人、法令や封土関係の埒外にある武士や農民、係累を持たないごろつき、略奪者、賭博師、宿屋の使用人（多くは非人）、巡礼者に変装した幕府のスパイ等々が、宿では商用中の立派な商人や、江戸に上ったり下ったりする大名やその随行者たちと袖摺り合わせた。十返舎一九の『東海道中膝栗毛』[69]には、十九世紀初めの宿場の「乞食・泥棒の巣」の滑稽な様子が描かれている。この物語の中で展開されるのは、京都・大坂と江戸とを結ぶ主街道である東海道を行く二人組の苦難である。広重は東海道の五三の宿場を描いている。交通の基盤となるその他の大きな街道は、いずれも江戸を中心に広がっていた。一八二三年に来日したドイツの医師であり博物学者でもあるフランツ・フォン・シーボルト（一七九六―一八六六）は、基幹街道が発達し、旅行者受け入れの態勢が整っていることに強い印象を受けている。実際には、街道沿いの穢多の村は距離の計算から排除され、存在しないものと見なされていたのではあるが（さらに驚きは大きくなるだろう）。「非常に興味深い慣習である」と、シーボルトは『江戸参府紀行』に記している。

社会の流動性を高めたもうひとつの現象は、巡礼であった。江戸時代に庶民に広まったこの慣習は、巡礼者の数のみならず、ありとあらゆる旅行記が物語るように、十九世紀前半に時代の不安を反映し、終末思想と相俟って大きな広がりを見せた。貧者や病者、さらに様々な良民、あるいは物怖じしない人々が、地方の人々の信心深さをあてにし、巡礼者用の宿や食料を確保して、来る日も来る日も、揃って巡礼の名所を目指した。

巡礼には十七世紀の後半から、かなりの規制があった。その頃から巡礼者の権利（病気の際には救助され、送還されること）が、義務（一定の道順を辿ること）と共に明確に規定された。しかし、これらの規則は、藩の許可なく出発し、家族にさえ予告しないことの多かった「ぬけまいり」がはびこり、しばしば改変を余儀なくされた(70)。

天下統一を成し遂げ専制君主となった徳川歴代将軍は、特定の身分に縛られない下層民に対しては、より合理的かつ警察的機能を備えた、とりわけ厳格な社会秩序を課した。中世には認められていた民衆の自律性を無に帰した点で、「反変革社会」の体制とも呼べるほどである。しかし、徳川時代が終焉に向かうにつれて、次第に民衆の自律性回復の動きが出てきた。その動きは十九世紀後半の大変動を準備するものでもあった。中世には享受していた庇護（天皇、あるいは寺社の）を失い、幕府には社会の底辺として見捨てられた穢多と非人は、明治維新のさきがけとなる波乱に乗じ、明治期のプロレタリアートを形成することになる多数の下層民に交じり合い始めた。しかし、穢多と非人は根強い偏見の犠牲者であって、その後も更に社会の低層へと落ち込み、彼らの「ゲットー」は、村落からの赤貧の移住者たちの群れで膨れ上がり、やがて近代都市の下層を構成することになるのである。

プロレタリアートの巣窟

以上に述べてきたのを始めとする様々な要因が、明治の「大変革」の急速だった理由である。江戸時代には労使関係における進展は全くなかったが、新たな階級（マルクス主義的な意味で）が誕生した。土地の仕事から解放され、自らの労働力を自由にできる都市のプロレタリアートである。賦役の観念から、「契約」および賃労働の観念への急速な転換によって労働市場が誕生し、漂泊民（一定の身分に縛られぬ者たち）があふれた。彼らは大規模工事の需要のある都市に集まり、近代のプロレタリアート層を形成していくことになる。

十八世紀から、このような賃労働をする者たちが都市の下層民の多数派を占めるようになった。一六九〇年、長崎で、ドイツ人のエンゲルベルト・ケンペル（一六五一―一七一六）は都市の労働者たちに驚いているが、辛辣な批評家である儒者の荻生徂徠は、この新たな都市生活を「旅宿の境界」であるとした。こうして荻生徂徠は、人間関係の「商品化」と、共同体同士を結びつけていた伝統的社会形態の風化、人間を貨幣や商業に依存させたことを批判した、とオリビエ・アンサートは述べている。(71) このような労使関係の変化は、日本の近代化の際の切り札となった。「これほど大量の都市プロレタリアートを擁し、産業化の途につい

た社会は他に殆どない」と、ゲーリー・P・ルップは述べている。(72)

近代の貧困は、形を変えながらも、先行する時代の鋳型に沿っている。身分差別は形式的には廃止されたが、今日まで隠然と続いており、とりわけ、貧困と分ちがたく結びつくようになる。差別は、反乱をおこす恐れがあるとか、病の源であるなどと見なされた貧者へと向けられることになる。経済の発展に伴い、プロレタリアートの巣窟は規模を縮小してゆく。移民人口を非常に低い水準に抑えている二十世紀末の豊かな日本において、プロレタリアートの巣窟は、都市社会の一種の罠ともいうべき群島のような「どんづまりの街」に集約されていく。

第三章　国民国家の周縁で

天皇の下、結集される国民

明治の指導者たちが初期に施行した法令のひとつが、一八七一年の身分制度の廃止である。少なくとも法の上ではそうである。被差別民の解放を目指す運動の始まりは幕末期（一八五三―一八六七）であるが、徳川慶喜は大政奉還直前に、一群の社会層を被差別の身分から解放するつもりであったようである。思想家たちが広めた利他主義的な思考や指導者たちのプラグマティズムへの要請が、明治国家の進路決定の素地となった。身分解放に関連する企ての多くは、蝦夷地開発を被差別民によって進めるという案に発するものである。[1] 蝦夷地は当時開拓地であった。差別の撤廃は、時代の課題、殊に国防に関する議論の中で検討された。西欧の脅威に抗するには、形式的なものではあっても全ての国民の平等を前提とする徴兵制度が必要であった。

一八六〇年代の政治的・社会的混乱により、身分制度は衰退した。すでに見てきたように、幕府に挑戦状を突きつけた長州藩は、穢多を奇兵隊に組織した。この奇兵隊は、慶応二年

（一八六六）の幕府による二度目の長州征討の際に、ことに目覚しい活躍をした。長州藩の穢多が、幕府に徴集された他の穢多と対決するというのもあり得ない話ではなかった。最後まで慶喜に忠誠を尽くした関東地方の穢多頭である弾左衛門が、第二次長州征討の直前に、七〇〇人の配下を幕府軍に参加させることを申し出たのだった。慶喜はその見返りとして、——そして、弾左衛門が穢多共同体もろとも敵方に寝返るのを恐れて——弾左衛門が慶応三年（一八六七）八月に老中に提出していた身分引上（醜名除去）の請願書を受け入れたのであった。決定は慶応四年（一八六八）一月に下された。弾左衛門は世襲の名を捨て、弾内記の名を名乗るようになったが、関東の穢多共同体の長としての役割をその後も務めた。六五人の側近たちも一様に解放されることになった。そして弾左衛門は第三の要求を出した。領内のすべての穢多（約七〇〇〇人）の解放である。しかし、慶喜には、そのような決断を下すだけの力はなく、請願に応えての処遇は、五月二十七日に南市政裁判所（元の南町奉行）より言い渡されることになる。明治維新の志士たちが政権を握ると、弾左衛門は江戸と静岡を結ぶ長い街道の安全管理を請け負い、報酬を得た。

明治四年八月二十八日（新暦の一八七一年十月十二日）、太政官は、何世紀にも及んだ社会分離システムに終止符を打つ被差別身分の撤廃を宣言した。しかし、以後「新平民」[2]等と呼ばれることになる人々の解放運動の厳しい闘いが物語るように、差別そのものに終止符が打たれたわけではなかった。[3]被差別民の解放に伴い、穢多の特定職業の独占権は廃止され、穢多の大多数の暮らしの基盤は、ますます脆弱なものになっていった。

一八六九年春に公儀所で議論された法令が、社会身分の平等化を目指す政策の一部となった。公式用語から穢多と非人の用語を除く決定が、どのような理由でなされたのか、明確な理由は挙げられていない。一部の指導者たちの人道主義的な動機を無視することはできないにしても、身分解放の政治的根拠や決定のなされた社会的文脈からして、この法令は実質的なものであるより、形式的な性格のものであった。間違いなく日本の対外イメージに顧慮が払われていたのである。実際、日本は文明国入りするために、封建制の痕跡を消す必要があった。とはいえ、被差別身分の撤廃は、市民の平等に基盤を置く国民国家を建設しようとする、一握りの権力者の意図とも結びついていた。天皇のもとに国民を結集し、徴兵制の基礎を置き、旧来の職業独占権を打破し、自由な企てを歓迎することによって労働市場を拡大していくことが重要であった。明治の指導者の多くにとって、平等という抽象的な理念尊重のためというより、差別が無秩序の原因であり、国家統合の妨害要因になっているからという理由で、差別は撤廃されるべきものであると考えられたのであった。差別の撤廃は、重要な転回点に差し掛かる。差別撤廃によって、国土の地政学的把握が可能になったのである。旧来の地図には、被差別民の集落は記されておらず、網羅的な土地台帳を作成することは不可能であった。(4)

しかし、差別撤廃によっても、「新平民」たちの状況は改善しなかった。根強い偏見が民衆の心性に残っており、結婚や住居・職業選択の自由は妨げられた。新たな賤民を指す表現によって、彼らは依然として社会的に排除され、差別されていた。誰でも戸籍を閲覧し、個人の出生地を知ることができたので、被差別地区の出身であるか否かを知ることは容易であった（一九六八年になって、ようやく戸籍閲覧に制限が課されるようになる）。

初の全国人口統計によると（一八七〇―一八七一）、穢多の人口は二八万三一一人、非人の人口は二万三四八〇人である。五〇ばかりの地区の統計が抜けているが、関山直太郎[5]は、実際には穢多四四万三〇〇〇人、非人七万七三五八人と推定している。これによれば、穢多・非人の人口は全人口（三〇〇〇万人）の二パーセントにあたる。非人の人口に関しては、公式発表の数字が現実を反映していないことは明らかである。というのも、十九世紀の初めに幕府が江戸に限って穢多・非人の人口調査をしているが、その数は一万人から一万三〇〇〇人と推定されていた。こうした数字の偏差は、幕末の混乱期に非人の身分が次第に平民の身分へと組み入れられていったことを示している。非人たちは実際、非人頭の統制も超えてしまい、都市の大多数の下層民の中に吸収されてしまったのである。

穢多に関して政府の推計は、確かに現実より少なくなっているが、非人ほどは、現実と隔たってはいない。ことに、全国の穢多共同体分布（結局、二十世紀の終わりの日本においても、変わらず残っている）の把握に関しては現実に近かった。穢多（および今日の被差別部落民）の大半は、西日本に住んでおり、ことに近畿地方（大阪府、兵庫県、京都府、奈良県、滋賀県、和歌山県）に多く集まっていた。ここ最近五〇年間を見ても、被差別地区の半数近くがこの地方である。次に被差別地域が集中しているのが中国地方（山口県、広島県、岡山県）で、被差別地区の約一五パーセントがこの地方である。次が四国（一二パーセント）、そして九州の北西部

（一一パーセント）の順である。東日本の被差別地区の数は、関東地方（一〇パーセント）を除いて少ない。一九二三年の関東大震災により、東京の旧被差別民の人口は減った。そして、中部地方が八パーセントである。

徳川時代末期から明治期にかけて（一九一一年まで）は、旧穢多の人々にとって、最も辛く厳しい時代であった。賤民の政治的解放は、実際の経済的・社会的な自由の獲得を意味しなかった。職人仕事に携わる非人、その他の被差別共同体の人々が、都市の下層民に溶け込み、貧民の群れに加わったのに対し、旧被差別民は、同様の移動の自由を享受できなかった。代々、穢多の共同体に割り当てられてきた住居に住まい、身分に結びついた生地を離れなかった。旧被差別民は、新たな、分離・差別の氷山、すなわち貧者の一角を成していた。実際、旧被差別民と、その他の貧窮者（社会的出自や職業、生地に関して、穢多とは何ら関係のない）は、単に貧窮しているという理由で、同列に見なされるようになった。

人々の心性に根強く巣食う偏見（解放令の発布ののち、三〇年間ほど、実際には、差別撤廃はないがしろにされていた）にさらされていた旧被差別民は、とりわけ不利な立場に置かれ、生活状況は明治期に悪化していった。彼らは、「解放された」ことによって、それまで享受していた特権（特定の職業の独占権）を失い、かといって他の人々から対等の人間と見なされることはなかった。最も貧しい土地の農民の多くは日雇労働者となり、勃興しつつあった産業の「傭兵」の一団に連なった。

旧被差別民の多くは最貧層であったし、今日でもそうである。しかし、「新平民」を恵まれない人々と同一視するのは単純化しすぎである。江戸時代と同様に、明治の（二十世紀末にいたっても）旧被差別民は、支配権を他の弱き者たちにふるう富裕なエリートを擁していた。解放令発布の後、確かに従来の頭たちはその地位を失ったが、実際は集落への支配力を保ったのである。被差別民の職業独占権の廃止により、集落の経済は揺らぎ、当該職業への新参者との競争に直面することになった。しかし、旧被差別民のリーダーのうちには、事情に通じている分野（皮革業、精肉業）で再び企業経営者となる者もあり、相変わらず仕事を手配し、彼らの回りには、庇護を求めて、最も弱い立場の人々が集まってきた。例えば、末代の弾左衛門は今戸地区を去り、荒川に軍靴製造工場を建設し、弾左衛門の配下たちは、浅草に神輿製造会社を興し、成功を収めた。

被差別民のエリートは引き続き輩出されるとともに、明治以降の皮革市場の発展を背に受けた新参の企業家たちにより変化していった。しかし、彼らは急速にジレンマに陥っていった。一方で、出身共同体の他の人々に対して親身に憐憫の情を向けていたが、他方では、自らの条件を脱することができない――自分の子供も差別の犠牲者になってしまう――との思いから、出身共同体との縁を断ち切るとまではいかないまでも、距離を置こうとした。それは、つらいことであっただけではなく、富の基盤を切り崩すことにもなった。労働者は酷使された。

江戸時代において穢多頭は、社会の周縁の秩序維持に貢献する権力の歯車であり続け、差別を甘受していた。彼らはヒエラルキー的な関係の中で権力者と渡り合っていたが、他の穢多共同体のメンバーとの水平的な関係を築くことはなかった。そのため、江戸時代の末期に反逆の萌芽のようなものが現れても、穢多共同体の中に、支配的秩序に対する離反や反抗の文化は全く見られなかったのである。皮革業の独占権は、組合の厳密な規則(資格制度、共同体ごとの労働者の人数、製品の種類などに関する)によって特権を守ってきた共同体の周縁部の人々にとって有利なものであった。穢多頭は存分に富を得、すでに述べたとおり、金貸しになる者もあった。明治維新の後、被差別民エリートは、従来のような権力への依存をやめ、親しみ易い態度を取るよう心がけ、国のレベルではなく「地元」のレベルの問題を解決しようと努めるようになった。

しかしながら、世紀の変わり目には、近代化によって、「新平民」への物質的、社会的な差別が深刻化していった。新理念(権利と自由の観念)の広まりは、新世代の被差別民の心を刺激し、旧来のエリートたちの権益を守ろうとする意図なしとしない、こうした理念の従順な受容への反発をよびおこした。

旧被差別民の多数派の経済的状況の悪化と、特に兵舎における旧被差別民への差別は、被差別地域における若きエリートの出現と関係している。彼らの多くは裕福な家の出身で、政治の世界に身を投じ、平等の原理と社会の現実との間の齟齬を告発し、状況を覆そうとして政界に議論を巻き起こした。やがて始まる部落解放運動は、「危険思想」(社会主義者)と同一視され、一九一八年の米騒動の後、抑圧の対象となった。一九二〇年には部落解放運動から二系列の組織が生まれた。一つが水平社で、ロシア革命の影響を受け、戦闘的な性格を持った。もう一方が融和団体で、政府寄りの立場を取った。平等と権利を要求する「新平民」の行動主義は、二つの組織を迷走させることになった。水平社は、共産党から接近を受け、戦争が差別のない、新たな社会形態を生むとの希望に立って、拡張主義の唱道者となった。[6]しかし現実は、差別のない社会を生みはしなかった。差別は戦後もより巧妙な仕方で存続し、二十世紀末の日本にも残っているのである。

小説家たちは差別に無関心ではいなかった。島崎藤村（一八七二―一九四三）は、一九〇六年に出版された『破戒』に、若い中学教師が、被差別部落に生まれたことを知ったときに受けたトラウマについて描いている。ある日、主人公は、決して自らの出自を明かさないという、父に誓った約束を破棄することを決心する。この小説は大成功を収め、当時の大作家で、日本近代小説の祖とも言うべき夏目漱石に絶賛された。藤村は、被差別民の社会状況よりも心理面（息子と父親の関係）により強い関心を寄せていたのではあるが、この小説は、差別の苦しみに多くの人々の目を開かせた。

被差別部落が多く存在する奈良に生まれた小説家、住井すゑ（一九〇二―一九九七）は、幼少時から差別にまつわる体験を重ねてきた。彼女は、二十世紀に入って、日本近代の被差別民の状況に関する鮮烈な証言を行った。地主の娘だが、幾分反抗的な気質の持ち主であった住井は、一九二〇年代に夫が参加していたアナーキズム運動に身を投じる。彼女は人一倍、社会的差別に敏感だった。子供の頃彼女は、理解せぬまま、その状況をつぶさに見ていたのである。彼女は、被差別民をめぐり、果敢にして情熱あふれる小説を書き、それは、『橋のない川』のタイトルでまとめられている。そのうち最初の六巻は一九六一年から一九七三年にかけて刊行されて総部数は四〇〇万部を数え、映画にもなった。

「差別は明治に完成したのではない。本当の差別は明治に始まった」と住井すゑは述べている。[7]「新平民」の身分は「差別廃止が叫ばれている丁度その時に、別の仕方で違いを際立たせる」ものであった、と彼女は述べる。長い間、「新平民」の呼称は、小学校の卒業証書や軍人手帳に記されていた。「乞食と『新平民』とのひどい会話を覚えています。『新平民』が乞食に対して、『物乞いをしなくてはならないことを嘆いてもいいいんだねえ』というと、乞食は『もし私が物乞いをやめたら、私は乞食ではなくなるが、お前の場合は「部落民」のままだものね』」。

舞台を二十世紀初頭に設定した第一巻で、住井すゑは、青年孝二が被差別部落の出身であることを意識する場面を描いている。「差別の始まりは学校でした」。孝二の通う小学校の同じ組に、被差別地区の女の子が二人いた。「その子たちには、誰も話しかけませんでしたし、その子たちも我々に近づくことを恐れていました。他の子供たちと同じ水を飲むことさえできませんでした。同じ部屋で眠ることもできませんでした。二人のことについては、皆、何も知りませんでした。ただ、二人については『穢れている』という噂ばかりでした。その二人は差別を一種の宿命と受け止めて生きていました。あたかも、他人からの軽視を中心として自己意識が形成されているかのようでした」。

差別は殊に、結婚の際、あらわになった（二十世紀末の日本でも依然としてそうである）。住井するによれば、被差別地域出身の男性の性器は冷たいとの噂があった。一家にとって、旧被差別民やその子孫との結婚を受け入れることは、社会的後退と同義であった。死に際しても差別が弱まることはなかった。明治期以降、神社や寺から排除された穢多たちは、それでも浄土真宗の門徒の支援を得ていた。明治期以降、浄土真宗は旧被差別民たちから距離を置くようになり、「新平民」は、仏教の慣習で個人の死後の救いのために僧が選ぶものである戒名を持つことが困難になった。軍隊においても、彼らは偏見の犠牲者であった。実際、出世や海軍のエリート集団からは排除され、同じ出自の者とのみ班を組むことになっていた。名前が慰霊碑に刻まれないこともしばしばだった。

輪郭の定かならぬひとつの社会カテゴリーを「卑賤」という漠とした局面へと追いやっていったことが、ヴィクトル・ユゴーの『レ・ミゼラブル』の表現を借りるなら、いわば「どん底」と一緒くたにされた人間のくずと良民との間の「差異」の幻想が、近代の日本で培われる発端となったのである(8)。

「新平民」、差別と貧窮

明治時代に、システムとしての差別は撤廃されたが、社会現象としての差別がなくなったわけではなかった。差別は存続したのみならず、拡大していったのである。身分解放令はないがしろにされ、旧穢多の間では暴力が絶えず、貧困という運命以外、旧穢多とは何ら共通性を持たない社会層に対しても蔑視が拡がっていった。

貧者に対する差別の拡大は二つの要因による。ひとつは、明治国家が都市の下層民に対する管理措置を強化しようとしたことである。もうひとつは、社会的、経済的大変革に続いて、仕事を求め都市にあふれ出す下層プロレタリアートが増大し、その中でも最も恵まれない人々が自ずと貧窮地区、すなわち被差別地区に集まってきたからである。こうした貧窮者たちは出自とは無関係に被差別民と同一視される傾向があった[9]。こうして拡大された差別は、衛生思想に、その正当化を見出した。「穢れて」いるとされた後、「不潔」とされた貧者たちは感染源であると見なされ、貧困は、市民権剝奪と同義になった。近代的な意味でのあばら家の並び建つ下層の界隈には、日雇労働者やごみ収集人、便所の汲み取り人や、乞食や大道芸人、路上で手仕事に携わる貧困者たちが住んでいた。その中には、土地を失った農民が多数存在していた。明治以降、被差別地区の人口が増加したことが、貧窮以外の共通点を持たず、輪郭のはっきりしない社会貧困層への差別の拡大に繋がった。

神戸の状況は、こうした現象が戦時まで続いたことを物語っている。これは、深いレベルで社会学者の安保則夫の研究の対象となっている[10]。安保は、神戸とマンチェスターを比較しながら、どのような条件の下で社会が一定の社会層を排除したかを把握し、「西欧化された」この町の隠れた歴史を辿ろうとしている。安保は、神戸がコレラの被害を受けたため、当局が衛生政策を講じ、町の周縁部は「不潔箇所」とされ、実際に貧民が市街地から追放されることになったことを明らかにしている。安保によれば、当局は明らかに「貧民部落」を外部に追いやり、市区の只中は「上中等人種」――安保はこの言葉を、政策の差別的な性質を強調するために、わざと使用している——からなる社会にしようとしていた。[11]「『貧民部落』の存在は、単にそれが伝染病の流行を媒介する病毒の温床とみなされたという意味においてのみならず、ミナト神戸を世界に開かれた日本の国際港都と呼ばれるにふさわしい美観都市＝文明都市として建設していく上においても重大な障害をなすものとされた[12]」。

先に述べた、代々にわたる良民と賤民との差別の新しい形態が、当時の衛生思想により「正当化」されたのである。以前は差別の中にも様々な区別が存在していたのに、この新しい差別の形態は、出自の違いに関係なく、すべて貧しき者たちを一括りにしてしまう。衛生思想が穢れの禁忌に取って代わり、貧困は不潔の同義語になった。ちなみに、フランス王政復古期の末期から七月王政初期にかけての衛生思想において、伝染病は「第一の、そして議論の余地のない社会的不平等の経験、死を前にした不平等」でもあった。[13]ルイ・シュヴァリエは、ジュール・ジャナンが一八三二年のコレラについて、怒りをこめ述べた一節を引いている。「孤独に真っ先に死にゆく下層民たちのペスト。死でもって、この上もなく無残に、平等の原則を否認する下層民のペスト」。疑いなく、一八八六年の神戸でのコレラの大流行（全国的規模となり、死者は一〇万人に上った）との類似が認められるであろう。神戸市当局は、港近辺の租界で生活する外国人の目に貧民の姿が触れないようにした。こうして貧民たちは、町の東端の新川や西端の番町に集められた。同時期、同じくコレラの流行に続く貧民たちの市周縁部への移送の後、大阪の釜ヶ崎に、もうひとつの貧困地区が生まれた。[14]感染を食い止めねば、との懸念の陰に、的を貧者に絞った教化的意図が窺える。

先に述べたように、貧困者たちは、似たような者たちの集まる場所に自然と引きつけられていったが、こうした動きに、市の中心部からスラムを一掃し、貧困者を市周縁部の貧民地区に集める当局の政策が加わっていった。市当局は、旧被差別民とは別種の貧民を常に彼らより劣位の層を構成するものであると見なしていることを示しつつ、旧被差別民に対し、貧民たちを受け入れるよう命じた[15]。

旧被差別民の居住地区としてすでに存在していた核の回りに、新たにあばら家が建っていった。また、新しく貧民街が形成され、そこにかつての被差別民や、社会変動によって生まれた貧民の一群が集まってきた場合もあった。例えば神戸では一八八三年に、新生田川河口の屠畜場の開設、ごみ置き場設置、長屋、すなわち貧民街の典型的な集合住宅の建設とともに、報道でロンドンのイースト・エンドになぞらえられた新川地区が形成され始めた。一九〇一年から一九一三年の間に、新川地区の人口は一六〇〇人から七五〇〇人になった[16]。明治初期に発展した神戸のもうひとつの貧民地区である番町は、川のほとり（川の氾濫の危険性が高く、そこに旧被差別民の集住する糸木村があった）にあった。番町は急速に拡大していった。一八六八年に三八八人だったのが、二〇年後には二二〇八人、一九一五年には四四五二人を数えた[17]。

しかし、神戸市が推進した貧民の排除政策には限界があった。これらの貧民も、勃興しつつあったマッチ産業や、茶産業、港湾産業の要員として下層プロレタリアートを形成することになった。一九〇七年十二月二十五日の『神戸新聞』には、三日間雨が降っただけで食べるものがなくなり、屠畜場へ行って牛の内臓を拾って来て煮て食う、追い詰められた人々のことが書かれている。(18) 新川は喧嘩の舞台であり、非合法賭博が盛んだったといわれる。

資本主義の発達によってもたらされた都市や農村での恒久的貧困——言い換えれば新たな産業化社会と結びついた巨大な経済的現象としての貧困——は、当時の知識人たちの考察と模索の大きな課題のひとつであった。ルソーの影響を受けた思想家で自由主義的な政治家でもある中江兆民(一八四七—一九〇一)は、人間の自然権の摂理を述べ、自らの発行する『自由新聞』にプロレタリアート(言葉の第一義の意味において——すなわち貧しい階級に属する者)と旧被差別民の置かれた状況について同時に注意を喚起している。差別問題は、自由民権運動の課題のひとつでもあった。

新たに平民となった旧被差別民の問題は、より広範な貧困の問題と切り離して考えることができるのだろうか。問題は、確かに特殊な歴史的、社会的、文化的な文脈の中にあるが、あまりに狭い意味での文化人類学的アプローチ(社会の穢れを背負うスケープゴート)は旧被差別民の状況の複雑さにつまずくように思われる。というのは、ひとつには、旧被差別民の共同体は等質性を欠いているという理由により、またひとつには、近代社会における差別は、こうした共同体の外の、出自や職業や居住地とは何の関係も持たない社会層にまで及んでいたという理由からである。旧被差別民は旧来被差別地区とされた地域の周辺に集まったり、当局によって集められたりする他なかったからである。

勃興し繁栄を誇ることになる産業化社会の中で、旧被差別民は最も恵まれない階層を構成することになる。しかし、何世紀にもわたる他者からの差別という専制の被害者であった被差別共同体は、経済的状況に関しては、等質的に構成されてはいなかった（二十世紀終わりの日本と同様、過去の日本においても）。現代の日本において、六〇〇〇ばかりの地区に散らばる三〇〇万人の「部落民」の多くは、恵まれない層（低収入、老朽化した住居、高い失業率）の一部を成している。しかし、彼らの中には、富裕で力あるエリートも含まれている。差別と貧困の観念を再検討するならば、部落民内部でも暮らし向きには多様性があり、部落に所属しない人々にも差別が拡張されていることから、この二つは完全に重なり合っているとはいえない。

最後に、もうひとつの要因を考慮しなければならない。日本近代における被差別民の差別を、変化の観点から捉えなければならない。確かに差別は戦後においても存続し、就職や、共同体外部の人間との結婚に際しては、しばしば容赦なかった。広く差別の現象を見るならば、だからといって差別の激しさやその現れ方において変化がなかったわけではないことがわかる。一九九〇年代の半ばにおいて、差別は、戦後直後から一九七〇年代初頭にかけてと比べると潜在化し、より巧妙で陰険、かつ見えにくいものになっているように思われる。さらに、差別は都市より農村部において、より含みが多いようである。

あからさまな差別から潜在的な差別へ

日本近代の被差別地区に対する差別の変容に関して、五〇年のタイムラグをもつ二つの事例を取り上げよう。一九四五年の広島と長崎への原爆投下その後と、一九九五年一月の神戸の地震その後である。

広島と長崎で、被差別民は、肉体的な苦しみにおいては他の人々と同様であったが、他者との「違い」についての痛ましい経験をした。広島の福島町の旧界隈は、旧山手川と旧福島川の間の湿地に位置しており、爆心地から約二キロの距離にあった。それは、日本の被差別地区の中でも最大のもののひとつであった。広島県には、四四二にのぼる被差別地区が存在した。当時、福島町には六〇〇〇人が住んでいた。あばら家に多くの人間が暮らしていたため、福島町は爆発とそれに続いた火災によって壊滅した。死者は六〇〇人、負傷者は四八〇〇人を数えた。

金崎是《すなお》は福島町に住んでいた。七十九歳の金崎は、分厚いめがねをかけ、若い頃から愛用の帽子をかぶり、大きなズックの袋に衝撃的な原爆の絵を入れて、全国を駆け回り続けていた。金崎は、最後の「紙芝居屋」のひとりであった。小学校の講堂で、大きな画帳を立てかけ、ページを繰りながら体験を語った(19)。貧しい家庭に生まれ、二人の妹は、置屋に売られた。金崎は、広島市の中心地から一〇キロ離れた軍需工場で働いていた。一九四五年八月六日、彼は「黒い雨」の犠牲者となった。「私の界隈に住むのは、貧しい人たちばかりでした。外部には親類縁者は全くなく、どこにも身を寄せる場所がありませんでした。なぜなら我々は、部落の外の人間と結婚することは不可能だったからです。我々は、放射能に冒された廃墟に残りました。他にも貧しい人たちがいました。朝鮮人たちです。結核などの伝染病が蔓延していましたが、我々には何の援助もなく、治療するお金もありませんでした。傷にばい菌が入り、蛆で一杯になりました」。

きわめて悪い衛生状態のもと、廃墟に生き残った福島町の住人たちに対し、原爆投下後、差別は激しくなっていった。界隈は、新参の困窮者たち(長い間、無視されてきた原爆被害者である朝鮮人たち)で膨れ上がり、再整備された。福島町の住民の大半は、体力と気力の減退に苦しみ、残された唯一の仕事にしても、労働者として担うことはできなかった(彼らは疲労やめまい、不眠などの無力愁訴を症状とする「原爆ぶらぶら病」であると診断された)。彼らは、密かに捌いた動物の肉を闇市で売ったり、皮をなめしたり、靴直しをしたりして生計を立てた。「我々は、被差別部落民として、また被爆者として、二重の差別を受けた」と金崎是は言う。

井伏鱒二が『黒い雨』[20]で見事に描いたように、被爆者は出自によらず数十年もの間、あからさまな排斥を受けていた。原爆によって、被爆者自身の目に映る社会的地位も、他の人々の目に映る社会的地位も変化した。彼らは以後、「被爆者」という新たなマイノリティになったのである。原爆による全く新しい災害であるために、その性質が知れず、被爆者のケロイドはハンセン病患者を連想させ、排斥のリアクションを生み、何ら傷の残っていない人にも身体的衰弱が起こって労働市場から排除され、被爆者は男女それぞれに、汚染され、望ましくなく、いわば人間ならざる者であるとされた。こうした被爆者排除は、単に就職においてだけではなく、配偶者探しの際にも顕著であった。そのため、少なからぬ人々が、被爆者であることから逃れるため匿名を使い、被爆者であることを隠し、被爆者手帳の交付申請を放棄したりした。一九六〇年代の初め、被爆者協会に入会していたのは、被爆者の三分の一であった。出生地により身分に縛られている被差別民に対しては許されていなかった匿名集団へと、被爆者たちは雲散霧消してしまったのである。

長崎では、原爆投下とその帰結で同様なことが起こったが、旧被差別民への差別は、古くからの怨恨によって激しくなった。昔の下層民は、実際、抑圧的政治体制にあっては権力者側に付いて死刑執行人を務め、ついで日本でもっともカトリック的な町のキリシタン迫害の役目を担った。原爆は、浦上天主堂真上で炸裂し、キリシタン地区の一万二〇〇〇人のうち、八五〇〇人が瞬時に亡くなった。近くには被差別民の地区があり、それも灰燼に帰した（六〇〇人死亡）。

最大の被差別地区である皮屋町は、長崎が発展を遂げた十六世紀に、港の近くに形成された。そこには、革職人や朝鮮人の囚人が集まっていた。そして、十七世紀の中葉に皮屋町の住民たちは、市のはずれにある西坂（キリシタン迫害の処刑場）に移った。当時は癩病者も住んでいた浦上からも程近かった。町の周縁部に集まっていた被差別民は、隣村のキリシタンを監視する任務を負っていた。とはいえ、地区相互には、黙許の関係があった。キリスト教が日本に伝来したとき、穢多のうちには改宗した者もあった。さらに、彼らの食肉処理した肉をキリシタンたちが外国人に売った。迫害されたキリシタンは、四度目の迫害（一八六七―一八七三）の際に他所へ移動させられ、この迫害により浦上の三四〇〇人の信者たちが全国の様々な場所へ流刑となり、再び各地の賤民の監視下に置かれた。[21]

国際社会からの圧力もあり、一八七三年に信教の自由が公式に認められ、以後、キリスト教信仰は発展していった。しかし長崎においては、一九四五年になっても、この最後のキリシタン迫害の際に、賤民の務めた役割についての記憶は殆ど薄れておらず、被爆した被差別民に対する差別は強まるばかりであったようだ。上銭座の地名になった被差別地区の旧住民に対して、原爆は全てを消し去ったが、差別は長い間、地を這うように残った。

五〇年後の一九九五年一月十七日に起きた阪神大震災（死者六〇〇〇人）直後の状況は、長田区の例が示すように、広島や長崎とは異なっていた。長田区の人口は一三万人で、神戸市の人口の九パーセントにあたるが、面積は市域の二パーセントであり、長田区の人口密度は、神戸市のその他の地区の五倍に達していた。様々な低所得者、下請け末端の内職に携わる人々、多数のケミカルシューズ製造工場で働く在日韓国・朝鮮人（九〇〇〇人）、疎外された人々が長田区に住んでいた。長田区は、家屋の安全水準が極めて低く、地震とそれに続いた火災によって大打撃を被った。自然災害に関する法規は守られず、貯水槽もなく、家屋は安普請で（多くの長屋が戦後直後の建造）、消防車の到着も遅れたために、長田区は震災で最も大きな被害を受け、家屋の半数は破壊された。地震発生より一年の後、長田区の住民の一部は、市の西端の仮設住宅に入居したが、多くは長田区に戻る希望も殆どない。市当局は、災害を利用して、望ましくない者たち（最も恵まれない人々）を排除し、神戸の第二の中心を作るべく、「アジアン・タウン」計画を推進した。

すでに述べた番町地区は長田区に位置する。それは、市最大の同和地区であり（ほぼ五〇〇〇人)、地震の被害も甚大であった(一四〇〇棟のうち、被害を免れたのは六棟)。番町の三つの運動団体は、一部の新聞・雑誌で繰り広げられた風評に反し、被災者の救助や援助において、番町の住民に対する差別はなかったとする認識で一致している。

長田区の例は、日本近代における恵まれない人々の状況の、逆説的だが示唆的なケースである。被差別民や在日韓国・朝鮮人には、背景に強力な組織があり、被害者の生活を気遣うより、市のため、あるいはデベロッパーの収益のために威信の源泉である大開発プロジェクトの推進を優先させる市当局の気まぐれの犠牲となった何の保護もない他の低所得者たちよりも、震災直後には、より良い待遇を受けることができたのである。

「定義不可能」な「部落民」

被差別民が犠牲となっている差別の、二十一世紀の幕開けにおける特質とは、どのようなものであろうか。差別は確実に続くであろうが、狡猾な方法で続くであろう。少なくとも差別の「指標」は漠としており、「部落民」の正確な人数さえ定かではない。一九九六年に発表された政府の統計によれば、被差別民は一五〇万人で、その半数以上(八九万人)が四六〇〇の同和地区に居住している。部落解放運動団体は、被差別民の人口を三〇〇万人と推定している。被差別民の四分の三は西日本(特に、奈良・京都)に住んでおり、東日本(特に関東)は、一三パーセントにすぎない。

彼らの一層の同化を目指して一九六〇年代後半から施行された様々な政策(同和地区の公共

施設の基盤整備、教育、職業教育）により、居住地区の状況は全体的に改善されたように思われる。このプロジェクトに政府は一三兆円を投じた。一九九五年の政府発行の白書によると、被差別民の住居の平均面積や、同和地区内の道路幅の平均も、全国平均と同じである。貧しく、困窮している人々が被差別民の住むゾーンで生活している場合があるにしても、そうと知らされていない人の眼に、他の地区との違いを見分けるのは難しいことであろう。しかし、差別はいくつかの都市においては、依然として含みの多いものなのである。

政府の同白書によれば、調査に対し、十人中九人が、アンケートに先立つ過去一〇年間において差別を受けたことはないと答えている。しかし、不平等は存在する。高等教育を受けられる者の割合は低く、同和地区外の人との結婚や、就職の際の偏見は根強い。一九七〇年代には、『部落地名総鑑』が販売されて、企業が購入していた。訴訟の後『部落地名総鑑』は廃棄処分となった。後に、体裁を変えて『部落地名総鑑』は非合法的に出回った。三〇年の後、「疑わしい」出身地の「告発」がインターネット上を駆け巡っている……。

あからさまな、というより漠とした被差別民に対する差別には、人種的なものはない（当然、他の日本人と外見において異なるところはない）。部落差別は、主として個人の出生地や居住地によるものである。「被差別部落」とはすなわち、以前、穢多あるいは非人が暮らしていたとされる場所や地区である。出身の場所に関する指標は、ともあれ漠としている。ひとつには、他の日本国民と同様、被差別民にとって、代々の先祖を正確に知ることは難しいからであり、また、すでに述べたように、旧被差別民の居住地域は、明治維新の間に、皮革業とも、非人の身分となるような失墜とも何ら関わりを持たない、農村部からやってきた赤貧の流入者たちで膨張したという経緯があるからである。次のような問いが立てられよう。被差別地区を離れた人間や、その子、その孫をどう考えるのだろうか。「被差別部落」は説明しがたい「差異」の受け口であり、社会的・人種的な偏見の大半がそうであるように、噂し続けることによって膨張してきた、集団的意識の中の非合理性の残滓なのである。

現代日本の被差別民の状況は複雑であり、同和地区のメンバーや、同和地区出身外の研究者たちは、「部落民とは、部落民だと見なされている者のことなのか、それとも、自分を部落民と見なしている者なのか」という堂々巡りの問いから抜け出せるよう、部落民のアイデンティティや差別の本質について考えるに至った。一九九八年に出版された論集『「部落民」とは何か[22]』は、前年に開催された第一四回部落問題全国交流会の発表を収めたもので、差別問題に関わる考察のかなりの深まりを示している。議論には二つの方向性が打ち出されている。まず、悲嘆調からの脱却である。悲嘆調は、少し前まで戦闘主義に変貌することも多く、差別解消に寄与するより、差別維持の機能を持ってしまっていたという事情があった。それから、差別者と被差別者との関係の問題、ことに、部落民が「発見」されるという固定観念の問題を明快な言葉で提示していることである。差別を永続させている差別の内向化は、部落民の「カミングアウト」によってしか乗り越えられないと考える者も交流会参加者の中にはあった。交流会では特に、部落民の定義不可能性という根本的な問題が取り上げられた。この本の編者である藤田敬一によれば、「部落民は定義不可能であるが、存在することを余儀なくされている」[23]。

「部落」差別の本質や部落民の態度（部落解放運動団体の外部の社会に対する態度をはじめとして）に関する議論や考察が糸口となって、知的ゲットーとしての被差別部落問題からの脱却が図られるかもしれない。被差別部落問題は、複雑かつデリケートな問題で、あまりにも長い間、議論の余地を殆ど残さない、イデオロギー的、政治的関心に支配されてきた経緯がある。

水平社の継承団体で戦後に結成された部落解放同盟が、一九六〇年代終わりから一九七〇年代初めにかけて、三つの競合団体に分裂したのは、政治的、イデオロギー的な立場の違いを反映している。初めてできた分離団体は、一九六〇年に自由民主党の庇護の下に結成された全日本同和会である。それから一九七三年に日本共産党系の全国部落解放運動連合（略称「全解連」）が設立された。

部落解放同盟が、差別の追及、被差別民の運命の最も暗い側面の追及を打ち出しているのに対し、全解連は、偏見の根強さは否定しないものの、状況は改善してきていると見ている。

＊

被差別民の状況をめぐって、二十一世紀の幕開けへとつながる、以上のような余談は、今後の本書のアプローチを明確にする上で、必要不可欠なものであった。近代日本の貧窮者を取り上げるといっても、「被差別部落民」を排除するわけにはいかない。しかし、被差別部落[24]の状況（貧民しかいないという状況からは程遠い）は複雑であって、被差別民の境遇を別個の問題として扱うことはしない。被差別部落出身者の中には、目覚しい出世を遂げ、力を持ち、豊かな者もある。

最も恵まれない人々に関して、その境遇は貧困全般の枠組みに置き直されるべきであり、必ずしも彼らの出自が問題なのではない。確かに恵まれない人々を含んでいる在日韓国・朝鮮人についても事情は同じであり、今後、「在日」の問題を切り離しては論じない。

そして、現代に近づくにつれて、アプローチは変わってくる。文字資料より取材に依拠することになろう。叙述のスタイルが変わるので、読者は戸惑われるかもしれないが、御海容を乞う。ともあれ、これは不可避のことなのである。

第四章　大変容

都市の漂泊民たち

貧困は、明治の諸改革によっても消え去らなかった。最下層と漂泊者たち、すなわち、オスマン男爵〔ジョルジュ＝ウジェーヌ・オスマン（一八〇九―一八九一）。一八五三年にナポレオン三世によりセーヌ県知事に任命され、パリの大々的な都市改造を遂行した。〕の表現を借りるなら都市の《tourbe nomade》（放浪者の群れ）は膨張し、さらに拡散した。かつての被差別民は、産業化と共に出現した貧困者や貧窮者の、境界の漠として浮動的なメンタリティや集団に溶け込み始めた。すでに見てきたように、世間の不評や偏見は、当時、新たに生まれ出てきた都市の下層民に対し、見境なく広がっていた。二十世紀のとばくちに、この「知られざる地」を宣教師やジャーナリストが探索している。

近代都市における貧困の世界は、新たに周縁的な陰の文化が栄える場所となった。風俗は、時代の要請と、往時の賤民の代々受け継がれてきた習慣の名残とで形成され、それは往々にして他の社会とは異なる価値のヒエラルキーを映し出していた。ことに、貧困と逸脱行動とは依然として緊密に結びついており、「極道」は、社会の周縁に置かれた人々にとっては、魅力的な極点でありつづけ、かつてないほどに、逃げ場としての共同体の役割を担うようになった。やくざはその伝統的役割を引き受け、不安定な日雇労働者たちを導いたり、利用したりして、彼らを放浪へと仕向けた。

しかし、世紀の変わり目になって、貧困の概念に変化が生じた。十九世紀前半のヨーロッパと同様に、日本でも経済・社会発展が、貧困の捉え方に大きな影響を与えた。資本主義的生産の不可避の条件(富の偏在、貧困の偏在)である恒久的貧困についての議論には立ち入らないが、産業化初期における世界各地の貧困層の割合の大きさには驚かされる。暮らし向きのよくなった者もあったが、農民の世界にあっては広大なる貧窮区域が存続し、都市の貧困は新たな形態を取り、拡大していった。ある種の経済的・政治的な軛の下、伝統的な連帯関係は破砕し、都市や農村のプロレタリアートが混じり合って、巨大な貧困の社会領域を形成していった。

日本の場合、西欧諸国に遅れて産業化が始まり、炭鉱、造船、繊維といった戦略的基幹部門において企業家の役割を担う新権力の積極的介入による推進力で、急激な速度で産業化が進行しただけに、こうした経過は一層厳しいものだった。

しかし、十九世紀末においては、まだ農業経済が日本の主流であり、国民の四分の三が農民であった。一九〇〇年に、重工業従事者は二万五〇〇〇人弱であり、当時の工場労働者四五万人中の六パーセントに過ぎない。十九世紀終わりの時点で重工業は重きをなしていなかったのに対し、軽工業、ことに繊維業は多くの労働者を工場に擁していた。日清戦争（一八九四―一八九五）と日露戦争（一九〇四―一九〇五）を経て、工業化は急速に進展し始めた。商業や輸送が発展し、都会への流入者が増え、雇用市場が拡大した。産業は、急激なリズムで農村からの流入者を吸収していった。第一次世界大戦直前、工業部門の八六万三〇〇〇人の労働者のうち、まだ半数が繊維業に従事していた。[1]

資本主義黎明期の日本の発展は、前近代的な構造（天皇制と労使関係における因習）を残していたために、複雑なものであった。こうした複雑さが、一九二〇年代から三〇年代にかけ、日本のマルクス主義者たちに「明治維新」の本質に関する論争を呼ぶことになった。[2] それは、大政奉還に続く混乱から生まれようとしていた社会に関し、マルクス主義的な階級図式を掲げることがいかに困難であったかを示している（その困難は、前近代的な労働慣習から産業労働者への移行に由来するものにすぎなかったにしても）。

明治期の寡頭政治政策の素早さと、その急進的な性質によって、伝統的連帯に基づく社会構造や人間関係は変容していった。維新期にかけ、また、新しい社会の枠組みや新たな連帯（労働組合）の萌芽が現れるよりも前に、すでに徳川末期より始まっていた広範な社会的移動の傾向が強まった。

徳川幕府による身分制度は、武士とその他の三つの身分（農民・職人・商人）との間に便宜上の区別を導入しただけであって、三つの身分は、多分に通じ合っていた。明治に入って武士の身分が廃止され、旧武士たちは社会の中に分散した。大地主の管理下に土地を集中させようとする一八七三年の地租改正を受けて、貧農たちは都市に移っていき、都市下層集団を膨張させた。

従来、社会的身分と貧困との相互関係ははっきりしないものであった。農民は貧しかったが、社会のヒエラルキーの中では武士のすぐ次の地位を占めていた。穢多は、社会的序列の最底辺に押しやられ、偏見による差別を被っていたが、特定の職業の独占権を持っていたために、彼らの中には貧困者とは見なすことができない者たちも少数派ではあるが存在していた（穢多の多くは、水呑百姓ほど貧しくはなかった）。明治維新後、二つの要因が結びついて新たな貧困が生まれた。二つの要因とは、工業化に由来する物質的貧困と、廃止された身分の名残である。新たに平民となった旧被差別民は、「特権」（一定の職業への従事）を失い、農村を追われた貧農や日雇労働者、荷運搬人、人力車の引き手、出稼ぎ労働者、水担ぎ人、草履の修理人、大道芸人、その他、あらゆる貧窮者で形成される流動的な都市の下層民の列に加わっていった。一八七三年に東京の住民を対象として実施された初期の人口統計によれば、住民の四一パーセントが雑業者、言い換えれば、路上の職人仕事や、臨時の職業に従事する者たちであった(3)。

江戸では、貧困に固有の界隈があった。それは、明治の東京でも存続した。貧困地区は拡大したばかりではなく、新たな貧困地区が生まれ、都市を腐敗させていった。産業化に立ち会うことになった多数の下層民たちの住むじめじめとした暗く不潔な界隈は、明治の諸都市に一面の性質を与えていた。それは日本に固有の現象ではなく、十九世紀後半のパリやイギリスの諸都市にも見られた――四半世紀にわたる急速な経済発展にもかかわらず、世紀末のロンドンでも恒久的貧困の様相は存続していたのであった。(4)

近代的貧困の発見

徳川時代の日本において、貧困はおそらく、都市においてより農村部において大きな問題であった。近代化の開始と共に、貧困者は増加し、貧困の概念も次第に変化して、社会的な次元の問題となっていった。産業発展に刻まれる理念が少しずつ姿を現していた。政府は様々な方策によって、大衆の現象に立ち向かうと共に、貧困の問題に立ち向かい、問題を改善、少なくとも把握しようとした。社会の変容によって社会現象となった貧困の概念には変化が生じたが、物質的な財を持たないことが、長きにわたり、差別の根源であり続けた。市民の条件のひとつである投票権は納税額、すなわち収入に基づくものではなかったか。一八九〇年の法律によって有権者は人口の一パーセントとなり、一九〇二年には人口の二パーセント(七月王政下のフランスとほぼ同率である)、一九一九年に五パーセントとなった。一九二五年に選挙権は二十五歳以上の全ての男性に認められた。女性に参政権が認められるのは、ようやく一九四七年のことである。

貧困は扱いにくい相対的概念で、時代や場所や社会の発展水準によって異なる。また、所与の社会が貧困をどう捉えているかにもよる。(5) 伝統的に貧困は自然状態であった。宿命でありさらに既成秩序に対する不服従の表現であった。徳川時代末期の飢饉を受けて幕府は、無為の者に対し、援助のためというよりは秩序維持のために、慈善的および強制的な方策を採った。工業が発展し、労働運動が始まると、指導者たちは、経済システムの機能と関連した社会現象としての貧困に直面した。貧困の新しい性質にまつわる認識の齟齬が当時の論争に刻み込まれている。

図式的に言うと、論争は二つの極にまとめられる。一方が、世襲による富に対抗し、個人の成功を称揚し、失敗の中に非適応の徴を見ようとする新興エリートのイデオロギー（明治期のバイブルとなったイギリス人サミュエル・スマイルズの *Self-Help* の翻訳の成功に表れているイデオロギー）であり[6]、もう一方が、社会の現実と倫理的秩序とのあいだの溝の表現としての新たな貧困という次元の認識である。スマイルズや日本のスマイルズ・エピゴーネンが、貧困を成功に向けての一種の不可欠の過程である場合もあると捉えたのに対し、生まれつつあったモダニズムに万人が接触できるような新たな言葉を与え得た二葉亭四迷（一八六四―一九〇九）などの作家たちは、時代の重大問題のひとつであった多くの人々の生活の厳しさを描き、近代社会とその緊張感に思いを巡らせた。一八八七年から一八八九年にかけて出版され、近代リアリズムの初期小説とされる『浮雲』で、二葉亭四迷は小説家として、また社会批評家として認められた[7]。二葉亭四迷は、貧困問題に取り組んだ二人のジャーナリスト作家、松原岩五郎と横山源之助に決定的な影響を与えた。彼らの作品については後に触れる。

もうひとつ、貧困の問題に人々の意識を向けるのに役割を果たしたのが、河上肇（一八七九―一九四六）の『貧乏物語』である。河上は経済学者でマルクス思想に与し、後に五十代になって、一九二二年の結党後まもなく非合法活動を始めていた日本共産党に入党した。一九一七年に出版された『貧乏物語』は大成功を収めた(一年で三〇刷を重ねた)。この作品には、二つのインパクトがあった。ひとつが無政府主義者の幸徳秋水[8]の死刑を座視した知識人たちの「沈黙の陰謀」とは一線を画していたことである。さらに、初めて近代の貧困の問題を、社会的・経済的文脈に置いたことである。

河上はヨーロッパ旅行を経て、当時の日本の知識人が考えていたのとは反対に、貧困は後進国に結びついているだけではなく、西欧の資本主義社会においても存在することを見抜いた。河上は国民に対し貧困問題の所在を意識させ、問題の改善方法を提案しようとした。おそらく河上は、貧困改善方法の提案よりも、貧困問題の所在を訴える方に成功した。実際、彼は貧困について若干、教訓的なヴィジョンを有しており、そのため、貧困の問題についての現代的かつ資料的裏づけのあるアプローチを、儒教から受け継いだ政治的伝統概念の浸透した社会正義の展望の中に位置づけた。ともあれ、それは、当時の貧困に関する包括的認識の示唆的なアプローチであった[9]。日本における貧困問題を海外に広く知らしめ目覚しい成功を収めた『貧乏物語』はまた、次世代の知識人たちにも深い影響を与えたのであった。

明治維新の後、驚くほど拡大を見せた新聞・雑誌は、世論を通じて社会問題を意識化させる役目を果たした。新聞は新しい思想(自由民権運動)を広め、政治的考察を進める各種団体の結成を後押しした。新聞はまた、闘士たちの連帯の手段でもあった。

一八七〇年代初めから、大都市の新聞はオピニオン新聞と呼ぶのがふさわしいような重要媒体となり、権利と自由の擁護者たちの思想に多くをもたらした。多数のジャーナリストたちが、改革、ことに、国会開設を要求する各種団体の活動的メンバーとなっていた。彼らの多くは、初期の政党結成に参加した[10]。新聞は社会の下層階級の生活状況に関する情報を伝える媒体でもあり、産業化時代の貧困の町となった諸都市（東京、大阪、神戸）の下層民へのアンケートを頻繁に行った。情報を伝え、社会を批判する仕事は、当時の貧困に関する観念を塗り替え、貧困とは宿命あるいは怠惰の娘であるとする代々受け継がれてきた解釈を斥ける役割を果した。十九世紀末まで影響力を及ぼした『朝野新聞』は、一八八六年に、あばら家の集まる区域の目立つ、東京の北部、西部、南部の貧民に関する初めての調査の結果を発表した。調査をフォローする記事が何本も書かれた。ルポルタージュ、物語、あるいは、今日でいう「読者欄」に相当するもの。それらは悲嘆調を免れないものも多いが、その情報の豊かさにおいて、社会史のかけがえのない資料であり続けている。記事のうちでも最良のものは、統計的手法が用いられ、細部から貧困の社会・経済的因果関係の解説へと至る記述が心がけられている。

　貧困問題が意識化されるとともに、ことにキリスト教徒の慈善団体の活動もなされるようになり、慈善団体が貧困に対する政府の無策を、後には、対策の不足を補うことになる。十九世紀末の日本においては、それが依然として実状であった。日清戦争（一八九四—一八九五）の後、研究され始めたキリスト教は、日本における社会主義的思想の誕生と発展にも大きな役割を果たした。日本における労働組合運動の創始者とされ、後にマルクス主義者、ボルシェヴィキ主義者となった片山潜（一八六〇―一九三三）をはじめとして、一八九八年に設立された社会主義研究会の大半のメンバーはクリスチャンであった。下層社会についてのルポルタージュ、ことに片山潜の友人である横山源之助の著述は、日本の社会主義思想の発展に寄与した。(11)

こうした進展にもかかわらず、政府が貧困現象の社会的性質を認め、貧困者に関する初の行政調査が行われるには、時間を要した。一八七四年に「恤救《じゆつきゆう》規則」が制定されたが、この規則は、極端な貧窮状態に置かれている人々（労働不可能者）のみを対象にしたものであった。政府が社会的連帯の政策を打ち出すには、一九二〇年代の産業の危機、および天災による経済悪化を待たなければならなかった。政府の政策は、さしあたり「有機体としての国家という観念(12)」に位置づけられており、生活条件、および援助が正当化される最低閾についての数量的評価に基づくアプローチにより、一九二九年の新法を準備するものとなった。

この新たな福祉政策は、二つの原理に導かれている。第一は予防策であり、一連の衛生措置がそれである。もうひとつは、貧困者たちを社会から分離することである。「これらの変革を通じて、ぎりぎりまで、貧困の空間を、最も社会化されず、社会性を持たない人々、すなわち、当時の社会計画に参加する用意が最もなさそうな人々へと限定しようとする意図が窺える」とアンヌ・ゴノンは書いている。(13)また、貧民に関する初の統計調査が内務省によって実施されたことも意義深い。身体の様々な部位のように、各人が皆にとって有益であるような調和ある都市という夢が、当時の指導者たちの思考から消え去ることはなかった。実際権力は、当時「危険思想」（社会主義）と戦い、すべての国民が「天皇の赤子」であるとされる家族国家の観念を国民に叩き込もうとしていた。

プロレタリアートの東京、貧困の東京

貧民地区の縮小に見られるように、政府の政策は成果をもたらした。経済的発展によって、都市には労働者階級が出現し、その生活条件は厳しく、しばしば搾取の対象となっていたが、ぎりぎり生計を立てられるか立てられないかのところで暮らしている貧民と労働者階級とを同一視することはできなくなっていた。明治期後期からの、識字教育と生活条件向上による改革は注目に値する。初期の労働者たちが貧民街に暮らしていたのは一時的なことであったようだ。

西欧諸国に遅れをとっていた日本は、産業化競争の中、段階を無視して突き進んだ。日清戦争、ついで日露戦争、さらに、本格的な参戦はしなかったが軍需はあった第一次世界大戦による好況で生産力が高まった。世紀末の革命思想の歩みも伴い発展していったのが、東京が「パリ・コミューン」や一八八〇年代のロンドンに比しうるような抵抗を経なかったことの理由の一端であろう。貧民の共同体が破壊され、周縁的な場所に追いやられたのは、権力側の意図というより、社会変動によるものだったのである。一九二三年の関東大震災によって、東京の各地区、ことに貧民街は一掃され、かくして、オスマン男爵のような人物が「放浪者の群れ」を追放することなくして、町の「大掃除」がなされたのである。

一九二〇年代の新生東京において、貧困は見えにくいものになり、さらに拡散していった。貧困の構成員たちの一部は、規範的なものとされた定期的労働に就けなかった日雇労働者たちで、彼らは自分たちのみで固まり、別個の世界を形成していた。日雇労働者は当時の公的文書には「自由労働者」として記録されている。生活基盤の脆弱さという代償を払って手に入れた「自由」である。戦後から今日に至るまで、「自由労働」市場周辺に最も貧しい者たちが集中した。日雇労働者は、その仕事と独特な身分のゆえというより、その生活の貧しさや独特の掟によって、別の世界を形成していたのである。彼らはかつての下層民の遺産の受託者である。日雇労働者の生活と社会のレポートについては、現代の東京の「どんづまりの街」を論じる中で、後に取り上げる。今日でもなお、多くの日雇労働者にとって、「生きる」とは、単に、死なないでいること」なのである。

初期の産業化時代において、貧民とは誰だったのだろうか？　明治の作家たちは、貧困の厳しさという漠とした観念に則って貧民を分類しようとした。そのことは、ある時は「細民」、あるいはもっと一般的に「貧民」、あるいは、究極の貧困に置かれている人々を「窮民」と呼んだりする浮動的な言葉の使い方によってもわかる。

横山源之助のような作家は、「下層」という言葉により、さらに現実に肉薄していった。横山は、単に「下層民」と呼ぶだけでなく「下層社会」と呼ぶことによって、下層民というカテゴリーにより現代的なニュアンスを与え、個人の集まりとしてよりも、固有の法則とヒエラルキーとダイナミズムを持った世界として提示しようとしたのである。それに、横山は

『日本之下層社会』[14]において、細民、貧民、窮民との間に、かなり漠然とした区別しかしていない。東京について述べる際、横山は、「本所・深川両区、および浅草区の細民、貧はすなわち貧なりといえども、以下まさに挙げんとする貧民部落のごとき甚だしきは少なく住めるはおおむね細民の類にして貧民を見ること稀《まれ》なり」と語るなど、単に場所しか区別していなかったように思われる。最下層について横山は、後で述べている。[15]この「細民」の一部から、労働者階級が生まれたのだと考えることができる。また、横山は、「細民」という言葉と「貧民」という言葉を無造作に使っているように思われる。現代の作家は、古びてしまった「細民」や、蔑称とされている「貧民」という言葉は、もはや殆ど使わない。

下層民が住んでいた界隈については、複数の表現があった。貧民窟、ついでスラムである。一八七八年から一八八八年までの間に、東京の貧民街は一一から二二に増えた。そして一八九〇年から一九〇〇年にかけて、一七の貧民窟が隅田川の東側（深川と本所）に生まれた。[16]すでに述べたように、貧困の空間的指標は、多くの貧民窟を破壊した（横山源之助の描いた三大貧民窟、万年町、新網町、鮫ヶ橋のうちの二つ、小石川は部分的に免れた）一九二三年の震災のあとは、薄れる傾向があった。住民たちはその後、東京の各地に散らばった。[17]貧困の地政学が組み替わると共に、貧困の概念は貧窮している社会層にも開かれたが、貧民窟では、かならずしも生きなかった。

一九二六年からは、南千住、三河島、日暮里、西新井に新たな貧民窟が形成された。[18]とはいえ、旧貧民窟が形を変えて蘇ることもあった。例えば万年町は同じ場所に再建され、後、板橋区の岩の坂に移ることになる。万年町には、とりわけ、乞食、屑拾い、高齢の行商人、大道芸人（一九二〇年代後半に、二五〇〇人）などが集まっていた。(19) もうひとつの地区が、一九四五年三月の東京大空襲による破壊まで有名であった、木賃宿のある岩の坂である。岩の坂については特に小板橋二郎（一九三八年生まれ）が、自伝『ふるさとは貧民窟《スラム》なりき』(20) の中で描いている。悲しいことに岩の坂は、一九三〇年に、おそらく嬰児殺しによるのであろう、新生児の奇妙な死により知られることになった。

多くの作家たちが、作品の中で戦後の最下層を描いている。大衆小説作家の山本周五郎（一九〇三―一九六七）は、「どですかでん」（列車の響きのオノマトペ）において、絶望と夢とが隣り合う最下層の生活を描いた。この作品は一九六二年に出版された小説集『季節のない街』に収められており、黒澤明によって映画化された。黒澤作品の中でも、最も美しいもののひとつである。ごみ捨て場に隣接する貧民窟に暮らす哀れな人々の中には、廃物回収で生計を立て、いつまでも持つことができないでいる家を夢見る屑拾いとその息子がいる。黒澤によって、反抗するのも無駄に思われる不幸や貧困を超越する、夢のような趣を与えられたこの父子は、近代の虐げられた人々の中で、最も感銘深い。

産業化初期の貧困

日本における貧困現象の広がりは、二十世紀への変わり目において、どのようであったろうか。当時の統計調査は部分的なものにとどまっている。十九世紀の終わりには、全体的に貧窮状態は深刻化していたようである。例えば山梨県では、一八八三年から一八八五年の間に、貧民の人口が、実際倍増している。こうした傾向は日本全体に関しても当てはまると考える人々もある。[21] 兵庫県の資料に基づく研究によれば、一八九七年から一八九八年にかけて、貧民は人口の二二・七パーセントで、その三分の一は貧窮状態にあった。また、現代の研究者の中には、もっと極端な推計をとる者もある。例えば中川清によれば、横山の定義による「下層民」は、一八九〇年代には都市人口の半数にのぼっていたという。[22] 一九二三年の関東大震災以前、東京の貧民人口は、全体の八パーセントから九パーセント、せいぜい一二パーセントであると考えられていた。[23]

　貧困現象の量的把握の試みに加えて、最底辺に間違いなくシンパシーを持っていただろうと思われる横山源之助などの作家たちは、世紀の変わり目の都市で自らが発見した悲惨を、日本より先を行っていたヨーロッパを参照点としながら、産業化初期の貧困という、より大きな文脈の中に位置づけようとした。十九世紀末の状況について書いた短い考察「貧民問題の勃興」[24]で、横山は次のように断言できると考えている。「然りと雖も、今日我が国に於いては、未だ欧米文明国に見るが如く、工業組織の不完全より堕落し来る貧民はあらざるなり、即ち労働の需要なきより、已むを得ずして貧民たりと言ふを見ること極めて尠《すく》なし（……）然れども全体より言へば欧米諸国に見るが如く、大なる惨状を示すことなくして了りたれば、之れを以て直に我国にも貧民生ぜりと概論するは或は軽率に失せん、然り我国には未だ工業戦争が孕み出す貧民なきなり」。

東京や大阪、横浜の貧民街に触れながら、新興の企業家による労働者の搾取を容赦なく告発する横山は、しかし、次のように書いている。「しかれどもゼネラル・ブースが『最暗黒の英国』に描きたるエスト・ロンドンに住める者の如く、醜悪にして深刻なる貧民を見ること少なきなり」。横山は、自分の読んだ *The Darkest England* を引き合いに出しているのである。

西欧の状況との比較に依拠した日本の状況に関する横山の見解は、割り引いて考えられねばならないだろう。これは、当時の日本の知識人のヨーロッパやアメリカに関する評価のアンビバレンスを示すものであり、おそらく、ある種のナショナリスト的な意地の表れであろう。横山は産業の発展には好意的であったが、貧困の問題に無感覚な政府を批判した。そして、労働者の状況が悪化する一方、勃興しつつあった労働運動を政府が制圧しようとしている（一九〇〇年の治安警察法）のを見て取りさらに批判的になり、それから西欧の労働者の状況を参照点とするようになったのである。

第五章　大日本を支えた労働者たち

労働者階級の周縁へ

産業化競争とそれによる社会の流動化の中で、新たな社会構造（帰属と連帯）ができあがっていった。労使関係における連続性、さらに厳密に言えば伝統的な労使関係の図式の近代的再編成がいかなるものであったにせよ、この激動の困難な時代の初め、次第に労働者「階級」が出現し、経営者と勃興しつつあったサンディカリズムは、この階級を注視しようとしていた。

一握りのエリートである企業経営者や公務員（一八八〇年代において、一〇パーセントぎりぎり）[1]とは何ら共通点を持たない労働者階級は、しかしながら、職人や貧窮する多くの下層民（路上の手仕事に携わる者、日雇労働者、ごろつきなど）とは区別されるようになる。工場労働者は着実に下層社会の一部を成し、不安定な生活条件に置かれ、二十世紀の初頭まで下層社会と大きくオーバーラップしていた。横山源之助によれば、東京と大阪の工場労働者の相当の割合（六六パーセント）が貧民街に住み、その他の貧民たちと同じ生活条件を甘受していた。[2]

一九一二年の政府の調査によれば、労働者たちは依然として最も低い階級に属し、労働者の収入は「貧困閾」のわずか上であった。[3]

従って、長らく労働者問題は貧困問題と不可分だったのである。製糸工場で働く多くの若い女性を含む新興の産業プロレタリアートは、熟練工需要の増加により、徐々に貧民の集団からは区別されるようになっていった。さらに労働者アイデンティティの萌芽が生まれようとしていた。つまり、日本の産業発展に固有の条件(職人をモデルとした職能別編成、企業内労働組合など)によって形作られた特有の「階級意識」である。こうした階級意識の形成は、労働者を「人間」として尊重すべきであるとする要求の中に現れている。[4] 二十世紀への転換期における、製糸工場の女工たちの毅然とした態度が示唆的である。十三歳の者もあり、多くは農家から売られた娘たちであった女工たちの生活条件は、きわめて惨めなものであった(深夜労働、工場の寮、歩合による給料)。[5] しかし、女工たちは、決して従順ではなかった。実際、彼女たちの多くは、「企業社会」への統合の規範に従うことを拒否し、愛国主義的な教育に反発した。反抗が窺われる数々の歌が示すように、女工たちは、隷属の生活の中から集団のアイデンティティを引き出したのである。[6]

こうした黎明期の労働者階級よりむしろ、労働者階級の周縁に波打つ別の社会階級を、[7] この先、考察の対象としていきたい。農民や漁民、またサンカ、マタギであった放浪の者たちには触れていないが、都市における貧困の問題については、すでにつぶさに見てきた。工場労働者を除いたら、何が残るのであろうか。

一八八〇年代から一八九〇年代にかけて横山源之助が作成した下層民の「分類目録」によれば、下層民は、日稼ぎ労働者、熟練工、職人、製糸業や金属業の労働者、農民たちで構成されている。横山はまた、熟練工とそうでない者とを区別している。熟練工でない者として挙げられているのは、土方および、あらゆる種類の車力人足で、それらの中には、人力車夫や立ちん坊（坂の下で待機し、車力人足の手伝いをする）、屑拾い、芸人が含まれる。(8) ひとつの社会カテゴリー、肉体労働者（日雇労働者、港湾労働者、労務者、炭鉱労働者）に注目してみよう。十九世紀から今日までの社会の流動化の中で、肉体労働者は、周縁的領域の新たな「住人」のうち最も代表的なものであると思われる。ことに一九四五年の敗戦以後、肉体労働者の状況は変化したにしても――炭鉱労働者は炭鉱の相次ぐ閉鎖により、消えていき、日雇労働者の仕事も不安定なものとなっていった――日雇労働者は貧困や抵抗の陰の文化の担い手であるように見受けられる。体力が衰えた時、肉体労働者たちの状況は厳密な意味で乞食の状況に近づいていく。乞食について本書では間接的にしか言及しないが、彼らは明治期以後、江戸時代の非人の「継承者」であると見なされていた。(9) もうひとつの秘儀へと続く道に現れるのが、「ばた屋」である……。

肉体労働者の状況を単なる貧困問題に帰することはできない。肉体労働者の問題は、むしろ社会の病理に属する問題である。社会の周縁層を「規範」への不適応に帰する危険がある点で、貧困は慎重に扱うべき問題である。けだし「規範」から理性までの距離は一歩にすぎず、非理性は、正常化措置の格好の正当化となる。しかしながら、表面上は文明化されたこの世紀末の日本において、多くの日雇労働者が「反‐社会性」の伝統の継承者であるように思われる。「反‐社会性」は抵抗の伝統に属し、肉体労働者の場合、零落という形を取るのである。

下層社会の探索者である松原岩五郎は、まずこの闇の世界に入り、肉体労働者を探し求める。

時代の転換点における下層民とその諸相

「日は暮れぬ、予が暗黒の世界に入るべく踏出しの時刻はきたりぬ」。上野のほうから、風来坊松原岩五郎（一八六六―一九三五）の痩せ細ったシルエットがやって来る。松原は、日本人に世紀の変わり目における下層民の世界を示したジャーナリストのひとりであり、当時二十六歳であった。彼は「上野の丘」（現在の上野公園）を下っていく。自らを「貧大学の入門生」と呼ぶ松原は、悪名高い下谷へと降りていった。

……そろそろと上野の山を下れば、早くも眼下にあらわれきたる一の画図的光景、それはあたかも蒸気客車の連絡せるごとき棟割《むねわり》の長屋[10]にして、東西に長く、南北に短かく斜《ななめ》に伸びて縦横に列《つら》なり、左方は寺院の墓地にかぎられて右の方一帯町家《まちや》に出入して凸字あるいは凹字をなせる一区域は、これぞ府下十五区のうちにて最多数の廃屋を集めたる例の貧民窟にして、下谷山伏町より万年町、神吉町等を結びつけたる最下層の地面と知られぬ。

町家をくぐりて一歩この窟《うち》に入り込めば、無数の怪人種等は、今しも大都会の出稼ぎをおわりて或る者は鶴嘴《つるはし》をかつぎ、或る者は行厨《べんとう》を背負い、或る者は汗に塩食《しおばみ》たる労働的衣服をまとい、或る者は棒擦《ぼうずれ》になりし土木的の戎衣を着し、三人五人ずつ侶《とも》をなして帰るはこれ即ち一日の労役を十八銭の小銅貨《カペーク》に換えたる日雇人の一類にして、例の晩餐の店に急ぐなるべく、その後より敷紙の如くに焼けたる顔の車力夫婦は、わずかに一枚の手巾をもって愛児の肚《はら》を包み、梟《ふくろう》に嘲けられたる如き可憐の貌《かお》を夕景に曝《さ》らせつつ、そが臥床《ねどこ》に帰る後より十二、三の貧少女、姉と見ゆるは三味線を抱え妹も同じく手に扇子を持ちて編笠を頂き、稼ぎ溜めたる幺麼《いかん》の銭を数えつつ戻るその跡より耄々《よぼよぼ》しき羅宇屋煙管《らおやきせる》の老爺、あるいは下駄の歯入れする老爺、子供だましの飴菓子売。空壜買《あきびんかい》の女づれ、紙屑拾い、往来諸商人、而して此の窟《しま》の特産物たる幼稚園的芸人の角兵衛獅子等は、おのおのその看護者《かんごしゃ》にともなわれて、茹蟹《うでがに》または蜀黍《もろこし》の焙《あぶ》り炙《やき》を食いつつ疲れて殆ど歩《あゆ》めざる足を曳きずりて踣《こ》け転《まろ》びつ。

「黒山」のような群衆が夜市の屋台に群がり、そこには、ぼろをまとい、すり減った平底の靴を履いた近隣の人々が、あれこれと食べ物を手にしており、料理の脂くさい煙が夜の帳に立ち昇っている。松原は、ジャーナリスティックというより文学的な文体で、『国民新聞』の連載記事に明治期東京の貧民街を鮮やかに描き出している。連載記事は、一八九三年、『最暗黒の東京』[11]という題名で一冊の本にまとめられた。東京のその他の貧民街である芝、下谷、新網町もまた、十年ほど後に、フランス人ジャーナリスト、ルドヴィック・ナドーによって描かれている。殆ど様子は変わっていない。

東京の下谷界隈のおぞましさについては、誰が語るであろうか。そこには、二千ばかりの家屋が蝟集し、その悲惨さは目を覆うばかりである。下谷界隈の人々は皆、その日暮らしである。三百五十の家屋を数える新網町のような界隈全体には極貧の人々が集まっており、彼らは布団さえ持っていない。わずかばかりの小銭と引き換えに、ぼろをつぎはぎしたものを借りるのである。(……)しかし、下谷や新網町は、魔法の庭ではない。不具者や、乞食や、放浪の歌い手や盗賊やごろつきだけの溜り場ではない。(……)多くの職人や、こまごまとした物の修理に携わる者、失業によって完全に用済みになってしまった、あらゆる人々がそこにはいた。そこは、途轍もないものを食う人々の地獄の界隈であった。この界隈の者たちは、魚の内臓や頭を食べ、腐った米や果物や、肉の切れ端をかじるのである。[12]

横山源之助は、長屋の路地にうごめくゴキブリについても書いており、寝具つきの住居をはじめとして財政的投入を主張する。[13]「窮し来れば損料布団だも典入《しちいれ》し、寒中布団なく夜を明かすもあり」。十九世紀の日本各地に点在していた安宿に比すべき木賃宿の生活条件は、もっと酷いものであっただろう。一八八八年の内務省の統計によれば、木賃宿は一四五軒で、一万二七九四人が宿泊していた。横山は、それよりはるかに多いと推定している。(14) こうした宿には筵が敷かれているだけで、客は自炊する。(15) 人力車の車夫や、大道芸人などと共に、客の中で最も多かったのは日雇労働者で、木賃宿に半永久的に暮らす者もあった。宿での盗難は日常茶飯事であった。

「特異な歴史の場所、奇妙な物語の場所」である木賃宿には下層民が集まった。その中には巡礼者もいたと松原岩五郎は『最暗黒の東京』で述べている。(16) 木賃宿には宿の起源を示すものがたくさんある。行商人の籠、曲芸で使う糸を結わえつけるようになっている傘や寝台、巡礼者の編笠……客は盗まれないように草履を結わえつけた。灯明に照らされた部屋は相部屋であった。

> 泊り客すでに五六人ありて各一隅に割拠し、杉の丸太を五寸ばかりに切り落したるを枕となして仰向様《あおむけざま》に臥したるもあれば、その枕を煙草盆に代用して煙管《きせる》を敲《たた》く人、また一人は例のランプの下に剃刀《かみそり》を持ちて跪座《きざ》しつつ頻りに頤《あご》を撫でていたりしが、けだし室内の混雑するに先立ちて今《こ》の間《ま》に髯を剃り置くものならん。新賓客なる予は右側の小暗き処に座を取りしが、そこには数多《あまた》積み重ねたる夜具類ありて垢に塗《まみ》れたる布団の襟より一種えならぬ臭気を放ち、そぞろに木賃的の不潔を懐《おも》わせたるのみならず、予の隣に坐せる老漢はいわゆる子供たらしの文久的飴売りなるが其の煮しめたる如き着物より紛々と悪臭を漲らし、頸筋または腋《わき》の下あたりをしきりに掻き捜しつつ、所在なき徒然《つれづれ》に彼の小虫を噛み

殺しつつありしを見て予は殆ど坐に堪えがたく、機会《おり》を見て何処へか場所を転ぜんと思い居るうち、また四五人の客どやどやと入れ込み来れり、見れば皆いずれも土方、日雇取的人物にして半身に襦袢一枚引掛けたる立坊風《たちんぼうふう》の男、あるいは老車夫もありしが、続いて帰りきたりしは旅商売の蝙蝠傘直しを職とする夫婦連れの者にて中に四歳ばかりの小児を伴《つ》れて居たりしが、その妻なる者は広き世間の木賃的経験を積みきたりし者と見え万事すこぶる世馴れて軽快なる愛嬌をもち、其の入り来るや室内の数多き人を見て「マア沢山こと叔父さんが」と一言まず其の小児を嬉ばせつつ、予が傍らに座を占めて双方へ会釈しぬ。予は傍らに居て密かに彼女の容貌を見れば、色黒くして鼻低く、唇皮《くちびる》厚くして其の歯は鉄《おは》漿《ぐろ》もて染めいたりしが、其の面貌の酷《はなは》だ醜なるにも似ずして自然に嬌趣《あいきょう》を持ち、其の天地を以て家とする底《てい》の坦懐《たんかい》と、人を見て悉く同胞と見做すの慈眼をもって挙動《ふるまい》たり。（中略）

……一畳一人の割なれば随分窮屈を感ずるならんと思い居りしに、事実はそれをも許さで、一張の蚊帳に十人以上の諸込《もろごみ》なれば、何かは以て耐《たま》るべき。蒸さるる如き空気の裡に労働的の体臭を醞醸《うんじょう》し、時々呼吸《じじいき》も塞《ふさ》がんばかりなるに加えて蚤の進撃あり、蚊帳は裾《すそ》より壊《やぶ》れたれば蚊軍は自由に入るべく……（中略）予は曩日《さきのひ》かかる暗黒界に入るべき準備として数日間の飢えを試験し、幾夜の野宿を修業し、かつ殊更に堕落せる行為をなして以て彼等貧者に臆面なく接着すべしと心ひそかに期し居たりしに、是れが実際の世界を見るに及んで忽ち戦慄し、彼の微虫《びちゆう》一疋の始末だに為すことを得ざりしは、我ながら実に腑甲斐なき事なりき。吁《ああ》想像は忝《かたじけ》なく癩乞丐《らいこじき》の介抱をも為し得べし。然れども実際は困難なり、虱を捫《ひね》る翁の傍にも居がたし。

蚊軍蚤軍の襲撃とは平凡なる形容のみ、其の実いかほどうるさき蚊、耐えがたき蚤、シラミのために攻めさいなまるるかに至っては、予をして殆ど言語を断たしむ。ただ終夜《よもすがら》眼を摩《こす》りつつ頸筋を擲《う》ち、腋下を擦り、背中を撫で廻し足底《あしうら》を抓《か》き、左へ坐し、右へ転じ、起きて見つ臥《ね》て見つ、或いは立ちあがり、衣をふるい、精神朦朧として不快限りなく、眠らんと欲して眠る能わず、輾転反側をもって一夜を明かす、これ実に混合洞窟の実境なり。早起き盥漱《かんそう》せんと欲するに完全なる銅盥《かなだらい》なく、わずかに鉄葉《ブリキ》の錆びたる物一個、生温《なまぬる》き濁水を汲みたる手桶と共に便所の側に出しありしが、予はなお口漱《くちすす》ぎとして是等の物を使うを欲せず。表口の開くや否、驀然《まっしぐら》に飛び出して新鮮なる大気を呼吸し、八方駈け廻りてわずかに掘井戸を見出し其処にてようやく釣瓶《つるべ》顔《がお》を浣《あら》いけり。

一三〇〇万人の人口を擁していた十九世紀後半の東京においては、住民の一〇パーセントが中間層あるいは上層に属し、それ以外は下層階級に属し、逆境の中で暮らしていたと横山源之助は書いている。細民や貧民の多くは、隅田川の東側（作業所がいち早く作られた深川・本所界隈）と浅草に住んでいた。中でも浅草に最も多く人々が集まっていた。それらの町の中には大きな貧民地区はなく、代々家を継いだので、住民たちは貧民窟の人々ほどの窮境に置かれてはいなかった。[17]

徳川末期の江戸と明治初期の東京は、疫病の蔓延する不潔で貧しい都市であり、盗難や犯罪が横行していた。バルザックの描くパリや、その「見るもおぞましい人々」を彷彿とさせる東京である。農村からの移住者が貧者の世界を膨れ上がらせ、貧民窟も拡大していった。明治初期の貧民窟には様々な種類があった。今戸、鮫ヶ橋（甲州街道沿いの四谷界隈）、新宿天龍寺、万年町（下谷）などの被差別民（穢多、非人）の旧居住区、あるいは、時代が下り、産業化初期の一八八〇年に出来、東海道沿いに発展した芝の新網町などである。松原岩五郎は、「最も穢れた場所」と呼んでいる。スラムは、海の近くや川沿い、町の周縁部、墓地や火葬場、軍事施設の傍（四谷の鮫ヶ橋と芝の新網町はその例である）などの境界に形成されたが、新しい工場地区（本所、深川）にも現れた。貧民窟の住人たちは、実際、飲食店の食べ物の残りを買い取る特別な「食堂」である「残飯屋」の残飯を食べて生活していた。

明治初期の東京の三大貧民窟は、下谷万年町、芝の新網町、四谷の鮫ヶ橋であった。(18) 貧民窟のじめじめとして暗い路地にある露店は、料理道具、お針子道具、米やさつまいも、古紙、履き古しの下駄、しょうゆを売る店、つけで呑む居酒屋、損料貸しだけであった。長屋の設備の粗末なのは貧窮によるが、また、住人たちが携わっている移動を伴う職業のせいでもある。彼らは、持ち運べるものしか持たなかったのである。ありとあらゆる日雇労働者がいた。人力車の車夫、土方や屑屋が最も多かった。女たちは団扇作りやマッチ箱詰めの内職をした。また、占い師やキセル修理人、着物の修繕人、便所の汲み取り人、かえる採り、水運び人、紙芝居師、かっぽれ、托鉢僧、盲者とその案内人、三味線弾きや様々な大道芸人（手品師、曲芸師、語り部）がいた[19]。大道芸人は新宿の天龍寺付近と新網町に多く、貧民窟の子供たちに日本の叙事物語を語ったりして、時に人生の教師の役割を果たした。屑屋はむしろ万年町[20]に集まっていた。政府の統計によれば、万年町の住民は四〇〇〇人に上り、新網町の住人は三二〇〇人であった。横山によれば、実際にはこの地区の住民は更に多かったという[21]。

一八七九年に横山は、大阪難波新地の旧遊郭から程近い名護町界隈を探索している。当局によって難波新地の住民は天王寺（現在の釜ヶ崎地区）に移動させられ、町は刷新を余儀なくされた。長らく大阪は、日本で最も不潔な下層地区を抱えているとされていた。一八八八年以前、東京の大スラムの二倍の人口にあたる八五〇〇人が暮らしていた名護町はそのひとつである。名護町の刷新以後、新たなスラムが点々と大阪市の南部（天王寺の今宮、難波石垣浦周辺）の西成郡に形成され、そこでは、「うようよぞよぞよ聾者・跛者・足なし・一寸法師等の襤褸《らんる》漢が呻きおり候ぞかし」と横山は書いている[22]。神戸のスラムは、旧被差別民が居住していた場所に形成されたという特徴を持っていることが先に述べられている。それらは、日本でも最も甚だしい部類でもある。一八九七年の神戸市の報告によれば、二〇万人の住民のうち半分は細民であり、その一四パーセントは貧民であるとされている。名古屋の被差別地区周辺のスラムについても、同様の構造が見られる。

都市の闇の住人たちの運命は、どのようなものであっただろうか。万年町の屑屋はとりわけ、横山源之助の注意を引いた[23]。屑屋は殆ど何でも集める。ぼろきれや古紙、ガラスや皿、履き古した草履、紐の切れ端。屑屋は、真夜中になると吉原の遊郭付近で仕事をする。最大の書き入れ時は節分である。春の到来を告げる再生の季節である節分の頃、日本人は大掃除をし、不要となったものを捨てるのである。もうひとつの書き入れ時は、真夏の「土用干し」の日である。屑屋は拾い上げたものを立場《たてば》に売る。屑屋はスラムの住人の中でも最も貧しく、多くは万引きもしたと、横山は書いている。

他に貧民窟の住人としては、人力車の車夫がいる。もともと駕籠かきであった人々が車夫に転職した。(24) 一八七二年、東京には約五万六〇〇〇人、大阪には約一万六〇〇〇人の車夫がいた。「おかかえ」として、多くは料亭や遊郭などに月極めで雇われる車夫と、定期的には仕事せず、客を拾う車夫とがいた。後者は「やど」と呼ばれ、稼ぎを全部使い切ったときには、仕事仲間が助けにきてくれるのをあてにしているとの噂だった。(25)車夫の世界の特徴のひとつは、その連帯感であり、黎明期の労働組合のさきがけとなった。(26)連帯は必然であった。なぜなら車夫たちが客を待つ場所は、グループ（番）によって決められており、待つ場所を得るためには、グループのメンバーになる必要があったのである。つまり、グループは「縄張り」に重なっていたのであった。新会員には、入会資格（現金と酒）が必要とされ、入会金がグループのプール金となり、車夫の困窮時（病気）に使われた。最も貧しい者たちは、「朦朧」と呼ばれた。(27) おそらく彼らの置かれた状況の不安定さと、夜間に働くという事実を強調してのことであろう。日が暮れ、他の車夫たちが一日の仕事を終える頃、こうした食うや食わずの「朦朧」たちが通りにやって来たのであった。自分の人力車を持っている者はわずかであり、時には茶代と交換に、仕事のために着るものを借りなければならないこともあった。

スラムの住人の次は、肉体労働者である。横山源之助によれば、肉体労働者には三種類あるという。緊急の修理仕事に呼ばれる人々、工事の土方や人夫、および、地域共同体のための雑用をする人々である。彼らの仕事は「草鞋《わらじ》稼業」という蔑視的な言葉で呼ばれた。(28)中には、先に述べたが、坂の下で待つ「立ちんぼ」(29)、それから、最も力があり最も稼ぎの多い車力がいた。中には、大工や左官の命令の下で働く者もあり、また、単なる荷物担ぎ人もあった。

東京では来る日も来る日も「何万人もの人々が」工事の労働者として、あるいは、親方を介して企業に雇われた。横山が「日稼ぎ人足」と呼ぶ人々は(日雇い、日傭、日傭取、日稼ぎ人、手間取り、など他にも多くの呼び名があった)、かつての日雇人足の風俗の継承者であった。江戸末期に、労働自由市場に出現しつつあった独立の労働者たちで、下層民の群れに入っていく者が大都市に多数あったことは、すでに見てきた。江戸においてさえも、幕府(江戸評定)の報告書は、こうしたタイプの職業には三十三あるとしており、そのうち十ばかりは行商人の活動に関するものとなっている。(30)日雇人足は、土方仕事、建設や輸送の仕事に携わった。荷物担ぎ人、配達人、駕籠担ぎ人、堺の市場から京都まで、夜間に、鮮魚を運ぶ人、飛脚など、種々の下級労働者である。彼らは諸肌を脱いで働き、中には、全身が派手な刺青で覆われている者もあった。その中には十返舎一九が一八〇二年に上梓した奔放なピカレスクロマン『東海道中膝栗毛』で描いた活気ある人々もいる。(31)また、日雇人足の中には、次第に寺社や領主の管理を離れ、大工の親方の統制下に置かれるようになっていた鳶の者たちもいた。仕事の割り振りは、中世後期から存在する「座」が担っていたので、日雇人足は親方の周りに結集したのである。このシステムは明治以降も存続する。

親方

「親方」という言葉は、二十世紀初めの炭鉱や港湾の手配師と重ね合わされるようになったことから、近代においては言外にマイナスの意味を帯びることになった。炭鉱や港湾の親方のうちには、やくざと結びつき、手下をスト破りに送ったりした者もあった。以後、親方はむしろ手配師（関東）、人夫出し（関西）、港湾においては、労働下職（「眠りの商人」）、すなわち寮長）と呼ばれるようになる。しかし総称は「親方」のままであった。ことに関東において「親方」は博徒と結びつき、往時のフランスで、《tâcheronage》と呼ばれていた仕事に携わっていた。親方は、仕事の需要に応じて手下を募った。日雇労働者の世界の一種のボスである親方は、各種の取引をした。アメリカ占領軍の文書によれば、敗戦直後も依然として、過半数に相当する三〇〇万人の建設現場の労働者たちが親方の管理下にあった[32]。

「親方」（あるいは、親分）は、一般的な意味では蔑称ではなく、やくざとの関係を示す用法は使用例のひとつにすぎない。「親方」の語は、上下関係のある、ありとあらゆる二人の人間の関係の中に見出される架空の親子関係を示している。漢字の「親」と「方」（人の意）——親分の場合は、「分」（部分）の意——で書かれる「親方」の語の起源は、あまり明らかではない。ともあれ、「親」は様々な表現の中に見出される。「名付け親」、「烏帽子親」(元服時の立会人)などである。「親」はことに、すでに触れたような「草鞋を脱ぐ」といった、農村共同体の慣習を指し示す表現の中で用いられている。共同体にとってのよそ者である旅人は、引受け人となってくれる村人の家に、象徴的な意味で草鞋(あるいは笠。その場合、「笠を置く」と言った)を脱がなければならなかった。寄り親、借り親と呼ばれ、古い文献にも記されているこの慣習は、力を持つ者と、より立場が弱く忠義を尽くすかわりに庇護を受けるもう一方の者との間に、架空の親子関係が成立していることを示している。つまり相互的な利益に基づく関係が打ち立てられたことを意味しているのである。「親方」(あるいは「親分」)は、「渡りをつける」人であると言われた。親方は目下の者を引き入れ、他者に推薦し、同時に社会に対してその目下の者の保証人となるのである。こうした関係は、職人(親方—弟子)、船乗り、馬方、力士などの世界、さらに武士階級においても見られた。戦国時代の武将たちはそのようにして侍を募ったのである。(33) 後に述べるが、江戸末期には、親分—子分の関係が、やくざの世界を構成する関係性のモデルとなる。

江戸時代の後半には、経済発展により若年層の内部でのローテーションが強まり、徒弟関係は弱まった。こうして「親方」は、雇用者という広い意味でのグループの長という意味を担うようになったと民俗学者の柳田國男は述べている。(34) 「親方」は、十七世紀フランスの《rôleur》に比すべきもので、「役割師」と呼ばれていた。親方は人を組織し、仕事の口を見つけ、各人に割り振りをし、報酬を与えた。親方は大概、強烈な個性の持ち主で、手下たちの団体精神を育み、帰属の儀式によって団結心を植えつけた。こうしたタイプの組織が、例えば江戸の火消したちを統括していた。十七世紀の幕府の労働者の供給者である大「親方」のひとりに、伝説的な義賊である幡随院長兵衛がいる[35]。一握りの「親方」は財を成し、実際に企業家となった。そのひとつの例が、前近代において目覚しい経済的チャンスをものにした神話的人物のひとり、河村瑞賢（一六一八―一六九九）である。瑞賢は、幕府の大規模工事に携わる労働者の手配師として出発した[36]。産業化初期の「親方」の中には、労働運動の活動家になる者もあり（石川島の造船現場の小沢弁蔵）、また、有名な博徒にして義賊であった大坂の建設現場の手配師小林佐兵衛のように、慈善施設を創設した者もあった。しかし、多くは日雇労働者の搾取者であり、気性が荒く極右とのつながりを持っていた。

この雇用システムは、習俗の中に深く組み入れられており、産業化初期の移行期においては労働市場の歯車となった。「伝統的なタイプの仕事に携わっていた重工業の労働者たち、そして全く新しい職種に就いた者たちまでも、職人社会の流儀を留めていた[37]」。年配の熟練工たちは、「親方」の名で呼ばれることが多かった。彼らの中には独立の小規模経営者となる者もあり、工事現場の監督や職工長となる者もあった。こうした仕事の手配師のシステムは、ながらくある種の分野（建設、港湾、炭鉱）を支配していたし、二十世紀末の日本においても、日雇労働者市場のメカニズムを成している。

手配師は、明治期の建設現場においても、日雇労働者の広範な世界に君臨していたと、鮫ヶ橋と万年町界隈について述べる中で横山源之助は記している。単純労働においては、親方と労働者の関係は薄いものであった。「親方との関係は極めて薄し。日稼人足、その大半は毎日異なりおるが如し。（中略）しかしながら一人の親方に所属して前借し、関係より離るるを得ずして僅かに二十五、六銭の賃金に、縄なきに縛られおるも珍しからざるなり」と横山は書いている。[38] 工事現場の日雇労働者の側からすれば、親方とより長期的な関係を結んでいたのである。横山は、[39] 工場での仕事に関して、日雇労働者はやはり親方に募られ、彼らの給料の二〇パーセントを親方が受け取っていたと述べている。

産業化初期における親方の役割は、様々な要因により説明される。潜在的労働力はあっても、それは企業家にとって容易に利用できるものではなかった。工場労働は、実際、決められた時間割への適応と管理が必要とされた。けれども、多くは農村部で育った貧困者たちは、工場労働における拘束を受け入れる用意がなく、最高レベルの熟練工でさえも、こうした隷属に対しては抵抗を示した。肉体労働者には伝統的にマイナスイメージがつきまとい、彼らは怠け者とか、アルコール中毒者などと呼ばれ、稼いだ金を遊郭や賭博で浪費した。当時の日本の労働者は節約の観念があまりに欠如していたので、二十世紀の初め、労働者の妻たちは、夫が給料を浪費してしまわぬよう、工場の出口で待っていたりした。[40] 下層階級に対し、確かにシンパシーを示している横山さえも、（ある種の「ピューリタニズム」を免れてはいないが）こうした労働者の浪費傾向が、職人にも見られる生活苦や惰弱さの元凶であるとして、彼らの酒の呑みすぎを指摘している。[41] 他の作家たちも指摘している肉体労働者のこうした特徴からは、「江戸っ子は宵越しの金を持たない」の諺に集約されるような、往時の慣習が彼らには残っているのではないかと考えたくなる。

熟練工と職人の親方は、大きな流動性を享受した。例えば重工業の熟練工は、その資格を活かし、工場から工場へと渡り歩いた。様々な場所で働くことは、キャリアと高収入を保証してくれるものであった。熟練工は、積み重ねた経験によって旅に出て、技術を磨くことが許されていた（これには、大工、左官、鳶の場合が当てはまる）出職人の独立の気風をまさしく受け継いでいるのである。横山源之助の調査は、こうした慣行が、二十世紀への移行期にも依然として存続していたことを示している。しかし横山は、「資本主義の賃金鉄則」（資本主義においては労働者には最小限の賃金しか支払われないとする法則。社会主義者ラサールによる）の影響下、すなわち職人の世界においては問屋の介在により、伝統的な徒弟制度が徐々に悪化していることを嘆いている。[42] 座の消滅と、多数の職人の消失を招いた政府の「レッセ・フェール」の方針[43]により、こうした現象は強まった。

横山が職人的世界へのノスタルジーを呼びさまそうとしているのは、西欧のモデルに倣うと共に、横山がその道徳的資質（勤勉、仕事への誇り、自主独立）を賞賛してやまなかった職人のモデルに倣うよう、日本の労働者に奨励しようとしていたことを示している。企業に対する忠実と、雇用者と経営者との利益の一致（後に日本式経営の唱導者たちは、これらの特質をいわゆる日本的心性「本来の」ものであるとするようになる）は、初期の工場労働者にとって主たる関心事ではなかった。経営者たる政府は労働力を集めるのに苦慮し、九州の炭鉱開発に、当初は囚人を動員したのである。工場では、従来どおり仲介者である手配師に頼らねばならなかった。手配師のうちには独立のままの者もあったが、中には小さな工房の親方となったり、更に企業に仕え始めたりする者もあった。彼らは、大きな独立性を享受する一種の現場監督であった。親方は雇用をコントロールし、労働者に給料を支払い、教え諭した。産業化の移行的側面の特徴である、こうした親方への一種の委託による間接的な労働者の管理システムが、重工業や造船現場を支配していた。このような管理システムは、工場の幹部が労働者を直接掌握し、独自の報酬システムが軌道に乗るようになると、徐々に消えていった。工場が再生産していると考えられる、村落共同体の伝統的価値とされるものの復古に基づく造語である「家族主義」のイデオロギーが、親方の庇護に取って代わることになる。親方は、その媒介的性質からして、原則的には労働者たちの利益を守って当然であった——たとえ、労働者たちから尊敬を受けるためだけであったとしても[44]——。

第一次世界大戦直後、親方は徐々に消えていったが、労働者の側の抵抗がないではなかった。一方、手配師のシステムはある種の手工業では存続することになる。明治時代には、親方の庇護がなければ成しえない仕事があった。例えば「髪結い職人、紺屋職、料理人、鮨職人、天ぷら職人、牛鳥断肉夫、菓子職、湯屋男、妓夫妓女、馬夫、土こねなど[45]」である。親方制度はとりわけ建設業や鉱山で存続し、「血は分けずとも、腕の流れを汲んだ任俠の誉れ高き親分の統率の下に大いなる発展を遂げたのであった[46]」。

日雇労働者たち

雑多な集団を成す日雇労働者たちは、十八世紀半ばから太平洋戦争の終結まで、日本の労働者の最重要カテゴリーのひとつであった。今日、日雇労働者の数は大幅に減少したが、旧弊な雇用システムや、厳しく不安定な生活によって、世紀末日本の「周縁民」の代表であり続けている。

すでに見てきたように、第一次世界大戦後、貧民と工場労働者の生活条件は、相異なったものになっていく。徐々に、貧困と労働者の状況とは同義ではなくなっていった。貧困は目につかないものになっていったが、他の労働者の世界とは異なる、日雇労働者の特殊な生活条件への隷属は戦後も相変わらず、一九六〇年代の高度成長期を越えても事情は変わらなかった。それが、肉体労働のみを労働市場に売る者の状況である。

一九二〇年代に組織化された雇用の実践に関する分析に踏み込まなくとも、日本の経営者が「エリート」に特権（「終身雇用」、賃金の年功序列）を与えることによって、労働者階級を分割しようとしていたことがわかる。労働者の一部を企業に緊密に結びつけることによって、他の労働者たちから区別し、特別扱いしたのである。「家族主義」に基づく当時の経営者たちのイデオロギー的言説によって、その他の労働者たちと明確な区別がなされた。工場独自の採用システムが発達し、工場内で職業教育が行われるようになり、こうした区別はますます際立つようになった。工場労働者は工場で独自に雇用されるので、非熟練工（有期契約で一括採用される製造業の従業員）や、中小企業の従業員や独立独歩の労働者とは、別格になるわけである。第二次世界大戦以前、労働者の世界内部での賃金格差は大きかった。企業の枠組みの中で行われた労働組合活動も、賃金格差を広げることとなった。そして、まず不況の影響を蒙り、解雇の対象となることで緩衝材の役割を過去において果たし、また現在においても果たしているのは、まさしく特権に浴していない肉体労働者たちなのである。

不安定な身分の被雇用者のうちで、一ヵ月から一年の有期契約を結んでいる被雇用者は、狭義の意味での日雇労働者とは区別される。公的文書の中に「自由労働者」[47]という概念が現れたことについてはすでに簡単に述べた。この用語は一九二五年頃に消滅し、「日雇労働者」という現代的な用語に置き換えられたが、「自由労働者」という表現は見過ごせない。このような労働者たちのものとされていた、いわゆる「自由」（独立の職業人生の選択）は、彼らを周縁化させることにもなった。こうした「自由」は、社会に参加し組み込まれることに対する拒絶の「ネガティブ」な帰結としての色合いを一層強めていた。実際こうした「自由」労働者は、力関係と暴力に支配されていたために、決して「自由市場」ではありえなかった手配師の市場で、給料を受け取っていたのである。一九一九年に、日雇労働者、左官業、および大工の労働組合が創設されたが、決して大きな影響力は持ち得なかった。

一九二〇年代には、第一次世界大戦による成長期に続いた飢饉と失業の二重の影響の下で、日雇労働者がかなり増加した。日雇労働者は一九二二年に一七万三九〇〇人であったのが、一九二四年には五三万九九〇〇人となり、一九二九年には一九〇〇万人に達した。これは、全労働者の三四パーセントにあたる。一九三〇年代初め[48]の大不況により、この傾向は強まり、日雇労働者数は、一九二九年から一九三二年の間に、五・一パーセント上昇した。日雇労働者の失業率も高かった。

日雇労働者が増加することになったもうひとつの要因がある。それは、日本国内への移住である。移民、ことに朝鮮半島からの移住者が増えたのである。まず、一八七九年に日本に統合された琉球（沖縄）の住民たちが、第一次世界大戦後（一九三〇年で五万四〇〇〇人）に本土に移住した。沖縄出身の人々は、おそらく北海道の少数民族アイヌ以上に、また朝鮮人や中国人と同程度に差別の犠牲になった。沖縄出身の娘たちは繊維工場で働き、男たちは日雇労働者の市場に入っていった。皆が社会の最下層に位置づけられた[49]。

一九三一年の満州事変以降、経済危機は軍需景気により収束に向かった。日雇労働者たちは、国家のために動員される（一九三八年の国家総動員法）労働者集団の中に統合されていった。彼らは、肉体労働の価値を称揚する旧来の言葉である「労務者」の一員となった[50]。一九三八年、「工場は家族である」をスローガンのひとつとする産業報国会の設立によって補完された諸措置は、労働者たちを国家のために動員することを目的としていた。日本が戦争の道を突き進むにつれ、熟練工不足が焦眉の問題となった。軍隊と工場には倍の人数が必要とされ、労働市場の様相も変わっていった。徴兵のため、一九四二年だけで重工業は熟練工の三分の一を失った。企業は、非熟練工や学生、女性、囚人、被差別少数民族、朝鮮半島や中国からの労働者によってこの人手不足を補った。朝鮮半島や中国からの労働者は、当初、自らの意志で渡ってきていたが、後には強制的に連行されるようになっていった。一九三六年から一九四五年の間に、日雇労働者数は減少する。一九三四年に二四〇万人であったのが、一九四一年には一五〇万人になっている。出征した者もあり、また軍需産業で働く者もあったのである。

一九一〇年の韓国併合により、経済面では植民地化に向け朝鮮半島の資源開発が行われることになった。朝鮮の農民の生活状況が悪化したために、日本の植民地政策のもと、朝鮮は移民の国となった。中には満州（現中国東北部）やシベリアや日本へと出発した人々もあった[51]。第一次世界大戦に由来する日本の産業発展と朝鮮半島の農村部の貧困化とが、移住を後押ししたのである。初めの十年程度は、朝鮮からの移住者の数は少なかった。一九二一年の時点で、四万人程度であった。八年後に在日朝鮮人の数は、二七万人を超えた。移住者の半分は日雇労働者あるいは炭鉱労働者として働き、工場に勤める者はほんのわずかであった。その後の統計によれば、朝鮮半島からの移住者には、条件の良い職場へと移っていく機会はなかった。日本の指導者たちが移住（ハワイ、南米、フィリピンへの）を奨励することにもなった一九三〇年代の不況に伴う職不足にもかかわらず、朝鮮人たちは増え続けた。彼らは最もきつく、最も収入の少ない仕事を引き受けた。一九三九年からは、徴兵制度が移住者にも課された。終戦時には、二三〇万人の朝鮮人が、日本およびサハリン（そのうち三万六〇〇〇人が、残留を余儀なくされた[52]）などの領土に存在していた。一九四三年には、その多く（四〇万人）が、大阪や福岡に、八万二〇〇〇人が北海道に住んでいた。

移住者の運命は、人が羨むものからは程遠かった。仕事はうまく行かず、惨めな暮らし向き（多くは、旧被差別部落に程近い「ゲットー」に住んでいた）で、政府からの援助もない上に、他の人々のあからさまな敵意の対象となっていた——朝鮮人のほうもまた日本人に対し同じような感情を抱いていたのである。「ルサンチマン」が、日本人に対する朝鮮人のライトモチーフである。共同体は決して同質ではなく、最も貧しい者が軽蔑されていた。

朝鮮人は、最底辺層と同一視され、よからぬ風評を立てられた。一九一九年五月一日、朝鮮独立と日本占領の終了を主張して朝鮮のナショナリストたちがソウルでおこした運動の影響で、朝鮮人は皆、体制転覆をもくろむ危険分子であるとされ、警察の監視下に置かれた。「不逞鮮人」はやくざと結びつきがあるとされ、新聞は飽きもせず朝鮮人にまつわる三面記事を掲載した。一九三〇年代以降、何人かの朝鮮人がやくざの一員であったのは確かであるにしても、朝鮮人の多くは労働市場での単なる犠牲者であった。

朝鮮人への反感は、一九二三年九月一日の関東大震災直後に頂点に達する。朝鮮人が放火し、井戸に毒を盛り、強姦するという、おそらく極右によって広められ、新聞が大々的に報じた噂によって、朝鮮人たちは、まさに自警団によるポグロム（破壊の意。ユダヤ人への集団的迫害行為を指す。）の犠牲者となったのである。その間に、軍や警察によって社会主義の闘士たちが殺害された。

朝鮮人は政府転覆をもくろみ、共産主義者と陰謀を企てているという噂もあった。当時は、労働組合と非合法の共産党が発展しつつあった時期であり、政府は「危険思想」すなわち社会主義の蔓延を恐れていた。民族的敵対感情にもかかわらず、日本の労働組合と、萌芽状態にあった朝鮮人労働者の権利保護団体との間に絆が生まれ始めていた。ソウルの日刊紙『東亜日報』によると、関東大震災の翌週、関東一円で六六〇〇人（日本の警察によれば三〇〇人……）の朝鮮人が殺害されたという。犠牲者の数はどちらであれ、大規模な「魔女狩り」が行われたのである。[53]

それでも朝鮮から日本への移住は後を絶たなかった。一九三九年から移住は強制となった。一九三九年から一九四五年の終戦までに八二万二〇〇〇人が、労働者あるいは兵士として強制的に日本に連行された。戦争末期に、朝鮮人労働者は北海道の炭鉱労働者の四三パーセントを占め、厳しい仕事をあてがわれていた。

日本政府は、男性に対してのみならず、家族も移住するよう奨励し、永住の住居を持つことを勧めた。これは、一九二〇年代と比べると進歩した点である。しかし、日本の指導者たちは、朝鮮半島からの移住者の流入コントロールに困難を抱えていた。移住者たちの一部は朝鮮人留学生たちによって反抗へと駆られた。その他の朝鮮人たちは日本人と協力していくことに好意的だった。職場からの脱走と共に、サボタージュは頻繁に見られはした。

一九二〇年代から、日本人の日雇労働者の境遇は、次第に朝鮮人や中国人の運命に重なり合っていった。彼らは共に、やくざと結びつきのある手配師に仕切られていたのである。こうした人々にとっての忌わしい場所のひとつが、炭鉱である。

炭鉱労働者・港湾労働者・肉体労働者

暗く、幾何学的な形姿が海に張り出していて、まるで戦艦のシルエットのようであるために、「軍艦島」の異名を持つこの小さな島は、長崎沖、高島の程近くにある。第二次世界大戦中、敵国の潜水艦は攻撃を仕掛けようとしたかもしれない。その小さな島は、実の名を端島といい、「煙草一本吸う間に一周できてしまう」と漁民たちは言う。この島は、一九七五年まで、海に浮かぶ小さな鉱山の島であった。実際、コンクリートで覆われ、十階建て程の灰色っぽく陰気な建物が建ち並ぶ端島は、効率の法則に隷属した一種のファランステール〔空想的社会主義者シャルル・フーリエ(一七七二―一八三七)が構想した生活共同体〕であった。終戦直後は八〇〇〇人の炭鉱労働者とその家族が、一辺四〇〇メートルにひしめき合って暮らしていた。坑道を出るとすぐに、穴居人のためのような住居が凝集していた。今や、無人島となった端島は、産業革命の朽ち果てたモニュメントと化しており、この辛苦の聖地を訪ねる者は誰もいない。高島には日本最古の鉱山〔高島炭鉱〕があり、イギリス人商人で冒険家のトーマス・グラバー(彼の生涯は「蝶々夫人」の台本作者にヒントを与えることになる)が、一八六九年から鉱脈探しを行っている。その高島の隣島の墓地は、ようやく一九八七年に閉鎖されたが、朝鮮名の刻まれた百ばかりの墓碑が、海底の坑道でつらい仕事をしていたのが、日本人ばかりでなかったことを偲ばせる。

日本の近代化において、石炭はエネルギー源として大きな役割を果たした。日本最大である九州の三池炭鉱では、一八七七年に生産量は六万トンを超え、一八八三年には五九万九〇〇〇トンに達した。もうひとつの大規模炭鉱地域は北海道であった。日本の石炭生産量は、一八八八年には二〇〇万トン、一九一九年には一九〇〇万トンに達した。

江戸時代においては、幕府が鉱山採掘の独占権を握っていた。この金、銀、石炭が採掘され、石炭は製塩の際の燃料として使われた。明治初期に採掘権を民間企業に譲渡するまで、政府はこの活動を継承した。政府は鉱山に受刑者や旧被差別民、土地を持たない農民などを送り続けた。鉱山が民間のものとなってからも、強制労働は存続した。一八八四年の時点で、三池炭鉱の二三四〇人の炭鉱労働者の半数以上が囚人であり、多くは十年以上の刑に服していた。炭鉱内には二つの監獄が建設されていた。それから囚人数は減少したが、一九三〇年の時点でも、三池炭鉱には囚人がいた。彼らは鎖に繋がれ、また他の炭鉱労働者と同様に、諸肌を脱いで働いていた。民俗学者の柳田國男は、西表島について次のように書いている。「明治の新時代に入ってから、ここが汽船の航運に利用せられたのは必然であった上に、更に南島としては珍らしい石炭層がほんの僅かだがこの渓谷に発見せられた為に、ここが重要なる寄航地となってしまい、それに引続いて労働力の供給問題、島の人たちはちっとも働こうとしないので、囚徒を入れ又浮浪者や貧窮人を連れ込んで、ひどい虐待をしたことが評判になり、所謂西表炭坑の惨状が新聞に書き立てられて、若年の私などは、是で始めてこの名の島の存在を、知ったような次第である(54)」。

このように、自由になる労働力を手にしていた国営の鉱山とも競争し続けていくために、民間鉱山は親方を頼り、納屋を建て、そこで炭鉱労働者たちは、実際、刑務所を思わせるような条件の下で生活していた。それが「地獄の島」の異名を持つ高島の実態である。高島での労働は厳しいだけではなく、衛生状態も劣悪であったので（一八八四年のコレラの流行）、幾度も暴動が起こった。

日本において、鉱山での労働は常に厳しく、また下層のものであると考えられてきた。炭鉱労働者たちは、「下賤人」とあだ名され、鉱山は「下賤場」と呼ばれた。江戸時代に生じた鉱山労働と受刑者の関係が、こうした言葉の起源となっているのかも知れないが、この言葉で炭鉱労働者はむしろ、あたかも運命が降りかかってきたかのように、不条理な罰に処せられているという感情を表現していたように思われる。[55]彼らの多くは、七、八歳の子供の頃から働き始め、生きて炭鉱を出ることはまれであった。[56]二十二歳から三十四歳の間に病気が発症し、平均寿命は短かった。夏目漱石（一八六七―一九一六）は、一九〇八年の小説『坑夫』の中で主人公に「世の中に労働者の種類は大分あるだろうが、そのうちで尤も苦しくって、尤も下等なものが坑夫だとばかり考えていた」[57]と語らせているが、当時の鉱山のイメージをよく物語る言葉である。

鉱山には女性もいた。そのうちのひとりは、鉱山を「地下の地獄」と名付けた。[58]一九二八年になって、ようやく女性の鉱山労働が禁止された。禁令は大規模鉱山でしか守られず、人手不足のため、一九三八年にこの禁令は撤廃された。アメリカ軍占領下の一九四六年に、禁令が再び施行された。炭鉱での女性の仕事は、石炭を運搬することであった。一九一八年には、八万人の女性が炭鉱で働き、その四分の一は坑道で働いていた（全炭鉱労働者の人数は四六万人）。夫婦とその子供たちがひとつの班になっていることも多かった。[59]感傷的でエロチックな「坑内唄」にあるように、独身者は独身者同士でグループを組んだ。炭鉱で働いていたある女性は、戦後、同年齢くらい（十二、十三歳）の子供たちが大勢、坑道で働いていたことを覚えている。[60]彼女は父親と夫を炭鉱で亡くしている。石炭を一種の木の箱（スラ）に入れ、引いたり背負ったり、時にランプを口にくわえ、匍匐しながら運んでいく。なかには乳児を背負っている者もあった。事故の際には、炭鉱会社幹部は、これでどうだとばかりに賠償補償した。死亡の場合は二〇〇円、不注意による死亡の場合は一〇〇円、片足を失った場合二〇円（ちなみに、夫のいる女性の日給は三〇銭から四〇銭）が支払われた。一九一四年には九州の炭鉱で最大規模の事故が起き、死者は六六九人にのぼった。

生活条件は劣悪を極め、炭鉱の家族たちには寝具さえなかった。寮には莫蓙さえなかった。長らく北海道では、炭鉱労働者は囚人が務めたが、彼らは「タコ部屋」と呼ばれる小部屋に住んでいた。自分の足を貪って死んでいく囚われのタコさながら、生きて炭鉱を後にすることはできなかったのだ。刑に服していない者でも、とりわけ朝鮮人は「タコ部屋」に住んでいた。

日本の炭鉱労働者の三分の一を朝鮮人が占めていた。一方、流血の暴動が制圧された西表島（沖縄）や花岡（秋田県）では、台湾や福建省出身の中国人が多かった。[61]一九四〇年に労働者の強制連行が始まり、数多くの物語に描かれているように、朝鮮人たちは事実上、拉致され、鉱山に送られたのであった(62)。彼らは一日一四時間労働で、民族的偏見から、抑圧はことのほか厳しいものだった。また、苦しい生活を続ける日本人の同僚からも敵意を露わにされた。しかし、一九三二年に起こった、千人ほどの朝鮮人が働いていた阿蘇の炭鉱ストライキが示すように、被差別部落出身の炭鉱労働者と朝鮮人炭鉱労働者との間には連帯感が存在していたようである。炭鉱の地獄の中でも、旧被差別民は除け者にされていた。被差別部落出身の炭鉱労働者は別の小屋、便所、風呂を使った(63)。

炭鉱労働者は親方の管理下に置かれていた。そもそも、最初に鉱山を採掘したのは、旧地主や旧武士であったと考えている人もある。彼らは配下（百姓や下級武士）を炭鉱で使い、そこに、親方・子方関係を取り入れた。採掘の発展と共に、炭鉱労働者を募る範囲を、農業を続けられなくなってしまった貧農（水呑百姓）や猟師、様々な放浪者、都市を逃れ過去を断ち切った人々や、被差別民にまで広げなければならなくなった(64)。管理しづらい労働者である。ごく自然なこととして、親方制度は保持された。とはいえ、親方制度は、相互の利益に基づくものというより、単なる搾取の関係へと変わっていった(65)。「坑夫は奴隷の地位にある」と、元炭鉱労働者のひとりは書いている(66)。「炭鉱長と坑夫との関係が親分と子分との信頼関係であったなら文句はなかったのだが、実際は、主人と奴隷の関係であった。（……）暴力だけが支配していた」。

しばしば棟梁と呼ばれる炭鉱の親方には、副棟梁がついていた。幾人かは飯場（九州では納屋）の管理を任されていた。納屋頭が仕事を割り振り、喧嘩の際には割って入り、力ずくで男たちを仕事に戻らせた。坑夫たちは、少しでも抵抗のそぶりを見せようものなら棍棒で叩かれた。「文句ぬかすと　セナ棒でどたま　さらし手拭　血で染まる」と坑内唄にはある。見せしめとして、残酷きわまりない肉体的虐待が、しばしば、仕事仲間の目の前でなされた。逃亡を企てようとした者は足を焼かれた。寮には夜間、見張りがついた。この地獄から抜け出すことを望んだ者のうちには、警察に捕まり、望みを断たれた者もある。幹部にも制圧できない暴動が起こった場合にのみ、炭鉱に当局が介入し、多くが現行犯逮捕された(67)。

親方は人員を募るとともに、炭鉱労働者への物資の供給を請け負っていた。炭鉱労働者には、炭鉱で販売されている、大概、一般市場よりも高い製品以外の物を購入する権利がなかったのである。また炭鉱労働者は、仕事道具を親方に借りなくてはならず、多くの者は賭け事で借金がかさんでいた。賭け事は、炭鉱労働者に残された唯一の娯楽であったが、それも炭鉱に一層しがみつかなければならない理由だった。というのも賭け事も親方によって仕切られていたからである。

しかし親方との関係は両義的なものであった。一方で、炭鉱労働者は搾取され虐待されており、また一方で、貧窮に陥っていた人間たちの多くにとって、親方に与えられた仕事は荷の重いことが多かったが、生き残るためのチャンスでもあった。また、親方のすべてがすべて鬼のような監督者であったわけではなく、自身が搾取されていると感じ、生計を立てるためだけに汚い仕事に手を染めていると考えている親方もあれば、さらに少数ではあるが、炭鉱労働者を援助しようとする親方もあった。

経営陣は、炭鉱労働者と何ら関わりを持とうとしなかった。経営陣は労働者の管理を請け負う下請け業者である親方を、仲介者として雇ったのである。親方は手数料を受け取ったり、炭鉱労働者の給料の一パーセント分を自分のものとしたりした。こうして、経営陣はストライキの際の責任を逃れ、親方同士の競争を、よりよい収益を上げるために利用した。一八九七年に、高島炭鉱は親方制度の刷新に着手した。その後、大規模炭鉱ではより人間的な制度が敷かれていったが、離れ島（「鬼が島」と呼ばれる）の小規模炭鉱では依然として親方制度が全盛を誇っていた。一九二二年の統計によれば、六〇パーセントの炭鉱が、依然として親方を雇っていた。

親方の大半はやくざと結びついていた。特に、石炭生産量全国一位を誇る遠賀川流域の筑豊炭田（一九五〇年代の閉山まで八億トンが産出された）や、一八九二年に鉄道が開設されるまで、平底船（五平太船《かわひらた》）で石炭が運ばれていた若松港の輸送会社は、その例にあたる。地域の大物親方に、例えば吉田磯吉（一八六七—一九三六）がいる。吉田は没落士族の出身で、ごろつきとなって若松を取り仕切り、グループ間の抗争を仲裁した。吉田は代議士になり、小さな炭鉱と海運企業を所有していた(68)。小説家、火野葦平（一九〇七—一九六〇）(69)は、若松の港湾労働者のグループ長を父に持ち、筑豊の非合法世界、一種の「馬なきアメリカ西部」を、映画化もされた『花と龍』に描いた。筑豊は、殆ど全てがやくざの手のもとにあった。十分な数の警察官がいないために、やくざが一帯を支配していたのである。炭鉱と若松の近くの八幡製鉄所の発展により大量の労働者が流れ込み、やくざの縄張りに博徒や女衒が混じりあっていった。炭鉱と、刺青の港湾労働者と、本能のまま抑えが利かず粗暴な者たちの喧嘩や乱闘の町、若松は、猪野健治によれば、近代日本のやくざの揺籃の地であった。とりわけ神戸のやくざの組のいくつかは、この地から生まれた[70]。

一九五一年に筑豊で調査を行った社会学者の岩井弘融は、アメリカ西部征服のコミュニティの習俗に比しうるような、この地域に依然として残る根強い習俗について詳しく述べている。地域住民が誇る「川筋気質」については、次のように言われている。人と人との絆が強く、気性は粗野で、冷静というより本能的で直情的。簡単に言えば、すでに触れた任侠の気質と同じである[71]。「ここで育てば、もう何も怖いものはない」と、ある日、筑豊地方のひとりの元炭鉱労働者が語った。岩井によれば、いくつものやくざの一家が戦後も若松を牛耳っていた。一九五九年三月に始まった日本において過去最大の労働者ストライキの最中（ストライキは七カ月続いた）[72]に、三池九州の炭鉱労働組合長、久保清を殺したのはやくざであった。現在もなお、筑豊地域の公共工事を請け負う企業や輸送業はやくざと結びついており、九州北部はやくざの拠点として知られている。

炭鉱の経営者は、炭鉱労働者を雇用するために、しばしば、やくざに頼った。餌食となったのは、都市や農村の貧困者たちで、彼らは宴会に誘われ、短い労働時間で相当の給料を保証すると持ちかけられた[73]。多くは学歴の低い者たちで、宴会の後すぐに、就職の「好機」を逃してはならじとばかりに、手配師のもとにやって来た。高島などの場所で働き始めてみると、現実は違っていた。しかし、もう遅い。前払い金（すぐに家賃および食事代として親方に徴収されてしまうのだが）で炭鉱に引き止められてしまうのである。

このように雇用の方式をシステム化しつつ、炭鉱経営者の炭鉱労働者管理のため、やくざ採用を手助けした日本国家主義者、頭山満（一八五五―一九四四）は、福岡の地に、親分・子分の関係に基づく強力なネットワークを築いていった。彼が作った組織は、極右運動体である玄洋社（団体名は、九州と朝鮮半島を隔てる玄界灘に由来する）の基礎となった。玄洋社については、後で国粋主義的やくざを取り上げる際に述べる。海外諸国に対して、もっと強硬な政策を採るようにと主張するいくつかの団体が統合して一八八一年に設立された玄洋社は、第二次世界大戦終結まで活動を続けた(74)。名士たちの頂点に設立されたこの組織は、国家主義の上層部と軍隊、および民衆の中でも最もいかがわしい層とを仲介する役目を果たした(75)。玄洋社はことに、黒竜会と利害を共にしていた。二十世紀への変わり目の時期の、九州北部の社会の忠実な反映である玄洋社は、やがて地域の政策策定に大きな影響力を及ぼすようになる。一九四六年三月には、廃墟の中から日本革命菊旗同志会が結成される。同会は、戦後直後にいち早く生まれた反共団体のひとつであり、一九四八年の平山炭鉱（福岡）の労働運動に抗する戦いの拠点となり、反労働運動をその他の地域（山口、茨城、北海道）に広げていった(76)……。

炭鉱と同様の組織は、暴力がのさばり、戦前には超国家主義ややくざと結びついていた独特な世界である港湾労働者や日雇労働者の世界に見られた。

戦後改革にもかかわらず終戦後も、港湾労働者（沖仲士）の世界には、伝統的な親方のシステムが存在していた。そのことについては、神奈川県の労働者の現状に関する一九五四年刊行の報告書に記されている。[77] 火野葦平は『青春の岐路』(一九五八年)の中で、親方システムに依拠する若松港について次のように描いている。「このつながりはすべて親分子分の関係によっておこなわれ、請負師も、小頭も、仲仕もほとんどが、酒とバクチと女と喧嘩とによって、仁義や任侠を売りものにする一種のヤクザだ[78]」。

炭鉱労働者と同じく港湾労働者も、仕事の割り振りと給料の決定権を親方(あるいは仲仕、小頭)に依存していた。組の人間で間に合わない場合には、港周辺で待っている日雇労働者(東京では「たちんぼ」、若松では「アンコ」と呼ばれた)に声をかけた。港湾労働者の大半は、親方に所属する工事現場の飯場に暮らしていた。[79] 今日もなお残るその力関係から、飯場は「暴力飯場」と呼ばれた。似たようなシステムが横浜港にもあった。終戦直後、横浜港には一万五〇〇〇人の港湾労働者が働いていた。やくざの恒常メンバー(じょうび)は、保証金や住居を得た。港をうろつく他の者たちは、いわゆる放浪者や風太郎であった。朝鮮戦争(一九五〇―一九五三)の間、米軍は六〇〇〇人の港湾労働者を雇った。最有力暴力団のひとつである山口組によって長らく支配されてきた港、神戸には、別の名前で同様のシステムが存在していた。

港湾活動の機械化により、港湾労働者の数は相当減少したが、親方システムは今日でも、寄場の市場にやってくる労働者たちの一部に残っている。[80]

日雇労働市場は、日本の貧窮の歴史の大きな結節点である。時代から時代へと受け継がれているこのシステムは、奇妙な継続性によって、前近代と現代社会とを結びつけているように思われる。

両大戦間の諸都市において、そして多くのスラムが破壊され、貧困による旧来の空間的分離が破砕されることになった一九二三年の関東大震災後の東京において、日雇労働市場は、みなことに駅周辺で急激に拡大していった。仕事を探そうと都市に乗り出した若者たちは、手配師に目を付けられ、餌食となった。かつては農村の窮乏から逃れてきた東北の農民たちが、ついで終戦後は出稼ぎ労働者たちが到着した東京の上野駅は、日雇の職探しの場所であった。名古屋駅付近や大阪の梅田駅付近、東京の高田馬場駅付近には、一九九〇年代初頭になっても小さな日雇労働市場が存在した。しかし最大のものは、大阪の釜ヶ崎、東京の山谷、横浜の寿町である。

寄場は十九世紀末に、農村からの流入者や、ありとあらゆる貧窮者が凝集する貧民地区周辺に形成された。日雇労働者たちは飯場で暮らした。一九二三年に始まる「自由労働者」に関する初期の調査から、労働市場が貧民街や港、工事現場の近くに存在していたことが明らかになっている。一九二〇年代の初め、最大のものは、東京の富川町界隈にあった。後に、労働者を企業に供給することを専門とする請負業者が出現した。こうした請負業者は、日雇労働者を雇う小さな会社組織を成す手配師にすぎず、従って実際、親方であった。一九三〇年代の日中戦争の拡大と、労働組合を統廃合に追い込んだ国民総動員法により、日雇労働市場は消え、日雇労働者たちは、労務報国会でリクルートされるようになった。軍人ややくざに結びついた親方によって行われる活動に、国家の強制が加わった。

戦後の欠乏と混乱の時代に、日雇の仕事は再び大きな盛り上がりを示した。廃墟となった日本には、住む場所のない者が八〇〇万人、復員兵士が五〇〇万人。それに三八〇万人の引揚者が加わり、一三〇〇万人にまで失業者集団を膨らませていった。仕事を見つけられた者は、この上なく幸運であった。

戦後の廃墟の中で、獰猛に生き延びようとする人々は、どうにかして苦境を潜り抜けていった。「この街は、欠乏の世界であって、釘一本、ぼろきれ一枚、みかんの皮さえも商品価値を持ちえた」と一九四五年に東京を訪れたアメリカ人ジャーナリスト、マーク・ゲインは *Japan Diary* に書いた[81]。混乱に耽溺する者たちもあり、それは、太宰治（一九〇九―一九四八）や坂口安吾（一九〇六―一九五五）らの作品に反映している。彼らは堕落の美学にはまっていくことになる。坂口安吾はある種の的確さをもって、戦後の日本人の生き方の中に、「運命に従順な子供の、驚くべき充満と重量を持つ無心[82]」を見出していく。他の多数派たちにとって、敗戦は戦争の終結と解放を意味していた。

いわば生への情熱に取りつかれた作家やジャーナリスト、映画監督たちは、復活した言論に酔い、戦争直後の日本は、社会的混乱と知識人の高揚の時代、未曾有の創造的な時代となった。

それは、闇市がはびこった時代でもあり、そこには、やくざや放浪者だけではなく普通の人々も、米軍基地のごみの中から回収された食べ物や、軍靴、欠けた皿などを求めてやって来ていた。それは不定形で、無政府的な生命力のシンボルとしての実存的な場所であった。「光は新宿より」。当時の東京の住民の誰もが知っていたこのスローガンは、一九四五年から一九四六年にかけて、首都の闇市の一大中心地の入り口の看板に書かれていたものである。闇市は行商人ややくざに支配されていた。もうひとつの巨大な闇市である上野駅の出口にあるアメヤ横丁は、戦後の偉大な作家のひとりである石川淳により、その小説『焼跡のイエス』の中で見事に描かれている。この小説の主人公はむさくるしく、ぼろをまとい、デキモノと垢に覆われている。

炎天の下、むせかえる土ほこりの中に、雑草のはびこるように一かたまり、葭簀がこいをひしとならべた店の、地べたになにやら雑貨をあきなうのもあり、衣料などひろげたのもあるが、おおむね食いものを売る屋台店で、これも主食をおおっぴらにもち出して、売手は照りつける日ざしで顔をまっかに、あぶら汗《あせ》をたぎらせながら、「さあ、きょううっきりだよ。きょう一日だよ。あしたからはだめだよ。」と、おんなの金切声もまじって、やけにわめきたてているのは、殺気立つほどすさまじいけしきであった。（中略）……ここの焼跡からしぜんに湧《わ》いて出てきたような執念《しゅうねん》の生きものの、みなはだか同然のうすいシャツ一枚、刺青《いれずみ》の透《す》いているのが男、胸のところのふくらんでいるのが女と、わずかに見わけのつく風態《ふうてい》なのが、葭簀のかげに毒気をふくんで、往来の有象無象《うぞうむぞう》に嚙《か》みつく姿勢で、がちゃんと皿の音をさせると、それが店のまえに立ったやつのすきっ腹の底にひびいて、とたんにくたびれたポケットからやすっぽい札が飛び出すという仕掛《しかけ》だが、買手のほうもいずれ似たもの、血まなこでかけこむよりもはやく、わっと食らいつく不潔な皿の上で一口に勝負のきまるケダモノ取引、ただしいくら食っても食わせても、双方《そうほう》がもうこれでいいと、背をのばして空を見上げるまでに、涼《すず》しい風はどこからも吹いて来そうにもなかった[83]。……

この時期はまた、社会全体の高揚と、強力な労働組合の登場によって特色づけられる。日雇労働者の一部は共産党員が管理する組織によって動員されていた。それ以外は手配師の監督下に置かれていた。朝鮮戦争がひとつの要因となった経済復興と共に、日本は次第に貧窮から脱し、着実に発展のリズムを取り、一九六〇年代の高度経済成長へと流れ込んでいく。経済発展が日雇労働者を無用とするなどということはなく、経済発展により日雇労働者は活気づき、出稼ぎ労働者が都市に集まってきた。

日雇労働者は、経済成長の恩恵を蒙ったが、それは周縁的な形においてであった。日雇労働者の世界は、労働運動からは切り離されており、手配師の管理下にあって多くはやくざとの結びつきがあった。日雇労働者の縄張りは、旧来の貧困地区（山谷、釜ヶ崎）に再び形成されていった。横浜の寿町のように、あらたに貧民街が現れたケースもあった。三つの界隈にはいずれも、暴力と抵抗、暴動が伴っていた。そのことについては後に述べる。

日本は復興を遂げ、生産は合理化されたが、労働市場の一部は労働規制を免れ、戦後も、日雇労働市場の廃止には至らなかった。専属の従業員が担わない数多くの仕事が、下請け業者にたらい回しにされたあげく、浮動的で組織化されていない寄場の労働者に舞い込んできた(84)。

敗戦直後、日雇労働者は民主主義的制度の施行の恩恵に浴した。しかし、占領下の労働組織改革(一九四七年九月および十二月施行の労働基準法)にもかかわらず、寄場のシステムが存続した上に、日雇労働者は、他の労働者階級の周縁に大きく取り残されることになった。一九四九年に自由労働組合が結成され、一九八三年に改称されたが、組合は大きな影響力を及ぼすことなく、失業対策に終始した。手配師の活動を禁止する法律が制定されたにもかかわらず、別の形で手配師の活動は存続した。

一九四八年から一九五〇年にかけて、アメリカ占領軍の指令により、日本の首脳部は四万二〇〇〇人の手配師を追放し、一〇〇万人以上の日雇労働者をくびきから「解放」した――。大いに疑いの残る数値ではある。しかし、アメリカにとっては、その当時、日本の民主化よりも、共産主義を食い止めるため日本を自国の戦略下に引き入れることのほうが重要であった。従って、日雇労働市場は、戦前に幅を利かせていた多様な基盤の下に再編成されたものの、相変わらず強制的な性格を帯びていた。朝鮮半島で戦う米軍への需給要請を受け、日雇労働者は再び手配師ややくざの手に渡っていった。

一九五〇年代から一九六〇年代にかけて、季節労働市場は、農業の機械化により土地を追われた農民や、高度成長期の大規模開発による日雇労働者への新たな需要を受け、東京や大阪に流入した元炭鉱労働者たちで拡大していった。それはまた、農民の別形態である出稼ぎ労働者が都市にあふれ始めた時代でもあった。このような都市への流入によって、他の日雇労働者と同じような条件で働く出稼ぎ労働者のプロレタリアート化が進んだ(フランスにおける移民の日雇労働者に相通ずるものがある)。彼らのうちには山谷や釜ヶ崎に来る者もあったが、多くが出身地の農村で直接に期限付き採用され、飯場へと向かっていった[85]。一九七二年に結成され、日雇労働者の集合的記憶を確固として刻んでいる釜ヶ崎の「釜共」[86]や、同年、山谷に結成され、ばらばらだった権利要求を結びつけ、日雇労働市場を再編成した略称「現闘」[87]をはじめとする、手配師システムへの抵抗運動にもかかわらず、寄場では、暴力をふるい、搾取する者たちが、相変わらずのさばっていた[88]。

季節労働市場のシステムは、実際、かなりの減速をきたしていた下請けのメカニズムを組み込むものであった。こうした連関の末端には、手配師の名で呼ばれる者が君臨している。もう一方の末端には、主だった仕事を与える元請けがあり、下請けに仕事の一部をしてくれるよう頼むのである。下請けは、手配師とつながりのある「孫請け」の仕事を依頼するのである。

一九九〇年代半ば、山谷には五〇人ばかり、釜ヶ崎には二〇〇人を超える手配師が存在していた。そのうちには、直接雇用する企業のために仕事する者（人夫出し）もあった。他は、労働者を「借り」、企業に勧誘する全き手配師であった。

危険な業務や避けられがちな業務（原子力発電所のタンクの清掃、火葬場での遺体の取り扱い、ごみの収集）に関する日雇労働者の契約の場合、大企業は表には立たず、下請け業者の仲介を通して指図する。手配師は企業に対し、一定数の労働者を保証し、また確実に企業と労働者を結びつける。労働基準法の違反は数多いが、企業側は関知しない（従って法律上は起訴されることはない）。なぜなら、企業が雇用契約を結んだわけではないからである。企業は、労働者たちを知悉し手綱の握り方のわかっている手配師に救いを求めるほうを選び、手配師に手数料を払うのである。

港湾での作業が機械化されてからは、建設業が日雇労働市場における主たるリクルーターとなった。工期がごく短く設定されていることが多く、天候に左右される（その上、工事中の事故率は高い）建設業にとって、日雇労働者は、融通が利きありがたい存在なのである。

建設業界はピラミッド型組織であり、細かな下請けのシステムがある。経営の体質は非常に保守的で（労働組合加入率は低く、親方―子方の前近代的な職業関係が維持されている）、多くの企業がやくざや政界と結びついている（公共工事の非常に「割のよい」契約によって）。そのことは、一九九〇年代初頭の一連の事件が示すとおりである。各企業は、ベースとなる従業員は確保しており、受注に応じて雇用する。従って、採用の際の仲介システムは、とりわけ好都合なものであるように思われる。

一九六一年の暴動以来、釜ヶ崎の日雇労働市場においては、「あいりん労働公共職業安定所」(職案の略語で知られる)が設立されてから、労働省管轄下ではなく組合が経営するこの組織に、二五〇〇の企業が登録している。同様の職業安定所が山谷や寿町に設立された。日雇労働者には、二つの系列の就労方法があった。職業安定所か、路上かである。企業は、職業安定所に登録すると、契約期限を記した求人票を作成しなければならない。こうして、理論的には、最低賃金と一定の労働条件を遵守するよう拘束を受けることになる。問題が起こった場合には、労働者は職業安定所に訴えることができ、職業安定所は、仲介役を務めたり、仕事の監査を要求したりすることができる。しかし、日雇労働者を雇う企業の多くは、職業安定所には登録しておらず、路上で非合法的にリクルートしているのである。

手配師は、自分たちを排除しようとする当局の遠慮がちな試みを覆すことに成功していたので、日雇労働者は、手配師と交渉しないわけにはいかなかった。反抗すれば、もう仕事はなくなる。一九六六年に、東京都の台東区役所は、山谷に職業安定所を設けた。しかし手配師は、労働者を現場に連れてくる役目を負った雇用者の仲介役として登録された。手配師の仕事は、ある意味で合法的なものとなったのである。事情は釜ヶ崎についても同じである。山谷において、労働契約の七〇パーセントは手配師によって管理されていたが、職業安定所の仲介なしの、手配師と日雇労働者との直接契約の件数は減っていった。民間の施設である釜ヶ崎の職業安定所は、公的機関より柔軟に対応することができる。それは、山谷でも事情は同じであって、労働市場は、労働省(現在、厚生労働省)管轄の第二の職業安定所である地域共同体（市町村）管轄下の行政的センターと、リクルーターとの二つから成っている。

手配師は、日雇労働者の給料からピンはねし、その額は時に給料支払額の半額に及ぶこともある。契約はいつも口頭のものであり、異議申し立ては「示談で」――当然の結果として脅しと暴力を伴う――解決される。頻繁に名前が変わり、住居もない日雇労働者には、職業安定所に登録するために必要な書類もなく、最も報酬がよく、一日が終わると現金で日給を受け取れる仕事をくれる手配師の仲介を、相変わらず通すことになる。

手配師はやくざに属している。日雇労働市場は、やくざの伝統的活動である。釜ヶ崎では、二二の組が活動しており、そのうち一〇組は神戸の暴力団で日本最大の山口組に所属している。事情は寿町でも同様であり、そこには複数の組が存在している。山谷の場合、手配師とやくざとの関係は、一九八四年十二月の映画監督佐藤満夫の殺害事件が示す通りである。佐藤は、日雇労働者の生活をフィルムにおさめたのであった。彼は、手配師に抗して闘う左翼団体（争議団）の本部で射殺された。[90] 一九八六年には、佐藤の映画完成作業に加わった山岡強一が、アメリカのギャングの伝統にのっとるかのように、道の真ん中で銃弾の一発により暗殺された。彼を暗殺した保科勉は程なく逮捕されたが、保科は極右集団「日本国粋会」[91] と関わりのある金町一家金竜組に属していた。金町一家は、労働市場、賭博、高利貸しシステム、失業手当の「取引」を管理し、山谷を牛耳る二つの下位グループ（すでに言及した金竜組と西戸組）に分かれている。

失業手当を受ける場合、日雇労働者は、申請前の二カ月間の労働日が二八日未満であることを証明するため、出勤簿の記録を貼り付けなくてはならない。こうして最後の日給の六〇パーセントを得ることができる。仕事を見つけることができない者たちは、やくざに結びついている雇用者が発行する出勤簿を闇で買うことができる。こうした取引はもちろん行政側の知るところであるが、放置されている。日雇労働者は、賭け事（競馬のノミ行為、あるいはさいころ賭博チンチロリン）のための借金の担保として出勤簿をやくざに手渡すこともよくある。

一九九〇年代初頭、釜ヶ崎には四〇の高利貸しがあった。従ってやくざ集団による金の流れの管理は包括的なものだったのである。仕事、金貸し、賭け事は、すべて彼らの手のもとにあった。[92]非合法賭博を見過ごしてもらうよう、やくざが贈った酒を受け取ったことで警察官が逮捕された事件は、一二〇人の死傷者を出した一九九〇年十月の暴動の導火線となった。

不安定な生活

このような闇の労働市場に、指導層が望んで維持してきた「長期の」下請けという形態、マルクス主義で言う「予備軍」を見るべきであろうか。[93]このような疑問を投げかけることができようが、それは、我々のテーマを超える問題である。以後の展開においては、本質的に記述的、経験主義的なアプローチを取る予定なので、この「極度の貧困地区」[94]について社会的経済的な分析を行ったり、[95]公的権力は企業と同様に、闇労働市場で暮らす人々に対して無関心であると告発したりすることは課題としない。物質的というより、人間的な貧困の文化

（往々にして物質的貧困から生じる）から生じる様々な振舞いを把握することが課題なのである。

日雇労働者の世界では、争いが実に頻繁に起こり、一九六〇年代初めには、警察との激しい衝突を招くことになった（一九五九年八月、山谷では一万人の、一九六一年、釜ヶ崎では一万五〇〇〇人の日雇労働者の暴動が起こった）[96]。とはいえ、寄場に暮らす人々の態度と過去を見るならば、暴動の政治的射程を過大評価するわけにはいかない。新左翼（一九八〇年代初めから極右運動家が加わった）および、とりわけ慈善団体が、生活や労働条件の改善のため、団結し闘うよう、日雇労働者たちの後押しをした。しかし、暴動のあと、活動家たちがよってたかって権利要求の戦略を説いても、日雇労働者の多数は、戦闘主義を第一に掲げることはなかった。日雇労働者たちは、きっと、暴力の盛りあがりに、宿命としての共同体を見出しはしているのだが、彼らには共通の運命というものを除き、連帯的な要素は殆ど存在していないのである。組織というものには馴染まない人々なのであり、彼らの多くは、団結の輪から抜け出していったのだった[97]。

寄場を支配している貧困は、近代的で多様な社会全体の中での、より「典型的な」貧困と似た性格も持っている。その他の社会と同じく日本には、いわば「安全な」放浪者の貧困、午前零時少し前、地下街閉鎖の時間になって街にさまよい出てくる夜の放浪者の貧困というものがある。ぼろをまとった放浪者が、終電を逃すまいと急ぐ人々の群れの中にゆっくりと入って行き、人気のなくなった飲食店街のごみ箱から食べ物を漁っていく。潔癖な社会に対する挑戦をしかけ街路にさまよい出る、時にむかつくほど不潔な放浪者たちは、他所からやってきた使者であり、通常の基準を超えた「別種」の人間であるとの確信を強固なものとするのである。

こうした極度の貧困は、不安定な生活を送る多くの恵まれない人々の目立たない別種の貧困と比べれば、マージナルなものである。日本でも他国と同様である。地下鉄や電車に乗って郊外の終点まで行きさえすれば、庶民の巣に入り込み、繁栄から見放された別の顔、庶民の群れを見ることができる。注意してみても、他の名も知らぬサラリーマンたちと目に立って様子の違うところなど殆どない。身なりはつましく、目の光に力がなく、手には血管が浮き出ている。歩き回った後ようやく寄場に着くと、そこには、別種の人々がいる。動かない腕、痛々しく曲がった背中、地べたに横たえられた体。ついに行き着いたこの地は、いわば街のただ中の流刑の地、「どんづまりの街」である。

寄場の住人たちは、まず何より生命とは切り離された存在であるように見える。体が丈夫で景気がよければ、立派に生計を立てていける人たちなのである(98)。しかし寄場の人々の生活は根本的に不安定である。ある者たちは身に引き受け、多くの者が耐えている不安定な生活は、実存的な放浪の形に似通っている。彼らは生活不安と引き換えに、野性の自由を享受する。それは、過去を拒否し、匿名的存在となり、財も縁も放棄するという拒絶の価値観にのっとってのことなのである。

第六章　どんづまりの街

遺産——呪われた界隈の歴史

この章では、万人に開かれていながら、誰にも期待など寄せはせぬ、そんな世界の中に入って行こう。それは罠のように待ち構えている世界であって、内部では、文明化され生産性の高い、日本社会のルールは通用しない。闇の界隈たる、都市の只中にある流刑の地の多くは、差別や苦痛、死の歴史の痕跡を留めている。一般に、こうした場所は、盛り場・遊郭・貧民街から成る三角形の極の一つとなっている。日本の都会の地勢のひとつの特色を成しているように思われる「三位一体」である。このような「三位一体」は東京の山谷、大阪の釜ヶ崎（現あいりん地区）に見られる。釜ヶ崎には、飛田（売春街）と新世界（盛り場）が隣接している。一方、歴史の浅い横浜の寿町では、こうした図式は不完全な形でしか現れていない。往時の一大歓楽街であった旧浅草と、旧「不夜城」吉原に隣接する山谷は、壁なきゲットーとなる以前から、呪われた界隈であった。山谷は明治期に、浅草町の名の下に形成されていった。一九二〇年代に町名が山谷に変わり、その名も再び失われた。山谷は、吉原と泪橋の西から隅田川まで、南は、江戸時代に、すでに触れた弾左衛門が住んでいた被差別地区の今戸まで広がる地域である。今日、かなり漠然とではあるが、山谷は明治通りと日光街道の交わる泪橋交差点の南まで約一キロメートル四方の界隈を指している。一九六六年以降、山谷という地名は東京の地図から消え、界隈は幾つかの地名にまたがることになった。即ち、荒川区の南千住、東浅草に隣接する台東区の日本堤、清川、最南端の今戸と橋場である。(1) これらの界隈は、依然として現代の東京で不利な環境に置かれている。

沼沢地に建設された江戸では、しばしば大規模な治水工事が行われた。徳川家康（一五四二―一六一六）は、隅田川と現在の三ノ輪の間に堤防を建設した。もともと千束池のあったこの干拓地域に、山谷の集落が形成された。この地名の起源はつまびらかでないが、一六四五年に初めて公式文書に登場している。元禄時代（十七世紀終わり）から漢字の「山」と「谷」で書かれるようになった。実際には平地に存在するので、この地名は論理的ではないように思われる。「三谷」あるいは、「三屋」と書くことも可能である。

山谷（山谷村）は、当時、新鳥越と浅草を含む人口密集地帯の一部を成していた。江戸から延びる四つの主要街道の一つで北（宇都宮と日光）に向かう奥州街道に、山谷は程近かった。最初の宿場町である千住には、一五九四年、隅田川を渡る橋（大橋）が建設された。山谷に隣接する千住は、「奥の細道」で語られ、みちのくの旅への出発点とした芭蕉により有名になった。古い宿場町である千住には七〇もの宿があり、そのうちの幾つかは売春宿であった。江戸と千住（現在の南千住駅の近く）の間には、不穏な記憶の場所がある。小塚原刑場である。江戸には処刑場が二つあった。もうひとつは同じく街の中心から遠く、関西に通じる東海道沿いの、大森の南にある海辺の鈴ヶ森刑場である。徳川幕府は「体刑による見せしめ」の方針を取っていた。磔や斬首、熱湯漬けなどが行われる江戸の南北の二つの処刑場は、江戸にやって来る者たちの規律を正していたのである。処刑場の門には、処刑された罪人の頭部が掲げられた(獄門の慣習)。

今では、線路が入り組み排気ガスでむせ返るような場所にひっそりと立つ、一七四一年建造の首切り地蔵(2)が、唯一その陰鬱な過去の痕跡を留めている。地蔵は処刑される者たちに哀れみをかけた。現在の南千住駅のすぐそばにあった小塚原刑場跡には、バスの車庫がある。処刑場あまりに様々なドラマを抱えたこの土地を、誰も買おうとはしなかったのである。処刑場(泪橋の架かっていた運河と共に消滅した)へと続いていた泪橋はなくなり、山谷の北の入口となる交差点に、「泪橋交差点」という名だけが残った。

小塚原は浅草礫場として知られていた。二世紀半の間に、そこで約二〇万人が処刑された。堕落者である受刑者は、家族と共に埋葬されることは許されなかった。彼らの亡骸は、共同の墓穴に投げ込まれた。しかし幕府も、縁者が墓守を雇って死体を取り返すのは容認していたようである。苦しめられた魂を救済するため、一六六三年に罪人を祀る小さな寺(回向院)が建立され、残された罪人が埋葬され供養に付された。小塚原回向院は、本所界隈の同名の寺の分院であった。本所回向院は、一六五七年の悲惨な大火事で亡くなった江戸の何千人もの住民の霊を祀るために少し前に建立された寺である。

小塚原回向院は再建され、現在その敷地の一部を線路が横切っている。墓碑の林立する墓地には、片岡直次郎といった罪人、毒殺者の高橋お伝や盗賊ねずみ小僧（高橋お伝とねずみ小僧は歌舞伎の重要な登場人物となった。片岡直次郎はカルトゥシュ〔ルイ＝ドミニック・カルトゥシュ（一六九三―一七二一）。パリに出没した盗賊の首領〕の系列であり、高橋お伝は魔性の女である）といった、江戸に名高い罪人たちの名前が刻まれている墓碑も幾つかある。受刑者たちの墓碑の隣には、一八五八年の安政の大獄の後、幕府により処刑された思想家吉田松陰（一八三〇―一八五九）や、二十六歳で斬首された開国派の橋本左内（一八三四―一八五九）といった維新の志士たちの名前が刻まれている。

回向院は、これら維新の志士たちが目指した近代化と結びついている。この分院で、一七七一年に杉田玄白（一七三三―一八一七）と前野良沢（一七二三―一八〇三）が小塚原で処刑された女性の罪人の遺体によって初の解剖を行ったのである。杉田とその仲間たちの観察は、ドイツ語による解剖学論文の蘭訳である『ターヘル・アナトミア』のデータを追認するものとなり、この論文の記述の正確さに感銘を受けた彼らは翻訳に励み、一七七四年に『解体新書』のタイトルで刊行された。ヨーロッパの科学的著作の初の翻訳は、「蘭学」[3]および西洋の科学知識の発展に繋がった。

悲しい巡り合わせだが、江戸の才人のひとりで、「蘭学」派の平賀源内（一七二九―一七八〇）が一時埋葬されていたのも回向院であった。飽くなき好奇心と百科全書的精神を持ち合わせた本草学者であり、浄瑠璃の台本作家にして画家（絵画に油絵具を導入した）でもあった源内は、杉田玄白の友人であった。彼は、動機不明の殺人を犯し、獄死した。平賀源内の評伝を手がける者の多くは、遺体は総泉寺に手厚く埋葬されたとしている。杉田玄白の手で寺の墓碑に源内の名が刻まれているが、墓の中に遺体は入っていないという[4]……。

回向院からさほど遠くない、三ノ輪駅に向かう途中にあるもうひとつの小さな寺、浄閑寺の墓碑にも悲劇がまつわっている。寺の墓地には吉原の遊女たちの墓がある。寺の台帳によれば、二万五〇〇〇人が埋葬されているという。

何万人もの犠牲者を出し、病で亡くなった本郷界隈の三人の娘の亡骸を埋葬した際に供養の振袖に付いた火が原因となったため「振袖火事」と呼ばれる一六五七年の大火事の後、吉原界隈は浅草の北に移った。すでに、処刑された罪人の死体の処置を請負っていた浄閑寺(この寺に濡れ髪長五郎一味の遺体も眠っている。長五郎もまた、浄瑠璃の主人公となった)の僧や檀家は、遊女の捨てられた亡骸の処理もしなくてはならなかった。身売りされ、家族との縁も失ってしまった吉原の遊女の多くは、籍もなく、若くして亡くなった(死亡平均年齢は、二十二歳に達するかどうかといったところであった)。遊女たちは、浄閑寺の納骨堂に葬られ、浄閑寺には投げ込み寺という悲しい名前が付けられた。一八八五年には、吉原での火事を引き起こすことになった地震の後、一〇〇〇人の遊女の亡骸が、この寺に何日か安置された。

浄閑寺本堂の裏手には、遊女供養のための墓碑が立っていて、香が絶やされることはなく、「生まれては苦界、死しては浄閑寺」という言葉だけが刻まれている。この言葉は永井荷風(一八七九—一九五九)によるものである。荷風は遊郭に足繁く通った作家であり、浄閑寺に埋葬されることを望んだほどであった。「余死するの時、後人もし余が墓など建てむと思はば、この浄閑寺の塋域《えいいき》娼妓の墓乱れ倒れたる間を選びて一片の石を建てよ」と書いていた。荷風の遺族は浄閑寺に葬らなかった。荷風はお気に入りの場所に埋葬されはしなかったし、望んだ言葉を墓碑に刻んでももらえなかった[5]。堤を客と連れ立って遊女たちが散歩する浄閑寺の前を流れる音無川のほとりを、荷風はしばしば徘徊した。彼は、浄閑寺と己の落魄を、『里の今昔』や『断腸亭日乗』の中で描写している。

このように、山谷周辺は苦痛と死が刻み込まれた場所である。この地は、ある意味で堕落者や敗者、零落者の場所であったし、その面影をなお残している。小塚原刑場は、当時、江戸の外部であったこの地域に、さらに汚辱の徴を与えた。山谷は、江戸初期に日本橋から処刑場付近の村（現在の今戸一丁目、二丁目あたり）へ移住していた下層民、ことに被差別民の穢多・非人を引き寄せた。台東区（現在の山谷の一部を含む）の文書によれば、千束と浅草の間には鳥越という地名の人家密集地帯が存在し、鎌倉時代から穢多が住んでいた。鳥越の住民は千束池の干拓に従事し、この新天地に居を据えたのであった。非人は鈴ヶ森や小伝馬町の牢獄で過ごしていた時と同様に、小塚原で蔑視されていた職務（死刑執行人や、刑罰執行人）に就いた。江戸時代全般を通し、今戸、山谷、および千住の一部は、マージナルな人々の共同体が集まる地域であった。

明治時代には山谷に屠畜場が作られ、そこで旧被差別民が働いた。一八四八年には寄場が形成されていた。明治時代の中頃から界隈はドヤ街となり、木賃宿が続々とできた。横山源之助が浅草について述べる中で「貧民部落」と書いているが、山谷はそのひとつと考えられていた。一九〇〇年頃、山谷とその周辺の住民は一万人にのぼった。

終戦後、山谷の人口は目に見えて増加した。日本降伏に続く瓦解の後、貧民の多くが隅田川沿い[6]や、闇市の王国であるアメヤ横丁に隣接する上野公園で暮らしていた。駅の地下道は人で一杯だった。一九四五年十月には五〇〇〇人が寝泊りしていた。行政当局は、人々を山谷の掘立て小屋に移動させる決定を下した。

ごろつきにして手配師、後に山谷の主となる帰山仁之介は、この浮浪者移動を引き受け、宿泊所を建設させた[7]。「山谷界隈は空襲でやられ、戦前の木賃宿は殆どなくなり、千住にあった平屋の淫売屋もなくなっていた」と、山谷の宿泊所にいた元炭焼き人のヤマダマサオは述べている[8]。「まず軍の木材やテントが使われ、それからトタン板やタール紙のバラックが作られた。山谷には露天商、靴磨き、傘張り、サンドイッチマン、包丁研ぎ、下級売春婦といった実にさまざまな人々がいた。米軍の協力者など、お忍びで来る者もあった」。

一九四〇年から一九五〇年にかけては、折りたたみベッドが使われるようになったため、「ベッドハウス」と名前を替えて、宿泊所が増えていった。復員兵士、傷痍軍人、農村からの流入者、炭鉱労働者、賭博師、やくざ、破産したサラリーマン、売春婦（売春夫も）たちが山谷には溢れていた[9]。一九四九年、東京には一〇〇万人以上の失業者が、山谷周辺には六〇〇〇人の日雇労働者がいた。そのうちの一部は、朝鮮戦争（一九五〇―一九五三）の軍需を受け、工場で働いた。そして、一九六四年のオリンピックのための大規模公共工事で建設業界が飛躍的な発展を遂げた一九六〇年代初め、山谷では一三〇の宿泊所に一万五〇〇〇人以上が寝泊りしていた。石油ショック（一九七三）後の景気後退により山谷の人口は減り、しばらく一万人前後で停滞し、一九九〇年代にはさらに減少することになる。

位置関係を見ると、従来、江戸の町を山の手と下町に分けていた北北東に延びる軸に沿って東京を分割した結果として山谷が存在するといえる。大まかに言って、貧窮者や売春婦は中心から、日雇労働者の宿泊所のある庶民地区の方向に沿って延びる軸沿いへと追われたのである。大阪の場合も同じような人口移動（ただし南に向かっての）が見られる。[10]一九二三年の関東大震災の後の貧民街の雲散霧消を経て、戦後の東京では貧困が集中し、隔離される極点が再び形成される傾向があった。山谷はその筆頭である。

もうひとつの大規模な「どんづまりの街」である釜ヶ崎は、山谷と似た歴史を持っている。もとは大阪南部にあり、現在の東入船町と西入船町（西成区）界隈に位置していた釜ヶ崎は、江戸末期に泥棒、賭博師、屑拾い、日雇労働者が集まっていた、今は無き名護町の最下層社会を継承するものである。非衛生的な地区であった名護町は、一八八五年にコレラの蔓延の犠牲となった。すでに大阪や堺の木賃宿の経営者を追い出していた当局は、名護町をなくし、住民を入船町に移住させた。政府は、一九〇三年の第五回内国勧業博覧会の会場整備の際、地区（今宮と天王寺界隈）の浄化を完全なものとした。博覧会に赴く明治天皇が通ることになる道路は、実は非衛生地区の一部であった。一九〇〇年以後、周辺の住民たちは入船町の今宮村北部に再結集するようになり、その地は釜ヶ崎と呼ばれることになった。[11]

山谷の場合と同様に、宿泊所の集中していた入船町の、境界のはっきりしないゾーンを当初指していた「釜ヶ崎」の地名の由来は知られていない。「釜ヶ崎」の地名は、二十世紀初めに広まったようである。一九三〇年、今宮は行政的には大阪市に併合され、マッチ工場が作られていった。土地整備対策のための土木工事に労働力が必要とされ、釜ヶ崎の人口は増加していった。戦後、釜ヶ崎は日本最大の寄場となり、日雇労働者の人口は三万人に上った。山谷と同じく釜ヶ崎は、被差別地区に隣接する場所、また首切り地蔵が示すように、処刑場に隣接する場所に形成された。釜ヶ崎はすでに述べたとおり、山谷と同様に日本の都市の「地獄の三位一体」の只中にある。釜ヶ崎の場合、「三位一体」配置図は、おそらく一層はっきりとしている。釜ヶ崎は大阪市南部の難波新町を灰燼に帰した大火災の後消滅した旧遊郭の飛田に隣接している。飛田は一九一〇年代の中頃、今宮の北東の処刑場跡に形成された。一九二六年には一六〇軒の娼館が建ち並び、二〇〇〇人の売春婦を擁していた飛田は、大阪の大遊郭、松島に匹敵する規模を誇った。

三角形の三つ目の極である盛り場は、新世界である。新世界は、一九〇三年の内国勧業博覧会の際に形成された。お膝元には、一九一二年に完成し、その後、地区のシンボルとなった高さ六四メートルの塔、通天閣が建っている。通天閣は塔の下部にあった映画館の火事の後、一九四三年に取り壊され、大砲を作るため、三〇〇〇トンの屑鉄にされた。新世界は、空襲で焼け野が原となった。「大阪では、通天閣の破壊によって敗戦の影響の大きさを知った。新世界が本当に息を吹き返すのは、一九五六年に通天閣が再建されたときである」と、大衆作家の難波利三は述べている。[12] 難波の小説の舞台の多くは新世界と、古い大阪の記憶を豊かに留めているもうひとつの隣接地区、天王寺[13]である。難波は、ギター弾きをし、上方演芸の起源である天王寺村のドサ回りの芝居一座にいた頃、その辺りによく通った。

大阪の庶民の心を捉えて離さない通天閣は、大衆演劇の舞台や、宮本輝（一九四七年生まれ）の小説を原作とし一九八六年に製作された『夢見通りの人々』等、大阪を舞台にした映画の広告に、相も変わらず登場している。通天閣は、歌謡曲のお馴染みのテーマでもある。気さくで猥雑な歓楽街、飲食街で、いち早くストリップや映画が入ってきた賑やかな界隈である新世界は、殊に、ジャンジャン横丁で有名だった（特に一九九〇年代の初めになっても事情は相変わらずであった）。ジャンジャン横丁は飛田に向かう通りで、開高健は、『日本三文オペラ』の中で、界隈に延びる通りを「腸管」に喩えている。[14] アーケード街であるジャンジャン横丁は、実際、腸に似ているが、「ジャンジャン」の名は、路地の居酒屋の客引きが絶え間なくかき鳴らす三味線の音に、おそらく由来するのであろう。けばけばしいジャンジャン横丁と新世界は、「年がら年じゅう夜も昼もなく、ただひたすら怒って騒いで食うことにかかりきっているようで、栄養と淫猥がいたるところで熱っぽい野合をしていた[15]」。『日本三文オペラ』の背景となっている時代である戦後に比べると、ジャンジャン横丁は落ち着きを取り戻し（そして拡大し）たが、半世紀の後も雰囲気は変わらず、同じような人々（貧民、賭博師、年増の売春婦、新世界の女装者、釜ヶ崎の日雇労働者など）が行き交い、将棋道場の窓の前には人々が群がり、物見高く対局を追っている。[16] 気取らない日本を構成するものが全て、奔放で、お笑いの精神に満ちたものがそこにある。快楽と零落、助け合いとどんちゃん騒ぎ、貧窮。『飛田ホテル』の作者、黒岩重吾(一九二四―二〇〇三)や、織田作之助(一九一三―一九四七)や、五〇年代に数多くの連続ラジオドラマを書いた大衆作家の菊田一夫(一九〇八―一九七三)の描く世界である。新世界は、アンチ大勢順応であった。人は、そこに、「ぎりぎり」[17](実存の条件の限界)のものを見ていた。

南に延びるジャンジャン横丁は、大通りを越し、もうひとつのアーケード街の飛田に通じている。飛田はジャンジャン横丁より大きいが、ジャンジャン横丁よりは人通りが少なく静かで、夜は店が閉まり、暗くひっそりとした路地が右に左に延びている。そこでは、どこに行くでもなさそうな、荷車を引く疲れ切った廃品処理業者や、洗面器とタオルを手にした銭湯帰りの人々や、所在なさげに客引きをする女装者たちに出くわす。賭博場、同性愛者が利用することで有名なホテル、小劇場、地べたでポルノビデオを売る人、楽器のケースに腰掛けた年老いた男の弾く、バイオリンの夜の闇に響く音。それだけがこの薄暗い通りの賑わいである。暗い路地を三百メートル右に進むと釜ヶ崎である。真直ぐ進むと、売春街特有のいかがわしい雰囲気を一九九〇年代半ばになっても残している飛田に着く。娼家は灰色の瓦の立派な木造建築である。客集めの娼家の女主人と共に、女たちは玄関でひざまずき、何をするでもなく待っている(「暇をもてあます」の別の言い方で「お茶を挽く」と言われる)。五分歩けば、女性の肢体の魅力を金で買う古めかしい界隈を通り抜け、効率の法則に従属する筋肉の街、釜ヶ崎に着く。

古紙、割れガラス、その他様々なごみが道路に積み重なっている。通行人の身体や酒臭い息のべたつく匂いが、ごみの悪臭に混じる。一辺六百メートル一ブロック、通称「カマ」は、都会の中の飛び地である。しかし、「カマ」は、山谷ほど貧民街然とした印象を与えない。関西地区の大規模開発（一九七〇年の万国博覧会、関西新空港、一九八〇年代末のバブル、一九九五年の神戸の震災後の再建）により大きな労働力需要が生まれ、職業安定所に来る日雇労働者たちは恩恵を蒙った。一九六四年の東京オリンピック直前の山谷と同様に、釜ヶ崎は一九八〇年代から一九九〇年代にかけて労働需要の頂点を迎えた。二百のドヤの殆どが、新しく立派な小ホテルに建て替えられた。バブル期に経営者たちは、数年で元が取れると踏んだのだった。こうして建物が新しくなり、キッチュなモダニズムの門構えとなり、賃金は良くなったものの、釜ヶ崎は挫折した者の溜まり場であり続けた。

往年の呪われた地である山谷や釜ヶ崎とは対照的に、横浜の寿町は戦後になって発展した貧困の新ゲットーである。寿町（至福の町という意味である）は、それぞれに喚起力豊かな名（「扇町」「不老町」など）の下、七つの地区から成っているが、前世紀には池であった場所である。運河網があって、中村川を通り容易に港へアクセスできることから、寿町は二十世紀初頭、卸売商や材木商、繊維商の集まる界隈であった。一九二三年の関東大震災で、また後には火災により破壊されたが、寿町はそのたびに灰燼から甦った。米軍の空襲により焼野原となった寿町は、敗戦後間もなく占領軍の物資置き場となった。その頃、周辺の野毛や桜木町あたりに、倉庫や港湾での仕事を求める失業者たちのビバーク（多くは、運河に浮かぶ宿泊所）が作られた。

日本が米軍の後方部隊の役目を果たしていた朝鮮戦争の間、労働市場は非常な活況を呈し、寿町の発展に繋がった。そして占領軍が引き上げ、一九五七年に寿町の土地が横浜市のものとなると、職業斡旋所の移動の後、野毛や桜木町から寿町に移ってきていた日雇労働者のために、平壌出身の在日朝鮮人が、寿町に初めてドヤを作った。一九六〇年に、ドヤの数は六十ばかりであった。日本で第三位の規模の寄場が誕生したのである。

一九七〇年代末の横浜港の機械化によって、寿町の労働市場は特に建設業に比重を移すことになった。建設業の日雇労働者は一万人に上った。こうした変化には、十年の間、暴動がついて回った。

一九八〇年代後半、寿町は一辺約三百メートルの区画を成し、その中では、五、六本の道が垂直に交わっていた。山谷や釜ヶ崎と同様に、そこは男社会である。一九九五年の人口は六千人で、その大半は八十のカプセルホテルに寝泊りしていた。

寿町には二つの特徴がある。まず界隈を支配するのは在日韓国・朝鮮人であり、彼らはホテル（多くの場合、日本人が経営している）や、ハングルを掲げた数多くの居酒屋を所有している。寿町の住人の間では韓国・朝鮮語が使われている。寿町には、北朝鮮（朝鮮民主主義人民共和国）に好意的な在日朝鮮人の団体（朝鮮総連）の事務局がある。寿町のもうひとつの特色は、一九八〇年代末に来日した非合法の移民が多いことである。韓国・朝鮮人はもちろんのこと、中国人やフィリピン人も多い。バブル期に寿町は、「日本円でひともうけ」しようとする数多くの移民たちを引きつけた。

不法な立場にあるにもかかわらず、寿町では、釜ヶ崎とは対照的に警察の影が薄いため寿町の住人は殆ど警察を警戒していない。横浜は、十九世紀半ばに、日本で初めて海外に向け開かれた港のひとつであり、神戸とともに日本で最もコスモポリタンな都市であり続けた。しかし、移民たちは立場が脆弱なだけに（多くが不法滞在者）、いっそう手配師に利用されている。牧師が主導する「カラバウ会」[18]といった相互扶助組織が一九九〇年頃に結成された。移民たちはまた抵抗運動を組織しており、寿町に初めてやってきたフィリピン人[19]たちによって構成される「バターン・ギャング」のような組織が存在し、寿町界隈を肩で風切って歩いているとは言わないまでも、目立つ存在である日本人のやくざと敵対していた。寿町の日本人やくざは、関東の有力な暴力団である稲川会系の山田組に所属している。

一九九〇年代初めの景気後退とともに、寿町の状況は厳しくなった。労働市場は縮小し、ますます情け容赦ない厳しい状況となった。五十歳以上の日雇労働者には、実際、就労のチャンスがなく、若い移民のほうが日本人より職を得やすかった。怒りのこもった落書きに見られるように、移民に対しては、むき出しの敵意が向けられた。

壁なき城砦

山谷や釜ヶ崎と同様に、横浜の中心地と寿町を画する形態的な相違はない。違うのは雰囲気であり、別世界に入り込んでいくような感覚を与える、閉塞的なむさ苦しさである。しみだらけの建物、小さなホテル、みすぼらしい居酒屋、馬券売り場、タイヤのパンクした廃車、至る所に散らばるゴミ。あたりを歩いてみると、片隅に身を横たえている人に出くわし、薄暗い場所では、車座になって酒を呑む男たちのしわがれた声が響き、人目を憚るように、年齢不詳の人影が通り過ぎていく。肩を落とし、うつろな目をしたり、視線を地に落としたりして、人影は小股で動いていく。貧しく不潔な彼らは、タバコの吸いさしや小銭を求めて回る地見屋である。雰囲気はにわかに重苦しくなる。悲しげで無気力な表情が、早くも老いこけた顔に浮かぶ。

現代日本の「壁なき城砦」には、形式においてスラム街に似たものはない。日本の都市には全てを包含しようとする性質があり、西欧に存在する住み分けとは別のタイプの住み分けが生まれた。狭義の意味での「城壁外」や、「柵」は存在しないが、都会の中に、恵まれない場所が点々と小島のように存在しているのである。それが被差別者の住む場所であり、社会との回路を失った人々の集う場所である[20]。

今でも「蚕棚」の古い名称で呼ばれる段々ベッドの宿泊所は、確かに一九八〇年代の末に減少した。しかし窮乏は、薄暗い廊下に沿って一畳ぎりぎりの部屋が並ぶカプセルホテルに際立っている。とはいえドヤ街（日雇労働者の界隈をさす表現）は貧民街ではなく、ましてや、マニラのトンドや、往時のジャカルタのプラネットや、香港の九龍城砦などのようなスラムではない。立ち食いの屋台や、より現代的な呑み屋、コインランドリー、よろずや、銭湯。これらは、第三世界の首都の標準的な界隈と似たようなものである。一般に、暴力は殆ど見られない。自動販売機が壊れていたり、落書きがあったりする程度である。

伝統的なスラムと日本の貧困のゲットーとを区別する幾つかの要素がある。まず、日本の貧困ゲットーにおける社会関係は、家庭に依拠するものではない。[21] 泣き虫の子供や妊婦、授乳する女性などは全く見られない。ドヤ街は男社会であり、多くは血縁を断ち切り、労働力以外売るもののない、孤独な個人の集まる世界である。各種の下請け、土木作業員、生活に敗れた人々、作業場に寝泊りすることもできない農村からの出稼ぎ労働者、乞食……。ドヤ街に、心を決めてやってきた人もあるが、多くは挫折してしまう。ドヤ街は、抜け出すことのできない罠、すなわち「たこつぼ」（すでに述べたが、労働者の飯場を指す、かつて使用されていた言葉である。すなわちたこを捕らえるための道具で、たこは二度と抜け出すことはできない）なのである。柵はないが閉じられた「どんづまりの街」であるドヤ街は、流刑の地であるが、都市の他の部分と、何が起こっているのかも知らず人々が通り過ぎていくこの界隈とをア・プリオリに画然と分けるものは何もない。

ドヤ街の悲惨さは、町並みより、死亡率を示す無情な統計[22]や犯罪率の高さのほうによく表れている。悲惨はことに、人々のまなざしに読み取れる悲嘆や、出会うたびごとに聞かされる、ある時、生活が立ちゆかなくなってしまった人間の、ほぼ決まって、はかなく悲劇的なきれぎれの物語に結びついている。ここにおいて窮状は物質的なものというより、人間的な悲惨さのほうである。来る日も来る日も除け者にされ、侮辱を受け、疲れ果てるという悲惨。苦々しさが刻まれ、アルコールでむくんだ顔や、疲れ果て、傷めつけられた体。皮膚の皺にたまった垢を落とそうと彼らが銭湯にやって来る時には、そんな体と隣り合わせになる。恥辱や怒りや疲労で凝り固まった体である。まれに、活力みなぎる肉体に出会うこともある。これは、日本の悲惨というより、労働力と効率との容赦ない関係に隷属している人間の世界に共通な悲惨である。[23]

リズム

「どんづまりの街」は、三拍子のリズムに乗っている。暁の興奮、職にあぶれた男たちの界隈と化す日中の無気力、夜の忍び寄る暴力。「壁なき城砦」は早寝である。そこでは、あまりに朝が早いのである。

山谷。十二月のある日の未明。引き戸がきしり、廊下でスリッパをひきずる足音。胸元を引っ掻く音と「オッス」の声が交錯する。水の音。小さな宿泊所の朝である。時刻は四時半。路上で。白々とした街灯の光に照らされ、首をすぼめ、ポケットの奥深くまで手を入れ、寒さに耐えつつ、日光街道や泪橋交差点に向かう一団がすでに見える。ニッカボッカや、乗馬ズボンに似たニッカを穿いている者もある。地下足袋を履いた彼らは、馬に乗らない奇妙な騎手のような身なりである。また、青い作業服を着て、肌荒れを防ぐために頭に布をかぶり、老女のフィッシュ（三角形の肩掛け）のように、あごのところで止めている者もある。朦朧としたまなざし（寒さと睡眠不足と、空腹とアルコールによるのであろう）が見かけられる。南千住に向かう大通りに、すでに千人、二千人がうろついている。暖かい飲み物の出る自動販売機の前に集まる者もあれば、道端であぐらをかいたり、うずくまったりして待っている者たちもある。青信号が点灯すると、大型のダンプカーがエンジンのうなりを上げる。そして静けさが戻ってくるが、まもなく人の声や、地面に転がる空き瓶の音や、大通り越しの高架を走る、明かりに照らし出され虚ろで幽霊じみた電車の警笛で、静けさは破られてしまう。

作業着を売る二、三の露店が開いた。すでに女たちはミシンをかけ始めたり、テーブルに身をかがめ、アイロンかけを始めたりしている。呑み屋では窓ガラスが曇り始め、人影が立っているのが見える。弾けるような声や、アブレ（日雇労働者の隠語で失業）、仕事、寒い、デヅラ（隠語で給料）といった単語の飛び交う会話のきれぎれ……。早くも、強い焼酎の熱燗が流し込まれる。時に、焼酎にけんちん汁が付くこともある。これは、屋台の主人が出す料理である。屋台のボイラーに温められた鍋の中では、うどんが茹でられ、時折、客の顔を舐めにくるかのような火の舌がのぞく。

(24) 大通りの人混みはますます増え、三千人の日雇労働者が泪橋交差点の程近くに集まってきた。駅に向かう者たちもいるが、彼らはすでに仕事がある者たちである。残りの多数派は、到着しつつある小型トラックのあたりに小集団を作っている。道の両端にそれぞれ三十ばかりのグループができる。男たちは、顔見知りの手配師のもとに、自ら近づいていく。手配師は手帳を手に、働き手を選んでいく。「あんたの名前は？　あそこの緑のトラックに乗ってくれ。仕事は何かって？　土方だよ。あまり日給はよくないけどね。こんなもんだね。そこのあんた、どうかね。あんたじゃなくってさあ。あんた、あんまり丈夫じゃないだろ。お隣だよ」。雇用の契約は、簡単なものである。手配師は、誰に仕事をさせればいいのか、顔を見て判断できるのである。三十分すると、日雇労働者を鮨詰めにしたトラックは出発する。

その頃、日雇求職者の群れが、二つ先の通りにある職業安定所に向かう。窓口が開くのは六時半。扉の前には、ごみや古タイヤを燃やす火の傍でうろうろしながら待つ小さな人だかりがすでにできている。火は顔に陰影を落とし、酔っ払いたちの目をらんらんとさせている。そのうちの一人は、さかんに身振り手振りをし、誰に向かうでもなく罵倒の言葉を浴びせかけるが、誰も気に留めない。おそらく、彼は仲間とともにダンボールにくるまって一晩を過ごし、一番乗りで職業安定所にやって来たのだろう。しかし、彼の立場では、大したチャンスはない。一番乗りの人たちの周りには、地べたに酒の空き瓶や潰れたビールの缶が転がっている。彼らは一晩呑んで過ごしたのである。それが、寒さに酷く苦しまなくてすむ唯一の方法なのだ。毎年冬になると、路上に寝泊りする人々の中に、再び目覚めることなく帰らぬ人となってしまう者も出てくる。豊かな日本の、きらめく銀座から地下鉄で三十分の場所で、凍死するのである。

「もう仕事はないよ」と、職業安定所の入り口から出て来る者たちが、入ってこようとする者たちを追い返す。求人票が全て裏返されると、求人が完了したという意味である。その頃、もうひとつの職業安定所である玉姫労働出張所に向かう人々もある。かつては、多くの人々が、「吸血鬼」のところに行くのだという意味で、手を握ったり開いたりするポーズを取ったものだった。「吸血鬼」とは、すなわち隣の無料診療所のことで、そこで売血をして日銭をいくらか得るのである。こうした売血は、朝鮮戦争の時代に始まった。各無料診療所は連携してはいなかったので、週に二、三回売血する者もあった。

それから、すっかり日が昇る。建物の建ち並ぶ区画が活気を帯び始める。制服を着た小中学生とすれ違う。夜には貧しい男娼たちの舞台となる玉姫の小公園には、古新聞を売るささやかな露店が立つ。台の横で胡坐を組んだ露天商が、鼻にかかった感じを際立たせる古いトランジスタラジオから流れる何かの演歌の物憂いメロディを聴きながら、火鉢で体を暖めている。大通りでは、仕事にあぶれた者たちが壁にもたれて座り込み、ビールの缶や酒の瓶を手にし、ぶつぶつ文句を言っている。彼らは胴元の車が来るのを待っているのである。

釜ヶ崎の寄場は、その規模の大きさにおいてさらに印象的であるが、重苦しい雰囲気は同様である。

九月のある朝。電車が轟音を上げながら橋を渡り始めた。五時を少し回ったところである。夏の日の暁の厚みの中、労働福祉センター付近の地下雨天体操場に、何千人もの人々が集まっている。ハエの如く百ばかりの小型トラックが、灰色のコンクリート造りの建物の周りに、土手に沿い隊列をなして集まり、周辺の道路を渋滞させている。トラックにはどれも、フロントガラスに場所と日給を示した求人票が張られている。そのかたわらでは、手配師がいかがわしい仕草で、「現金、現金！」と勧誘している。「行くぞ！」雨天体操場は、蜂の巣をつついたような騒ぎである。ラッシュ時の駅構内のようにぎっしりと込み合い、うごめく男たちが、肘と肘とをつき合わせている。スタンドでかがみこみ一杯の味噌汁を流し込む者もいれば、新聞紙の上に座ったり、しゃがんだりしている者もいる。多くは、呑んだり言い合ったりし始める。スタンドの柱に、ぽつねんと背を持たせかけている人々は、無愛想でむさ苦しく、どこに向かうでもない放浪の人々を見つめることもなく、視線だけで追っている。頬のこけた人々が目立つ群衆は、若くてしなやかな体をし、アルジェリア歩兵部隊員が身に付けるような、ゆったりしているものの踝のところですぼまった特徴的なズボンを穿いた高所で働く大工である鳶たちが通り過ぎる時には、思わず知らず後ずさりする。鉄骨の足場の上で働く一種の綱渡りである鳶は、日雇労働市場の貴族たちである。鳶の名は、彼らが使用する鳶のくちばしのように曲がった道具に由来する。かつて鳶は町の火消しであった。彼らの給料が値切られることはない。彼らには職能があり、容易に雇ってもらえるのである。六時頃、大半の小型トラックは出発してしまい、残るは数百人の男たちだけである。仕事にあぶれた者たちである。彼らは、チャンスを窺おうともせず地べたに座り酒を呑み続けている、不潔で年老い、妄想の中にひっそりと生きている者たちに合流する。釜ヶ崎や山谷で、酔いは時間を選ばない。

主に古着が並ぶ古物市が開かれる頃、仕事にあぶれた者たちは通りをうろつき、銭湯に行ったり、小公園でたむろしたりする。彼らは地べたで眠り、鳩がその間、彼らの回りのごみを啄んでいく。奇妙な静けさが辺りを支配している。まるで催眠術にかけられたかのようだ。ここですれ違う、老人のごとくあてもなくゆっくりと歩いている背中の曲がった年齢不詳の男たちもそうだ。彼らは三角公園に行ったり、労働福祉センターの近くに集まって地べたに座って酒を呑んだりする。

「どんづまりの街」は、日雇労働者たちが現場から戻ってくる日暮れに、再び活気づく。そして食堂が一杯になる。立ち呑み屋の暖簾をくぐると、客の地下足袋が見える。いくつかのグループがビールと酒の自動販売機の回りに集まっている。罵詈雑言に喧嘩。荒々しく、苦い夜が始まる。あたかも自身で（他我に押しつけられた自身のイメージで）清算しようとするかのような、希望を失った者同士の喧嘩。アルコールで打ちのめされた体は、すでに通りの至る所に横たわっている。

有名な野田屋（不況をこの上もなく物語る事実であるが、一九九八年に閉店した）のような山谷の酒屋は、東京で最も儲かる商売のひとつであった。メタンフェタミン（覚醒剤）の取引も盛んであった。山谷の居酒屋（百合、リリス、野薔薇やボルガ）は、胴元、やくざ、はみ出し者の馴染みの店であった。つぎはぎのビロードの低い椅子と、画鋲で壁に貼られたクラシックカーの写真と房つきのカーテンで、ボルガはテーブルに着く者たちに、ささやかな癒しを与えてくれる。路上で眠る者たちを標的にする夜のひったくりもいる。フェリーニの映画から抜け出てきたような三人組のミュージシャングループ「クランクラン」には、ベレー帽をかぶり、こわばった指でタンバリンを叩く体の不自由な老人がいるが、このミュージシャンたちは、場所の哀感を霧消させるというより、より一層強めている。ぴったりしたズボンを穿き腹の出たゲイのバーテンが、いつもウインクしながら、白っぽくにごった非蒸留酒の「にごり」を客に差し出す。けれども「どんづまりの街」の住人のうちには、希望を見出そうと努める者もある。釜ヶ崎のガード下の居酒屋「ペペ・ル・モコ」は、心優しいママのサチコがジャン・ギャバンのこの映画のファンだったことからこの名前が付けられた。男がカラオケのマイクに向かって声を張り上げ、ビールのグラスには泡が立つ。サチコはいつも拍手し、歯抜けの口元にそっと手を当てて、あたかも世界は私のものよ、といった風に笑う。その間、壁を震わせ、轟音を立てながら、頭上を電車が通り過ぎてゆく。

「壁なき城砦」の夜は暗い。ひっそりとしていて、夏の重苦しい暑さの中にあっても、まったく非地中海的である。自転車で移動する者たちもある。自転車の列の合間の道を照らす街灯の下に、ひとつのグループができた。アスファルトに札が叩きつけられる。しわがれた声が数を告げると、耳をつんざくような喚声が上がる。札を使ったゲーム遊びである。警察官のパトロールがある場合には、予告できるよう見張りがずっと道端に立っている。

夜が更け、居心地の悪い匿名の沈黙が辺りを支配するが、それも喧嘩や、ガリバーの足音のような突然の音や、舗道を転がる瓶の音で断ち切られてしまう。垢や尿や、穴のあいた袋からはみ出たごみの臭いのする薄暗い通りは、市場に撥ねつけられた人々の居場所である。老人、弱者、病人たち。山谷や釜ヶ崎では、毎晩、何百人もの人々が「あおかん」(野宿)で寝、毎年冬になると、山谷では百人程、釜ヶ崎では約二百人(二日に一人よりも少し多い計算になる……)がアスファルトの上で凍死したり衰弱死したりする。

夜は、暗い未来しか持たぬ者たちのものである。孤独の究極の場所である。酔っ払い、逃げ去るどこか別の場所を求めようとする者の孤独の場所である。時に叫びが沈黙を破る。苦悩が耳を劈《つんざ》くように。夜の嘆きは呼びかけのように響く。強い匂い、アルコールの発散される身体の、強く、まとわりつくような臭い。冬の夜の靄の中、すれ違う人影から発される、こもった咳がこだまする。

「もう働くだけの力がなくなってしまった時、どちらかだ。センターか、路上での死か」と山谷の食堂経営者は言う。彼らは住民登録したり、匿名性を奪われたりするのを拒否しているから、第二の選択をする。しかし、おそらくセンターに行かないのには別の理由があるだろう。この世知辛い世の中で、ドヤ街の住人たちは、頑として誇りを持っている。それは、彼らの人生に残る唯一のものだ。援助を求めるよりも、耐えること。「ルンペンなら物乞いはしない。それが浮浪者の運命である」と、あちこちを放浪した後、山谷に四半世紀以上暮らす日雇労働者であり、ドヤ街の主である林光一は言う。(25) 力尽きるまで宿命としての人生に堪えなければならないのである。「我慢する」というのは、日本文化をリードする言葉で、おそらく文化人類学者たちのお気に入りの言葉でもあって、下級武士たちの間でも力を持った不変の文化のひとつであろう。「ハハ、キトク、スグカエレ」。名前と電話番号。妹から兄への電話。まさかの知らせ。

「ここでは、裸一貫」

「山谷や釜ヶ崎は、名前のかわりに、手ぬぐい(26) 一枚で生きてゆける唯一の場所だよ」と林光一は言う。(27)「ここの人間には、皆、物語がある。凡庸な話だ。女や賭博で問題を起こしたり、倒産したりといったことだね。弱さや不運によるものだ。心の傷は大したことないんだが、決して癒えないんだ。傷を負って、ひとりぼっちで、寒々しいどんづまりにやってきて、もう、策を練ってうまくやっていこうなどとは、思えなくなるんだ。ここでの生活の唯一の掟は、目にすること、耳にすること全てに無関心でいることだ。他人の人生に踏み込んだりしないこと。それだけが、残された人生を保っていく術なんだ。ここで皆が共有しているのは、緩慢な死だ。死はいつもそこにある。死はほんとに身近で、朝早く、道路に、新聞紙の下でぐったりとなっている体が横たわっていて、それが前の晩、一緒に呑んでいた奴だったりする。すぐその体を運んでいくけど、それは本当に何か救いたいという気持からではなくて、臆病さからなんだ。唯一、確かなのは、このどんづまりまで来てしまったのだから、皆、同類だということだ。列車に乗って再出発するということは有り得ず、『ヤマ』（山谷の住人の間での隠語で、山谷を意味する言葉）で死ぬんだ」。「死ぬために来ているとも知らず、皆、生き延びるためにここにやってくるのだ」と、ある日、釜ヶ崎の銭湯で出会った孔子のような髯をたくわえた老人が、林さんの言葉に返すかのように言った。

林さんは目を輝かせ、かっかと笑ったものだった。温かく陽気な笑いだった。端整な顔立ちだが顔色はくすみ、離れ気味の両目の回りに小皺が刻まれた禿頭の林さんは、一九五一年に山谷にやって来た。まだ三十歳にもなっていなかった。「俺は、人生のほとんどをルンペンと過ごしたんだ。ルンペンだけが俺を受け入れてくれた」。林さんは、家族にも妻にも見捨てられ、全てを売って借金の返済に充て、放浪者になったのだった。

林さんは、東京近郊の中都市である小田原最大の病院の経営者の息子で、東京の早稲田大学を卒業して地方の良家の娘と結婚し、銀行に勤めていた。封印された過去である。戦後に登場し始めていた中産階級上層のステイタスといってよい。それから、全てが徐々に、だが容赦なく、さしたる決定的な理由もなく、音を立てて崩れていった。「よろめいたら地獄が待っている、と確かポール・ニザンが言ってたね」とだけ林さんは言った。

幼い頃のトラウマ（林さんの母親は、父の経営する病院の若い医師と出奔したが、二十歳になるまで、母親は死んだと祖父母からは聞かされていた）。「子供時代全てがいきなり嘘のものになり、自分の過去だと思っていたものでなくなってしまった」。世の中、そして虚しい「出世」の階梯にがんじがらめになっている銀行、大都会に目の眩んでいる田舎出の妻。すべて下らないという漠とした思い。そして、酒と女に溺れていった。人を喜ばせ、人に愛されたいがために、見境なく金を貸した。転落への道である。借金を穴埋めするための「融通手形」、そして手形に払う金額は膨大なものとなっていく。当時で三百万円の借金は莫大なものである。しかも自分の身から出た借金ではない。ただ、弱さと「寛大さ」からの借金である。その頃、彼の実家では、屈辱的かつ虚しい手続きが始められていた。そして、逃亡、自殺の誘惑。凍りついた湖と宿屋の娘。娘の熱い肌が思い込みを打破してくれた。「一週間ずっと、宿屋の娘さんの体が、唯一、俺を生に結びつけてくれていた。ここへ死にに来たんだ、と言った時、娘さんはかっとなった。半ば売春婦だったその娘さんの怒り、何が起ころうとも生きていくんだっていう荒々しい意志を前に、俺は、死ぬことはできないと思った。俺は宿を後にした。

自宅には何もなかった。離婚を要求する妻の手紙だけが残っていた。俺は、離婚届に判を押した。実家から勘当された時の手紙と同じだ。それから東京行きの列車に乗り山谷に来たんだ」。何年か後に林さんは山谷を去って放浪生活を始め、十年の後、山谷に戻ってきた。

貧民地区間での人口移動は激しい。しかしどこも（山谷、釜ヶ崎、寿町）同様の世界である。山谷俳句会の発行する『山谷俳句』には、孤独、帰るべき場所の不在、夢や希望といったものが詠われている。眠りの中に逃げ込み、酒に溺れる。「今日の仕事はつらかった　あとは焼酎をあおるだけ」と、山谷に住んでいた歌手の岡林信康は歌う。

楫取《かじとり》正彦は、二十年間、山谷で医師を務めた。一九七〇年代初めに山谷で医療を始め、すぐさま「赤ひげ」[28]と渾名された。実際には白なのだが、髯をたくわえていたせいであった。「初めは、すべてが虚しいこの世界で、馬鹿なのは自分だと思いました。連帯、助け合い、友情といったものは排除されていて、絆をすべて断ち切った人々にとっては、何の意味もありません。ここでの問題は、ただ老いへの恐れとアルコールによる荒廃です。私の診た患者さんの大半はアルコール中毒者でした。ここでは皆、ただ現在を生きるだけなのです。未来は捨てているのです。時間は瞬間の連続でしかありません。肉体労働は何にも繋がりません（希望も、出世もない）。多くの人たちが、記憶を断ち切っています。過去を否定したり、自分のものではないかのように過去を遠ざけるのです。体調がすぐれないから呑むのです。そしてだんだんと健康が損なわれ、働けない所まできます。ある朝、寒さでこわばった体が路上に転がっている。それが山谷です。呪われし者たちの都なのです」。

ヌマヤマミチマサは「おしゃべり」で、陽気だった。体が丈夫で稼ぎがよく、酒もよく呑み、十五年来になる山谷での生活を語るのが好きだった。とはいえ、自分の人生については語らなかった。私だけではなく、おそらく誰も彼がどこから来たのか知らなかっただろう。その後、ヌマヤマさんは体調を崩し、体力も次第に落ちて、古ダンボールを積んだ荷車を引いている姿が見られるようになった。一九八六年冬のある日、新聞紙にくるまって死んでいるのが見つけられた。沼山さんは四十八歳だった。ここで、老いは堕落へと徐々に近づいていく。生活のあてどなさは、一部の人々が享受している野生の自由の代償であり、健康状態や経済状況が悪化する時には、運命でもある。

一九九四年二月のある夜、釜ヶ崎で。三年来、景気は後退していた。釜ヶ崎の中心にある三角公園の青白い街灯に照らされ、かれらは、敗走する兵隊のように鞄や紐を足のところで結んで、二、三人ずつ列を成していた。不動で押し黙った細長い柱となって足踏みしている。夜の冷気が忍び込んできて、手がかじかむ。板切れの端で点された火が、疲れて悲しげな顔を赤く照らしている。時に、慈善団体が用意する大鍋の雑炊をもらいに、千人もが待つ。数カ月前に労働組合や左翼、クリスチャンらが一堂に会し、失業対策の連絡団体を結成した。それほど、大阪の日雇労働者の状況は悪化していたのである。

遠くで、ライトをつけた電車が通り過ぎていく。空は街のネオンで赤い。小さな公園には悲惨と屈辱の雰囲気が立ち込める。ここに居る男たちは浮浪者ではないが、労働市場から拒絶された者たちなのだった。「ここで暮らしているのかって? 俺は、野の宿(屋外)に住んでるよ」。彼は、コインゲームのコーナーの競馬ゲーム機の台に頬杖をつき、夢中になっているのか、ぼんやりしているのか、レースに見入っていた。汚れの目立つ顔は、いかにもなげやりで、腕をぶらぶらとさせ、体は疲れ切っているようだった。五十六歳だという。溶接工だった。離婚して、一九九〇年に釜ヶ崎にやって来た。炊き出しで食いつないでいる八百人の仲間たちと共に、十五カ月の間、路上で寝泊まりしている。

社会全体の流れが、日雇労働者たちに、劇的な帰結をもたらしていた。日本は活力を失い、不況は、最も弱い者たちに打撃を与えている。「カマ」や山谷における需給の法則は過酷なものである。手配師のトラックのフロントガラスに貼られた求人票には、「五十歳未満」と簡潔に書かれている。ところが、「カマ」では、「住人」の四三パーセントが五十歳以上であり、二二パーセントが六十歳を超えている。求人が少ないということは、より「丈夫」で、より若い者が優先されるということである。年配の日雇労働者の大半は、家族や世間との縁を断ち切っており、匿名で通すため、住民登録をしていない。従って、彼らは失業手当も貰う権利がないのである。

ある年齢を超えると、もう、この「どんづまりの街」から出ていくことはない。そこで早く老い、若くして死んでしまうのだ。ここでの一年は通常の生活の三年に当たると言われている。結核の罹患率は日本全国平均の四〇倍にのぼる。どんづまりの街の住人の半数は、そこに五年以上暮らしており、三分の一は十年以上暮らしている。皆、独身者である。

「誰もこの人たちを救うことはできない」と、山谷で長い年月を過ごしたソーシャルワーカーの宮下忠子は『山谷日記』の中で書いている。諦めまじりの憤りである。あまりに残酷なので、もう、涙を流しもしない。山谷の嘆きは、社会には届かない、と宮下は続けている[29]。山谷にしても釜ヶ崎にしても、容赦ない世界であって、そこで最も衝撃的なのは、連帯感というものが殆ど存在しないことであろう。自分のことは自分で、ギブ・アンド・テークが掟である。「ここでは誰も隣人をかまったりしない」と林さんは言っていた。「裸一貫なんだ。自分の奥深くに埋めた過去しか持っておらず、それについては決して語らないが、過去はまとわりついて離れないものなんだ。過去が俺たちに残る唯一のものだ。過去について話すということは、過去を共有することであり、また過去を失うことでもある。居酒屋で、仕事のことや女のことは話すけれど、過去の自分のことは決して話さない。現在は、まるで厚みがなく透明なんだ。自分をここに追いやった世の中と同じくらい、自分を呪っている。未来や、より良い世の中のための闘いに生きるというのは、山谷に来る労働組合の活動家やクリスチャンが俺たちに叩き込みたいと思っていることだ。でもそれは、俺たちが生きている心の荒野(ノーマンズランド)を断ち切ることだ」。

山谷の牧師である中森幾之進は言う。「ここには、連帯性のかけらもありません。労働市場は、若い人たちと年配の人たちとの間、そして強い者と弱い者との間の敵対感情を強めています」。また、楫取医師は言う。「友情は酔いの中にしか存在しません。しらふのときは、自分自身のイメージを押し返してくる他者を、それぞれが憎んでいるんです。山谷の住人が、他者に名乗る仮名を持っているとしたら、それはきっと、警察を、自身を欺くためです。それはちょうど別人が生活をしているようなものなのです。誰か日雇労働者が死んでも、指紋が調書に残されていない限りは、身元が確認できないことが多いのです。連帯感が存在するためには希望がなくてはならない。けれどもここでは、誰も未来を持っていません。そして、そのことを誰もが知っています。理由なく自殺していきます。医師として、時に苦痛を楽にすることはできます。でも、それだけです。重い病気の場合には入院させようとするんですが、病院側も山谷の人間だと知ると受け入れを渋ります。山谷から出よう、呑むのをやめようとしている人たちも、受け入れてくれるところが見つからない。そして、またアルコールに溺れていくんです」。

楫取医師は続ける。「アルコールは、どんづまりの街の住人にとって、不安や絶望と渡り合っていくための、唯一、手の届く治療法なのです。酒は睡眠と同じく、忘却のための鍵です。眠りの前の残酷な明晰さの、つまりは拷問に等しい時間をできるかぎり短くすることが、多くの人たちにとっての強迫観念となっています。だから、彼らはアルコールに溺れるのです。呑んでぐったりと倒れ、夢も見ることもなくぐっすりと眠り、ついに忘れるのです。眠らなければ働けないだろうことは皆知っています。山谷や釜ヶ崎の住人の十人に一人は、アルコール中毒者か結核患者です」。

どんづまりの街の住人の中には、時折、精神病院で過ごす者もある[30]。山谷は一種の「開かれた施設」であり、東京大学の精神科の先駆者たちが、一時期、山谷に診察室を設けようと考えたほどであった。精神病者はここで問題の温床となる環境（しばしば家庭）から遠ざかり、一時的に精神の均衡を取り戻すこともあると楫取医師は言う。粗暴な者はもっと粗暴な者にぶつかる。うつ病症状のうちには、生き延びようともがくうちに鎮まるものもあるが、悪化するものもある。

その朝、山谷の朝市で、ひとりの男が衣服を乱暴に脱ぎ、痩せた上半身を冬の寒気に曝していた。そして、誰も頼みもしないのに、また、誰も目に留めもしないのに、許しを乞うかのように土下座していた。男はそのまま十五分ばかりじっとしていたが、うめき声で震えながら、アスファルトに顔をこすりつけんばかりにして、道にかがみこんだ――その間、周囲は全くの無関心であった。

日本では他国に増して、精神病者への、社会からの排除が多く見られる。一九八八年七月一日に排除の行き過ぎを阻止するための法が施行されたにもかかわらず、安易に施設に閉じ込めてしまう。(31)「精神病は、いつ噴火するかわからない火山のようなもの、しかも近親者に火の粉の及ぶ火山のようなものであるとみなされています」と楫取医師は言う。そのため家族も周りで言われていることを鵜呑みにして、厄介払いしようとするのである。

「山谷の住民の大半は、そもそも『社会的に死んで』います」。その男は、ラーメンの汁をがぶがぶ飲んだ。ごつごつした手に持ったどんぶりに目は釘付けである。ムートンの上着の立衿の上からは、黒々とびっしり生えた乱れた髪の毛だけがのぞいている。男は、焼酎のグラスを呑み干し、遠い目をしてテーブルにどっしりと肘をついた。「ここの出身ですか」。質問は、プラスチックの造花で年末の飾りつけが施された曇りガラスの安食堂の湿っぽい雰囲気に包まれたこの寂しいスチールのテーブルに、彼を突然引き戻したようだった。「いや」とだけ彼は答えた。それからもう少し穏やかに「もう少し北のほう」と答えた。口数が少ないのも、賑やかなのも、安食堂のテーブルの他の客のことは気にせず、また、目で追おうとする相手の呼びかけにも無関心な様子で、彼は語り始めた。語っている間、まるで彼の目の前には、田舎の光景や、まだ葉の青々とした木々や、冬の凍った水田や、村や、「雪国」の祭り——暮らし——がよぎっていくかのようだった。そして不意にフィルムが途切れたかのように、物語は止んだ。うっすらと微笑。手で合図をして男は出ていった。外は寒く、尿の臭いの染み込んだ薄暗く狭い道が続いており、ビールや酒の自動販売機の近くには、千鳥足の人影やら、へたり込んだ体やらが見られる。風で炎のゆらめく焚き火の回りには、五人の男たちが集まって、あぐらをかき、瓶の底を、奇妙なラッパのように星空に向け、酒を呑んでいる。錆つき積み重なった古い自転車を囲むトタン板に風が吹きつける。

父親の代からだという大塚屋には、もう客は殆どいなかった。ある男が、子供の頃「女たちのいる」南千住の大きな家で鬼ごっこをして遊んだと語った。その家が売春宿であったことを、彼は長じてから知った。カウンターの奥の方で、連れのない年配の客が宙をじっと見つめていた。指に挟んだ煙草の熱い灰が落ちてきて、彼はまどろみから醒める。彼には何度も会っているのだが、いつから、そしてなぜ彼が山谷に暮らしているのか知らなかった。ある日、質問をすると、彼は手ではらいのける仕草をした。苛々しているのでも攻撃的なのでもなかった。ただ単に、質問のタイミングがよくなかったのだ。

優しさの証のように灰色の髪をきっちりと分け、柔和な眼差しに、ゆったりとした物腰のヒノさんは、福岡出身で製鉄所の管理職だった。それから釜ヶ崎にやって来た。なぜか？「生活……」。釜ヶ崎に来るまで、肉体労働には縁がなかった。「仕事は体で覚えました」とヒノさんは、日本語の見事な言い回しで説明した。ヒノさんは大いに呑み、仕事をしない日は、その「諦観に満ちた懐疑主義」が気に入っているというサマセット・モームを読んで過ごす。

とぎれとぎれの物語。内反足のサンドイッチマンの話、心臓病を患いつつも、散らかった場所を整頓し、死を待つ病室の少年。死に関する質問をして楫取医師を弱らせ、医師が「死っていうのは、痛いものだ」と答えてからは、その話には一切触れなくなった呑ん兵衛のアベさん。奥さんに家を追い出され、エロチックなシーンを描いて幾らかで売って生計を立てている近眼の分厚い眼鏡をかけた元小役人の話。決まって月に一度、山谷の宿泊所の一室を一晩だけ借りる黒ずくめの老女の話。大日本帝国の軍旗を手に、明け方あちこち歩き回る気の触れた男の話。賭博ですっからかんになり、自宅に帰るに帰れず、鳥に餌をやるのを唯一の楽しみとしている会計士の話。毛沢東主義者となった僧のコージの話。停泊地を求め、幻想を餌食として、自らの失意だけを提供しなければと知っているかのように、暗黙の申し出に口紅を塗った唇を開き気味にして、山谷の小公園に夜な夜な現れる異装の倒錯者……。あるいは、壮年の男と、その母にもあたろうかというほど年老いた女性との組み合わせの奇妙なカップル……。山谷、釜ヶ崎。傷ついた記憶の街は、肉体の緩慢な死を生きる。

終点

どんづまりの街徘徊のアプローチの最後に、その社会的機能の定義を試みよう。「ドヤ街」を指すのに、何度も用いた「壁なきゲットー」は単なる要約ではない。空間的にも精神的にも、ドヤ街は特別な領域である。日本の都市は、その何もかも併呑するような性格と、「ブルジョア」地区と「プロレタリア」地区が截然と分かれていないことで、一枚岩のように見えるかも知れないが、分離の傾向は孕んでいるのであって、都市の新たな形態がどのようなものであれ、ドヤ街はその証である。

ドヤ街は、面積としては比較的限られたものであり、そこに入っていくとき、街の他の部分とくらべて本当に、何かが決定的に変わったと感じることはない。けれどもドヤ街の境界は物質的なものというより、精神的なものである。ドヤ街の「壁」は目に見えないが、そこに暮らす者たちの精神にとっては、外部からやって来る者にとってと同じく、リアルなものである。ドヤ街以外の社会との境界は、明らかにそれとして認識され、生きられている。周囲の住人たちにとってドヤ街は、不適応者や反社会的分子、やくざの住処であり、社会の闇のゾーン、堕落の最終局面である。非合法の意味を帯びた別世界であり、タクシーの運転手は行くのを嫌がる。昔の呪われた界隈にドヤ街が形成されたという重苦しい来歴によって、否定的な認識は強まった(32)。当局は、忌まわしい記憶を一掃しようと地名を変更することで、こうした場所の差別にまつわる性格を際立たせてしまった。昔の地名はどんな地図にも載っていないが、山谷の場合なら「ヤマ」、釜ヶ崎の場合なら「カマ」という風に、しばしば省略語のかたちで記憶に刻まれ続けている。こうした省略語は、そこに暮らす人々の占有意識と自己差異化の表現である。装われた無知と差別の歴史によって、ドヤ街はまさしく「壁なきゲットー」なのである。警察の二十台ばかりのカメラによる釜ヶ崎の二十四時間監視態勢や、「マンモス交番」と呼ばれる山谷の威圧的な警察署は、こうした印象を裏付けている。

このような「ゲットー」の社会的機能とは何であろうか？　確かに、社会・経済的要求に応える空間であると見なすこともできよう。「ゲットー」は、思うままにこき使うことができ、組合とも関係なく、わずかでも景気が悪化すれば切り捨てることも可能な労働力を供給し、あぶれ者や反社会的分子や貧民の落ち込んでいく罠（山谷は、しばしば、「東京の吹き溜まり」と呼ばれる）、監獄や収容所まがいのものになってもいる。

しかし、以上のような説明では、ドヤ街の像は不完全にしか浮かばない。確かに、マルクス主義社会学者の江口英一が「不安定な社会層」と称するような人々の排除、差別、搾取は、決して軽く見るべきではない。しかし、この地区の純然たる社会的・政治的な把握(33)は矮小化を免れない。なぜならこうしたアプローチはドヤ街の二つの別の側面をシャットアウトしてしまっているからである。二つの側面とはすなわち、ドヤ街に対する社会の寛容性、そしてドヤ街の生まれた母胎たる陰の文化である。

第一の側面について述べるなら、ドヤ街に対する社会の見せかけの、そして断固たる無知の帰結は、ドヤ街におけるある種の逸脱の権利の容認である。ドヤ街は、都市に境界的空間を設ける。そこでは、支配的な社会規範は無効となる。またドヤ街は、かつて女性たちが夫を逃れて駆け込んだ「駆け込み寺」に比するような、逃避の場所でもある。

ドヤ街を「社会の掃き溜め」に還元するのは、ドヤ街の住人たちが口にする明示的な、あるいは暗黙裏の価値を排除することである。まっとうな世界から隔てられたこの界隈は、何かを逃れて来る者にとっては、追放と安息の地であって、生の流儀——陰の文化——を授けてくれる場所なのである。ドヤ街では、物質的、心理的な生活条件から生じた諸価値を受け入れなければ無事に生きていくことができない。ことにドヤ街は、全ての縁を断ち切ったことから得られた苦い果実である野生の自由を引き受けるよう迫るのである。ドヤ街の住人たちは、どのような道を経てそこに辿り着いたのであろうとも、こうした自由を皆分ち持っている。

どんづまりの街には放浪と拒絶の陰の文化が浸透している。この場所を支配するのは、まつろわぬ者たちと、何もかも失った者たちである。紆余曲折を経て、人はドヤ街にやって来る。しかし、近代の境界の住人は多様であるが、二つのカテゴリーに分けることができる。すなわち、考え抜いた末やって来た者と、挫折した者である。第一のカテゴリーは少数派だが、独立と自律への貪欲な意欲を持ち、いかなる制約（家庭、企業）からも自由であろうと欲し、権威の規範（大勢順応や競争）にひれ伏すことを拒絶した人たちである。こうした「自由な」人々は、その日暮らしで好きなときに働き遊び、「夜は億万長者」だが、持ち金を全て酒や女につぎ込んでしまう江戸っ子の末裔である。神話化された庶民たる江戸っ子は、一晩で稼ぎをすべて使ってしまったと言われている。しかし、大金賭けのプロレタリアートの人生は短く、体力頼みである。けれどここで時間は容赦ない。病気や体力の衰え——罠は閉じ、「口達者」は人生の波にうち捨てられた無名の群衆に合流するのである。

匿名の野の自由と、傷つけられた記憶とが、一切の共同体感覚の欠如と裏腹になっている。どんづまりの街の人々は、多数の個人から成るが、自由な分子さながらで、互いの絆は殆どない。彼らは共に働き、呑みもするが、友人はいない。何分か何時間か集まることはあっても、各人はそれぞれ帰途につき、悲嘆の軌跡を再び辿るのである。質問をしないことが掟である世界では、生活全体が、はかなくその場かぎりの関係の上に成り立っている。

ドヤ街での生活は、共同体の感覚を与えることなく、身分を乱暴に平等化する。相互扶助の振舞いがあるとしても、個人のイニシアティブの領域が残っている。集団の連帯感というものは殆ど存在しない。確かに、怒りの爆発ということはあるが、組織立った運動の形より、不平の訴え、復讐や反抗の激発、あるいはお定まりの抗議の儀式の形を取る。こうした暴力の激発は、集団意識の反映というより、皆が共有している宿命の感覚の反映である。ドヤ街の住人の大半はノンポリである。ここの人々はそれぞれ、望みは断たれていると知っている。権利回復のための慈善団体は、もう要らない。左翼の闘士は、この下層プロレタリアートを希望の共同体や改革の根城とすることに成功したためしがない。ドヤ街の住人たちは、まるで自らの心の奥深くに絶対的な反抗の精神を持ち、あまりにも激しい遺恨があるためにかえって落ち着き払ってしまったかのように、こうした試みに対しては、頑として動こうとしない。傷は内面的なものであって、貧窮は単に物質的なものではないので、後戻りはきかないのである。貧困は生きようとする意欲を削ぐ。そのことを誰もが知っている。日々の苦闘の結果、他の社会では殆ど見られないほど、人々の態度は反抗的になる。釜ヶ崎の労働福祉センター職員のありむら潜の漫画には、それがよく描かれている。「日雇労働者の生活は、マジョリティの日本人の生活に対する手厳しい諷刺である」とありむらは考えている。(34) 彼の漫画の主人公、カマやんはしたたかな楽天家で、のらりくらりと日常をかわし、相当なアイロニーを持ち合わせている。おそらく、ドヤ街では、日本の庶民文化の地下水脈である強烈な独立不羈の精神の、現代における継承者たるこんな人物に出会うのであろう。しかし、ドヤ街では、日本の歴史に随伴してきた、もうひとつのタイプの人間がいる。それは拒絶の男である。

『古事記』に登場する天照大神の弟で、高天原を追われた須佐之男命以来、アンチ・ヒーローは、何世紀にもわたって日本の歴史に姿を現してきた。神話によって広められた追放者、逃亡者、大いなる没落者たちの物語は、民衆の想像力をこの上なく魅了してきた。一種の贖罪のための苦行として、あるいは挑発として、主流社会を拒絶したドヤ街の名もなき人々は、現代のアンチ・ヒーローである。彼らの歩み行きは拒絶の伝統に位置づけられる。自死の悲壮さからは隔たった彼らの道行きは、自己放棄と呼んでよい。彼らは流されるがままになったり、社会の不公平や人生の不運によって社会のどん底まで落ち込んでいったりしようとも、己れの零落を宿命として生きる。彼らはまつろわぬ者たちであるが、その異議申立てはあからさまなものではない。彼らの抵抗は実存的なものである。世の中から取り残され、礼儀作法や規範を軽視し、挑発心と恥辱とがないまぜになり、頑なに拒絶を続けることで、抵抗しているのである。彼らの多くは、社会から「蒸発」した人々であるが、根もなくさまようちに、孤独の運命を完遂するのである。ここの人々は皆、拠って立つ場がないことを知っている。体力が衰えれば低い日給しか手にできないし、いつか仕事もなくなってしまうだろう。それは路上での生活を意味し、やがては、尿とアルコールの臭いの染み込んだ舗道での死が待っている。浮浪者の死とは、服従の拒否の究極の表現なのである。

路上――年老い、家もなく(35)

一九九〇年代の半ばから、ドヤ街の人口は増加した。一九六〇年代の高度経済成長により、寄場は仕事を求めてやって来る農村出身者や元炭鉱労働者などでごった返していた。その後、新しい日雇労働者層が登場した。取り残された人々、倒産した零細企業の経営者、出世の階段から転げ落ち、解雇されたサラリーマン、過去と縁を断ち切った者たち。また別種の貧困者たちもその群に加わった。すなわち年配のホームレスであり、彼らが以後ドヤ街の夜の主となる。

午前零時、東北地方や郊外への電車の出る東京・上野駅。カップ酒の自動販売機の前で、よれよれのズボンをはき、べとついた灰色の髪で顔を隠した男が、丹念に格子縞の上着のポケットの奥を探っている。その上着はおそらく見栄えのした時もあったのだろうが、今やただのぼろ着である。ポケットを裏返し、その男は何分もじっと見ていた。その場を後にするかのように、自動販売機に立てかけておいたこうもり傘を一、二度、手に取った。それから思い直してまた傘を置き、再び執拗にポケットを探り始めた。男にやった硬貨はポケットの中だ。年齢不詳の、だが酷く老け、頬のこけた顔が、垢でごわごわになった髪の間からのぞいている。男は視線を逸らし、微かに笑った。「どうも、どうも」硬貨はどうにかこうにか自動販売機に入った。カップ酒が落ちてきた。男はそれを取ると傘を摑み、こちらのほうを向いて、恭しくお辞儀をして立ち去った。人目を憚るような猫背気味の、まるでチャップリンのような姿が、人波にかき消えていった。

駅の地下通路には、午後六時からホームレスたちが陣取りはじめる。体臭や酒の饐えたような臭い。ホームレスたちは、地下通路中央の柱と柱の間に新聞紙やダンボールを敷いて横になる。彼らは向かいあっており、互いの足が接触しそうである。老女の顔がオーバーの衿からのぞいている。毛布を持っている者もある。その晩、ホームレスの人数は、七十一人であった。

咳やいびき。そこは、奇妙な沈黙が領しており、座って虚空を見つめている視線にぶつからぬよう、縮こまった身体の列を通り過ぎていく歩行者たちの足音の反響が、かえってその沈黙を際立たせている。若者のグループの声が上がる。「ここ、くっせえ！」迷路のような廊下に、二十ばかりの体が横たわっている。それから、少し先に何人か。

午前一時。電車の騒音も止んだ。天井に足音が響く。何分か前からすでに騒々しく移動が始まっていた。放浪者たちが集まってきたのである。大半は五十歳を超えており、もっと年配の人もいる。多くは質素な身なりながら、惨めな様子ではない。通路の端に、警察官四人と駅の職員二人が到着した。「さあ、行こう」無愛想で冷たい足音が、時に気に障る。一時半、シャッターが降りた。それから駅が開く明け方まで、うろうろしなくてはならない。朝になると切符を買い、一日中、山手線に乗って過ごしている者もある。不平のつぶやきを漏らしながら、腕に袋を下げ、人々は散っていく。夜の放浪者は歩き始めた。寒さが身に染みないように体を動かし、飲食店のごみ箱から食べ物をあさる。繁栄の時代の放浪者たちは、都会の夜を共にする。なおもきらめく都市は、身売りされる娘のように、一切、無関心である。

中心の定めがたい、この巨大都市・東京の「センター」(上野、池袋、新宿)に行けば、午前零時を過ぎると、似たような光景が見られる。駅や地下街から人が掃き出される。居残りたい気持ちを押さえ、ホームレスたちは夜の街に散っていく。公園や隅田川の土手のダンボールや青いシートで組み立てられた仮の宿りに寝泊まりする多くの人々は、日中は、街をうろついているのである。天気の良い日には、洗濯物を木の枝に干し、日光の下、漫画を読みながら乾くのを待つ。

一九七〇年代から一九八〇年代にかけて、東京ではホームレスはあまり見かけられなかった。オリンピック開催地の東京が外国人の目に「見せてもよい」ものとなるように、ホームレスは東京から一掃されたのである。それから、高度経済成長も手伝い、国民総生産の伸びによって、極端な貧困は食い止められた。貧しい人々は存在したが、貧窮自体は、都市においては目に立たぬものとなった。一九九〇年代初めになると事情は変わる。平成不況によって、社会保障、ことに高齢者への社会保障の不全が際立ってきた。

東京都はホームレスの数を公表していない。慈善団体によれば、一九九八年に東京二十三区で一万人から一万二〇〇〇人である。大阪でも同様で、市当局は、釜ヶ崎の日雇労働市場付近、恵美須町駅、ダンボールの寝床が一キロにわたって続く電気通りのアーケード街、天王寺付近など、市南部の地区だけで、ホームレスは二五〇〇人であるとしている。

戦後最長の不景気により、恵まれない人々は大きな打撃を被った。「プロの」乞食や廃品処理業者に、労働市場から排除された新たなる貧民が加わっていた。高齢の日雇労働者や、挫折し（失業、借金、不幸、病気）、もはや元の生活には戻れなくなってしまった貧しい人々である。ついに彼らは路上生活を始める。欠乏、不運、不適応、妻の喪失、「蒸発した」夫。きれぎれの物語は、悲劇的なまでに陳腐である。社会の荒波に飲まれ、路上に打ち捨てられた実に様々な人々がいる。不運続きの小口の投機で身を持ち崩した中学教師、元囚人、アルコール依存症患者、労働市場の敗北者、路上生活をする前には品位ある生活をしていた老人。

東京都台東区（上野、浅草、山谷がある）は、ホームレスの最も密集している区である（救世軍によれば五〇〇〇人）が、ビジネスと「不夜城」の営みが並存する喧騒に満ちた新宿も、新たに貧窮者たちが集まってくる場所となった。昔からの浮浪者に、新参の者が加わった。新宿駅と都庁を結ぶ地下通路である中央通りには、毎晩ダンボールの村が出現する。[36]まるで倉庫のようである。ダンボールは、紐で結びつけられて、幅二メートル、高さ一メートルの細長い箱の形となって整然と並んでおり、歩行者のスペースを妨げることはない。中にはぴったりと閉じられた低目の箱もあり、棺を思わせる。ただ、外に靴が置かれているので、中に人が住んでいることがわかる。設備のましなのになるとガスコンロがある。中央通りは閉鎖されないので、ここで夜を過ごす人は百人ほどいる。日中は、全てのものが折り畳まれている。ダンボール、ショッピングカート、毛布などが壁にずらりと立てかけられ、それを五、六人が見張る。その他のホームレスたちは新宿界隈をうろつく。「ここには三つの掟がある。他人の物を盗まないこと、質問しないこと、通路を汚さないこと」と元電気機械技師は言う。元技師は、失敗が重なり解雇され、家を売って離婚の慰謝料を払い、四十八歳でここに来た。このような状態になって間もないので、立ち居振舞いは以前と変わっていない。北風が通路に吹き込んでくる。彼はタバコの先を見つめている。「ここでは、ゴミ箱やスーパーの捨てた賞味期限切れの商品を漁って食っていくことができる。簡単なんだ。でも、時々泣きたくなるね」。

東京都も大阪府も、六〇年代の経済発展以降、例を見ない規模となったホームレス問題に悩まされていた。確かに法律はいくつかあったが、適用枠組みが合わなかった。警察のパトロールで、最もたちの悪い者たちは一カ所に集められた。時々、一斉排除が行われた。「追放！」ひとりのホームレスの発する叫びに、あたかも鬨の声を聞いたかのごとく、ホームレスたちは必死で衣類をひとまとめにして移動する。

主に山谷の日雇労働者向けの、三千床の冬の一大アジール〔避難所〕が、辺鄙な海岸の埋立地、大井界隈に出現する。「あそこは寂しいよ。どこからも遠くてね」と、もう大井には戻りたくないとあるホームレスは言う。救世軍本営が都心の神田神保町にあるが、界隈のイメージを気にする商店主たちの反対に遭い、センター拡大を断念することを余儀なくされている。商店主たちは有権者であるが、ホームレスたちに選挙権はなく、政治家は有権者のほうを優遇するのである。

一九九〇年代末に、路上での窮乏生活と社会との間に、奇妙な均衡が生まれた。ホームレスたちは、社会秩序を脅かすことがなくなった。彼らは物乞いをせず、通行を妨害しないように気を遣った。ホームレス同士の暴力もなく、通行人に対しても攻撃的ではなかった。警察は商店経営者を宥めるために、ホームレスたちを定期的に移動させた。一九九六年一月には、新宿で警察による千人のホームレスの一斉排除が行われた。ホームレスたちは、また戻ってきた。警察当局は数々の極端なケースに対処してきたのだが、世間は無関心だった。世論には、行政が「路上生活者」と呼ぶ人々の問題に対する意識が欠如しており、単に挫折した個人しかそこに見ようとしない。世に善意は存在していたが、仏教や神道の各宗派は、無関心とまで言わないまでも、控え目に見守るだけであった。キリスト教団体は、「蟻の街」〔原注（6）参照。〕やエマウス〔フランスのピエール神父によって一九四九年に設立された、ホームレス救済組織。廃品回収による収入で居住場所を確保し、ホームレスを迎え入れる。〕によって開かれた道を引き継ぎ、日本近代の貧者たちを引き受けてきた。

しかし、路上は荒廃の激しい場所でもある。あれこれの理由で路上に打ち寄せられた人々は、もはやそこを後にすることはない。日本の都市の飽食傾向の中で、ホームレスたちは容易に食べるものを見つけることができるので、物乞いをする必要がないのである。明日は昨日よりももっと悪くなると知っている者の屈辱も、拒絶という誇りに形を変える。つまり、何も社会に要求しないのである。

「路上生活は、ある種の自律を授けるもので、ホームレスのうちで、それを手放す者は殆どいない。少なくとも、体力があるかぎり」と、救世軍本営の社会福祉部長であった高橋博は考えていた。病気になると二者択一を迫られる。社会の援助を乞うか、それとも路上で死ぬかである。拒絶感で閉じこもってしまう者もある。「冗談じゃねえ！」ホームレスの道を選択した隅田川の堤の呑ん兵衛、人生の脱走者の見事な、そして悲劇的な笑い。

そのような決断がつかない者もある。どんづまりの街に打ち寄せられた人々である。アルコール依存症と共に老いの問題が、一九九〇年代に最も深刻な問題となった。例えば寿町では二二〇〇人が六十歳以上である。住所のある者は社会保障を受けることができる。そうでない者は、路上生活者である。そういう者は二〇〇人である。高齢の日雇労働者に、他に行く所もなく家族もいない老人が加わる。どんづまりの街は、昔の伝説の、村人たちが老人を捨て去り、捨てられた老人が果てていった山を、時に彷彿とさせる。この慣行は深沢七郎の短編『楢山節考』(37)（一九六五年）に描かれている。今日、老人はまさしく福祉政策の不全の犠牲者である。どんづまりの街は、青天井の老人ホームの様相を帯びている。一九九八年、山谷の住民八〇〇〇人のうち、二五〇〇人が高齢のホームレスである。

寿町界隈の中心に、ごてごてしたコンクリートの陰気な建物があり、その中に労働福祉協会会館がある。その建物はホームレスたちの逃げ込む場所となった。最も貧しい者たちは、中庭のダンボールで眠り、その他の者たちは階段に倒れ込む。彼らは毎日少しばかりの牛乳と、パン何切れかを貰うことができる。多くは、もはや生きることも死ぬこともできない人たちで、貧窮のファランステールの辺境に打ち寄せられているのである。

下層民――危険かつまつろわぬ階級

徳川時代の賤民と産業化時代初期の下層プロレタリアートは、王政復古期から七月王政時代にかけてのフランスにおける労働者集団と同じく、「犯罪と施しとの間に位置する危険階級」であった。[38] 現代日本のどんづまりの街の住人たちの激発は、文明化され平和であるとされる社会の表面下で、密かに燻る反抗の炎の煌きなのではなかろうか。

いかなる権力も、統制を逃れる者を好まない。ところで「漂泊民」の危険とは、客観的なデータに基づくものであるというよりも、時代の権力者たちの認識に関わるものである。時に、その認識は変化していったのである。

徳川歴代将軍は世に君臨し、定期的に税を搾り取ろうとしていた。しかし、将軍が定めた士農工商の四身分の周縁部に、浪人、さらに地縁も領主も持たず権力者から問題視されていた者たちからなる下層民の大集団が存在していた。そこで幕府は、周縁の者たちにも特定の身分を与えようと腐心した。周縁民の居場所を制限し、賤民出身の頭を放浪の規制役に任命し、やくざや、ときには服役者に周縁民の秩序を守る役割を負わせ、かつては慣習的秩序に由来するものだった差別を制度化し、間接的に支配しようとした。これら都市の下層民は、定住民でないがゆえに危険なのである。彼らは移動の禁止のみならず、社会秩序の根拠である分業体制にも背いた。幕府は彼らを定住させようとし、江戸後期には貧者の監獄たる人足寄場で仕事に従事させた。

しかしながら、徳川治世の二六五年間において、無秩序が問題となっていたのは、都市よりも農村部においてであった。農民たちは武器を奪われていたが、圧政と飢饉のため数々の暴動が起こった。歴史家は、百姓一揆が三〇〇〇件、都市での暴動が四八〇件で、その頻度は十八世紀末から明治時代の初めの一〇年間にかけて、急激に高くなっていったと推定している(39)。農民たちは、貧困と飢饉と不公平に抗し蜂起した。農民の反抗は絶望の行為だった。厚意と保護という義務を引き受けなくなった大名が乱してしまった秩序を回復するよう、農民たちは要求した。

農民の大名に対する単なるピンスポットの反抗は、次第に領地全体、時には地域全体に及ぶ、より広範かつ、数週間に及ぶこともある権利回復の運動へと移行していった。十八世紀半ばから、共同体の様々な構成分子間の新たな社会的敵対感情を示す暴動が起きるようになった。攻撃の的となったのは大名だけではなく、米屋、金貸しや富裕層であった。「都市は盗み滅ぼす」のである。反抗は暴動の様相を呈し、徹底的破壊に至った。打ち壊しは、「略奪を目的としたものではなく、処罰の集団的意志の公的示威であり、ある意味では、破壊の形を取った民衆の正義の表現なのである(40)」。暴力の激発は明治維新によっても止むことはなかった。

こうした打ち壊しには、都市の下層民の一部が参加していた。最大の打ち壊しは、一七八七年に江戸で起こり〔一七八二年の天明の大飢饉による米価の高騰が原因〕、五〇〇〇人〔職人、日雇人足、荷役人夫、浮浪者〕が蜂起した。一八六六年には津山で、非人たちが打ち壊しを行った〔第二次長州征伐による米価高騰のため、全国的に打ち壊しが起こった〕。また、ヨーロッパ中世の千年王国運動と似た集団での大行進で、のちに「ええじゃないか」の運動の先駆となる行進の列の中には、貧民や乞食が多く見られた。もともと巡礼に発したこの運動は、無政府主義的な流れに乗っていった。何十万人もの人々が繰り出し、道中、打ち壊して回り、盗みを働いた。権力が衰退し、錯乱と抜け穴のはびこる社会の混乱期に、幕府は「貧者のための監獄」〔人足寄場〕でもって対処しようとした。人足寄場は、下層民の危険な性質に対する幕府の懸念の表れである。——ただし、徳川幕府による収監への依存は遅まきの、限定的なものであった〔西洋における古典古代のような規模には至らなかった〕という重要な点についてはここでは触れない。さらに、幕府は規範侵犯の場所〔放浪の組織、遊郭〕に標識を立て、区切ることで社会を統御しようとし、秩序の周縁に漂泊民を残すことを甘受したのではないかと問うこともできよう。このようにして幕府は、社会に「幻想の保護区」〔ミシェル・フーコー〕と想像力を授けたのではなかったろうか。想像力は殊に遊郭で発達し、中世の「河原の世界」に続き、時代の創造性を育む場所となったのではなかったか。この裏社会は江戸文化のるつぼである。

産業化が始まると、境界領域の住民たちの構成も、適応や抑圧のメカニズムも変化していった。都市に流入しプロレタリアートと化した農民集団を吸収して、かつての賤民は、都市下層民の大集団となり、その中には職人、乞食、受刑者、大道芸人、ごろつきといった人々が含まれていた。彼らは以前のように貧窮のため物乞いをしたり、放浪したり、盗みを働いたりしたのだが、ある活動から別の活動へと移っていくきっかけは場当たり的であった。こうした都市の下層民はかつての漂泊民ほど従順ではなく、危険分子となる傾向すらあった。

明治時代もまた反乱や暴動の時代であり、中でも我々のテーマに関して最も意義深いのは、一九一八年、米価の高騰に続いて富山地方で始まり、北海道から九州まで五〇ばかりの都市へと全国的な規模で広がりを見せた米騒動であろう。この騒動は制圧されはしたが、民衆の台頭を示す新しい現象であり、アメリカの歴史学者のマイケル・ルイスは、その自発的で荒々しく、ある意味で非政治的な性格を、フランスのジャックリーの乱（一三五八年、北フランスのイル・ド・フランス地方で発生した農民一揆）に喩えている（その認識には両義性があるが）。しかしながら、米騒動を階級意識の表現と見なすわけにはいかない（片山潜のような当時の何人かの社会主義者が考えていたような階級闘争と見なすことは、なおさらできない）ことを示しつつ、米騒動には、暴動参加者の数からするとより規模の大きい他の単なる「事件」をはるかに超えた意味があるとマイケル・ルイスは述べている。米騒動は事実、家父長主義的な経営者や国家に対する労働者の態度の変化を呼ぶことになった坑夫の反乱と時期を同じくしている。[41]

当時の権力当局は、都市における暴動の責任を二つの社会カテゴリーに帰している。すなわち「新平民」となった旧被差別民と社会主義者である。この二つの脅威を押さえ込む必要があった。前者は、すでに見てきたように差別の残滓であるが、なおも最貧に甘んじ、組織化され始めていた（一九二二年の水平社結成）。旧被差別民は米騒動に参加したが、権力側が暴動の首謀者として糾弾した「部落民」は、実際にはマイナーな役割しか果たしていなかったにもかかわらず、厳しく罰せられた。

左翼の抵抗運動の指導者と水平社の指導者との間の絆が示すとおり、当局による被差別民と社会主義者の同類視は、理由なきことではないのである。しかし、他にも訳があって、社会主義者と水平社との共同関係は単純なものではない。被差別民への差別は被差別民を別扱いするものであって、例えば、労働者に見られるような、広範な連帯から被差別民は排除されてしまっている。二十世紀前半、被差別民は、民衆の心性の中で両義的なイメージを保ち続けていた。江戸時代に権力の「番犬」の役割を果たしていたと見られていたのと共に、二十世紀前半においては、恵まれない人々、つまりは台頭しつつあった労働者階級の正義に背く、スト破りの裏切り者であると見られていたのであった。政府は、社会主義の闘士を最も危険視していた。日本に出現した無政府主義的労働組合運動と、一九一七年のロシアにおけるボルシェビキの権力奪取は、当時の権力者にとって焦眉の問題であった。

米騒動は、手強い暴動者と化した貧民や、労働者など細民によるものであり、攻撃の的は、成金と時代の特権享受者であった。一九〇五年に日比谷焼き討ち事件の起こった東京に続いて、他の大都市（大阪、神戸、名古屋）でも暴動が起こった。騒動のイデオロギーは漠としたままだったが、騒動が複雑性を増し、広範囲にわたるにつれ、次第に政治的な色彩を強めていった。

反乱の勃発は、ついに社会で最も恵まれない層にまで広がっていった。炭鉱労働者たちである。炭鉱での過酷な処遇に抗する自然発生的な反乱（高島炭鉱にて）は、より政治的な暴動になっていった。権利要求運動の中で、労働条件と雇用システム（手配師と納屋システム）の変革要求、および賃金引上げ要求の次に来たのは、実は米価引下げであった。それ以前にも九州で炭鉱労働者の争議があったが、一九一八年に争議はピークを迎えた。警察は、またしても、「社会主義者との結託」を暴き出そうとした。しかし、争議は、部分的には成果をもたらした。炭鉱の家父長的な方針の枠組みの中で、炭鉱労働者たちの待遇は相対的には改善され、同時に、とりわけ鉱山の労働組合が発展し始め、時に経営者たちの相互扶助組織の精神と一体化する傾向があった。とはいえ、鉱山は日本の労働組合運動の最前線であった。一九五九年、一三カ月ものストに及んだ三池炭鉱争議における「全面闘争」に見られるように、戦後も鉱山は組合運動の中心であった。

一九一〇年代後半は、相対的には政治的自由化の進む中――大正デモクラシー（一九一二―一九二六）と呼ばれる――社会的な気運の盛り上がりが見られ、明治期（冬の時代）の特徴であった労働運動に対する抑圧は弱まった。大正デモクラシーの時代は社会的には不安定な時代であり、一九二〇年代半ばには反動があった。下層階級（日本人プロレタリアート、さらには、「不逞鮮人」と呼ばれた者たち）は、国家反逆のリスク故に、確かに危険視されていた。しかし、国家にとっての真の危険は、暴動を起こす民衆というより、反抗者のイデオロギーが権力を持ってしまうことであった。初期段階から「危険思想」を排除することにより、政府は反抗者のイデオロギー拡散阻止に成功した。

明治の秩序は、二つの原則に基づく正当性に依拠していた。すなわち、基盤の非政治化および、君主（天皇）国家の原則である。国民国家の民主主義的原理に照らしてというよりむしろ、本質的に部族的な共同体の同質性を損なう恐れがあるという理由で、反逆分子や異端分子は、ア・プリオリに嫌疑の目で見られた。政府は、システムが脅かされていると見るやすぐさま態度を硬化させ、排除に努めた[42]。一八七五年の新聞取締条例、出版条例、そして、一九〇〇年の治安警察法、続いて、一九二五年の治安維持法、そしてそれ以後の諸措置は、国家による思想統制の道具となっていった（多くの知識人や政治家、社会改革者が失脚したり投獄されたりした）。一九四一年には、別の施策（公衆の安寧、国家の安全に関する）により、江戸時代の終わりから二十世紀の初めにかけていわば「義賊」であったやくざたちは、このような締め付けの強化に乗じ、自らの負っていた裏の警察の役割を再び担うようになった。

産業化時代初期においては、貧民と台頭しつつあった労働階級の下層との間に、置かれた状況において同質性があった。二十世紀前半のプロレタリアートの東京では、こうした人々が混じり合い、周縁的な場所からまた別の周縁的な場所へと移り、暴力を及ぼし合った。両大戦間の産業の発展と、党派や結社への戦闘的な引き入れは、結果として労働者の世界と下層階級とを引き裂くことになった。

一九四五年の敗戦直後は、廃墟と窮乏の中で、貧民と労働階級は再び混じり合った。しかし、六〇年代の経済成長により、労働者と下層階級との一体性は断ち切られ、貧困と犯罪の世界に関する解釈は、それにより画されることになった。多くの労働者が物質的には貧しかったが、彼らはもはや、産業化初期の特徴である社会的経済的決定論の犠牲者ではなかった。社会的な周縁性は、以後新たな意味を帯びていく。それを定義するのに、物質的貧困の指標では充分でなくなり、主流社会への不適応と、意図的な拒否とが結びついた社会病理的な次元が加わるか、あるいはそれに取って代わられたのである。犯罪の世界に加わる者もあった。また社会の罠に落ち込む者もあった。近代日本の「主もなきならず者」は、社会全体の中では少数であり、界隈を混乱に陥れる暴力の激発はあるにしても、もはや「危険」ではない。彼らは、怒りに近づくとき、持たざる者、まつろわぬ者の偉大な「身振り」、その断固たる拒否において、産業化時代の組織化された闘士よりも、むしろ、かつての打ち壊しの参加者を思い起こさせる。現代の不服従の者たちの中には、確かに、経済の変転によってどんづまりの街の路上に打ち捨てられたり、舞い込んできたりした人もいるであろう。労働市場の法則よりも（と同じ程度に）自らの人生によって、彼らはこの終着駅に辿り着いたのである。彼らの状況は望んだものであるのにせよ、堪え忍ばれたのにせよ、往々にして主義主張としての拒否や実存的な不服従の表現なのであり、その帰するところは、ある日、ある舗道での死である。それは、宿命に閉じ込められた人生の行程を示す死である。その意味で、「壁なき城砦」の住民はまさしく、かつての境界的空間の人々の、現代における末裔なのである。

第二部　やくざ

無法者

やくざの世界は、確かにいかがわしくはあるが、雑多で、果てしないものである。本書のアプローチにおいては、やくざというひとつの名称のもとに、様々な構成要素を包含させるが、「やくざ性」とでも呼ぶべきものの世界の極端な異質性を、のっけからひどく強調するわけにはいくまい。やくざの中には、社会の中で「周縁の住人」たちと同じような生活状況に置かれている者もある。多くは恵まれない家庭の出身である。しかし、皆が皆そうだというわけではない。それどころか、「やくざ性」とは、その社会的出自がどのようなものであろうとも、周縁性のひとつの象徴であり、社会の暗部で生きるひとつの方法なのである。やくざが貧民と異なるのは、特殊な世界への所属要求を持ち、法に対して不服従である点である。しかし、貧民からやくざへの移行がどこで生じているのかを見定めるのは困難であることが多い。というのも、そもそも、やくざと貧民とは、往々にして社会の下層階級の生活スタイルを共有しているからである。貧民は、社会的に危うい場所に暮らす。犯罪の道に入り込むのは、運命への反逆心や、偶然の積み重なりによることが多い。最も多いのは、貧民が自らの生活から抜け出そうとして暴力に頼り、やくざになるというパターンであった。そのようにして、貧民が、ついには牢につながれ、絞首刑や斬首刑に処されたりしたのである。それにしても「やくざ」は、はっきりしない概念である。フランス語の単語の幾つが、「やくざ」に触れていることか。『レ・ミゼラブル』の登場人物であるガヴロッシュ風の腕白小僧（galopin）から、ひものならず者（chenapan）、放蕩のごろつき（marlou）、髪を伸ばし放題のこそ泥（larrons）から、与太者（ruffians）、喧嘩者（bagarreurs）、ギャング（malfaiteurs）、最後に、盗賊（truands）や犯罪者（criminels）。事情は日本語でも同じである。ちょっとした不良から大物のアウトローにいたるまで、その幅は大きく、逸脱の微妙な差異を指し示す語彙は豊かである。規範の侵犯は、偶然的、散発的であったり、あるいは逆に組織的なものであったりする。ひとりの個人に関しても、人生の段階によって、その呼び名は変わっていく。そして、堅気の世界と全く接触を失ってしまう場合もあれば、堅気の世界に再び参入したり、統合されたりする場合もあり、また、反社会的な態度を押し出しているにもかかわらず、本当には、堅気の世界を立ち去ることができなかったりする場合もある。

周縁的な世界に留まる貧民とは違って、やくざは多くの場合、社会との継続的な接触を持ち続ける。犯罪は、共謀や援助、友情や仲間への帰属までも必要とする。

これから、「やくざ性」のいくつかの側面を見ていくこととしよう。無法者とテキヤの世界である。日本の警察や世論が性急にやくざと同一視しているテキヤであるが、彼らはおそらく犯罪の世界と関わりがある。しかしテキヤは特殊な世界の中で展開を遂げてきたのであ

り、やくざに還元するなら、彼らの特殊性は隠蔽されてしまう。それは、刺青を施した人々につい
ても
あてはまることである。すべてに、固有の陰の文化が加担しているのであり、その文化同士に共通するところがあるにしても、一枚岩というわけではないのである。
*

表向きは平穏な現代の日本において、犯罪——法の侵犯という最も広い意味での——には、固有の社会的な位置と機能がある。世界で最も犯罪率の低い国のひとつであるこの国に、シチリアのマフィア組織を超える数のきわめて活発なやくざ組織が存在している。一九九〇年代初め、警察庁は、暴力団員は一〇万人存在するとしているが、それは、日本の人口の二倍を数えるアメリカにおける、ギャングの人数の約五倍に相当する。これほどやくざが多いのは、おそらく長年、やくざ一家が親睦団体として街中に堂々と拠点を構え、その大原則のひとつが一般市民の生活を危険に曝さないというものであった、という事実によるのであろう。一九九〇年代に、こうした状況は変化を見せた。暴力団がこぞって合法的事業に参入したバブル期の後、暴力団活動を食い止めることを目的とした法律が一九九二年に施行され、様相は変化した。この法律は、暴力団に法的な縛りを加えるもので、暴力団は初めて違法とされたが、こうした措置により、やくざは活動を減速させ、社会での役割と位置を根本的には変えることなく、より非合法的な仕方で活動を続けていくことになった。

他国と同様に、日本においても、捜査の対象とされ罰せられる犯罪もあるが、犯罪まがい

のことははるかに広範に拡がっており、社会の隅々にまで見られる。「やくざ」は、日本の歴史の諸相と緊密に結びついている。前述したような最下層・周縁での生活、賭博、風俗産業、麻薬取引（一九九〇年代の半ばまで、主にメタンフェタミン）、ゆすり、汚職および政治家をめぐる贈収賄。すでに見てきたとおりやくざはまた、日雇労働者の労働市場を牛耳っている。果ては、愛国主義をまとい、ゆすりを働く極右の泡沫集団にまで結びついている。

日本においては、かつての悪党が「輸入品」でなかったのと同様に、現代のやくざも「輸入品」ではない。やくざの背後には四世紀にも及ぶ歴史と伝統が横たわっている。メンバーが「やくざ」（この言葉については後に詳述する）と呼ばれるこのギャング集団は、十七世紀に、都市の勃興と共に生まれた犯罪の継承者である。従って、ナポリのカモッラと同時代に出現したのであり、十九世紀に出現したシチリアのマフィアよりも起源は古い。やくざは任俠道（武士道に範を取った）に則り、神話化された価値の集積を拠り所としている。それは確かに、日本の伝統的要素を矮小化したり単純化したりして取り込んだものであるが、ある種の正統性によって集団の行動を粉飾し、団結を強めることを目的としているのである。

やくざの任俠道と伝統墨守の秘儀に騙されてはならない。見かけの「礼儀」の背後で、暴力と犯罪が支配しているのである。ある時代、無法者たちの物語は「義賊」に通じるところがあり、正義の熱望を伝えるものである場合があったが、悪党は何より下層民の主だったのであり、弱者を搾取していたのであった。社会の最も反動的なメンバーと手を組む手配師やスト破りであるやくざは、第二次世界大戦後もそれ以前も、日本の集団生活の暗部を支配していた。今日でもやくざは社会生活の奥深くまで浸透しており、封建時代の価値観を汲み時代錯誤的であるが、強力に組織化され、順応能力の高さを示している。やくざは、政界の一部や実業界と結びつき、権力の隠然たる要素のひとつとなっている。

何世紀にもわたり、昔なら盗賊、現代ならば不良少年が、文学や数多くの映画のテーマともなり、その中で彼らは、アンチ・ヒーローとして描かれた。このような、民衆の心性に根を張る理想化されたイメージは、アウトローが社会に統合されるのに役立った。やくざは、民衆の想像力の中で、その社会的役割を上回る位置を得ている。確かに、どのような文明においても、罪人や追いはぎ、また現在のやくざも幾分か、民衆の想像力の中で、一大シンボルとなっている。[1] 正義は、彼らの罪を罰するが、世論は彼らの行いをもっと感情的な尺度で判断している。やくざは社会秩序を侵犯した罪人であるとともに、社会秩序の犠牲者であると映り、それが、恐れと魅惑の入り雑じる両義的な共感を呼ぶのである。やくざはまた、人生と闘う孤独な個人のシンボルでもある。やくざは秩序に挑戦を突きつけ、その歪みを暴き出して見せる。やくざは（時代の、運命の、社会の）犠牲者であると同時に、メッセージの送り手でもある。彼らは一個人としての真実を要求し、自らの選んだ価値に従い、とことんまで生きる人間を復権しようとする。それが、少なくとも一九六〇年代から一九七〇年代にかけてのやくざ映画のテーマである。無法者を時代の民衆のヒーローとしているのは、こうした悪と真実とのアンビバレンスである。大勢順応的な社会の中にあってやくざは、一般社会の規範よりも更に厳格な掟に背くことなくその掟を受け入れつつ、反旗を翻しているのだ。

集団的義務が、社会秩序を超越する理想の名において、個人による再検討に全く付されることのない文化にあっては、高く評価される姿勢である。

第一章　江戸の犯罪

都市と犯罪

貧民について論じる中で、徳川時代の最も意義深い現象のひとつが、当時の世界のどこにも見られなかったような、比類ない都市の発展であったことを見てきた。犯罪の歴史には、都市の発展の影響が深く刻印されている。戦国時代（大体一五〇〇―一五七五頃）の地方における山賊的行為に続き、徳川幕府により統一され平定された日本においては、都市を温床とする組織的犯罪が行われた。犯罪は、大都市（江戸、大坂）や主要街道の宿場町で展開を見せた。

以前にも確かに日本に強盗や盗賊行為は存在した。中世研究者は、鎌倉幕府と、将軍の言いなりにならねばならなかった京都の朝廷とが共存していた十二世紀から十四世紀にかけて、刀と鎧で武装した盗賊団が出現し、農村部、ことに畿内（京都地方）に足跡を残していると指摘している。盗賊団は、強盗や窃盗を行ったり、敵に身を売り傭兵となったりしていた。「悪党」と呼ばれる人々は、実際、土地の下級武士たちであり、封建制に不満を持ち、領主との闘いに及んだ。連合を結成し、力ずくで領地の租税を横領した。このような強奪者である侍によってなされた強盗行為は、抗議と不服従というより広い現象のひとつの現れであり[2]、南北朝時代に頂点に達する。当時、戦乱は慢性化し、十三世紀末から十四世紀初頭にかけては、百人規模の盗賊の小軍勢が跋扈し、国中に被害を齎した。将軍にとり、これらの悪党は、元寇（一二七四年および一二八一年）に匹敵する脅威であった。悪党は領地を荒らすに留まらず、市場や港も攻撃の的とした。将軍に対抗し、後醍醐天皇によって進められていた親政の試みを支持する者たちもあった。非人の衣の色、柿の色である橙色の衣や蓑を身に付け、これら不服従の者たちは、一揆に参加する反逆の農民たちのようなやり方で、封建的関係を象徴的に断ち切った。もともと、これらの悪党たちは武器としては投石機のようなものしか持っていなかったが、のちに、運動が広がりを見せると、甲冑を着け、馬に乗るようになった。同じ頃（十三世紀後半から十四世紀初めにかけて）、古くから続いていた詐欺行為も憂慮すべき規模になっていた。倭寇が幾つかの地域で大型船の通航に税を課し、日本列島周辺、近隣諸国に脅威を与えた。

十五世紀後半の応仁の乱、そして室町幕府崩壊（一五七三年）の後、戦国大名が警戒する盗賊団の数はかなり増加した。十六世紀末から十七世紀初頭にかけて、すなわち強力な権力（徳川家）の台頭に先立つ移行期において、盗賊団の主な担い手は浪人（主なき武士）であり、多くは敗れた大名の侍であったり、単に束縛を逃れた武士であったりした。このような、仕えるべき主人もなく貧しい侍たちにとって、生き延びるには、悪党の醇乎たる伝統にのっとり金品を巻き上げ、戦をして農村を跋扈する盗賊団に加わるか、例えば黒澤明の『七人の侍』(一九五四年)などに見られるように、時に道義に殉じたりするより他、方法がなかった。フランスでは、そのほぼ同時期(十五世紀)に戦争が犯罪の組織化をうながす過程ともなっていたことを指摘しておこう。大規模盗賊団(coquillards のような)、流浪の落武者たちは、農村部で略奪や窃盗を働いた。[3]

十七世紀の初頭に徳川家の覇権が確立すると政治的には安定し、人々の移動の盛んな時代となり、封建的な経済から商業資本主義の基本形への移行が見られた。十六世紀末に始まっていた都市の勃興(特に一五八〇年から一六二〇年にかけて)と共に、街道の整備(五街道が、江戸の商業中心地である日本橋に収斂)、一定地域(地域は限られていたが、大名の藩同士の交通は自由であった)での関所の廃止により、商業が急速に発展し、貨幣経済が起こった。[4]貨幣経済は商業の発展に寄与したが、また、金をめぐる賭け事、従って犯罪をも引き起こすこととなった。

このような社会の進展により、新しいタイプの犯罪が出現した。今度は、もはや路上を跋扈する盗賊団というのではなく、都市の浮動層を母胎とする組織化された集団がその主人公となる。犯罪は、狭義の意味での犯罪的集団を特色づけるものではなくなっていく。犯罪は、貧窮と無拘束ゆえに潜在的な犯罪傾向を持ち、悪党たちと同様に悲惨な生活条件のもとにある別の社会集団へと広がっていったのである。

農村からの流入者によって膨れ上がった都市は、すでに述べたように、あふれ出す人々に対し、適切な受け入れの構造を作り出すことができなかった。徳川幕府は、下層民に手をこまねいていた。幕府は、移動を規制したり、定期的に新参者を排除したりすることで都市への流入に歯止めをかける一方、江戸の大規模な土木工事や整備のために、これら寄る辺なき人々を必要ともした。このような矛盾する命題をかかえた徳川幕府は、寄る辺なく、主もなく、潜在的に悪者の坩堝となるリスクをはらむものの、幕府にとって都市にその存在がなくてはならない人々（人足、押し屋、引き屋、港での荷役作業者、行商人、大道芸人、どさ回りの役者、乞食など）を組織下に置くため、「やくざ」に救いを求めることとなった。ついに、賤民の伝統的構成メンバー（臨時労働者、日雇労働者、貧窮者）に、別種の人々が加わった。すなわち私生児や捨て子、孤児、売春宿に売られた娘たちである。

親による子供の躾の権利は、徳川時代に強まり、父親は一種の「家庭の司法官」としての役割を担っていた（体罰や監禁）[5]。芳しくない行いが度重なれば、罪を犯した子を座敷牢（すなわち家の奥にある部屋）に閉じ込めることができた。自宅監視は精神病者に対しても行われていた。再犯の場合、親は勘当することができ、勘当したことを「勘当帳」に記載し、人別帳から子の名を削除することができた。このような排除によって、両親は子の犯罪や負債に対する連帯責任から逃れた。いったん勘当された子供が再び家族に戻ることも実際にはありえたが、多くの場合、「このようにして勘当された子供たちが犯罪の担い手となっていった」[6]のである。実際、勘当されると無宿人となり、また、非人になることも多かった。単に被差別民が居住しているからというだけではなく、犯罪者がそこに逃避の場所を見出していたがゆえに、非人の集落は罪人の集まる場所であった。そこはまた非合法賭博の場でもあった[7]。

都市の浮動層を増大させるのに、都市の新現象が与っていた。すでに述べたとおり、幕藩体制は理論上、身分の固定と士農工商の社会的分業制度に依拠するものであった。しかしながら、社会的変動のダイナミズムにより、士農工商の区別、その下位カテゴリー間の区別はあいまいなものとなった。出身階級の周縁に位置する人々の中には、都市の浮動層に混じり合う者もあり、そのため、徳川時代末期には、下層民（特定の身分を持たないもの）が都市人口のかなりの割合を占めることになったのである[8]。

確かに、下層社会に生きる貧困者や、人足、農村からの離脱者、社会的差別の様々な犠牲者たちの窮乏の生活が、総体として犯罪的なものであったというわけではない。それどころか、「日陰の人々」、路上の人々、ぼろをまとった乞食たち、しばしば食べるものにも事欠く物言わぬ匿名の群衆は、単にその貧窮ゆえに潜在的な犯罪性を帯びるとされていたにすぎない。他所でも同様であるが、浮動層と犯罪者層とは混じり合い、互いに併呑しあっている。ルイ・シュヴァリエは、二十世紀初頭のパリについて述べる中で、貧困は決してニュートラルなものではないと書いた。人々の心性の中で、貧者がやくざと同一視されるように、貧困はすぐさま犯罪と同一視されるのである。放浪者、被差別民、泥棒は区別しがたく、同じく蔑視の対象である。

新参者にとって、都市は成功の可能性と敵意との両者に満ちあふれた世界である。社会的に根こぎにされることは、依存関係の消失を伴い、階級からの落伍と同義である。無論、こうした「解放」により、個人は、村落共同体の連帯のネットワークを奪われるのである。仕事や食料を求めてやって来る、こうした新参者たちは、孤立し、傷つきやすい立場にあった。放浪者、ありとあらゆる低所得者、寄る辺なく、主もなき人々が、飢饉の際にはますます都市へとあふれだし、都市に支えと自らの場所を求めた。こうした農村からの流入者に、浪人が加わり寄生者となっていく。そして、彼らはまた犯罪活動の予備軍となる。初めのうち、犯罪活動が一種の生き残りの形式となることもあった。「あちこちに住む」寄る辺ない個人からなる雑多な一群は、プロの無法者たちと絶えず必然的に関わり合いを持ち、大街道の宿場や博徒が跋扈する賭場や、下層社会、監獄、さらに悪党たちに管理されている日雇労働者市場で互いに袖すり合わせた。

貧者とやくざとは同じ世界に属していた。彼らは、意図的か否かは問わず、社会の下層にのさばる隠然たる暴力に加担していた。やくざとはつまるところ、往々にして、自らの生活条件を拒絶し、暴力と術策によって空間を手に入れた貧者なのである。日常生活に関しては、放浪者と犯罪者の違いははっきりしない。寄る辺なき人々の多くは、生き残りのための反射運動から生じた徒党に与した。それはまた、社会秩序の「要求」でもあった。というのも、後に述べるが、幕府は都市の下層民を、周縁的秩序の「番犬」たる「やくざ」の親分の監督下に置こうとしたからである。

こうしたやくざ的活動には、固有の縄張りがあった。バルザックやユゴーのパリのように、江戸の犯罪にはその地政学が存在する。江戸の主要な犯罪地区は公認の遊郭（吉原や北品川）

付近、また、娼館が指名手配中の罪人の隠れ家として使われていた根津などの非合法売春地区であった。しかし、犯罪多発地区の中には貧民地区もあった。下層社会の巣窟、ヴィクトル・ユゴーの表現を借りるなら「悪の巣窟」である。そうした地区としては、隅田川の東岸の深川（大工町）、橋本（子供用の古着の盗品市場で知られた）、商談の中心地である日本橋から程近い馬喰町が挙げられる。馬喰町には、車で大街道を行き来する馬方や馬丁の出入りする宿があった。[9] 馬喰町にはまた、公事宿もあり、諸国から江戸に出訴してくる者（原告）と、差紙をつけられた返答人（被告）とが宿泊した。公事宿の主は今の私設弁護士、司法書士のような役割を務めた。[10]

江戸の犯罪は、おそらく同時代の西欧世界の諸都市ほど激しいものではなかったであろうが、都市文化の――ルイ・シュヴァリエなら「怪奇趣味の」と呼ぶであろう――重要な構成要素のひとつであった。江戸において犯罪は大衆文学の主要テーマであった。路上の売り子たちが競り売る瓦版で報じられるゴシップ、火事、地震、様々なスキャンダル（復讐や心中）。元禄時代（一六八八―一七〇四）から大流行した瓦版は、庶民的界隈の商店でも販売された。天明時代（十八世紀末）には、新聞の前身である瓦版がひっぱりだことなり、その原版は、人々が物語や噂を満喫する頃には、すでに摩滅していたという。

江戸時代初頭から、裁判沙汰が優れた小説（一六八九年に出版され、大成功を収めた井原西鶴の『本朝桜陰比事』[11] など）のテーマとなった。西鶴は同時代の風俗を描くのに優れ、揉め事の根や、その解決方法、すなわち裁判の処理におのずと関心を寄せていた。しかし、犯罪はまた、より粗野な大衆文学（殺人譚や毒殺譚など）でも展開された。こうして、『毒婦お伝の話』は、江戸末期から明治初期にかけて、庶民のベストセラーとなった。犯罪は、白浪物として歌舞伎の舞台にも登場し、見世物（体刑を加えられる罪人の姿を人形にして見せることもある）にも取り上げられた。懲罰を受ける罪もまた、スペクタクルのテーマであった。獄門には、斬首された罪人の首が曝された。民衆たちは、権力示威に立ち会っていたのであった。

監視と懲罰

幕府は、犯罪を抑えるべく、いかにして都市の下層民を管理したのであろうか。徳川家は司法制度を導入したが、徳川体制の性質からごく必然的に、この制度は警察権力に融合した。従来の法を補う様々な法が幕府や大名によって発布された。そのひとつが裁判に関する法律である一七四二年発布の「公事方御定書」である。これは狭義の意味での法典であるだけではなく、司法権力、すなわち奉行に向けた綱領としての意義を持っていた。

江戸では、犯罪対策は三つのタイプの奉行（三奉行）によって担われていた。第一のタイプが寺や神社の境内で起こる事件を扱い（寺社奉行）、第二のタイプは関東平野八州の住民の訴訟と公的財政の監督に携わり（勘定奉行）、第三のタイプは都市の社会秩序に責務を負う（町奉行）。江戸には、北と南の二つの町奉行所が存在した。

奉行は中央権力により命を受けた官吏であり、フランスにおける prévôt〔プレヴォ。アンシャンレジーム下の国王の地方行政官、または領主の代理裁判官〕に比しうる。その執行能力は管轄地区のあらゆる民事に及ぶ。弁護士も検事も公証人も存在しない。奉行は人権などほとんど顧みない権威の権化であるが、経済的繁栄の基盤のひとつである社会秩序の基礎を築くのに貢献した。商人たちは、商業の潤滑な機能に好都合な社会の安寧を保障してくれる奉行たちを理想化しがちだった。例えば、大坂や京都の町人たちは、有名な所司代伊賀守板倉勝重（一五四五―一六二四）、そして、その息子重宗（一五八六―一六五六）、また彼の配下である町奉行たちを、清廉な司法官として、ほとんど伝説的な人物に仕立て上げていると、ルネ・シフエールは西鶴の『本朝桜陰比事』の解説に記している。おそらく、西鶴が裁判の処理に興味を持つようになったのは、京都所司代であった板倉勝重・重宗父子の在職中の施政と断訴を後人が編集・記録した『板倉政要』の影響であると思われる[12]。

西鶴の作品を読むと、奉行は意のままに捜査する自由を享受しており、民事判決も刑事判決も、往々にして奉行の習い性である主観的解釈による恣意的なものである（その分、不公正だというわけではない）と思われてくる。奉行は判決を下す前に、地域の組合のメンバーや町年寄、専門家の意見を聞く。

地域のレベルでは、界隈の名士からなる五人組制度があり、秩序維持を請け負っていた。近隣の主要な家長たちで組織される行政の小規模単位である五人組制度は、非常に強力な相互監視（および密告）の慣行を促進し、キリシタン弾圧の際（十七世紀前半）、幕府はかなり五人組制度に援助を求めたのであった。私生活と良好な近隣関係とを緊密に融合させることによって、五人組制度は税や秩序維持に関しての連帯責任のシステムを導入したのであった。

住民は他人の過ちに対応し、近隣で犯される違反はことごとく告発されなければならなかった。ごく当然のこととして、町奉行は五人組制度に大いに依存していた[13]。

西鶴はまた、近代まで続く日本の裁判の一大慣行をも描いている。慣習的権威が無力な場合、最後の最後になって奉行に訴えるという慣行である。民事事件の場合、住民たちは裁判に、裁きよりも意見を期待している。原則は、喧嘩両成敗と慣例法の適用である[14]。しかし、当局に救いを求める前に、違反を犯した個人に責任を持つ者（親、主人）は、自身、往々にして体罰を伴う懲罰の役割をしばしば担った。刑事犯については、焦点は、さらに秩序の維持に向けられる。

重松一義によれば、十八世紀初頭の江戸では、その訴訟件数からすると、犯罪率は比較的高かったという。例えば一七一八年に告訴は四万一七〇〇件で、当時約六〇万人と推定される人口に対し、一日平均一〇〇件に相当する（従って、人口の六パーセントが訴訟に関係していることになる）[15]。しかし、このように捜査され懲罰を与えられる犯罪とは別に、捕らえがたく質の悪い犯罪が存在した。

幕府は、秩序を尊重し犯罪を防止しようとして、数々の政策を取った。例えば「見せしめとしての拷問」である。犯罪者は、手足を縛られたまま界隈を引き回されたり[16]、公共の場所で拷問を受けたりした（手や足の切断、水責め、磔、熱湯浸し）[17]。一八七三年に、明治政府の招聘を受け、法体系の変革のため来日し、一八八〇年発布の刑法と刑事訴訟法起草に貢献した法学者のギュスターヴ・ボワソナード・ド・フォンタラビ（一八二五―一九一〇）が後に記録することになるが、自白が重要証拠であり続け、拷問は公認されていた。

秩序維持に関して、町奉行は、与力あるいは同心と呼ばれる一種の捜査官である武士階級出身の配下を従えていた。元禄時代（十七世紀末）に幕府はさらに、犯罪の特別捜査と犯罪者の追跡を任務とする「火付盗賊改」を設けた。町奉行がおおむね民衆の支持を得ていたのに対し（例えば十八世紀初頭の名高い物語である『大岡越前守』は、大衆的奉行の捜査を語ったものである）、「火付盗賊改」のほうは嫌われていた。火付盗賊改の配下たちは、「荒者」と呼ばれた。確かに彼らは勇猛であり、極めつきの手強い無法者たちにも挑んでいったが、情け容赦なく、往々にして、手早く裁判を行いはしたが、無実の者を必ずしも免責するとはかぎらなかった(18)。

十九世紀初め、江戸末期の世の退廃と不安定から犯罪がはびこっていた頃、幕府は、関東八州全体に裁判権を有する新たな警察機関（関八州取締出役《しゅつやく》）を設立した。実際、犯罪は江戸から筑波山や妙義山（現在の群馬県）方向の大利根界隈（利根川流域）に続く街道に沿って広がりを見せていた。日本の「シルクロード」が通っているこの山間地域は、無法者たちの聖地ともいうべき場所になった。犯罪抑止のための新規機関の幹部である八人の官吏（八州廻り）が関東一円を巡回し、配下たち（村の責任者、情報提供者など）のネットワークを指揮下に置いていた(19)。

この犯罪抑止のための機関は、かつて町奉行の配下たちが情報提供者（目明しと岡っ引き）の協力を得てそうしていたように、無法者たちを監視した。無法者とは、多くの場合、警察と和解した元犯罪者か被差別民（非人）たちのことであり、彼らについては、「二足の草鞋」ということが言われた。

幕府が犯罪を沈静化させるために取った手段としては、監禁ということがあり、それは、反社会的と見なされる分子を隔離することを目的としていたが、後には、彼らを仕事に従事させることが目的となっていった。そして、他国と同様に、監獄は「犯罪の学校」となった[20]。各地域の臨時の留置所（そこで、容疑者は、縄で縛りつけられることが多かった）の他に、江戸には小伝馬町の大監獄があった。それは八〇〇〇平方メートルもあり、囚人は六種（武士、農民、商人、職人、浮浪人、女性）に分かれていた。すでに述べたとおり、幕府は、精神疾患も非行も犯罪も明確に区別しなかった。そのため、ぎっしりと収容する小伝馬町の監獄は巨大だったのである。

囚人のそれぞれのグループには、監獄のヒエラルキーと共に、御頭《おかしら》がついており、共同部屋の秩序維持を任務としていた。御頭には、まずまずの空間（約十畳）が与えられたが、囚人たちは恐るべき鮨詰め状態で生活していた。一畳につき七人までである。そのため囚人たちは、膝をかがめたり、あぐらをかいたり、隣の人の膝に寄りかかったりして、上半身を起こしたままでいる他なかった[21]。また、二つの強制労働所（溜預け、あるいは溜め）が存在し、ひとつは浅草に、もうひとつは品川にあり、監禁の条件は幾分緩やかであった。強制労働所には、軽微な犯罪を犯した人間や、放浪者、病人が送られてきた。懐の豊かな囚人は、小伝馬町の医師に賄賂を贈って、溜預けにしてもらった[22]。囚人たちは草鞋作りに携わった。

程なく、犯罪抑止のための特別警察（火付盗賊改）の長官として有名になった長谷川平蔵（複数のロマネスクな物語の主人公）の提言により、別種の強制労働所が設立され、一七九〇年に開所した。それがすでに触れた人足寄場で、そこにはとりわけ無宿人が収監された。十八世紀のフランスと同様に、人足寄場においては監禁と倫理的更生の試みとが対になっていた。権力と犯罪の世界との間の関係、さらに言うなら黙契関係は、単なる情報提供者の慣行よりもさらに根深いものである。貧者について述べる中で見てきたとおり、下層民管理を目的とした権力当局の措置の多くは、その任務の一部をやくざに委任することに帰一した。当局は、都市社会の最下層の人々からなる浮動的で雑多な「乞食のような」一群に真正面から立ち向かうよりは、やくざ集団の主だったリーダーたちを間接的に支援し、最下層グループ内での支配力強化を援助することによって、最下層内部での管理方法を取ろうとしたのである。幕府は社会の周縁的空間を統御するため、「やくざ」たちに超法規的警察の役割を与えた。ミシェル・フーコーがフランスの事例について「非合法性の植民地化」と呼んだのと類似した過程を経て、幕府は、都市の浮動層を周縁に組み込んでいったのである。

職業的無法者

やくざは捉えがたい。貧困と犯罪の錯綜体に、非行や暴力依存の散発的あるいは恒常的（職業的）性格が重なっている。やくざを指し示す語彙の混乱ぶりは、こうした難しさをよく示している。江戸時代から産業化時代初期にかけての犯罪率は、おそらく西欧ほど高くはなかったであろうが、日本のやくざの地位の持つニュアンスとその役割は、犯罪を複雑な世界たらしめている。

江戸時代において、悪者や無法者を指し示す語彙は非常に豊かであった。志士、俠客、壮士、ごろつき、男伊達などなど。フランス語に、これらの語彙に相当するものは殆ど存在しない。最も広く使用される名称が「やくざ」㉓である。後に述べるが、「やくざ」には大まかに分けて二系列が含まれる。すなわち博徒、ばくち打ちの系列と、香具師、あるいはテキヤの系列である。一九四五年の敗戦後、新しい用語が登場した。愚連隊、また、より法律的な用語として、暴力団といった名称である（愚連隊は不良青少年グループであり、博徒やテキヤとしばしば抗争を繰り返したが、やがて、この三つの集団が再編されて暴力団を形成した）。この二つの言葉のどちらも、「やくざ」という言葉の地位を奪うことはなく、「やくざ」がアウトローの同義語として、依然として最も広く使用されている。

「やくざ」のカテゴリーに、すでに触れた広義の意味での手配師とその仲間（彼らもまた、仕事により、時代により異なる名称を与えられていた。広くは、親方と呼ばれる）、また、しばしば鳶も兼ねる江戸時代の火消しを含める者もある。江戸には二系統の火消し集団があった。住民で組織される町火消しと、大名屋敷の火災対策を任務とする定火消しである。一七一八年以降、江戸の火消し団の数は四十七にも上った。火消し団は、木材で建築され、火事により大損害を受けた都市において、大きな功績を挙げたことで名高かった。火災の起こった家屋の脇に火消し団の纏《まとい》を立て、火消し団の頭は将軍の如く、一団を率いて火災と戦った。町火消しのメンバーである鳶たちは、勇敢かつ熱血漢であるとの評価を得ていた。鳶頭は界隈のいわば主となった。一方、収入も低く、火事のない間は大してすることのない定火消したちの評判は芳しくなかった。[24]

また、商人や下層民を浪人の不当な要求から守る町奴（いわば「都市の夜警」）や、徳川幕府に忠義を誓った郎党出身の無役の戦士である旗本奴もやくざに含まれるとする論者もある。明確な任務はないものの、権力の側に位置する「好戦的分子」たちが都市をぶらつき、通りがかりの者たちに喧嘩を売ろうとし、ほんのささいなことで自らの刀の刃の切れ味を試すこともあった。十七世紀末になると、こうした路上のはったり屋はほとんど見られなくなり、彼らの多くは博徒に転身していた。町奴で最も有名なのが、伝説的やくざである幡随院長兵衛（一六五七年に暗殺された）であるが、町奴たちは日雇労働市場の管理者へと転身していった。中世ヨーロッパと同様、江戸時代の日本においては、浪人は、戦のない時期には寄生的な存在となり、犯罪者や盗賊の仲間に加わっていった。彼らがアウトローの陰の文化の相当の部分を成していたのである。

江戸中期以降、義賊に似た独特の一群を指すのに「俠客」[25]という表現が使われるようにもなった。俠客とは文字どおり「男気のある山師」（「俠」は「男気」を、「客」は「訪問者」を意味する）であり、そこから任俠の士、懐の深い不良をも意味し、西欧に対応物を探すとすればロビン・フッドであろう。「男気」に由来し、武士道に似たこの任俠という言葉自体は、過ちに導くはずはないものだ。俠客とは、まことに見事にやくざを指しているのであり、やくざは偉大であろうが卑小であろうが押しつぶされることもない。その高貴なる伝統については、後に見ていく。武士道的精神とでもいうべきものが心に宿っている人物を、二十世紀初頭のスト破りや極右の義勇兵に見出すことができる。支配的階級の価値の、やくざの世界へのこのような横滑りは、やくざが現代日本にまで伝えてきている陰の文化のひとつを成していた。

やくざは徳川時代において、確かに、数々の慣行（通過儀礼）と「行動規範」を有する、緩やかな共同体を形成していたが、ほとんど組織化されていなかった。大規模犯罪組織というのは、現代に入ってからの現象である。江戸では小規模な徒党がはびこっており、他所においても同様であった。[26]前近代の日本には、犯罪の世界を統括するような練り上げられた組織は存在しなかった。そのかわり、やくざが前近代から、独自の倫理と行動規範とヒエラルキーを備えた「極道」の文化のるつぼとして登場し、独特の犯罪組織の一ジャンルを生み出した。それは武士階級からの借用から成っているものの、庶民的環境、ことに都市の悲惨、すなわち不安定さが日常的宿命であるような世界で形作られた陰の文化である。後に見ていくが、ことに親分・子分関係のシステムによって浮動層が組織化され、やくざが周縁的秩序の母体となり、根も社会的絆も持たない人々に対し、伝統的社会の核の周縁に枠組みを与えることになる。

放浪と並んで賭博は、貧民の世界と無法者たちを結ぶ関係の温床である。庶民層に欠かせぬ娯楽である非合法賭博は、往々にして犯罪に結びついていた。日雇労働市場を牛耳る博徒は、都市の浮動層の超法規的管理システムの中心的要素であった。やくざの中でも博徒は、犯罪の世界の中での「高貴な」要素であったし、今日においても同様である。博徒はやくざの世界の組織化に寄与したのである。「やくざ」という名称も博徒由来であるが、博徒由来の数多くの儀式があり（悔悛のしるしである小指の切断――指詰めなど）、ついには刺青の偉大なる伝統が生み出されることになるのである。

博徒

賭け事は、様々な名称（さく、てだて、うわ、とばく等）で呼ばれるが、日本では上古より行われてきた[27]。当初から、また、その後も幾度となく権力は賭け事を禁じようとした（例えば最古の年代記である『日本書紀』では、賭け事を禁止する六八〇年の勅令、違反した者に対する刑も定めた十年後の勅令に触れられている）が何の効果もなかった。平安時代（七九四―一一八五）末期の文学は、貴族階級における賭博の模様を描いており、続く鎌倉時代（一一八五―一三三三）の『東鑑』には、関東平野と東北地方の武士たちの間での賭博の流行のことが述べられている[28]。『東鑑』にはまた、賭博の流行と、それに対する糾察の対策についての記述がある。賭け事とそれにまつわるドラマは、芸術家たちに霊感を与えもした。例えば十二世紀に鳥羽僧正は、有名な『鳥獣戯画』ですごろくや闘鶏を描き、自分の着る物まで失い、飢えた妻子にすがられる賭博師の失墜の模様をユーモアあふれる筆致で描いている……。中世には、あらゆる層で金を賭けることが流行していたと主張する論者もある。数多くの活動が賭け事の口実となった。先に述べた賭博の他に、さいころや花札、競馬、相撲、流鏑馬、さらには連歌(この場合、連歌賭博と呼ばれる)。茶道や香道のような美的実践も、賭博の口実となった。[29]

その後、儒者荻生徂徠(一六六六―一七二八)が著作の中で放浪の賭博師である「通り者」の跋扈を嘆くほど、[30]「博打」[31]の言葉で呼ばれるようになる賭博が国中に広まったのは、幕府や大名たちの、厳しいが実のあがらない賭博規制が存在していた江戸時代のことであった。江戸時代に賭博は様々な階層で人気があったようである。賭博という娯楽に溺れなかったのは、人口のわずか一割であったという。[32]賭け事の心得のない者は「野暮」であると見なされた。江戸の北東方面の最初の宿場町である千住では、春画を売る露店と混じり、さいころ賭場が並び立っていた。この時代に放浪の博徒が下層民のヒーローとなった。博徒の冒険から文学ジャンルが生まれ、戯作家、後には明治および二十世紀初頭の小説家たちにより民衆に広まった。いわゆる「股旅物」[33]である。

十七世紀中頃から増え始めた博徒集団の形成の始まりは、室町時代に遡る。役割は胴元と、壺師と、中盆に分れていた。さいころ賭博(チョボ、ブンコロヨシ、四下《しした》など)が最も頻繁に行われていたが、花札もあった。

賭博を開帳する者は、寺銭と呼ばれる手数料を受け取った。寺銭という言葉は、中世に法外な特権を濫用していた寺が賭博の聖域となっており、寺が賭けによる儲けの一パーセントを得ていたことに由来するものであろう。ともあれ賭博は江戸時代の間ずっと、大きな祭りの際にはとりわけ寺の境内で続けられていた。博徒は寺に参集し、賭けの常連を招いた。こうした慣行は「露天博打」と呼ばれ「バクチを打たぬ者は、寺の本尊と石地蔵だけ」というのが関東・東北の農村の状況であった[34]。そして、賭博場は宿にも登場し(博打宿)、そこでは入場料が徴収された。十八世紀以降、賭博はかなりの広がりをみせ、幕府の禁止もほとんど実効力を持ち得なかった。

博徒はこうして周縁的秩序の構成者となり、浮動層組織に決定的な影響力を及ぼすようになった。博徒の多くは、自身、日雇労働市場の手配師であるか、日雇労働市場を監督下に置く親方と結びつきを持っていた。というのも、賭け事は日雇労働者を集め、給料の支払いの一部を取り返す手段だったからである。江戸の大規模工事(建設、灌漑)に必要な労働力を集めるための媒介者として博徒のグループが権力当局や手配師によってリクルートされることもあった。例えば、すでに述べたがその生涯が文学のテーマとなった江戸時代初期の町奴にして有名な盗賊である幡随院長兵衛は、博徒にして江戸の浅草界隈の手配師でもあった。博徒たちは次第に日雇労働市場を牛耳るようになった。このように権力から「派遣」されたということが、博徒集団におけるリーダーの影響力を強化するのに大いに役立った。

賭場は、往々にして人夫の溜まり場であった。人夫が賭場に足繁く通ったことで、放浪者や、博打ですっからかんになる不運な者が後を絶たなかった。不運な者たちの出自はあらゆる階層にわたっていた。博徒は歓楽街の近辺に陣取り、商人や下級武士、相撲取り、そして僧さえも客引きした。富裕な商人の息子は、ことに豊かな地域に姿を見せ始めていた賭博宿に通うのを好んだ[35]。

賭博場は、とりわけ大街道の宿場で栄えた。商業の発展と大名の江戸への義務的定期居住のシステム（参勤交代）により、江戸に向かう街道、ことに江戸と大坂を結ぶ東海道は非常に賑わっていた。

宿場（あるいは宿駅）では、宿屋の給仕や人足が馬の世話や荷下ろし、荷積みを行った。彼らは雲助（「雲とともに移動する輩」[36]、今日ではならず者を指す）と呼ばれた。雲助は、十八世紀後半にかなり増大していった浮浪人のカテゴリーに入る[37]。彼らは宿屋の人足部屋で暮らし、宿屋での賭博を仕切った。

江戸時代中頃から、農民たちは、必要があって浮浪人を雇っている主人にいくらか払い込むことにより、宿場における義務である雑役を免れることができた。しかし、宿場に多くの仕事がある場合、貧農たちも動員され、雲助と接触することになった……そして賭博。負債を返済できなくなった不運な者たちは村を去り、浮浪人となった[38]。

十七世紀末には、貨幣経済がことに上州（東京の北、現在の群馬県）など養蚕地域で発展した。この日本の「シルクロード」に沿って賭博場が並び立った。この地域の市場に定期的に赴く農民たちは、事実、絹の糸と交換に銀貨を受け取り、あっけなく博徒の餌食となってしまった。十九世紀前半からの幕府の没落と共に、上州の博徒は賭博の一大中心となり、非常な勢力を誇り縄張りに君臨した。

賭博は、やくざにとって重要かつ高貴な活動であった。賭博を通して本当の「やくざ」がわかる。賭博の伝統と博徒の活躍は戦前まで続いた。『浅草博徒一代[39]』——戦前の浅草界隈の出羽家の親分であった偉大な博徒の生涯を語っている――の主人公である伊地知栄治は、当時、やくざは博徒である他なかったし、賭博以外のことをすれば軽蔑されていたと述べている。「当時のやくざの収入というものは、縄張りの中の店からは一切取らなかった。収入というものは、あくまでバクチで儲けた金で、それ以外のことに手を出すのは本物のやくざではありません。もっとも当時にも本物のやくざではない人間も、やくざと称していたことは確かなことで、この奴らは、飲み屋を専門にたかりのようにしている者もいれば、玉の井とか洲崎《すさき》、吉原、亀戸などという色街に巣食って、女をうまくやりくりして、つまり早くいえば紐になって世渡りをしているんですが、そんなのはわたしらから見ればただのごろつきです[40]」。

賭け事の世界には掟がある。組の親分とその手下との間には、儲けの分配について厳格な原理が存在した（六〇パーセントが頭に、四〇パーセントが手下たちにである）。伊地知栄治によれば、いんちきやごまかしは博徒の間には存在しなかったという。ごまかしをするのは、大概、どの組にも属していない賭博師か、賭博場を渡り歩き、縄張りを持たない孤立者であった。賭博の勝負（とりわけ大きさや色の異なる四つのさいころを振る賭け事「チーパ」）の中にはプロの博徒にしかできないものもあった。チーパの勝負が行われるとき、賭博場の客はそこから離れ、遠くから見るだけにとどめるよう求められた。勝負は厳粛な沈黙の中で行われ、賭金は普段より高額であった。「静かなること林の如し、という言葉がありますが、丁度そんな風で（……）金を置く音と、着物の擦れる音ぐらいしかない[41]」。このような賭博は今日ではまれにしか行われないが、現代のやくざが諍いを解決し、団結を確固たるものにし得るのは、花札かさいころの勝負によってである。やくざ映画にしばしば登場する「総長賭博」と呼ばれるものには儀式が続く。日本に関する初期の文書の中に記されている貴族階級の賭け事の、遠く隔たった代替物ともいうべきものであろう。

江戸時代に隆盛した賭け事は、禁止にもかかわらず存続した。戦前にはまだ、東京の至る所に賭博場があった。客たちは、深川界隈の賭博場に赴くため、下町の数多くの運河で通常は商品を運ぶため使用されていた「もうろう船」を借りたと伊地知は述べている。もうろう船はまた、罪人や手配中の者が夜間に移動するのにも使用された。当時、深川界隈には主に木材商が住んでおり、賭博は日雇労働者の宿舎で行われた[42]。しかし、プロの博徒は、やくざの世界でのかつての揺るぎない権勢を失っていった。

幕末期（一八五三―一八六七）は博徒の黄金期であったが、衰退の始まりの時期でもあった。この混乱期に、やくざは、いわば警察化し始めた。天皇の権力を復活させるべく、徳川幕府と戦う軍隊に身を投じるやくざもあり、幕府のもとに集うやくざもあった。大概、動機は政治的なものというよりも、日和見的なものであった。ことに、日本の義賊としてもっとも名高い者のひとりである清水次郎長などは、フィクションや伝説によってこうした「アンガジュマン〔参加〕」を美化された。

清水次郎長は、単に明治の混乱期というだけでなく、政治の構図の中で葛藤の転換期を生きた。偉大な義賊の物語、明治以前の農民蜂起や都市暴動へのやくざの参加、そして、徳川幕府崩壊後の、自由を目指す社会運動へのやくざの一部の政治的参加、一方でのやくざの多数派と極右との結びつき、といったことに目をやると、日本におけるやくざの歴史的役割について考えたくなる。どのような社会にあっても、やくざの世界は自らの世界を揺るがす葛藤を免れない。やくざは、大変動期には変容を加速し、革新的な勢力にも保守的あるいは反動的な勢力にもなり得るのである。

第二章　義賊

江戸時代において、やくざの社会的・歴史的役割とは何であったのであろうか。やくざ（ことに博徒）は、任俠の規範により、不正を糺す者としてのイメージを培ってきた。それは、真実であったのだろうか。そして、もしそうであるとするなら、英国の歴史家エリック・ホブズボーム(1)が「社会的盗賊行為」（ある種の不正を糺すことを目的とし、搾取や抑圧に抗する前駆政治的な反乱）と形容したようなことを、ある時代にかけて、やくざは行うに至っていたのだろうか。それとも、やくざは浮動層に超法規的な枠組みを与える権力の歯車にすぎなかったのだろうか。まず、やくざが往々にしてまとっている「義賊」という概念を検討することから始めよう。

男伊達

江戸期の文学や芝居は、義賊や不正を糺す者たちであふれている。盗賊はポジティブな存在である。盗賊は、秩序についてほんのわずかな批判でさえも口にしがたいような、堅苦しい社会からの逸脱を体現しているのである。数多くのフィクションが悪の美的ヴィジョンを広めたが、おそらくそれは、庶民の不服従への憧れを映し出してもいるのであろう。

このような悪者の理想化は、江戸時代後半に強まっていった。例えば歌舞伎では、とりわけ近松門左衛門らにより十七世紀に花開いた「時代物」を受け継ぐ新しいジャンルである「白浪物」のヒーローとして、二枚目の犯罪者「色悪」が登場した。同様の流れの中で、十九世紀初めに、また新たなジャンルが絶大な人気を得た。それが「生世話物」(同時代の世間の物語)であり、都市下層のスキャンダルをモデルとした。歌舞伎で成功を収めた当時の戯作者たちは、民衆が犯罪に夢中になっていたことを証している。例えば河竹黙阿弥(一八一六―一八九三)は、「泥棒の黙阿弥」と渾名された。途方もない拡がりを持つ彼の作品にはそれほど、強盗や、博徒、やくざが登場するのである。

悪漢もまた、江戸時代半ばに生まれ、下層階級で大成功を収めた関西特有の講談や浪花節など、語り物の最も素朴な形式において偏愛される主人公であった。泥棒の物語を専門にする作家もあった。こうして、講談の分野では、二代目松林伯円(一八三四―一九〇五)が、黙阿弥の名の例と同じく、偏愛する主人公である泥棒と結びつけられ「泥棒の伯円」と呼ばれた。講談は講釈とも呼ばれる。もうひとつのジャンルである浪花節は、朗誦され三味線の演奏を伴い、元は野外で演じられるものであったが、後に芝居小屋で上演されるようになった。「庶民の笑いと涙」の表現である講談と浪花節は、時代劇の映画や劇画など、現代の大衆文学の遠い祖先である。例えば、橋本勝三郎[2]によれば、二十世紀初めに頂点を迎えた浪花節は、レコード産業の発展に貢献したという。

物語で理想化された実在の人物は、こうして下層民の想像力をとりこにした。鎌倉時代（一一八五—一三三三）の荒武者で、武士のヒロイズムというべきものの象徴的人物であり、後醍醐天皇が主導し失敗に終った反乱に参加したために銅像が皇居外苑に建っている楠木正成（一二九四—一三三六）は、人生の初期においては父と同様に、略奪で生計を立てていた悪党の一種であると何人かの歴史家の目に映っているのではないか。楠木正成は敗れ去り、戦場で自害した。正成の模範的な忠誠心と清廉潔白は、明治維新の支持者たちに模範として引き合いに出され、第二次世界大戦が終わるまで崇拝の対象であった。時代は確かに混乱していたが、御墨付きの伝承に乗ったこのヒーローの両義性は、暗い側面をもあわせ持つ人物に対する後世の手放しの賛美の最たる例である。

さらに法から逸脱していたのが——すでに述べたが——幡随院長兵衛（一六五七年死去）などの人物である。この武士道的人物の生涯——僧の弟とも言われ、浅草の博徒にして口入れ屋でありながら、弱者の守護者である——さらにその悲劇的な最期（彼を巧みに夕飯に招いた旗本の家の風呂場で殺される）は、しばしば芝居にかけられ、大衆的物語作家の格好のテーマとなっていた。[3] また、あだ名は短躯と敏捷さに由来するのであろう、泥棒鼠小僧にも言及しなくてはならない。日中は易者、夜は富める者から金品を奪う盗賊である鼠小僧は、一八三二年に捕らえられるまで貧者の友として通っていた。実在したのかどうかを見極めるのは難しいが、歌舞伎の他の登場人物としては、喧嘩で片腕が落ちてしまうほど深く斬られ、「見苦しい」と子分に肩から切らせた江戸の俠客、腕の喜三郎や、やくざの頭にして僧である河内山宗俊などがおり、いずれも大衆的物語作家のヒーローである。

カルトゥシュ（Cartouche）やマンドラン（Mandrin）〔ルイ＝マンドラン（一七二四—一七五五）。フランス・ローヌ川地方を荒らした山賊の頭目〕の伝承の起因と同じような理由で、貧しき者たちのヒーローの登場は、下層民の精神に一体化と代償の現象を招来するものである。とはいえ、現代の歴史家が示したように、彼らの人生には暗い部分（犯罪、暴力、貧しき人々が犠牲者となる威嚇）がある。例えば、庶民的ヒーローの中で最も有名なひとりである国定忠治の物語が示すような両義性である。国定忠治は本名を長岡忠次郎といい、国定村の出身で、一八一〇年から一八五〇年まで生きた。国定忠治の人生の実態からは程遠いのであるが、彼は「民衆の味方」「自由解放の闘士」という揺るぎない伝説をほしいままにした。皆の尊敬を受けつつ栄光の中で死んだ清水次郎長とは異なり、国定忠治は処刑されたのであった。

上野《こうずけ》（現在の群馬県内）の富裕な農民の息子であった国定忠治は二十一歳で博徒になり、組を結成した。彼の手柄のひとつとしては、農民が嫌っていた代官の殺害がある。伝説によれば、天保（一八三〇—一八四四）の大飢饉の際、国定忠治は農民に気前よく食料や金や衣類を分け与えたとされている。乱暴で、やくざの掟——例えば、闇討ちはしないといったことなど——をほとんど遵守しない国定忠治は、赤城山周辺に縄張りを築き、窃盗や殺人を犯した。国定忠治は四十歳で捕らえられ、磔にされた。国定忠治に結びついた伝承のひとつの例が、刃傷沙汰でおじを失ってしまった子供を忠治が受け入れたという有名な逸話の浪曲である。物語に語られていないのは、そのおじが、忠治の命令で殺されたということである……。

国定忠治の冒険は、わけても、安価な冊子の形をとって非常な人気を博し、貸本屋に置かれていた実録物の中で展開されている。国定忠治をめぐる実録物のひとつは、北宋時代（十二世紀）、梁山泊の一〇八人の義賊の冒険を語る中国の古典『水滸伝』に多大な影響を受けている。『水滸伝』は、十八世紀末に邦訳され、十九世紀初めにあらためて大成功を収めた。

国定忠治の人生はまた歌舞伎で、ことに河竹黙阿弥の一八八四年の作品で、幾度となく上演された。後に、小説家の菊池寛（一八八八―一九四八）が国定忠治についての小説（『入れ札』[4]）を執筆している。この作品の中で、菊池寛は登場人物の心理と親分子分関係について分析している。国定忠治は二十世紀初頭の有名な講談の題材となった。それは、国定忠治をプロの博徒と捉えるのではなく、抑圧された人々の擁護に人生を賭けた俠客として捉えているのである。また、国定忠治の人生は、伊藤大輔（『忠次旅日記』一九二七年）や、より凡庸な映画であるが、一九六〇年に国定忠治を描いた（『国定忠治』の）谷口千吉のような映画監督にも影響を与えている。このようにして国定忠治は、渡世人の偉大なる人物の系列に位置する「俠客」の血統に連なることになり、後に映画の中では大抵、大きな編笠をかぶり、着物の裾をたくし上げ、破れた合羽をまとい、長脇差を手にして登場するようになる。

田村栄太郎によれば、「義俠」とされる忠治の人生は、幕府を間接的に批判するべく脚色を施され（一七一八年から、実際の出来事を扱った書物、ましてや権力に敵対的であるような書物の出版は禁じられた）、忠治の冒険は幕府批判のために美化されたのであった。田村は、清水次郎長についても同様の脱神話化を展開している[5]。

悪事を働き処刑された罪人・国定忠治が、もっぱら民衆の想像力の中で英雄的であるとすれば、清水次郎長はやくざの歴史の中で格別の位置を占めている。次郎長は、尊皇攘夷派に絶好のタイミングで連なり、国民的ヒーローとなったのである。

清水次郎長（すなわち、清水の町の次郎長の意）は文字を書くことができなかったが、下級武士の息子で儒者となった養子の天田愚庵に自伝を口述筆記させた。天田愚庵は、山岡鉄舟により次郎長に紹介されたのであった。この書物が次郎長伝説の基礎となった(6)。次郎長は一八二〇年に生まれ、七十三歳まで生きた。次郎長の父は関西と江戸とを結ぶ名高い大街道である東海道の宿場町清水の港で海運業を営んでいた。米商人のおじに預けられた腕白小僧の次郎長は、程なく十五歳でやくざとなり、江戸に赴くため義母のへそくりを盗んだ。おじが亡くなると、次郎長は清水に戻るまで博徒としての放浪の人生を送り、ライバルの組との戦いの間は清水に縄張りを確保していた。一八六八年に、次郎長は明治維新の六百人ばかりの志士たちの一群に加わった。にもかかわらず、この偉大な博愛家は幕府軍の死者たちを手あつく葬った……。

実際は、次郎長が変革者の陣営を選んだというより、東海道を取り仕切る目的で、変革者たちに徴用されたのである。東海道を仕切る見返りとして、次郎長は全ての旧悪を赦された。今日でもなお、次郎長の祀られた富士山を望む（清水の梅蔭寺の）墓前には参拝者が絶えない。次郎長にとって、二十七年間の犯罪の人生を禊《みそ》ぐには、よき陣営に加わることで十分であった……。

江戸時代において義賊を体現するのは、「男伊達」であり、当時の物語や芝居に絶えず登場している。富める者の敵にして弱き者の味方、あるいは路上のやくざ、都市では肩で風切って歩き、住民を脅かすかぶき者である男伊達は、すでに述べたが、元来は町奴であったようである。男伊達の伝説は、侠客と同様に（男伊達と侠客という言葉はほとんど同義語である）、ある程度までは現実を反映している。[7] 男伊達は指導者であり、その体力や性格、カリスマ性によって、界隈や地元の人々に敬意と恐れを抱かせた。男伊達は歌舞伎の名高い登場人物でもある。大抵、武士の持つ刀とは別種の長脇差を持ち、当時の洒落者の格好をしていた。

演劇や大衆向けの語り物で理想化された義賊の像は、武士道的規範を仰ぐやくざ全般にも次第に投影されるようになった。法、すなわち強者の秩序に挑むやくざは、領主に対する下層民の反感の化身であった。強固に序列化された徳川時代の社会において、やくざはその挑発的行動により、個人としての拒絶、さらには不服従への憧れを結晶化させたのであった。そして他所と同様、農民はやくざの中に、自らを犠牲者にしてしまう不平等や不正に対する代償の機制を見出し得たのだった。

しかし、こうした義賊は民衆の抱くイメージに合致するような歴史的役割を果たしたのであろうか。義賊はより広義の社会的正義を擁護する、反抗者であったのだろうか。

社会的盗賊行為？

前著 *Primitive Rebels*[8] の一章を発展させた *Bandits* というタイトルの小さな書物の中で一

九六九年に定式化され、「社会的盗賊行為」の概念を練り上げたエリック・ホブズボームの仮説は、その後、議論を呼び、反駁されてきた。しかし、その仮説は、盗賊行為に関する現象の研究に鋭い視点を加えるものであった。彼の仮説がどのような論争を巻き起こしたのであれ、日本のやくざの歴史的役割に迫るためには、この問題を避けて通ることはできない。

エリック・ホブズボームによれば、「社会的盗賊行為は、農業に依拠するあらゆる社会に普遍的な現象である」[9]。それは、驚くほど共通性があり、文化が伝播した結果ではないが、中国の農民社会ではペルーの農民社会と同様に、シチリアの農民社会では、ウクライナやインドネシアの農民社会と同様に、類似した状況下で同じような反応が起こっている。もっともホブズボームは冒頭で、「単なる犯罪者と見なされているのではなく、英雄、チャンピオン、復讐者、正義のために戦う者と見なされている」[10] 盗賊のみを取りあげていることを、断っている。

日本の場合、事情は複雑である。まず、十八世紀末から増大し続けた百姓一揆の微妙な問題に関わるものであるからであり、また日本の歴史家たち自身は、社会的盗賊行為についてほとんど検討してこなかったからである。不服従の勢力の複雑性と豊かさ[11]が無視され、日本の歴史は長らく権力と公的イデオロギーの歴史として構成されてきた。ようやく近年になって新しいアプローチが陽の目を見るようになった。まだ専門家が着手し始めたばかりの領域に手を出すのは我々の課題でもないし、我々の能力を超えた問題である。ただ、日本において社会的盗賊行為の問題をどのような言葉で提示しうるかということ、さらに広く、やくざと被抑圧者たちの抵抗運動との関係を明らかにするに止めよう。

ホブズボームによれば、そのほとんどが歴史に名を残していない人々によって行われる社会的盗賊行為は、社会的抗議の原初的な一形式であるという。それは、搾取や不正、抑圧の「前駆政治的」意識を反映したものである。そしてホブズボームは、自分自身あるいは自身のグループのために行動する盗賊と、「富める者たちの陰謀」と戦う古典的なロビン・フッドを対置させている。このような観点からすると、社会的盗賊は支配階級に反抗するほか、手立てを持たない人々の救世主として登場する。権力当局から見れば犯罪者であるこうした反抗者たちは、一方で自らの属する共同体においてヒーローとみなされる。彼らが単なる盗賊ではなく、「社会的盗賊」であるのは、こうした認識によってである。ホブズボームによれば、グループのリーダーのイデオロギーと野心がつつましいものであり、確固とした組織を有していない場合、前駆政治的なものであるこのような反抗は社会的盗賊行為である。社会的盗賊は、農民にとって革命的な計画を掲げるわけではないが、ある種の不正に対する反抗の一形式ではあり続ける。社会的盗賊行為は不安や社会の危機の兆候でもある。そのため、社会的盗賊行為は恒常的なものとなり、より広範で革命的な社会運動に随伴するようになる場合もあるのである。中国においては秘密結社から一九一一年の革命〔辛亥革命〕にいたるまで、その例であるとまで主張する論者もある。[12] しかしながら、こうした社会的盗賊には限界はあった。貧者の擁護者たる盗賊は、ある時代までは、そうした存在たりえたが、その組織と価値観と利害関心によって権力側につき、利益を簒奪するようになるのである。

ホブズボームは、社会的盗賊を、農村出身者と都市の浮動層出身者とに区別している。ホブズボームの分析は主に前者を対象としたものであるが、「ギャング（mobs）」研究の中では、都市部出身の盗賊も、都市において同様の行動をする場合もあったことをも力説している。ホブズボームの分析をたどると、彼の定義する社会的盗賊行為の形式を生む要因となるような二つの時代が日本に存在したことがわかる。ひとつが天下統一以前の戦国時代から徳川幕府確立にかけてであり、もうひとつが徳川時代末期から明治初期にかけてである。我々が注目するのは、主に後者である。

徳川時代初期において、百姓一揆の扇動者は、往々にして弱者の味方である俠客や浪人であった。[13] 徳川末期（特に一八四七年天草）に百姓一揆を導いたのも、また俠客であった。反乱の指導者には、一八六九年の上田藩（長野の近く）における千年王国主義的性格の反乱の尖兵となった黒衛門やその手下たちのように、博徒も見られた。[14] 社会的盗賊との類似点もある逸話を検討する前に、徳川末期の時代風土に目を向けてみることにしよう。

徳川末期は混乱期であった。百姓一揆は増大していた。一七七〇年から一八三〇年にかけて、百姓一揆の件数は八一三件にのぼり、一八三〇年から一八七一年にかけては千件を超え、一八六六年だけでも百件を下ることはなかった。十八世紀後半まで、百姓一揆の基盤は、領主に反抗する農民の共同体であった。その後、村落共同体の内部で、日雇労働者や小作人と、富裕な地主や商人たちとの間の敵対関係が生じ、共同体の連帯は空中分解した。葛藤は村落内部のものになった。そして、反乱は極端な異議申し立ての形式を取るようになった。それは、抑圧に抗して戦うのに、集団的暴力以外に手段を見出すことのできないような貧困の結果であった。このような反乱には、しばしば米商人や金貸しの家屋の徹底的破壊が伴った。それは、あたかも社会的不正を罰しようとする暴力に突き動かされているかのようであった。反乱はまた「万民のため」の「聖なる改革手段」として起こり、破壊は憤慨の表現であった。民衆の心性の中に、神道の神（世直し大明神（佐野政言《まさこと》は江戸城中で若年寄田沼意知に斬りつけ、田沼は数日後絶命した。佐野家は改易の上、切腹を申しわたされ、政言は自害したが、田沼を斬ったことで「世直し大明神」と崇められた。））を中心として結晶化された「世直し」[15]への欲求が兆し始めたのは、この時代である。「世直し」はまだ、狭義の意味での「革命」ではなく、いにしえの社会の均衡への回帰を目指したものであった。ともあれ徳川末期から明治初期にかけて反乱はますます激しくなり、時には非常に大規模なものになっていった。

江戸時代の百姓一揆の指導者は「義民」、すなわち「正義の」人、模範的な人間であった。徳川末期になると、一揆の指導者は、民衆の善のために世を変革する超自然的な権力を持った聖なる矯正者「世直し大明神」の性格を帯びるようになる。義民は、権力当局からは単なる無法者と見なされていたが、共同体の人々からは崇拝され、口承の伝統に乗り、賞賛を受けた。

歴史には幾多の義民の名がとどめられている。中でも最も有名なのは、下総の大名の課税政策に抗し、幕府に異議を申し立てたことで妻と共に磔刑に処された下総（現在の千葉県）の公津台方村の頭の佐倉惣五郎（一六五三年死去）である。惣五郎（実在したのか疑問視する者もある）は後世、「惣五郎大明神」として祀られ、彼の物語は、講談「佐倉義民伝」に形成され、更に歌舞伎脚本「東山桜荘子」が三世瀬川如皐によって書かれた。佐倉惣五郎は、後の義民たちの模範であり続けた。明治時代には、自由民権運動の先駆者として義民に敬意を払う者もあり、一九一八年の神戸での暴動の際にやくざが任俠の士の模範として仰ぐに至るほどに、佐倉惣五郎の義民伝説は存在感を増すばかりであった(16)。

共同体における義民に対するほとんど宗教的なまでの崇拝と、反乱運動が広める世の革新への希望とは、現実と超自然的な秩序との間に漠とした連続性があると信じられていた証拠である。徳川時代末期から明治初期にかけての反乱は、すでに見てきたように千年王国主義的ニュアンスを帯びた広範な運動の中に位置づけられる。自由奔放なスタイルの大行脚「ええじゃないか」運動は、その際立った例である。

徳川時代の最晩年のこのような擬似宗教的運動の起源となったのは、江戸時代の巡礼の伝統的目的地である伊勢神宮の神符等が降ってきたという噂である。数々のグループが結成され、「ええじゃないか」の掛け声とともに淫らな歌を口ずさみつつ、人々が路上で踊り始めた(17)。一八六七年の末に、「ええじゃないか」は京都や大坂、さらに江戸、会津地方にまで達した。「ええじゃないか」に乗じ、四百万人近い人々（農民、都市の周縁民、それに女、子供、老人）が路上に繰り出し、まぎれもない民衆的狂喜に我を忘れた。そこには自由奔放な衝動と、遠からず新たな秩序が到来すると信じる心とが交じり合っていた――おそらく食糧不足が続いた後、豊作に恵まれた喜びがあずかっていたのであろう。進むにつれ増大していく、この狂乱状態の群衆は、祝宴に溺れると共に略奪を働いた。

「ええじゃないか」を解釈するのは、微妙な問題である。徳川幕府を一層弱体化させることを目指した政治的策略を見出しさえする歴史家もある。おそらく「ええじゃないか」の運動は、フラストレーション蓄積への反動、また揺れ動く秩序や幕府の終末という、漠とした感情に結びついた欠如感への反動を映し出したものである。歴史家の高木俊輔によれば、農村を揺るがした「世直し」のための反乱（ことに一八六六年）と翌年に展開した「ええじゃないか」は、性質は異なるものの、同じく千年王国主義的渇望から生じたものである。[18]

こうした騒乱のために、徳川時代の末期は、ホブズボームの述べるような危機の時代のひとつと見なされうる混乱の時代となってしまった。それは、強盗が慢性的になってしまった[19]擬似戦国時代である。このような社会的混乱の中で、無法者のグループは組織の萌芽のようなものとなり、民衆蜂起の自発的な組織を可能にした（それでも、双方の陣営——幕府に忠実な者と変革者たち——による操作を免れたわけではない）。アウトローと農村や都市の反乱者との結びつきは、幕末期（一八五三—一八六七）の混乱のために、より緊密なものとなったが、無法者の一団はこの時代になっても、例えば中国の秘密結社が有していたような民衆動員の役割を果たしてはいなかったようである。[20]

幕末の混乱期におけるアウトロー集団の役割を捉えることは、微妙な問題を孕んでいる。二つの現象が把握を困難にしている。一方で権力当局は、百姓一揆の指導者たちと盗賊を同一視することで指導者の権威を失墜させようとし、また一方では、ある種のやくざ、ことに博徒は、実際、異議申し立て運動に参加していた。同様に、義民は自由民権運動のさきがけであったと認められており、博徒は当時、新たな価値の擁護者であると映っていた。

明治維新直後、都市のやくざの世界を形成する者たちは政治的活動家に変貌し、伝統的な親分・子分関係のシステムを、自由主義的な価値の擁護運動のための動員力として利用した。侠客の中には、一八七〇年代から一八八〇年代にかけて自由民権運動に参加する者もあり、歴史家が「民権侠客」と呼ぶものになっていった。「民権侠客」は、ことに一八八二年から一八八五年にかけての一連の「激化事件」によって生じた。[21]

明治政府は権力を堅固なものとし、特権の喪失に不満を抱く旧武士たちの反乱を終結させ、政治的・経済的改革の計画に取り組み、今度は、市民権と国民主権を要求する別種の抵抗勢力に直面しなければならなかった。当初この運動は、日本の南西部の藩の旧武士率いる地方の政治的集団のかなり緩やかな連合にすぎなかったが、すぐさま別の社会層、とりわけ富裕な農民も加わっていった。[22] 一八七五年に、こうした組織は愛国主義的な共同戦線(愛国社)を形成し、国会開設のための同盟となり、さらに、自由党を結成するに至った。

一八八四年の秩父地方(現在の埼玉県)の反乱(秩父事件)は、農民に発するプロレタリアートの蜂起であり、暴力的な反抗を帯びる社会的盗賊行為の性格を示している。[23] 絹の価格暴落と凶作、そして徴税人の暴力の犠牲となっていた農民たちが、秩父困民党を結成した。困民党のメンバーは一万人に迫り、中には博徒もいた。秩父の反乱は最大規模の農民蜂起であり、明治政府はそれに立ち向かった。秩父の農民蜂起は、政府関連の建物への攻撃、農民の借金の帳簿の徹底的な隠滅、富める者たちから「没収」した食料や衣類や金の人々への分配を特色とした。エリック・ホブズボームが社会的盗賊行為の特色として挙げた「収奪者」タイプである。

秩父の農民蜂起の指導者は、田代栄助（一八三四―一八八五）である。下級武士の家に生まれた田代は、明治維新後、農民になり、ほどなく負債を抱えるようになった。また、彼は地元の俠客でもあった。「自分は性来強きを挫《くじ》き弱きを扶《たす》くるを好み貧弱の者来るときは附籍致させ、その他、人の困難に際し中間に立ち仲裁などをなすこと実に十八年間、子分と称する者二百有余人」と、警部の取調べに対し、彼は述べている。[24] ところが、当局によれば、田代栄助は、約二百人のメンバーを擁する組のリーダーで、大宮の博徒にすぎない。[25] 田代は、一八八五年二月に死刑に処せられた。

田代が政治行動に参与した「任俠の士」の例であるとすれば、その他の活動家たちの場合は、帰納的に「俠客」であると見なされることになる。やはり一八八四年に、他の旧武士たちと共に現在の栃木県にある加波山の反乱（加波山事件）を扇動した平尾八十吉がその例である。[26] 同年に愛知県で起きたもうひとつの事件は、当時の反抗運動における、活動家のグループと博徒との錯綜した関係を指し示している。同じく一八八四年、組織の資金作りのため、地元の富裕な商人を狙った窃盗に携わった自由民権運動の名古屋支部の活動家たちの中に、悪名高いやくざが多数存在していたため、この反乱は、当局によって、反抗の試みとしてではなく、単なる普通の刑事事件として処理されたほどであった。[27]

自由民権運動の活動家たちは、組織の資金作りのため、やくざに援助を求めることをためらわなかった。一八八四年九月の東京の神田界隈の質屋での爆発物によるテロも、その例である。これによって負傷者が生じたが、活動は失敗に終わり、警察の抑圧は強まった。自由民権運動には博徒の介在する例がいくつかある。プロの博徒の中には、自由民権運動の志士となる者もあった。

長谷川昇によれば、博徒が自由を目指し戦う闘士に加わったのは、イデオロギー的な理由によるものではない。政府は暴動が起こり始めた頃、博徒追放に乗り出した。政府の目からすれば、博徒は武器を持ち潜在的な危険をはらみ持つ常軌を逸した勢力であった。このような国家規模の博徒対策により、七百の組の親分が検挙された。従って、親分の手下たちは政府と戦う十分な理由があった。農民の多くもまた経済危機に苦しんでいただけになおさらであった。(28)

以上に挙げたいくつかの例は、日本における義賊の問題の複雑さを物語っている。あれやこれやの博徒の活動の社会的次元を把握する際の一番の難しさは、博徒に対しての認識に関わっている。抑圧される側にいたのか、抑圧する側にいたのか? 危機の時期に、やくざ一家は勝者の陣営を選び、その結果として敬意を享受しているのか? 一方で、真の民権運動の活動家たちを政府はやくざとして遇していた。

徳川末期から明治初期にかけての混乱期に、やくざは、都市の零落集団や、農民に結びついた浮動的、逸脱的要素から成る雑多な大衆の管理による周縁的秩序の調整者としての役割を一時的に喪失したのだと考えられる。一方、当時、やくざの陰の文化は、平等主義的あるいは贖罪的な希望ではぐくまれ、無法者たちの中には、変革と社会正義への欲望の化身と見なしうる者もあった。権力は抑圧したが、やくざは「悪」に立ち向かう「よき暴力」の行使者であったようだ。このようにしてやくざは、下層階級の異議申し立ての漠然とした衝動と、より正当な社会への希望とを結晶化させることができたのである。この混乱した社会的高揚の時期に、不安定さと、よりどころのなさ、政治的経済的および実存的危機の意識とが相俟って、すでに述べた千年王国主義的渇望に見られるように、博徒集団は異議申し立て集団の中核となるに至った。やくざはこの転換期において、反乱勃発の動因であったのではなかろうか。では、博徒集団は本当に「社会的」なものであったのだろうか。

やくざの行動の両義性を考えれば、その答えは複雑なものにならざるを得ない。たとえ、旧来のやくざが、貧者、貧窮者の擁護者というイメージを培い、社会正義を目的とするのではない行動を正統性で粉飾しようとしていたとしても、やくざにとっての優先的な動機は、暴力によって生活の空間（縄張、収入源）を手に入れることであった。それに、やくざは、富める者たちにも、貧者にも恐れられていたはずである。その勇ましい行動や、権威への挑発により、やくざは貧しき者たちのヒーロー、さらには義賊として通ることができた。しかし、やくざが主として渡り合っていたのは、依然として、彼らの渇望する富を有している権力側（エリート、行政）であった。やくざは貧者に抑圧を強めたので、やくざと貧者との結びつきは、権威との力関係に有利に働いたが、その結びつきは、かなり日和見主義的なものであった。寄生的組織であるやくざ集団は社会の両極と関係を持っていた。一方が、仲間を募り、逃避の場所を見出し、取引を行うことのできる下層社会。もう一方が、金品騙し取りの対象としている政治的・経済的なエリートであるが、やくざは、エリートの手下として卑しい仕事をこなし、ひそかにエリートから一種の庇護を享受しており、それなしでは、やくざはもっと脆弱な存在になってしまっていたであろう。

確かにやくざたちは、社会的危機の際に混乱の中で得をする存在であった。二つ理由がある。やくざは沸き返る下層民の一部をなしており、無秩序がそれに加担する。とすれば、やくざは指導者なのだろうか。やくざは、秩序だった行動を可能にするような組織の萌芽（組）を持っているので、指導者になる場合もあった。その上、やくざは、彼らの呼びさます恐れのせいにすぎないにしても、共同体に支配力を及ぼしている。しかしながら、無法者が確固たる信念を持った人間であることはまれである。権力側の庇護が彼らの利益と合致する場合、信念は揺れる。この点からすると、論者たちがすかさず指摘しているとおり、エリック・ホブズボームの仮説には弱さがある。(29)

軍国主義の日本および、ことに中国においてやくざの果たした役割（同様に、やはり、中国の盗賊の日本の侵略者への加担、そして共産主義者が中国の指導者となった時期における共産主義者への加担）(30)には、無法者たちの日和見主義がはっきりとあらわれている。やくざが弱者の庇護者であり得たとしても、それはほんの束の間であった。二十世紀に差し掛かる頃のやくざの権力に対する態度については、もはや異論の余地がない。やくざたちは、非政治的とは言いがたい、より反動的な暴力主義に、いささかの躊躇もなくはまり込んでいくのである。

愛国的やくざ

やくざは、近代化の渦に巻き込まれ発展を阻止された。明治維新後の抜本的な組織変革と共に、一八九〇年から一九一四年の間に工業生産は二倍以上になり、工場の数は三倍になった。一八八九年に発布された憲法や社会的文化的な高揚の時代である「大正デモクラシー」(一九一二―一九二六)と呼ばれる時期の民主主義の無視し得ない発展にもかかわらず、その後の十年ばかりは、軍人による国家組織掌握で進展はストップした。政治的暴力と、危険と目された言論(マルクス主義と社会主義的傾向)の弾圧、労働者の厳しい統制(労働者の組合活動は生まれつつあったが、体制が軍国主義へと移行していくと共に、ますます厳しく阻止されるようになった)とが、やくざを取り巻く社会的背景である。

明治維新後の二十世紀には、犯罪増長の二つの時期があった。一九二九年から一九四三年にかけて(世界大恐慌の余波、農村部の貧困と失業)と、戦後直後(一九四六年から一九四七年)の、もうひとつの不況と混乱の時代である。やくざは三〇年代に、日本のアジア進出、ことに満州進出を追い風としたが、太平洋戦争の勃発で振り出しに戻らなければならなかった。一九四一年から一九四五年にかけて、犯罪の退潮は顕著であった。ただし、強姦の件数は多く、非合法賭博は存続していた。一九四二年の戦時特別刑事法の施行により、強姦と賭博は特別処罰の対象となった。(31)

やくざは、十九世紀末から伝統的活動（非合法と悪、ゆすり、日雇労働者の管理）に携わると共に、体制に仕え、生まれつつあった労働組合運動を抑圧したり、帝国主義的拡張に参加したりして、独特の「愛国主義的」暴力活動を行った。やくざの国家主義的で反動的な直接行動主義は、ことに危険で暴力的な反共産主義を培ってきた彼らのいわば「必然の」傾向であった。超国家主義とやくざを全く同一視することはできないが、思想的動機というより、おそらくその組織と暴力の秘儀と、伝統に関する懐古趣味とが、やくざと完全に一致する価値システムを構成しているという理由で、極右集団はやくざを引きつけたのである。敗戦後、やくざたちがさほど罰せられないで済み、また今日に至るまで保守的陣営と緊密な関係を結んでいるのは、多分にこうしたやくざの「愛国主義」による。

戦意を喪失し、封建的身分制の廃止により収入を欠いた旧武士の少数派を引き入れてきたアウトロー層は、二十世紀の前半には、古典的な意味での盗賊に加え、極右国家主義に仕える末端のやくざや手配師をも含む、一層流動的で多様なものとなった。

一八九五年には、やくざの重要な活動であった賭博が禁止され、博徒は一時的に遊興の世界の寄生者となった。しかし、すぐさま、日露戦争後（一九〇五年）の産業化の新しい波と共に、安定化させる必要のあった労働者の管理のために、政府は再び博徒を利用するようになった。

産業化初期の労働者組織を分析する[32]のは我々のテーマではない。すでに、日雇労働と炭鉱での搾取についてはある程度述べた。労働市場におけるやくざの役割についての我々の主題を明確にしておきたいのだが、明治維新後、揺籃期の工場の経営者は、労働者管理の経験が全くなく、職人の世界での慣行、ことに「親方―弟子」の伝統的なシステムを採用したことを思い出していただきたい。二十世紀初頭になって、経営陣は労働者管理のより近代的な方法にも依拠するようになり、家父長主義的な独特の方式（企業における「家族主義」の思想）を発展させた。採用においても仕事の采配においても労働者を管理する親方のシステムは、工場から次第に消滅する傾向にあったが、別の場所では相変わらず存続していた（四〇年代末にはまだ、四万二〇〇〇人の手配師の管理下に、一〇〇万人を少し超える労働者が存在した）。

すでに述べたとおり、産業化初期には、いくつかの種類の親分が存在した。小さな工房の経営者もいれば、労働者を採用して企業に引き渡し、労働者の給料の一パーセントを受け取る独立の者もあった。従って一般化は避けなければならない。親方が自ら採用し、仕事を与えた一定数の労働者を管理している労使のピラミッド状組織のすべてがやくざの手のもとにあったわけではない。親方の中には自由民権運動に参加したり、明治初期の労働運動の世界で活動家となったりした者もあった。とはいえ、手配師の世界は、その暴力的な方法、儀式と組織により、やくざの世界と類似性（搾取を代償とした庇護）を持っていることが多い。親方のうちには悪名高く、やくざに属している者もあったが、親方の多くは思想史家の丸山眞男が「擬似インテリゲンチャ」と定義する社会的階層の出身者たち（工事請負人、大工、小地主）であった。しかしながら熱心な軍国主義者であり、国家主義の台頭において活発な役割を演じたこの社会層は、台頭しつつあったボルシェビキ主義に似た労働組合運動に、実際激しく反抗したのだった。

従って、手配師、小規模企業の経営者、国家主義的過激主義者、やくざといった、いくつかの社会層の相互浸透には数々の要因があずかっている。確かに二十世紀前半にはイデオロギー的な国家主義が存在していたが、やくざが取り仕切る労働の世界における「秩序維持」活動は、超国家主義の最もいかがわしい層と分ち難い関係を持っているのである。

第一次世界大戦直後に大正デモクラシーが盛り上がり、保守陣営に不安を与えるようになり、権力エリートから資金を受け取り、メンバーが用心棒や情報提供者として利用されていた（こうしたシステムに、軍の諜報局も依存していた）まがうかたなき権力の寄生者たる国家主義的組織の反動を引き起こすほどになった。エリートたちが小集団に分かれていたことは、過激主義的グループの増大につながった。いくつかの組織が採用していた親分・子分関係によって結び合わされた「組」の性格上、実際、頻繁に分裂した。極右は一枚岩からは程遠く、三〇年代初めには、約七〇〇の組織や小集団があった。日本が戦争に突入し、次第に国家組織が軍人に掌握されるようになると、そうした組織は権力の一部を喪失していった(33)。

元来、こうした極右は、不遇のために鬱屈し、多くが職業的な扇動家になっていった旧士族たちで構成されていた。少数派の「壮士」は自由民権運動で戦ったが、多くは議会周辺に集まり、ボディーガードとして国家主義的組織に参加した。それが、単なるやくざになってしまった浪人や、軍国主義的拡張に仕える扇動家によって多くを占められていた一八八一年結成の玄洋社の場合である。最終的に過激主義者となっていったのは、行政の最上層に上っていくことができず、一部は捲土重来を期して、大陸浪人、すなわち冒険家となっていったりした地方の末端エリートたちであった。

一九一九年に原敬内閣（一九一八―一九二一）の内務大臣床次竹二郎の後援で結成された大日本国粋会は、やくざ、右翼の過激主義者、そして手配師の絆を示す良き例証である。[34]床次竹二郎[35]は、故郷の鹿児島で、親方を通じ炭鉱を取り仕切っていた元大手配師のひとりであった。

連盟として結成された国粋会は、「国家に忠誠心を持つありとあらゆる人間」を結集した。実際、集まったのは、約六万人のやくざ、アウトロー、手配師、各種の扇動家たちである。さらに国粋会は、幾つかの博徒の組も引き入れた。当局は「この博徒を手なずけ、堂々と公認し、むしろ、これを組織化」したと岩井弘融は述べている。[36]国粋会はすべての都道府県に支部を持っていたが、ことに関東（その指導者のひとり、梅津勘兵衛は博徒の親分であった）で活動が活発であった。やくざたちの規範である「任侠」は、労働組合運動の闘士に対する過激な暴力となって現れた。昔日の「俠客」は、労働の世界の親方に姿を変えたのである。

国粋会は当時の政党のひとつである政友会の勢力下にあり、政友会幹部が代わる代わる国粋会の長を務めた。一九二一年には、民政党が結成され、やくざや土木工事の親方たちをメンバーとする大和民労会に対し「抑止力」を及ぼすようになった。

内務省と警察に支持され、ムッソリーニ主義のファシストをモデルとしていた国粋会は、六〇万人のメンバーを擁しているとしていた。国粋会は、ことにスト破り（例えば、一九二〇年の八幡製鉄所での二万八〇〇〇人の労働者たちのストライキ）や、プロレタリアートの政党と密接な関係があった水平社の奈良における一九二三年の解放運動の制圧に利用された。(37)

こうした類の別組織で、大阪の鉄道や土木工事の立役者となった元手配師の酒井栄蔵によって一九二五年に設立された大日本正義団は、私設軍隊の如く行動し、一八万人のメンバーを擁し、メンバーの中には、ことに東京の繊維工場での名高いスト破り（一九三〇年）に関わった者もあった。また、もうひとつの組織はより確固とした思想的ヴィジョンを有していた。それが一九二三年の共産主義者・高尾平兵衛の暗殺犯である弁護士の米村嘉一郎によって設立された赤化防止団である。

国粋会の組織の中に、床次の「ナンバー2」として、やくざと極右を結びつけることに通じた人物が引き入れられた。頭山満（一八五五―一九四四）である。彼については、福岡の炭鉱労働者について論じた際に言及した。福岡の（西郷隆盛率いる新権力に失望した旧士族たちの一八七七年の反乱の中心のひとつであった）下級武士の家に生まれた頭山は、草創期の国家主義的組織のひとつである矯志社で活動し、その後、炭鉱労働者を「手なずける」手配師として名を成した。頭山は常に黒子役に徹しており、決して公的な役割には就かなかったが、その行動とカリスマ性により、福岡地方における皇国主義イデオロギーの中心となった。頭山はことに、政治権力、企業家、軍隊とやくざとの間の重要な仲介役を担い、ついに玄洋社の創立者となったのである。玄洋社についてはすでに触れたが、もう少し詳しく見ていこう。

一八八一年に設立された玄洋社は、すでに存在していた愛国主義的組織の連合であり、初代会長は、元炭鉱所有者で、熊本での西郷隆盛の乱に参加した平岡浩太郎であった。[38] 玄洋社の憲則[39]は人民の権利を謳っており、実際、場合によっては自由民権運動と一致を見せている。しかし、玄洋社はテロリスト的活動から身を引くことはなかった（例えば一八九二年の総選挙時）。玄洋社は、要所要所で抑圧措置を取ることを目的とした内務省とやくざと結託した極右組織との秘められた協力の一例であった。

玄洋社の名称が、九州と韓国を隔てる海峡という意味を含んでいることからもわかることであるが、この組織は日本のアジア進出主義政策に活発に加担した。玄洋社は炭鉱開発や軍部の闇資金により、相当の財力を有していた。玄洋社は、政治家のボディーガードをつとめる手下や手配師、やくざを募り、やくざには暴力を思うがままふるう根拠となる大義を与え、現実において権力を有し、「闇内閣」と呼ばれるほどだった。一八九五年に駐韓の日本人全権公使、三浦梧楼の命により閔妃《ミンビ》を暗殺したのは、玄洋社のメンバーであった。玄洋社の組織は満州国でも活動し、「新たな秩序」を生み出すため、日本国中で数々の暗殺を行った。玄洋社は他の極右の規範とされるようになる。

頭山満は、公式メンバーには加わらなかったものの、もうひとつの組織である黒竜会の黒幕であった。黒竜会は、日清戦争（一八九四―一八九五）の後、日清戦争で中尉だった内田良平（一八七四―一九三七）によって一九〇一年に設立された。内田はもともとイデオロギー的右翼に結びつきがあり、当時広がりを見せていた運動にすぐさま参加していった。玄洋社が朝鮮半島で行っていた卑劣な仕事を、黒竜会は満州で行った。玄洋社は日本的価値観の最前線たろうとしていたが、黒竜会にはもっと具体的な目的があった。すなわちロシア排斥である。

右翼の過激主義者とやくざとが隣り合うこうした組織の中には大した重要性を持たなくとも、見過ごすことのできないものが幾つかある。というのも、戦前にこうした組織の上層部にいた人間たちが、五〇年代初めから黒幕、すなわち政治の駆け引きの裏の勢力となっていくからである。第一に挙げるべきは、一九三一年、大阪で結成された国粋大衆党で、黒竜会の流れを汲み、内務大臣床次竹二郎によって設立された連合にも属し、メンバーは一九三二年五月十五日の一連の政治家暗殺を行った。国粋大衆党の会長が笹川良一――この人物については、後に論ずる――である。彼の忠実な協力者が児玉誉士夫（一九一一―一九八四）に他ならない。児玉についても後に述べるが、彼は戦後に、右翼とやくざ、政界とアメリカのロビイストたちとの間の重要なフィクサーとなる。

児玉は当時、極右の一員とコネをもつ末端のやくざにすぎなかった。児玉は、一九三二年に自ら設立したもうひとつの超国家主義的組織（独立青年社）のリーダーであった。当時の首相、斎藤実暗殺を企てた疑いで児玉は逮捕され、刑務所で三年半の刑に服した。その後、児玉は自らのスパイ網（「児玉機関」）により、上海で財を成した(40)。笹川も国防社で財を成した。児玉誉士夫が中国で積み上げた財（ダイヤモンドの原石、プラチナなど）は、終戦時に時価にして約一億七五〇〇万ドルだったという。

やくざと極右は、軍部と緊密な結びつきがあり、「愛国主義的暴力行為」が展開された広大な領域は、当時、日本が幅を利かせつつあったアジアであった。「愛国主義的ギャング」の行動（諜報活動、テロ、様々な取引）が頻繁になされる場所は中国や韓国であり、そこで彼らは現地のギャングと結びついていた。

半ば秘密諜報機関であり、半ばごろつきである中国居住の日本人やくざ（大陸浪人）の存在は、二十世紀初頭、および日清戦争（一八九四―一八九五）と日露戦争（一九〇四―一九〇五）に遡る。(41) 日本のやくざは日露戦争中に中国軍閥と接触を持ち、財力や様々な特典をちらつかせ、ロシア戦線の陰でゲリラ活動に携わるようそそのかした。この時期に中国軍閥の大物指導者張作霖が登場したが、彼の出世は、日本とのコネクションに多くを負うものであった。(42) 日本の諜報員はその後もモンゴルや満州における独立運動強化の希望の中で、軍閥を武器として手なずけ続けた。(43) 試みは失敗に終わったが、日本の侠客は策略をめぐらし、現地の軍閥との結びつきは、日本の中国掌握が進むと共にさらに強まっていった。中国は二〇年代に、日本人の側の盛んな諜報活動の中心となり、現地の軍閥との絆は深まった。

当時の中国―日本の非合法的領域で際立つ人物のひとりに、山本菊子（中国名、韓太太で知られる）がいる。菊子は呑み屋の女給から、売春婦、中国人官僚の妾、さらに青島のやくざの組長の愛人となった。組長が病気で衰弱し、引退を余儀なくされると、菊子が組長となり、組を満州で最も組織力あるものに仕立て上げ、組はことに、朝鮮半島と青島の国境での取引を盛んに行った。

大陸は二十世紀初頭、冒険を求める多くの若い日本人（理想主義者ややくざ）の目指す目的地となり、「大陸浪人」は、当地域の日本帝国主義者の一員となった。日中の緊張をあおるような挑発的活動を行う小集団の陰謀に関与する殺し屋、草莽部隊は、拡張主義者たちによって導かれた非合法政策の道具であり、体制を徐々に硬化させていくことになった。この「大陸浪人」は、ロマンの香りこそ薄れるもののより現実に即した「大陸ゴロ」の名で、急速に知られるようになった。

数百人の九州の若者が、極右組織により中国に送り込まれた。極右組織の大半は、表向きは学校や会社を装い、本部を北京や上海に置いていた。闘士や軍隊の手下、各種の取引を行う者、体制に情報を与えるスパイである彼らは、その後、麻薬の取引を行い、慰安婦を送りこむようになった。[44]一九三〇年代から一九四〇年代にかけて「中国への阿片密売、軍への特殊慰安婦の供給等々において博徒の演じた役割もまた見失うことはできない」と岩井弘融は記している。[45]

旅順や大連など、遼東半島南部の日本租界は、一九〇六年から日本政府の管轄下にあり、日本人やくざの界隈となっており、雇われ中国人やくざは、一九三〇年代初めに二三万人に達していた。彼らの多くは、日本帝国主義の大陸における巨大な道具である南満州鉄道株式会社の勢力下にあった。満州の傀儡政権樹立の序説となった一九三一年九月、奉天での関東軍の軍事行動は、柳条湖事件を受けてのものである。同事件は、満州占領正当化を目的とした扇動行為を犯す日本軍と中国人共犯者によってなされた「緊張政策」ともいうべきものであった。続いて、軍は足手まといの「仲間」たちを解雇しようとし、中国人やくざを裏切ったが、トラブルメーカーとしての利用価値が買われた者だけは存在を許された[46]。その後、数年、スパイとやくざの非合法世界は、女スパイ川島芳子（清の王女として生まれながら、大陸浪人の養女となった）[47]や、軍の諜報局で働いた小日向白朗といった山師たちに牛耳られていた。

麻薬取引は、満州の傀儡政権にとって重要な収入源であった。一世紀前にイギリス人が行ったと同様に、日本人は一九三二年に麻薬専売局を設立し、中毒させることで敵を衰弱させようとしたのである。薬物依存の習慣を広めるために、日本人は、モルヒネを含む薬品を流通させ、フィルターに微量のヘロインを含むタバコの販売を促進した[48]。このような麻薬は、日本の大商社が、世界でも最も大量に、麻薬専売局に納入していた。一九四八年、東京裁判での証言によれば、このような「取引」により、一年で三億ドル規模の利益を着実に得る者もあった[49]。規制は全く存在せず、日本人と朝鮮人のやくざによる取引が盛んであった。一九三四年から一九三五年にかけて奉天には五五〇人の薬物商がいた。製品は朝鮮や広東からのものであった[50]。

やくざが敗北の時期に近づいていったのは、この政治権力、軍部と超国家主義との緊密な関係によるものである。戦後とは根本的に異なる社会的政治的な文脈の中で、「愛国主義的暴力行為」は確かに別の形態を取ったが、本質はほとんど変わらなかった。徳川時代末期の混乱の時代に、やくざは貧者の側に立つことを選ぶことができたが、その後、やくざは、権力の超法規的機関に変貌したのである。

やくざ・マフィア・カモッラ

軍国主義の時代に、やくざたちは権力の非合法的庇護を享受し、それにより自らの悪事を愛国主義的な正統性で粉飾することができた。以前は確かに、犯罪者が非合法的活動（賭博など）を牛耳っていたが、やくざはまた、ひとつの身分に縛られていない浮動層、そして産業化初期の下層プロレタリアートを、手配師の仲介により取り仕切るよう、権力当局から委任を受けていた。

やくざは都市の申し子である。やくざの集団は、人口密集地域、宿場町や幹線道路沿いの市場で発達した。やくざはそこで社会の下層の雑多な一群と常に接触を持っていた。元来は犯罪者でなかったが、貧困のために犯罪の予備軍となってしまった人々である。やくざによる社会下層の超法規的管理ということを考えるとき、他の犯罪組織との比較をしてみたくなる。

日本のやくざはマフィア以上に（そうでないにしても、後に見るように、その組織、陰の文化において）、ナポリのカモッラを思わせる。[51] 二つの犯罪集団は、発展の環境に共通点がある。すなわち都市である。[52] 十七世紀においてナポリは西欧で最も人口の多い都市のひとつであった（世界のもう一方の端である江戸と同様に）。十九世紀半ばにナポリの人口は三〇万人から六〇万人に倍増した。移民の波により貧民街「バッシ」が生じていた。ナポリ当局（一八四八年までブルボン朝）も江戸の徳川幕府と同様に「顔もなく、名もなき下層民」を教化しようとした。飢えに苦しむ人々の凝集する巨大で悲惨なナポリの場合、江戸にも増して、この仕事は厳しいものであった。市民の権威としての教会は、自由主義的勢力に抗するために、下層民が味方につく可能性があるのではないかと見て取り、秘密警察として仕えてくれるよう、カモッラの長たちに交渉した[53]。徳川幕府はむしろプラグマティズムに則り行動した。やくざはカモッラと同様に、市場や、日雇労働や、無宿者などの貧困者たちの不安定な一群の地域管理にとって、欠くことのできない要素となった。

ナポリでも江戸でも、社会の下層に生じる秩序が問題であり、マージナルな人々と階級から落ちこぼれた人々は、最終的にその秩序の中で互いを知ることになった。やくざと似たナポリのグアッピ（やりくり算段で暮らすごろつき）は巷の俗語を話し、彼らの「法」（秘教的儀式の際には「礼儀」となる）は、下層社会の法、すなわち暴力であった。昔のカモッラは「寄生的都市の寄生的な花」であったとエンツェンスベルガーは書いている。江戸は寄生的な都市ではなかったが、やくざは、おそらく徳川幕府よりも巧みに下層民を取り仕切っていた。

カモッラとやくざの二つの犯罪組織は、共に権力の庇護を享受しており、その点で両者は類似しているのだが、カモッラとやくざは一点で異なっている。すなわちほぼ同時期に訪れた二つの国家的危機の時代における政治的役割である。カモッラはブルボン王朝の没落期と、ナポリへのガリバルディ軍進軍の際に決定的な影響力を持った。自由主義者たちは、信念からというより利害関係から、ナポリの人々との接触を保つための仲介役として、ブルボン朝に仕えていたカモッラを巧妙に利用した。マルク・モニエによれば、カモッラはフランチェスコ二世のナポリ退去とガリバルディのナポリ入城の際に秩序維持を担った[54]。やくざのほうは、明治維新の際、政治に参与したが、変革者としては、はるかに控え目な役割しか果たさなかった。

やくざには、不正を糺す者とか、相互的保証と助け合いの原則を広めた、元来儒教の概念である「仁義」（これについては後に見ていく）を中心価値とする礼節に依拠した高貴な盗賊といったイメージがある。やくざが非公認の界隈に賭博場や娼館を経営し、日雇労働者市場や雇用を管理していたにしても、いずれにせよやくざは、自らに依存する者の庇護者であった。実際やくざは、農村から都市への流入者たちに一定のよりどころを与えた。やくざの仲間に入るのは生き延びる手段であった。やくざの中に浪人の姿があるのも、やくざには武士の世界の価値観のいくばくかが伝えられているからなのである。

第三章　敗戦期のやくざから暴力団まで

敗戦直後の混乱期に、他国に見られたように、やくざは組織改革を試みるようになる。おそらく、やくざは、混乱、窮乏、そして仕事を求めどっとあふれた復員兵などの無秩序に乗じて、いち早く再編された社会「制度」のひとつである。この時期やくざは、軍国主義時代の行動力を引き継ぐ国家主義的正統性の後光を帯び、警察自体から調整的勢力であると見なされていた。やくざは、ことに戦後の再編の際、アメリカ占領軍の厚遇を受けた。占領軍は一九四七年から一九四八年にかけて日本を安定化させ、彼らの目には脅威と映っていた左翼を阻止しようと気遣っていた。

話は若干飛ぶが、ほとんど同時期に、マルセイユでCIAがコルシカのギャング集団を利用し、共産主義の台頭を抑えようとしたこと（マルセイユをヘロインの都にし得るほど強力な地位をゲリニ兄弟に与えたといったこと）[1]とパラレルに置くことができよう。[2]アメリカの支援によって、シチリアのマフィアの再興がかなり容易なものとなったのと同様に、日本のやくざは、情報提供者やボディーガードとしてやくざを利用する占領軍の好意的加担により増長していった。マフィアとやくざの両ケースとも、保守主義のしるしのもとにあることで一致している。イタリアでは、マフィアとキリスト教民主党が結びついており、日本では、権力の舞台裏で暗躍する黒幕の仲介により、やくざと極右と保守陣営が結びついている。日本においてもイタリアにおいても、歴史的、文化的な文脈に応じ、いくつかの型が見られるが、「政治―やくざ」の癒着が定着しており、それは、権力のシステム全体を腐敗させるには至らないものの、権力システムにとって無視しえない構成要素となっていた。

戦前、右翼運動と結びついていたやくざは数多かったが、大規模組織の形態を取っていなかった。犯罪が大規模組織化するのは一九六〇年代のことである。犯罪学者の岩井弘融によれば、やくざは戦前、地域のレベルで活動していたが、戦後はさらに組織立った性格を持つようになり、ほとんど全国的規模のものとなる集団も生まれたのである。当初、「職人的」に行動していた段階から、西日本のほとんど全域を支配し、津々浦々に広がる組織の段階へと至る道程を示しているのが、日本最大の暴力団である山口組である。暴力団の発展の一端は、メタンフェタミン〔覚醒剤〕取引によるもので（それが例えば稲川会発展の場合で、その勢力範囲は横浜、熱海であり、一九九〇年代初めには、日本の三大暴力団のひとつになった）[3]、それは活動の減速を余儀なくさせた。戦後の犯罪のもうひとつの特色は、警察庁により「暴力団」の名で呼ばれるやくざのカテゴリーが非常に多様であるということである。

敗戦直後、警察庁は東京で、賭博を専門とするやくざ五七人と、その他の大都市（大阪、神戸、京都）でそれぞれ二〇人程度ずつやくざを調査した。最も有力なグループはテキヤのグループであり、闇市により勢力を伸ばしていた。東京にはテキヤの組が三七〇あり、七〇〇〇人の親分と二万人のメンバーがいた（一九五二年まで、テキヤのグループは準合法的なものと見なされていた）。

　敗戦直後の混乱の中で、旧来のやくざほどの秩序はなく、やくざの伝統を尊重しない若年者による新種の犯罪も増えた。それが愚連隊と呼ばれる集団の場合である。警察はこうした若年のやくざたちを青少年不良団と呼んだ。愚連隊は、ことに儲けの上がった当時の闇市に出入りし、もっぱら覚醒剤（当時ヒロポンと呼ばれていた）の取引を行った。愚連隊はまた売春に関する新法である「売春防止法」（一九五六年）を味方につけた。従来の遊郭の閉鎖により、俗語で「ヒモ」とか「ダイ」等と呼ばれる人々のネットワークが発達した。一九六五年以降、街娼の引受け人になっている末端のやくざは、こうして売春市場や関連の活動（ポルノグラフィー等）の主人公となった。

　愚連隊は、戦後の社会的危機と経済不振から生じた犯罪の代表的なものである。伝統を持たず、旧来のやくざに増して粗暴な愚連隊は、博徒やテキヤほどの秩序を持たず、総体としては、やくざの「陰の文化」に参与してはいない。愚連隊は、日本の犯罪の様相を一変させた。愚連隊のモデルは、理想化された義賊、幡随院長兵衛というより、アル・カポネのほうである。しかし、萌芽の状態に留まっていた思想的信念からというより、熱い「愛国的」なもので自らの暴力的衝動を正当化するために、愚連隊の若者たちは、再編されつつあった極右と結びついた。中には「赤」、すなわち共産主義者や社会主義者の襲撃犯もいた。これら戦後の極道を構成する三大要素（博徒、テキヤ、新しいやくざ）に、大概は重い犯罪の「予備課程的」なものとなる軽微な非行を犯す、ごく低年齢層の不良集団が加わる。それは、チンピラと呼ばれた。チンピラという言葉は戦後に登場したもので、その語源は定かではないが、(4) 結局、大した勇気はないのだが「肩で風を切っている」人間を指す軽蔑的な言葉である。

一九五五年から一九五六年にかけて、愚連隊は次第に、より堅固な組織である博徒やテキヤのグループに吸収されていき、二つの暴力団が登場した。関東の稲川会（当時は錦政会）と関西の山口組である。一九六〇年代初めは、この新たな暴力団が目覚しい力を発揮した「黄金時代」であった。一九六三年に、警察庁は一八万四〇〇〇人のメンバーを抱える五三〇〇のグループを調査した。以降、調査を受けるやくざの数は減少したが、広域暴力団への集中が進んだ。一九九六年の警察庁の調査によれば、組は三一二〇を数え、メンバーは八万人で、そのうち六六パーセントが三大暴力団（山口組、住吉会、稲川会）所属である。一九九二年の暴力団対策法施行後、三大暴力団による寡占傾向は非常に強まった。同時に、正メンバーの数は減少した（八万人中四万六〇〇〇人）一方、「準構成員」（形式的には組に属していないが、イタリアでなら「マフィアのにおいのする」と言われる人々）は増加した。あまりに目に立つやくざの多くは組を去り、組の外で、あるいは独立して活動を行っているのである。

新しいやくざ、新しい極右

当初、旧来のやくざは、過去を持たない非行の新形態である愚連隊と妥結しなければならなかった。やくざは「縄張り」争いの際に愚連隊と示談交渉した。日本人として、やくざは敗者の側であり、闇市で束の間、幅を利かせていたのは、やくざの仲間で、かつて日本の隷属下におかれていた国々のマイノリティ出身者であった。「第三国人」たる在日中国・韓国・朝鮮人[5]は、「戦勝国の陣営」に属していることを利用し、自らが犠牲となっていた差別と搾取に復讐した。占領軍のパージによって警察は弱体化し、彼らは幾分手前勝手に振舞った。

当時、やくざの暴力行為は再び「愛国主義的」なものになっていた。戦時中、やくざがその大義と結びついていた超国家主義と手をつなぐことよりも、自分たちの縄張りだと思われる場所の外国人を排斥することが重要となったのである。日本人やくざが彼らに抗し、警察官の身を守った、神戸で起きた有名な事件が示すように、状況はしばしば逆説的なものとなった。実際、若き組長、田岡一雄の指揮下で刀や竹槍を帯びた山口組組員が、韓国・朝鮮人やくざによって警察署で人質に取られた警官を救った[6]。神戸の警察は山口組の恩を忘れなかった。このように、やくざが警察を救った例は京都、大阪、東京でもあった。

一般に、やくざによる縄張りの奪回は、戦後直後の数年、銀座、新橋、新宿界隈での「第三国人」との争いの形を取った。「暴力沙汰や刃物や小機関銃での戦い。東京は三〇年代のシカゴに似ていた」と、東京帝国大学の元哲学科学生で、当時、テキヤとして東京を駆け巡り、その後、米軍ベースキャンプで働き、作家になった田中小実昌は述べている[7]。田中はとに、一九四六年、新橋駅近くで起こったテキヤと旧台湾省民との間での有名な抗争のことを述べている。日本のテキヤは、軍用機の砲弾を回収し、家屋の屋根に陣取って、当時、松田義一の組の管理下に移行していた新橋の市場の奪取を断念させるため、旧台湾省民たちめがけて砲弾を「撒いた」。松田義一は、破門中の舎弟によって射殺される。松田のあとを継いだのは、未亡人となった芳子であった。

アメリカ占領軍の公安部の報告が示すように、敗戦直後、やくざは社会の様々な分野に入り込んでおり、とりわけ三〇〇万人を手配師の管理下に置いていた。東京には一八一人の親分と七四〇〇人の子分がいた。テキヤの親分に関しては、露天商四万五〇〇〇人の九〇パーセントを管理下に置いていた。

廃墟となった東京に君臨していたやくざの新たなグループの中に、浅草界隈の大支配人である芝山金吾がいた（強奪の罪で告訴され、一九四八年に検挙されたが、証拠不十分で釈放された。誰も芝山告訴の証言を述べに法廷に現れなかったのである……）。芝山についてはテキヤの章で再び述べる。当時のやくざの「帝王」のひとりが尾津喜之助であり、アメリカの報道関係者には「東京のアル・カポネ」と渾名された、新宿の（および東京最大の新宿の闇市の）テキヤの親分である。(8) 彼は回想録（『新やくざ物語』一九五三年）を残している。尾津は露店同業組合の長であり、裏では自民党に支持されており、尾津のライバルで同じく新宿で幅を利かせていた関根賢は、自民党と密接な付き合いがあった。

もうひとりの戦後のやくざの中心人物、安藤明は、一九四一年には東京の朝鮮人の労働市場を取り仕切っていたが、持ち前の才覚で、一戦も交えずやすやすと勝者となっていった。占領軍の手先にして、交通（タクシー、トラック）会社、一八の娼館、複数のクラブその他、東京で最もいかがわしい場所の所有者となった安藤は、アメリカ占領軍の幹部と親しく、安藤は彼らに女たちを与えた。占領軍幹部たちは、安藤が所有する築地の「大安クラブ」(後に「若とんぼクラブ」となる)の常連となった。まるで昭和天皇の弟の高松宮(本邸を貿易庁迎賓館としてGHQ高官などの接待用に使用させた)のようだ……。少々、おおっぴらに賄賂を贈ったために、安藤は一九四六年六月に逮捕され、数カ月後に釈放された。彼の住所録には、百人ばかりのアメリカ軍人の名前があった。住所録は没収されたが、その内容は明らかにされていない。安藤は単に、武器所持と、アメリカ製タバコのストックで有罪とされたにすぎない。安藤の持つコネ(アメリカ占領軍、やくざ、皇室に至る)は明らかにされていない。[9]

やくざは、アメリカ人から大いに政治的援助を受けることができた。GHQのメンバーの努力にもかかわらず、アメリカ人はやくざの活動を制限しようとはしなかった。[10] やくざに対するこのような厚遇は、米国の対日対策が変化する頃から顕著になってきた。冷戦の始まりと中国での国家主義的勢力の後退により、日本の民主化は、アメリカ政府の目からすれば二次的なものとなってしまった。まず優先されるべきは共産主義との戦いであり、そのために米国は味方を必要とし、監獄にいる戦犯や、やくざの中にそれを見出したのである。

このような米国政治の「逆コース」の流れは、日本における左翼勢力台頭後の、アメリカ占領軍や日本の指導者たちの懸念により加速していった。組合活動の制限措置の後、一九四七年二月一日に施行されたマッカーサー元帥のストライキ禁止と、裕仁天皇は裁判にかけられることはないとする同年十月の告示は、アメリカの方向転換のしるしであるとする歴史家もいる。[11] マッカーサーが共産主義者や組合運動家に対して決行した「赤狩り」はその後も続いた。一九四九年四月に始まった「赤狩り」は、朝鮮戦争終結（一九五三年）まで続く。その間、日本共産党は、暴力的行動にのめりこんでいった。

「赤狩り」は、超国家主義的活動や軍事体制への協力により終戦直後に逮捕された多くの人々の、釈放と名誉回復の時期と重なっている。こうして、約二〇万人が起訴を免れた。その中には、児玉誉士夫、笹川良一、岸信介（後に首相に就任）らがいる。保守的勢力の核を再結成することを目的とし、非合法的領域にネットワークを有し、情報提供者となりうる人物を利用するための「釈放」である。やくざは、児玉誉士夫のような人物への回帰に見られるような米国政治の右傾化の恩恵を大いに蒙った。児玉は一九五二年のサンフランシスコ条約締結後の日本独立の後、やくざと政界、CIAのフィクサーを務めることになる。[12]

すでに述べたが、軍国主義時代にやくざは極右と緊密な関係を持っていた。その関係は、敗戦後も変わらなかった。この時代にも極右全体とやくざとを混同するのは、単純化しすぎであろう。極右の一部は真の理想主義により活気づいており、やくざとは全く関係がなかった。一方、その他の場合、右翼団体と純然たる暴力団とを区別するのは難しい。[13] 共謀はしばしば全面的なものであり、援護を求めるやくざたちは国家主義的政治団体を結成した。一方極右は、マッカーサーの諜報活動の責任者であるチャールズ・ウィロビーの参謀第二部と同様に、やくざを傭兵のごとく利用した。[14]

占領初期に、財閥の解体とともにアメリカ軍によってなされたレッドパージと思想的統制によって、極右集団の収入源は枯渇し、再編を余儀なくされた。一部の少数派は活動を停止し、そのメンバーは集団自殺した。もっとも有名なケースが大東塾の十四人の場合で、彼らは東京代々木の練兵場で切腹したのであった。――このことで、大東塾は、非常に有名になった。そのほかは変化していった。笹川良一の国粋大衆党は、短期間であるが勤労者同盟となり、笹川良一逮捕の際に解散した。「児玉機関」もまた日本国民党に変わり、児玉は、東の間首相であった東久邇稔彦《なるひこ》（一九四五年八月十七日―十月九日）の相談役になった。そして、別の形式で組織を維持しようとするグループは、闇市に乗り出していった。例えば、もうひとりの過激主義者である田中清玄[15]は建設会社を設立した。

　敗戦後、反共や組合、ことに教師の組合である日教組を標的とする国家主義者の組織が再結成された。疑いの余地なくやくざと結びついている団体もあった。一九四七年に解散した新鋭大衆党は、明らかにやくざの組織である。同党のリーダーは、悪名高きやくざの真木康年である。真木は東京浅草界隈の賭博を支配下にしていた。市民大衆党は、労働組合への「急襲」で有名であった。同党は、佐賀県支部の日本反共連盟に加盟しており、一九四八年七月、当時共産党書記長であった徳田球一を襲撃した。日本天狗党は一九四五年に結成され、博徒や、銀座・新橋界隈を牛耳る手配師たちをメンバーとしていた。同党は一九四八年に解散した。

　米国の対日政策の変化により、新たな組織が誕生し、その数が増していった。五〇年代初め、警察によれば極右組織は七〇〇にのぼった――とはいえ、確かにそのうちには小規模なものもあった。

思想的右翼が「エセ右翼」と一線を画そうとしたものの、依然として、世論では両者が混同されていたのも、故なきことではなかった。例えば、一九五四年、昭和天皇の誕生日である四月二十九日に、血盟団を引き継ぐものとして結成された護国団は、思想的極右のメンバーを集め、また手配師やゆすりのテキヤをもメンバーに引き入れた。以前、血盟団を組織した護国団の創立者で、僧侶にしてスパイである井上日召（一八八六―一九六七）は、一九五二年に釈放されていた。護国団には、一九三〇年の浜口雄幸首相襲撃の犯人である佐郷屋留雄や、その二年後に大蔵大臣の井上準之助を暗殺した小沼正もいた。護国団のメンバーは二、三百人であった。護国団には、一九五四年秋、護国青年団が結成された。護国青年団は出版社や映画人に対するゆすりと暴力を特徴としていた。[17]

占領軍はこうした小集団に対してはアンビバレントな姿勢を示した。GHQは反共の立場から、極右小集団をある程度は許容していた。なぜなら、こうした小集団は、左翼の活動についての情報源となるからである。[18]しかし、極右集団の過激主義と、あまりにもあからさまな非合法的活動を前に、当局もまた、あまり自らの手を汚さないよう、極右集団を弾圧せざるを得なかった。幹部が変わったために、米国が戦略を練らなければならないこと、極右ややくざとの仲介的な緩衝役となってくれ、極右集団の活動をコントロールし、日本の政界と密接な関係を持っているような人物が必要なのは明らかとなった。すでに述べたとおり、アメリカはそうした人物を、軍国主義時代の日本で活躍し、占領時代の初めには戦犯容疑で投獄されていた人物の中に見出した。ことに、児玉誉士夫、笹川良一（戦後直ぐの占領軍のレポートには、「日本の将来にとって、潜在的な危険性を持つ人物である（……）そして、平然とはばかるところがない」と記されている）といった人物である。この二人のやくざが、一九七〇年代末に、日本の政治の裏舞台の大物策士となっていった――二十世紀前半の頭山満と同様である。

「黒幕」の支配

一九四八年十二月二十三日、児玉と笹川は、同じく戦犯容疑で逮捕されていた岸信介[19]と同時に釈放され、東京巣鴨の拘置所を出所すると、自らのネットワークと財政を立て直した。笹川良一はモーターボート競艇を独占した――占領終了直前に折りよく可決された法案と、当時の三井グループのトップで商工会議所会長であった足立正の援助のおかげである。笹川はモーターボート競走会連合会の頂点に立ち、帝国を築き上げた（一九八〇年代において、同連合会の年間総売上げ二兆円のうち、三・二パーセントが笹川の収入であった）。笹川は反共主義的な各種の組織や連盟の設立者であり、一時は悪名高いやくざと同様に、原理研究会と結びつき、極右組織に資金提供し、自らの名を冠した財団を創設した。その年間予算は一九九〇年代初め、フォード財団の予算を超える五億ドル相当であった。笹川は晩年に、持ち前の気前の良さから、海外では、少なくとも、ドイツ人ほど日本人の記憶力が長続きしないことに何の疑問も抱かぬ人々の間では、「人類の恩人」として通っていた[20]。一九九五年七月に亡くなる前には健康を損ね、笹川は次第に帝国での勢力を失っていった。彼の政治的支持者はなしくずしに消え、かつては笹川がいつも黙らせることに成功していた新聞も、彼に対して批判的な記事を掲載するようになった。一九九四年に、日本船舶振興会の運営について国会で喚問があった。[21] モーターボート競走会連合会（日本船舶振興会に依拠している）の監督組織である運輸省は、保守陣営への非合法的任務の代償として笹川良一に認められてきた法外な寡占に終止符を打つことを要求した。

児玉誉士夫の道程は、多少異なっている。児玉は組織を統括する能力があり、中国でのスパイ経験を持ち、旧軍人や極右の世界、やくざ、一部の政治家とのコネを持っていたことから、アメリカの諜報局にとって彼は選り抜きの新規加入者であった――一九五八年になると、CIAから定期的に報酬を得る人物のリストに児玉の名前がのぼるようになった。一九五二年以降、国際経済の機関の援助により、児玉は諜報機関を設立する。児玉は、三木武吉、鳩山一郎（児玉は、一九五四年の鳩山の首相就任に貢献した）、河野一郎、ことに大野伴睦（当時保守政党の幹事長であり、一九六三年に暴力団本多会の平田勝一会長就任式に出席したことで有名である）などの政治家と親しいことで知られていた。児玉の「戦果」の多くは、自由党と民主党の合併による一九五五年の自由民主党結成に寄与した。自由民主党は一九九三年まで政権を独占する。同党は短期間、苦難をなめたが、その後、政権奪回した。児玉は、五〇年代および六〇年代には活動経費を建設、映画、海運、ナイトクラブから得て、日本で最も有力な黒幕のひとりであった。彼はまた右翼と暴力団とを取り持つ人物でもあった。児玉は一九八四年に大往生した。

四〇年代末から五〇年代前半にかけて、日本における左翼勢力の台頭の危険を懸念したのは、アメリカ占領軍だけではなかった。日本の保守主義者たちも同様の懸念を抱いていた。吉田内閣の法務総裁木村篤太郎により、一九五二年四月のサンフランシスコ条約締結直前に、主に極右のメンバーで構成された反共勢力結集が試みられた。この試みは、以前の図式をなぞっている（内務大臣床次が行ったような政治権力とやくざの結託）からというだけでなく、占領軍の懸念を示しているために示唆的である。このような采配をふるった人物である木村篤太郎も同様である。木村は元弁護士で、戦前は国家主義的組織である大日本武徳会の長を務め、短期間であるが一九四六年五月から一九四七年一月にかけて法務総裁であった。木村はGHQのレッドパージによる公職追放の後、法務総裁のポストを去らねばならなくなった。彼は吉田茂首相の庇護を受け、一九五〇年十月にアメリカ占領軍による名誉回復措置の恩恵に浴し、吉田内閣の下で、再び法務総裁に就任した。

秩序維持の責任者として木村は、少なくとも疑わしいところのある関係を結んでおり、彼の人脈の中には、東京の露天商のリーダーである関口愛治や、新宿の闇市の「王」にして、終戦直後のやくざの大立者のひとりである尾津喜之助や、右翼団体、関東国粋会のメンバーである梅津勘兵衛らがいた。こうした人物とともに木村は「愛国反共抜刀隊」と呼ばれる反共「抑止力」の基礎を築こうとした[22]。吉田首相は木村の試みを阻止したが、新設された（一九五四年）防衛庁の長官に、木村のお気に入りの人物を就任させた。それは、右翼向けの戦略的敗北であった。というのも児玉誉士夫が事態を掌握することになるからである。

秩序権力である保守勢力とやくざとの結託の最もよい例が、一九六〇年の日米安保条約改定の苦渋の時期である。安保条約改定やアイゼンハワー大統領の訪日（結局、キャンセルとなった）に反対する左翼の大規模なデモで、やくざが再び政治の表舞台に現れた。日本のやくざは中国人や在日韓国・朝鮮人を排斥し、覚醒剤取引や非合法賭博、日雇労働市場や売春を支配下に置く組織を結成し始めていた。それは、新たな活動である。というのも一九五六年の売春防止法施行まで、売春はやくざの活動ではなかったからである（江戸時代から、娼館は賤民が経営していた）。大規模な暴力団が神戸―大阪地域（山口組）、広島地域（本多会）、および東京―横浜地域（錦政会、東声会、住吉会）に形成された。

保守陣営は、ますます大規模なものとなっていく問題に対処せざるを得なくなり[23]、左翼と学生への対策に関し警察に加担してくれるよう、極右とやくざに援助を求めた。政治家とやくざの仲介は児玉誉士夫が担った[24]。当時、錦政会のリーダーであった稲川聖城、住吉会のリーダーであった磧上義光および「テキヤの帝王」尾津喜之助が、児玉をサポートした。政府はことに羽田空港と東京都心との間での米大統領の警備の人材を必要としていた。児玉はやくざに交渉し、羽田―都心間に一万八〇〇〇人のやくざと一万人のテキヤ、および、種々の極右組織のメンバー四〇〇〇人を配置する用意を整えることができた[25]。アイゼンハワー大統領「歓迎委員会」（アイク歓迎委員会）の構成メンバーの中には、悪名高いやくざと並び、保守政治家たち（橋本登美三郎、自由民主党の議員で元警視総監の田中栄一、河野一郎、および元法務総裁の木村篤太郎）がいた……。

このような大規模動員が続行されることはなかった。土壇場になって、この計画はキャンセルされたのである。六月十五日に、国会前で一人の女子学生が亡くなったことで、日本政府はアイゼンハワー大統領訪日中止を要請せざるを得なくなった。しかし、それでも、やくざと極右の絆は再び強まった。

一九六〇年の危機は、やくざを武器とする戦後最強の極右集団の誕生を促した。「全愛会議」の名で知られる全日本愛国者団体会議である。一九五九年四月に設立された同会議は、四四〇の組織（松葉会、日本国粋会などといった暴力団を含む）を結集し、メンバーは一五万人に上った。副会長、佐郷屋留雄は愛国社のメンバーであった。佐郷屋は一九三〇年十一月、二十三歳の時に浜口雄幸を狙撃し、浜口は、このテロによる負傷のため、命を落とすことになる。戦後、佐郷屋は暴力集団化した右翼運動の護国団でめざましい活躍をし、一九五五年に、現金強奪の罪で逮捕された。「我々は軍隊に準じた真の勢力を作り上げたが、その後、恐喝の様々な手段に利用された」と一九七〇年代初めに、全日本愛国者団体会議の会長を務めた武井敬三は述べている[26]。武井も驚くべき人物である。僧の身なりをしているが、当初、彼は中国で扇動家、スパイとして仕事をし、その後やくざの親分となったのである（「四〇回逮捕されたが、一度も起訴されたことはない」と彼はよく言ったものである）。

児玉誉士夫は、裏舞台で「相談役」として、悪名高いやくざや、戦前古くからの極右を戴く組織を操る重要人物であった[27]。そうした極右の人物としては、五・一五事件に参加した橘孝三郎や、一九三二年二月に大蔵大臣の井上準之助を暗殺した小沼正や、当時、韓国に本部を持つ国際勝共連合の名誉会長であった笹川良一がいる。古くからの右翼のメンバーと共に、荻島峯五郎（当時、日本国粋会会長）や、森田政治（当時、住吉会の会長）、稲川聖城の暴力団（錦政会）の傘下にある古い右翼団体である護国団の会長石井一昌など、著名なやくざもいた。しかし、一九六一年に複数の暴力団（松葉会、日本国粋会）が全日本愛国者団体会議を脱退し、新たな組織である日本自由主義連盟を結成し、児玉は、全日本愛国者団体会議の内部に活動家集団、青年思想研究会（略して青思会）を結成した。青思会のトップは佐郷屋留雄であった。青思会のもうひとりの重要メンバーで韓国出身の町井久之は、後にKCIAと共に一九七三年東京で、金大中拉致を計画したとの容疑をかけられた。町井（韓国名は鄭建永）は六本木界隈の暴力団である東声会を率い、日本と韓国の主要交通機関（韓釜フェリー）を統制下にしていた。[28] また岡村吾一（北星会メンバー）および住吉会副会長で、当時日本青年社を率いていた小林楠男もこの「思想」団体に参加していた。

やくざは全て、程度の差こそあれ公然と、保守主義の政治家と緊密な関係を持っていた。例えば武井はことに佐藤栄作と親交が深く、部下の中には佐藤栄作のボディーガードを務める者もあった……。一方、鳩山保守内閣（一九五四年十二月から一九五六年十二月）の組閣は、当時自由党の幹事長であった河野一郎の「兄弟の盃をかわした仲」である児玉によって決定されたものではなかったか。六〇年代初期の一枚の有名な写真には、日本庭園に河野一郎が、児玉誉士夫、稲川会会長稲川聖城と一緒にいる。[29]

一九七〇年代後半に、東京での暴力団抑止を任務としていた警察本部長の宮脇磊介によれば、やくざは、実業界への献金要求を正当化し、アリバイ作りするために、自称「愛国主義」を利用し始めた。右翼は、やくざと「愛国主義」の結びつきは、自らの手下を得る絶好のチャンスとなると見た。[30] 一九五〇年代初めから一九七〇年代末にかけて非合法的権力網の黒幕であった児玉誉士夫は年老い、ロッキード事件で失脚したが、[31] 他の面々とともに、日本のやくざの展開に貢献したのだった。五〇年代、六〇年代以降、やくざの世界と極右は一層重なりあっていった。おそらく両者の結びつきは、ことに一九六〇年十月十二日の、右翼主義の大日本愛国党による社会党委員長浅沼稲次郎暗殺に代表されるような、当時の暴力的風土と無縁ではなかったであろう。安保条約改正に反対する左翼のデモ参加者と極右集団、とりわけ護国団との乱闘は激しく、学生たちの激しい怒りを呼び、一九六〇年六月十五日に学生たちは国会を襲撃した。警察との乱闘のさなか、一人の女子学生が亡くなった。

暴力は労働者の世界に対しても向けられた。一九六〇年三月に三池炭鉱で起こった労働争議の際には、護国団、治安確立同志会など五つの大規模極右組織が介入し、三月二十九日に組合活動家の久保清が、山城組所属の工場の専属警備員によって殺された。三日後、自称政治団体、実際には関根組から派生したものである松葉会のメンバーらが毎日新聞社の輪転機を攻撃した。他にも事件が起こったが、そのうち最も重要なのが、一九六二年のタクシー組合会長暗殺である。

「親分」の物語

終戦直後の日本のやくざの世界は、エネルギッシュな人物に事欠かない。そのうちの何人かについてはすでに述べた（新宿の闇市という奇跡の庭の「王」である尾津喜之助、銀座に君臨したアメリカ人の手下である安藤明）。しかし、戦後三〇年をひとつの名前が支配している。日本最強の暴力団である山口組三代目組長、田岡一雄である。

おそらくやくざは、民衆に対し、常に魅力を放ち続けてきたし、また、大物やくざは自らのイメージを大切にしてきたので、戦後の「親分」の生涯は、格好の記述対象となっており、その伝記には事欠かない。終戦直後から一九八一年まで山口組を率いた田岡は、ことに自らの神話化に努めた。一九七三年に『山口組三代目――田岡一雄自伝』[32]のタイトルで出版された分厚い自伝は、同年、映画化され、現代日本の偉大なる「親分」の生涯を物語っている。そこでは、やくざの「任俠精神」にまつわる叙情的高揚と自己正当化とが、社会の中で地位を得るため暴力に訴えることの必要性の「無邪気な」正当化に結びつけられている。一九八九年に、「親分」の息子田岡満の書いた本がもう一冊出版され、この自伝は補完された。田岡満は一層、神秘的喚起に傾いた。さらに田岡の娘の由伎が父親のことを綴ったエッセーも出版された。田岡一雄の物語は、日本のやくざの世界の発展と、一時代の社会の風土を同時に描いている。

一九一三年に徳島県の寒村に生まれた田岡一雄の人生は、悲嘆調の物語のように始まる。

彼は、生まれる前に父を亡くした孤独な子供であった。大地主の小作人であった母に育てられ、貧困と飢えを経験した。母は過労が原因で亡くなった。当時、一雄はまだ五歳で、容態の悪化を知らされた一雄の兄や姉は電報に応えることさえできなかった。田岡は子供の目から見た母の葬儀の模様を語っている。家は突然、近所の人々や、彼らの持ってきた食べ物や酒、そして一雄をこれからどうするかという話で一杯になった。田岡はわざとらしい効果を排し、リアリズムをもって、二十世紀初めの貧農の世界を描いている。

神戸に住む叔父に引き取られたが、いやいや迎えた叔母には疎まれ、一雄は、忍耐の修業を続けた。学校では喧嘩をおぼえた。彼には同い年の友人、山口秀雄がいた。この友情が彼の未来を決めることになる。実は、秀雄は、神戸港で活動するやくざの小さな組であった山口組の親分の次男であった。一九二九年の大恐慌を日本も免れず、この年、川崎造船の現場主任を殴打して旋盤工見習いの職を失った田岡は、秀雄に、山口組のゴンゾウ部屋（荷揚げ人足の寄場）に引き入れられた。

秀雄の兄、山口登は、神戸港の手配師であった父を継ぎ、組の名をかなり広めた。田岡は「荒くれ者」との風評で、その獰猛さから「クマ」とあだ名されたほどであった。山口組で認められようとして田岡が培ってきた評判である。田岡は「弟子」（三下）として山口組に認められ、修業のため、山口組舎弟の古川松太郎に委ねられた。「筋肉薄弱」のために徴兵免除となった田岡は、日中戦争初期には、ギャング的活動（賭博、興行）を展開した。田岡の友人が命を落とすことになった山口組のメンバーと海員組合長との間の刀による裁定の後、田岡は復讐を決意し、刀で複数の組合活動家に重傷を負わせた。組長の要求に応え、田岡は囚人となり監獄で一年を過ごした。一九三五年に出所すると、田岡は山口組の若衆となった。同年、田岡は喫茶バー経営者の娘であるフミ子と結婚した。フミ子は気丈な女で、田岡の死後、束の間ではあるが、日本最大の暴力団の指揮官を務めた。

田岡の野心は、一九三七年二月の再度の逮捕後に急に衰えてしまう。田岡は、あるやくざの兄貴分への「懲罰」の後、田岡に釈明を求めにきたライバルの組のやくざに切りつけた。田岡はそのやくざの兄貴分の脳天めがけ熱湯の入った鉄びんを叩きつけ、殺人罪で懲役八年を科せられたのである。

田岡は一九四三年にようやく出所したが（公民権は剝奪され、またしても彼は徴兵を免れた）、日本が以前彼の知っていたのとはかなり違ったものになっているのに気づいた。逮捕や動員により大量の死者が出、組は解散に向かっていた。一九四二年に山口登は亡くなり、当時三十三歳であった田岡は、もはや二〇人ほどが残るのみとなっていた土建業山口組の社長となった。田岡は、当時の人々と同じようなことを行った。つまり復興である。田岡は組の復興に十分成功した。この小さなやくざの組は、一九七〇年代の初めには、一万人を結集する強力な暴力団となっていたのである。

田岡は、その組織運営のセンス、関西の他の暴力団との抗争での勝利による威光も手伝い、まず縄張りの回復と拡張で急速にその真価を知られることになった。すでに見てきたように、一九四五年から一九四八年にかけては、犯罪の世界で幅を利かせていたのは、在日韓国・朝鮮人と中国人のギャングであった。田岡は自伝の中で、ある日、拳銃を手にし、手榴弾を携え、仲間の一人を連れ、みずからの「縄張り」内の在日韓国人経営の賭博場に赴いたことを述べている。この芝居がかった行動は措くとして、「第三国人」に対する戦いは、とりわけ警察に恩を売る機会であり、「土着の」やくざが、思いがけずも警察の庇護者となったのである（兵庫署襲撃を阻止）。こうした縄張りの回復によって、田岡は正式に山口組の新組長になることができた。一九四六年十月に、神戸の老舗料亭延命軒において組長就任の儀式が行われた。

田岡はライバルの組で、広島と関西を本拠とする本多会と向き合って座った。博徒をメンバーとする本多会は、覇気に満ち、こだわりのない山口組の新組長より、一層伝統的なやくざの価値観を持っていた。何年かの同盟関係の後、田岡は本多会と軋轢を起こし、勢力範囲拡大の契機となった血まみれの抗争を経、本多会を打倒した。次は、朝鮮人不良少年を糾合していた明友会である。田岡は、大阪ミナミの歓楽街の管理をめぐり明友会と対立した（一九六〇年八月）。本多会の場合と同様に、山口組は抗争に勝利し、明友会に残っていたメンバーを吸収した。宮本組の場合も同様で、似たような選択肢を迫られた。田岡の組に入るか、それとも消えるかである。六〇年代前半、田岡は関西の犯罪の世界では、文句のつけようのないトップとなり、支部を各地に広げていった。一九六四年に山口組は二一の都道府県に拠点を持つにいたった。一九七〇年代初めに、東京で似たような一極集中の動きがあり、縄張りはほぼ確定された。以後、七つの広域暴力団が日本のやくざ界を支配することになる。一九七二年十月のやくざの「サミット」には、広域暴力団の「親分」たちが日本全国から集まってきた。このサミットには、田岡および関東に君臨していた稲川会会長も出席していた。

山口組は、やくざの伝統的活動（賭博、ゆすり）の他に、その活動に表向きの正当性を付与する二つの分野で成長を遂げた。港湾労働者の管理と興行である。港湾労働者の生活改善を目的にしているとされ、田岡が関西の他の暴力団のリーダーたちに加入するよう要求していた団体や、当時の建設大臣の力もあずかり、山口組は神戸港の支配権を掌握するにいたった（当時、ラッキー・ルチアーノがマンハッタンやブルックリンでなしたように）。

日雇労働の管理は、すでに見てきたとおり、江戸時代以来、やくざの伝統的な活動であった。神戸の場合も明らかに同様で、やくざの組（初代組長山口春吉が親方であった山口組をはじめとして）が港周辺のバラック――あるいは路上――で暮らす港湾労働者の市場を管理していた。占領時代にアメリカは、いくつかの改革を試みたが、下請業者の働きにより、やくざは港に君臨し続けた。朝鮮戦争が勃発した時、アメリカにとっては兵士の調達が第一の懸案事項であったので、やくざの君臨の現状に対して甘くなった。その上、波止場では労働力が不足しており、必然的に通過貨物を扱う者たちは、人員を募るため田岡のもとに出向くことになった。ライバルの組との度重なる抗争につれ、山口組は幅を利かせるようになり、その勢力で港に君臨したが、それは、通過貨物取り扱い業者の活動参加の成果でもあった。田岡は港湾労働者の生活条件改善を成し遂げた。「わたしはけっして資本家に与《くみ》する考えはないが、満足な話し合いもせずすぐ席を蹴立てて決裂だ！　ストだ！　とわめきたてる指導者は無能というべきである」と自伝の中で田岡は書いている。とはいえ、港湾労働者たちが独立の組合を結成しようとするたびに、道のはすかいには、山口組の屈強の整理係の小集団が立ちはだかるのであった。一九五〇年のマルセイユにおけるゲリニ兄弟のように、山口組は、波止場を恐怖で支配する術を心得ていた。からくりは実に明快であるが、田岡の港湾労働者の組織は、当時の極右の人物である田中清玄（すでに述べた）から資金提供を受け、児玉誉士夫からも支援を得ていた。

山口組が展開した第二の活動は興行である。田岡には「才能」を発見するある種の嗅覚があり、五〇年代初めに、演歌(33)の偉大なるひとりのスターを世に送り出した。美空ひばりである。横浜の魚屋の娘で、著名なやくざを弟にもつ美空ひばりは、四〇年を超えるそのキャリアの多くを山口組組長に負っている。田岡一雄は一九五七年に神戸芸能社を、翌年には株式会社ひばりプロダクションを設立し、美空ひばりのプロデュースをした。同社の事務所を通し、田岡はホームラン・ヒットパレード（「美空ひばりと共に」）という全国展開のショーにも足を踏み入れた。興行団には、実際やくざが随行し、地方の暴力団とのコネ（必要とあれば、力関係）を作るのにこの巡業を利用した。山口組の興行主としての活動は、思うようにならない芸能人たちに対する暴力を排除するものではなかった。

田岡が神戸の篠原本町の自宅で心臓発作に見舞われ、一九八一年七月二十三日に亡くなった時、強力な組織が残されていたが、後継者の準備は十分できてなかった。一九七八年七月の京都のナイトクラブ「ベラミ」で田岡が被害者となった襲撃事件の後、シチリアのマフィアの言うcapi dei capi（ドンの中のドン）の勢力が衰退し始めた。田岡は、大阪の暴力団、松田組系の若い組員に傷を負わされた。松田組の大日本正義団会長はその二年前、山口組メンバーとの暴力沙汰で殺害されていた。この暗殺の企てによって、暴力団抗争（「大阪第二次抗争」である。第一次抗争で、田岡は関西の首都に足を踏み入れることができるようになった。第三次抗争は田岡の死後である）の火蓋を切って落とした。

この暴行事件後の田岡の役割については、意見の分れるところである。田岡は、もはや実質的に指揮をとるのではなくて、天皇のごとく、組織に君臨する象徴的な存在にすぎなくなってしまったのだろうか。それとも彼は最後まで、ほとんど絶対的な権力を有していたのだろうか。田岡は負傷から回復したが、彼の存在は小さくなってしまった。田岡は心臓病に苦しみ、一九六五年に激しい発作に見舞われて以来、病と闘った。田岡の権力弱体化のもうひとつの要因は、財源の大半を失ってしまったことに関わっている。警察が田岡の管理する会社の起訴に踏み切り、田岡は恐喝容疑で神戸地裁に出頭しなければならなくなった。そのため田岡は、手下から振り込まれる納付金に完全に依存することになった。国税庁によれば、「親分」田岡の残した遺産は一億五〇〇〇万円と推定されるささやかなものであった。

実質的な権力は田岡の右腕である山本健一に移っていたが、警察と同様、田岡を知る人にとって、山本は組織に対しカリスマ的な影響を持ち続ける人物であった。とはいえ山口組幹部の間には意見の対立があった。田岡の死後、こうした意見の対立はあからさまな野心の衝突となっていった。

潜在的ライバルたちの攻撃が集中しないよう、田岡は生前、自らの後継者を公式には指名しなかったが、田岡を継ぐと目されていたのは、「山健」とあだ名された山口組ナンバー2の山本健一であった。しかし、田岡への襲撃によって火蓋の切られた暴力団抗争が起きた街路での銃撃戦の後、山健は逮捕され、三年の禁固刑に服した――それは、抗争は終結したと告げるため「親分」の住居で記者会見をした直後のことであった。

山健はしたたかな男だった。一九五三年の大阪の大劇急襲の折に、山健は名を馳せることとなり、その間に山健は自ら、俳優の鶴田浩二(彼は後にやくざ映画の大スターとなる……)の「態度を正した」。これは、山口組が関西の興行の世界の一部に支配力を及ぼす作用を果たした。山本健一の影響力は、自身のイニシアティブで松田組(京都での田岡襲撃を行った)との妥協点を見出そうとしていたライバル菅谷政雄を排除したことにより強まった。

田岡が亡くなったとき、山本健一は依然として刑務所にいた。山本は一年後の一九八二年八月に釈放される予定であった。数カ月間は、田岡の未亡人のフミ子が、山健の出所を待ちつつ、組織運営の決定機関で代理組長として亡き夫の代役を果たした。しかし、一九八二年二月に山健は病にたおれた。山健死去は大混乱を招き、山口組(当時、メンバーは約一万三〇〇〇人、五八七のグループを擁していた)は、殺人含みの組長継承危機に陥っていった。[34] 内部のライバル意識、そして敵対関係を深め、「親分」の消滅の機会を捉え、組織を弱体化させようとする警察の外的圧力。山口組は苦難の時代を迎える。

田岡の死後、山口組の幹部たちは、田岡の一周忌、すなわち一九八二年七月までに新組長を指名すること、またその間、山口組の運営はもう一人の山本である山広組の山本広をリーダーとする八人のメンバーからなる幹部会に一時的に委ねるとの決定を下した。元港湾労働者で、比較的温厚な山本広の功績としては、六〇年代に、山口組の九州進出を強化させたことが挙げられる。山本広は、あからさまにと言ってもよいほど、山健と対立していたし、田岡の未亡人とも折り合いが悪かった。別の組長継承候補者が程なく現れた。それが竹中正久で、彼は一九八三年に刑務所を出所することになる(彼もまた田岡の死の直後逮捕されていた)。姫路の地方公務員の息子で荒っぽい気性の竹中は、十七歳の時には不良少年となっており、恐喝罪で懲役二年の刑に服していた頃、山口組に引き入れられた。暴力に訴えることをためらわないとの評判であったが、組内部では人気があった。さらに、竹中は未亡人フミ子の信頼を得、フミ子は彼に組長襲名を命じようとした。

山口組は、当時、三つの派閥に分かれていた。山本派、竹中派、および中立派である。フミ子は夫の「倫理的遺言」を掲げ、一九八四年六月五日の定例会で、竹中を四代目組長に推挙したが、その定例会に出席したのは、当時の山口組幹部一〇四人の内わずか四八人であった。田岡フミ子は息子の満が逮捕されるリスクがあったために、決定を急いでいたようだった。同日、山本広は、二〇名ばかりの直系組長と共にこの定例会に出席せず、大阪で記者会見を開き、竹中四代目反対を表明、八日後に一和会という別の組織を結成すると宣言した。警察によれば、四二人の組長が総計四六〇〇人のメンバーを集め、竹中の側につき、三四人の組長と六〇〇〇人のメンバーが山本の側に移っていった。数週間後の七月十日に、竹中の組長就任の大規模な儀式が四国で行われた。就任の儀式には、関東の「親分」稲川聖城（彼と田岡は、生前「不干渉」の合意に至っていた）が出席していた。この儀式の際、山口組四代目組長は、印として未亡人の手から田岡の刀を受け取った。

一和会は、ほどなく勢力を失っていった。六カ月後、一和会には一〇人の組長と二〇〇人のメンバーしか残っておらず、八五人の組長が、竹中の側についた。不安を覚えた一和会の幹部らは竹中暗殺の決定打を加えることとした。一九八五年一月二十六日の夜、竹中の愛人が住む大阪の高級住宅地の建物の一階で、竹中と、彼の部下の中山勝正とボディーガードが殺し屋に出くわした。彼らがエレベーターを待っていた時、アメリカのギャングの大いなる伝統たる一斉射撃がなされた。竹中の山口組組長就任期間はわずか二〇二日であった。

二月五日、中西一男が山口組の組長代行になった。中西は、戦後の大阪を牛耳っていた古い伝統をもつ南道会のメンバーであった頃には、一本気で喧嘩早かったが、その後、穏やかな人間になり、台湾省民や在日韓国・朝鮮人に占領されていた縄張りを回復するのに手腕を発揮した。中西はひとつの任務を負っていた。竹中の仇を討つことである。大阪の「第三次抗争」が始まった。この「抗争」で、二五人の死者と七〇人の負傷者が出、抗争は、一和会の降伏によってようやく終結した。一和会は、一九八九年三月に解散を余儀なくされた。関西での「滞在禁止」を申し渡された山本広は引退した。一カ月後、山口組五代目組長が、ほぼ満場一致で任命された。渡辺芳則である。

渡辺はやくざの新世代の旗手である。はったりはなく、恬淡としている。頑固なリアリストで能率を重んじ、衝動的というより、緻密な計算に則る。一九四一年に生まれた渡辺は栃木の地主の息子だが、一九四六年の農地改革により生家は没落し、貧しい子供時代を送った。彼は突然、六人きょうだいの次男として弟妹を養わなければならなくなった。渡辺は、へまをしでかせば石を投げてくるような怒りっぽい父親の犠牲者だった。中学を卒業すると土木作業員として働き、その後、東京・浅草の蕎麦屋に住みこんで働きはじめた。ほどなく渡辺は、ぐれていった。飯島連合会のテキヤのもとで手伝いを始め、山健組に所属する若いやくざと仁義を交わし、六〇年代初めに関西へと発った。そこで渡辺は、当時、山健組を結成したばかりで、神戸の港湾労働者たちを取り仕切っていた山口組の「若き狼」、山本健一に紹介された。山健組に入った時、渡辺は二十二歳であった。渡辺は、やくざの世界で出世を望むなら、大きな組に所属しなければならないということ（ことわざで「寄らば大樹の陰」という）を、すぐさま悟った。他にほとんど選択肢がなかったためにやくざの世界に入り、多くは少年院で勧誘されたりした他の者たちとは違って、渡辺は若い頃、逮捕された経歴はなかった。渡辺はやくざの世界でキャリアを築こうと堅く決意した[35]。

山健組では、関東出身の渡辺はあまり受けがよくなかったが、渡辺は組にすぐになじんだ。体はがっちりとしているが、他の者たちよりも知的で、出世の階段を上り、山健の陰の勢力となっていった。山健は留守にしていることが多く、組の日常的な事柄を調整するのは、建築請負業者の娘で、十九歳にしてスナックのママとなった、山健の当時の妻、気丈な秀子である。血気盛んな秀子は、不始末をしでかした若者の頭に水の入ったグラスを平気で投げつけたり、八時間連続して「気をつけ」の姿勢を取らせたりした。山健は肝硬変のため頻繁に入院しなければならなくなり、渡辺は彼に付き添い、山健が回復期を利用して愛人宅を訪問している時など、特に夫人からの電話には、「眠っています」と答えたりした……。

三十歳を目前にした一九七〇年に、渡辺は約束通り、山健組の若頭を務めつつ、自らの組「健竜会」を結成した。健竜会には三つの原則があった（団結、連帯、秘密厳守）。それは、一九七八年の田岡一雄襲撃によって勃発した大阪第二次抗争の間にとりわけ目立つようになる仲裁団体であった。同年、渡辺は年若い娘と結婚した。渡辺は、三年前、その娘が高校生だった頃、「自分の」縄張りのダンスホールで知り合った。渡辺は妻にひとつ頼み事をした。決して、山健の妻の秀子のようにならないこと……。

山本健一が一九八二年に亡くなったあと、至極当然のこととして、秀子の推挙により渡辺が山健組の二代目組長になった。山健組二代目組長として、渡辺は山口組を率いる幹部の影響力あるメンバーとなった。竹中正久が組長に就任した時、渡辺は若頭補佐に選ばれた。山口組において、若頭補佐[36]は六人であった。竹中暗殺後の一九八五年二月五日、中西一男の組長代行任命の際、渡辺は若頭になった。その後、彼は山口組トップへの王道を歩んだ。渡辺はまず山健の後継者であり、田岡の右腕であり、実に泰然とした男として通っていたが、行動においては節度があり、思慮深くもあった。一九八九年四月の渡辺の山口組組長就任は、「正統性」への一気の回帰を示すものとなる。というのも、渡辺は事実上、田岡によって指名された後継者であったからである。

田岡の継承をめぐる抗争の背後で、実は、日本のやくざの二つの「魂」の間の葛藤が起こっていた。それについては、後に見て行くことにする。渡辺の生涯を明らかにするために、この葛藤は、田岡のメンタリティで組の発展につながったより伝統的、暴力的で感情的なメンタリティ(「イケイケ」と称される)と、「ロマンティック」というより現実主義的で、暴力――不動の要素である――をさらに戦略的な配慮のために利用するメンタリティとの対立であると言っておこう。田岡の未亡人のフミ子はやくざの前者の「魂」を体現するものであり、彼女は、そうしたメンタリティの化身と映った男(竹中正久)を組長に選ぼうとしたのである。個人的野心から竹中の指名に反対した山本広は、より現代的なやくざの「魂」を代表する者であった。山本は、彼が体現する選択肢がはじかれたからではなく、組織離脱と組長暗殺によって、やくざの世界では禁じられている道を取ったために打倒されたのであった。渡辺は取り巻きの人間たち(彼の右腕、宅見勝など)と同様に、日本のやくざ、二十世紀末の第二の「魂」の代表者であった。

こうした葛藤が決定的な要素であったために、あまり目立たないが、この事件において警察の演じた役割を見過してはならない。当然ながら警察は、田岡の死を利用し、山口組に厳しい一撃を加えることを望んでいた。山口組内部の紛争を強調するのも、その戦略の一部であった。日本のやくざの世界において、竹中暗殺の後、事情が嘆かわしいものであることを隠す者はいなかった。実際、警察だけが愛人宅への親分たちの定期的訪問の時間帯をつかんでいたのではないだろうか……。一和会の殺し屋は、知っていたのだろうか?

渡辺は、山口組と一和会の抗争の際には、比較的控え目にしていた。だからといって、渡辺が戦略に影響を与えなかったわけではないように思われる。敵に対する攻撃が戦略の要素であるとすれば——報復と復讐の過激主義は、竹中暗殺後、組のトップとなった竹中の兄弟（正、武）たちが体現していた——、他の組を介した交渉の間に一和会が行き詰まったことは、もっと決定的な要素であった。一九八五年八月二十四日から九月四日まで神戸で行われたユニバーシアード（アジアの学生たちのスポーツの祭典）のため休戦（大会を混乱させないよう、神戸市とやくざの間で交渉した結果の、きわめて日本的な休戦である）した後、戦いは一和会の「ナンバー2」の暗殺で、めざましく再開した。「ナンバー2」は、倉吉のスナック・バーで女装の組員をふくむ殺し屋たちの手にかかったのである……。ところが、一連の交渉を経ても、山口組は、関東の「親分」、東京で最も影響力あるやくざ組織の総裁稲川聖城の庇護のもとを離れることはなかった（一九八六年一月、田岡の未亡人、フミ子の死によってそれが容易になった）。稲川（彼については、後に述べる）は、山口組と舎弟関係にあった。稲川は田岡の兄弟分であった。一九八一年十月の葬儀の際の葬儀委員長であり、竹中の就任式の際の後見人であった。彼の右腕である石井隆匡は同様の関係を山健と結んでいた。山健が死去した際、後継者である渡辺は、自動的に石井と「おじ―甥」の関係になったのである。

稲川も石井も、山口組と一和会の抗争の調整にあたって、仲介役という重要な役割を果たした。交渉において、稲川と石井は山口組を代表し、京都の暴力団、会津小鉄会[37]の組長は一和会を代表した。幾度かの会見の後、日本のやくざの親分たちは、警察の締め付け強化を呼びかねない暴力団抗争を解決するため、山口組と一和会に委任状を託すことに決定した。こうした交渉を通じ、山口組と一和会のてこでも動かない傾向が際立っていった。一九八七年五月十四日の、竹中武に雇われた安東組組員による一和会会長自宅襲撃は失敗に終り、複数の警官が負傷し、山口組幹部、ことに渡辺は竹中兄弟と距離を取り始めた。山本広はますます孤立し、他の組の圧力の下で、手下たちの組離脱が相次いだ。多数の死者が出て二〇〇人のメンバーしかいなくなった一和会は、財政的にも行き詰まり、利潤追求活動も全く行えなくなった。山本は妥協せざるを得なくなった。

一九八九年三月に、渡辺は交渉の最終局面に達した。東京での稲川聖城との会見の後、渡辺と山本の会見が稲川会総裁臨席のもと、大津の、会津小鉄会会長高山登久太郎宅で行われることが決定した。その会見の際、山本は自らの組を解散させる用意であること、また引退することを宣言した。一方、渡辺は山本の安全を保証する（言い換えれば、復讐の極右である竹中の組を抑制する）ことを請け合った。

一九八九年七月に、稲川聖城および実子の稲川裕紘、および石井隆匡が後見人として列席する継承式で、渡辺は正式に山口組五代目組長に就任した。これは、日本のやくざの「親分」稲川聖城に捧げられた儀式であった――稲川会は山口組よりメンバー数が少なかったけれども。

田岡一雄ほどは知られていないが、二十世紀末のその他の偉大なやくざの親分たちもエネルギッシュである。稲川聖城もその例である。稲川はやくざの世界で信望厚く、政財界に堅固な後ろ盾があり、「偉大なる愛国者」であると見なされていた。一九八五年に稲川聖城は組の実質的な運営から身を引き、総裁（名誉会長）となった。稲川の右腕である石井が組長に就任した。

関西とは違ってひとつの組織の支配が成功したためしのない東京において、稲川聖城は、比較的少数のメンバー（一九九〇年代初頭で二九の集団、約六〇〇〇人の組員）しか擁していなかったにもかかわらず、やくざ者とゆすりたちから成るかつての組を、強力な暴力団へと変容させることができた。稲川会がこのように頂点まで上り詰めたのは、その組織感覚、政治との結託、および警察とのあからさまな葛藤を起こさないよう賢明に展開される戦略によるものである。

稲川聖城（本名、角二）の人生については、数多くの評伝が書かれた[38]。一九八四年には、稲川についての映画（『修羅の群れ』）が製作されている。稲川聖城は一九一四年、福島県の地主の家に生まれた。父は明治大学を卒業したが、賭博で失敗し、一家は横浜に居を構えた。初等教育を終えると、幼い稲川は柔道の道場に通い始めた。頑丈で、攻撃的であったので、師匠は稲川を警察官にしようと考えていた。しかし、道場通いは、別の結果を生むことになった。稲川は道場で、鎌倉の近くの片瀬町の博徒の小さな組（堀井一家）の親分でやくざの加藤伝兵衛に出会った。加藤は稲川の力と気質を認め、稲川を一家に引き入れたのである。十九歳だった稲川は、父から賭博熱を受け継いでいた。二度の賭博で莫大な金を失い、二度目は貸元が危うく稲川を薪割り用の鉈の一撃で殺すところであった（稲川についての映画で、勇壮なクライマックスとなったシーンである）。彼は、この経験を忘れなかった。終戦直後には当時の彼の助言者であった横浜のやくざの組長、鶴岡政治郎が、在日韓国・朝鮮人や旧台湾省出身者のやくざを、熱海温泉街の駅界隈の縄張りから追放するのを手助けした。五〇年代初めに、非行少年や博徒からなる自らの組を率いていた稲川は、程なくその影響力を横浜、川崎、小田原まで広げていった。稲川は、事務所を銀座のど真ん中に構えた――銀座を縄張りとしない組織にとっては異例のことであった。ゆすり、脅し、非合法賭博を繰り広げ、稲川は、六〇年代初めに、約三〇〇〇人のメンバーを抱える東京―横浜の偉大な支配者のひとりとなった。この時代に稲川は組の名を錦政会と変更し、いわば、手っ取り早く地位を確立すべく、政治団体として登録した（稲川の組は、後に、稲川会となる）。その間、すでに見てきたとおり、稲川は、アイゼンハワー大統領の訪日計画に反発を抱いている左翼のデモを抑えることを目的とした「歓迎実行委員会」の運営をする児玉誉士夫を援助していた。その後、六〇年代初めに田岡率いる山口組との関係が安定したとはいえ、良好な関係からは程遠かった。山口組は拡張の途上にあり、東京―横浜地域への参入を図っていた。稲川は、東京のやくざ一家の臨時の組織である関東会[39]と共に、反薬物使用キャンペーンにかこつけ、田岡の攻撃を抑えるための統一戦線を築こうとしていた。一九六五年の最初の逮捕まで、稲川と田岡の間には、緊張と衝突の気配が支配していた。引退する組長に敬意を表して大規模な賭博を開帳したとして、稲川は懲役四年に処された。寛大にも田岡は、稲川が拘置されていた福岡の刑務所にいた山口組のメンバーたちに、稲川会長に意を尽くすよう命令を下した。

一九七二年に出所した際、稲川は、やくざの世界で享受していた名誉がいかなるものであったか実感した。日本のすべての組が、稲川を刑務所の門で迎えるために、代表者を遣わすと言ってきた。稲川の評伝の著者によれば、約二万人が予定されていたというが、刑務所の所長は稲川に対し、この「出迎え委員会」をやめさせるよう要求する。刑務所の門での儀式(出迎え)は日本のやくざの伝統である。社会の更生の試みは失敗したこと、またすべては以前とかわらないことを意味する、一種の裏返された浄化の儀式である。やくざは厳かに、親分への忠誠を再び表明するのである。雅量ある稲川は、刑務所長の懇請を受け入れ、妻に「着替えを持って」ひとりで来るように言った(稲川は刑務所側の計らいで、急遽、東京府中刑務所に移送されていた)。

稲川は、自身の威光のよってきたるところの仕事のひとつに専念した。それは、仲裁機関によって紛争を押さえ、やくざ間の「共存共栄」の風土と彼の呼ぶものを作ることである。事実、稲川は、逮捕やライバル間抗争により、自分の組が退廃し、混乱し、弱体化していると感じていた。また、山口組があまりに強力になり、対決できないほどになっていることを意識するようになり、稲川は、田岡と同盟を結ぶことを決めた。一九七二年十月の山口組本部での酒盃の交換により、この同盟が結ばれた。この儀式の際、稲川と田岡、およびそれぞれのナンバー2である山本健一と石井進との間には、義兄弟の関係が成立した。

日本の二大暴力団間の同盟は存続して当然だったが、稲川の連合の試み、ことに日本の博徒結集を目的とした全国規模の東亜同友会設立は、さほどの成功を収めることはなかった。

しかし、一九六二年に設立され、毎月二十日に会合が開かれることになっていた関東二十日会を再生させるにいたった。関東の組（稲川会、住吉連合会、松葉会、義人党、二率会、交和会、日本国粋会）を集める関東二十日会は、紛争の仲裁機関となっていた。稲川はこのようにして関東のやくざの間に、やくざの伝統の黄金法則を通用させることに成功した。つまり一般の人々、素人に迷惑をかけないということである。

田岡との同盟の後、関西での地位を確固としたものにするために、稲川は京都の主要暴力団である会津小鉄会との同盟関係も結んだ。当時、会津小鉄の会長であった図越利次は一九八六年に、稲川聖城総裁から石井隆匡への跡目継承の儀式を執り行った。

石井は古い流派に所属していたが、古式ゆかしいやくざの陰の文化の残滓と、合法的経済活動参入による財政向上という現代的方法による能率とを合体させることにより、やくざの新世代のさきがけとなった。二大証券会社（野村證券と日興證券）が巻き込まれたスキャンダルは、石井が、一九八〇年代末の「バブル経済」によって引き起こされた「カジノ経済」に最高度に入り込んでいった、初の「親分」であったことを示すものとなった。やくざの合法的事業参入のさきがけとなるイニシアティブについては、後に述べる。

長身で、きちんとした身なりの石井は、やくざというよりも、成功を収めた実業家の印象を与えた。彼はやくざの世界では、「知性派」として通っており、その自己表現の仕方からは、「親分」を目の前にしているとはほとんど思いもつかない。石井は一九二四年、東京の下町・南千住に生まれ、生後間もなく、両親は横須賀市に移り蕎麦屋を開業した。彼は、旧制中学に進学したが、クラスの友人とやくざとの喧嘩を刃物で解決しようとして退学させられている。その後、石井は海軍通信学校に入学し、首席で卒業した。一九四五年には、八丈島で人間魚雷班に配属された。石井が出撃の命令を受ける直前、日本は降伏した。

敗戦の不況の中で、石井はやくざに加わり、博徒と港湾の手配師たちをメンバーとする横須賀一家の一員となり、一家のリーダーとなった一九六二年の手下たちによる地元やくざの組長暗殺の後、横須賀一家は縄張りを岐阜県（後に見ていくが、八〇年代に自由民主党の長老であった金丸信が一九八七年に石井に援助を求めている。岐阜県は金丸信の地元である）まで拡大し、三浦半島全域を勢力下に置いた。その後、横須賀一家は稲川の組と結びついた。その知的能力とビジネスセンスにより、石井は程なく稲川の相談役となり、任侠の道に則り、稲川聖城の息子を躾けた。

六〇年代末に、ある人物との出会いが石井のキャリアを転換させることになる。首相田中角栄の融資筋であり、おそらく当時最も影響力の大きかった裏舞台の人物、実業家の小佐野賢治である。小佐野は山梨県の農民の息子で、米軍への食料供給で財を成し、その後、ホテル業と運輸業に転じた。石井は建設会社巽産業を設立し、小佐野の企業である国際興業と共に仕事をした。石井はまた何人かの実業家と緊密な関係があり、それにより、日本の警察の監視を免れ、ハワイで賭博を開帳することができた。

しかし、一九七八年に石井は非合法賭博開帳の罪で逮捕された。一九八四年に出所すると、石井は不動産会社北祥産業を設立し、それが、非合法活動のカムフラージュになった。翌年、稲川聖城の後を継いだ石井は、一九八七年に株にも手を染め、野村證券と日興證券の大口顧客となった。石井は途方もない大取引を行った。ことに私鉄の東急グループ株の購入では、銀行から一〇五〇億円の融資（佐川急便が保証人となった。別のスキャンダルに関し、佐川急便については後に見ていく）を受けた。石井は健康上の理由で一九九〇年十月にビジネスから身を引き、翌年九月に亡くなった。

石井の稲川会会長就任式の際には、関東のもうひとつの大規模暴力団で、長らく稲川会のライバルであった住吉連合会のリーダー堀政夫が出席していた。住吉連合会（後、住吉会になる）は、独特の構造を持っている。住吉連合会は、一一三の組の連合であり、稲川会ほど強い中心を持たず、したがって会長の影響力も比較的制限されている一種の「犯罪連合」である。とはいえ住吉連合会は、その働きと準合法的な活動（ことに経済的犯罪）において、もっとも現代的な暴力団のひとつである。

堀政夫は一九二五年生まれで、一九九〇年十月に亡くなるまで、住吉会の五代目会長であった。見かけはつつましく、快活で、東京新橋のオフィスには、やくざの世界の「掟」（「日の当たる場所はかたぎの人々に残しておけ」「やくざは陰の道を歩まなくてはならない」）を述べた文字が貼り巡らされている、この男の人生は、他の「親分」たちの人生より地味である。堀はカリスマ的なリーダーというより組織者であり、やくざの偉大な仲裁者であった[40]。佐世保のつつましい家庭の出身である堀は、ボディーガードや旅回りの劇団のマネージャーとして、まだ学生服を着て一九四六年に上京した。そのとき堀は、暴力沙汰をきっかけに、当時、東京の港湾（芝浦界隈）を支配していた伝統ある博徒の組である住吉一家の三代目親分阿部重作に出会った。それでも、堀は、十年間ずっと旅芸人の一座と共に日本全国を巡業して回ることになる。そうして堀は、各地のやくざと知り合いになった。堀はテキヤの世界と緊密な関係を保った。東京に戻ると堀は阿部一家に入った。阿部は一九六二年に引退し、地位を碩上義光に譲り、碩上は一九六七年に引退した。同年十二月に五代目親分に選ばれたのが堀であった。堀は四十三歳で、一家に入って間もなかった――そのため、堀の任命は波紋を呼んだ。しかし、堀は有能であり、二年後には組織を再編し、末端のやくざのいくつかの組を統合し、一九六九年に住吉連合会を結成した。同時に堀は、運営を麻痺させていた、あまりに多い副組長（二〇〇人）の数を減らし、組織の運営を簡素化し、二一人からなる幹事会を作った。一九八二年に、警察は住吉連合会を、二四の都道府県に存在する日本第五番目の暴力団（メンバー六五〇〇人）であると見なしていた。堀政夫は一九九〇年十月に亡くなった。しかし、堀の作った組織は存続した。

人目を引く人物も、逆に地味な人物も、カリスマ的な者も、計算にたけている者もいるが、『アサヒ芸能』をはじめとする雑誌が飽きるほどその生涯の物語をたどり、数多くの本[41]が書かれている二十世紀末の日本の「親分」たちは、魑魅魍魎の日本社会暗部の、この上なく示唆的な肖像のギャラリーをなしている。これら偉大なる極道たちは、その犯罪、暴力、名誉の規範、野心、政治的コネクションと相俟って、結局、社会の病理的というより、生理的な要素なのである。

名高い親分から、無名の親分まで、関東の博徒の組である国粋会の黒幕で、日本人やくざと戦後の東京で「法を無視して」はびこった中国人や在日韓国・朝鮮人との銃撃戦のヒーローである年老いた高橋岩太郎から、六〇年代の日本における韓国人やくざの「帝王」で、関西征服の際、山口組の攻撃を率いた柳川次郎まで、また柳川の昔からの分身であり、六本木に君臨した町井久之や、大阪の黒沢組元組長で陰の訴訟の偉大なる仲裁人となった黒沢明(映画監督と同姓同名)、あるいは、上品かつ細面で、鋼鉄のようにハードな山口組新幹部のやくざまで……。彼らは、賭場で、また通りすがりに従業員が皆お辞儀をする大ホテルの上品なバーで、あるいは「やんごとなき」実業家の豪華な事務所でのインタビュー(大概熱のこもったものであった)で、悪事を極道の名誉の勲章であるかのごとく並べる、日本の偉大なるやくざたちなのである……。

第四章　やくざの組織・権威・伝統

一家

すでに見てきたように、戦後、日本のやくざの世界では、三大暴力団への集中化が進み、三大暴力団が全国津々浦々に存在する一家や組の半数以上を「連合」させるに至った。とはいえ基礎単位は、組や一家であり続けた。一家は、組長および、若頭補佐《わかがしらほさ》を従えることもある若頭《わかがしら》で構成される。若頭と若頭補佐（山口組では、若頭《わかとう》、若頭補佐《わかとうほさ》と呼ばれる）が、いわばやくざの首脳部を構成する。その下に若衆が来る。この伝統的な組織の図式は、大規模な組の場合、中間的な役職（山口組の場合、若頭補佐と若衆との間に位置する若中）を含む。

一家の結束を固める上意下達の権威システムに、組の内外を問わず、個人間で結ばれる兄弟関係や舎弟関係が加わる。兄弟関係や舎弟関係を結んでいる個人が別の組に属している場合、依存ではなく忠誠によるこうした個人間の絆は、組同士を結びつけることにも寄与し、組の連合へと至ることもある。同じ組内での個人同士の関係において、舎弟は一種の一族となり、また組長との直接の関係を根本とする威光のヒエラルキーを形成し、舎弟会が結成されることもある。

暴力団は、ピラミッド型組織である。組長の手下は、下位の組の長であり、その組内部で手下はさらに小さな集団の長でもある、といった具合である。とはいえ、ある組に所属する一家は、家名と固有の組織を維持している。一般に、下位集団は三つの（山口組のような大規模組織においては五つの）レベルからなっている。従って、日本の暴力団は、それぞれのアイデンティティを持つ集団の連合体である。あれやこれやの家名だけでは、どの上位組織に属しているのか判然としない。

暴力団において、ピラミッドの頂点への権威集中は、程度の差こそあれ強固なものである。一般に、最も上に立つ者は、総長あるいは組長と呼ばれる。組長の一家は「本家」と呼ばれ、その下位の一家は「分家」と呼ばれる。こうした名称は一般の社会でも用いられているものである。

一九九〇年代前半の山口組では、五代目組長を中心とする権力構造に、若頭一人、若頭補佐十人が組み込まれていた。組長には、別に筆頭顧問一人、三人の補佐がつく。田岡一雄が組長であった時でさえも、狭義の意味での山口一家は、田岡への直接の依存関係を持つ若衆百人ばかりのメンバーからなる比較的小規模な組織であった。若衆は、実際、百人から千人のメンバーを抱える組の有力なリーダーであり、組はまた、下位集団から構成されている。

八〇年代末、東京や大阪、兵庫県警の犯罪対策本部には、広域暴力団の中心的メンバーの写真と職名が添えられた詳細な組織図が壁に貼られていた（山口組の場合、中心メンバーだけで百人に及ぶ）。

暴力団の資金源の管理においても、ピラミッド型構造が見られる。資金源は大きく分けて二つである。まず、下位メンバーがすぐ上のメンバーに毎月納める「上納金」である。上納金は、ピラミッドの各段階で集められ、次々と上の段階に納められて金額は膨らんでいき、最終的に組長の手に収まる。組に応じて上納金の額は変わるが、一九九〇年代初めで、平均百万円を超えていた。警察の推計によれば、山口組は当時、組織のピラミッドのそれぞれの段階で、一兆七〇〇〇億円という莫大な金額を集めることができた。山口組の主流組織（一一六の大規模組）の中で、関西の一六人の組員が三億五〇〇〇万円を上納していた。中部地方の二〇の下位の組は二億四〇〇〇万円、関東の組は一〇〇〇万円を、北海道の組は三億五六〇〇万円を上納していた。残りは他の支部から納められた。この上納金システムは、幹部らが非合法な事件に直接かかずらわなくて済むようにし、逮捕の危険を阻止するためのものである。[1]視点を変えれば、こうした上納金により、系列下の組への組織の保護が保証されるのである。

ピラミッドの頂点へと集まる資金の第二の源は、積立金の徴収である。積立金も上納金と同じような経過を辿り、組織の頂点に向けて集められる。[2]組長出獄の際などの儀式の特別出費に充てられるものである。一九九二年の暴力団対策法の施行以来、こうした儀式は派手なものではなくなったが、儀式はライバルの組に向けて、ひいては世間に向けて権力と威光とを見せつけるものであった（そのため、警察は儀式を行わせまいとした。五代目山口組組長襲名の儀式は、予定されていた神戸の大ホテルではなく、組本部での開催を余儀なくされた)。また、「義理掛け」は、組織や組の所有者である個人の資金集めにも役立った。暴力団対策法施行まで、司法的観点から暴力団は、単なる「親睦的団体」とみなされ、献金は支援金あるいは弔慰金として、はばかることなく納められていた……。

警察によれば、暴力団の公表の(それゆえ、実額を下回っているが)[3]「総売上」(一九九三年で一兆三〇〇〇億円)の三分の一(三四・八パーセント)の四五三〇億円は、覚醒剤取引[4]によるものであり、一六・七パーセントが、非合法の賭博や競馬のノミ行為によるものであり、一一パーセントが「みかじめ料」[5]すなわち用心棒としての報酬、一〇パーセントが経済犯罪、右翼組織や同和運動を名乗る組織による企業への恐喝によるもの、残る二〇パーセントは種々の合法的活動(ナイトクラブ、飲食店経営)によるものである。暴力団対策法によって組織は、引き締めを図らなければならなかった(ことに、義理掛けに関して)が、収入の内訳は根本的には変わらなかった。

夜の繁華街のバーやレストランでは、「安全のための掛け金」、法外な価格のしめ飾り、観葉植物やおしぼりの貸し出しといった形で、暴力団による「庇護」[6]が存続していた。とりわけパチンコ店はゆすりの対象となりやすく、組員が景品(様々な物品)の換金を監視し続けた。一九九〇年代中頃、一万八〇〇〇軒のパチンコ店の収入は、一七兆五〇〇〇万円に上ると見られ、それは、ほとんど、デパートの総売上高に匹敵するものであった……。下っ端は上位の者の援助金を全く得られず、専ら、パチンコで獲得した景品の換金や、売春網の監督に携わった。やくざの幹部だけが「給料」を得る。というのも、彼らは「働けない」ものとされているからである。

日本の巨大犯罪組織である「封建的連合」は、厳格な構造を持っているのだろうか？　一家の長はピラミッド型構造の要石である。彼らの下には、手下たちがおり、上には、執行部のヒエラルキーがある。似たようなピラミッド型組織は、イタリアのマフィアにも見られる。長（カーポ）とその手下（カーピ・デッチーナ〈十人ばかりの長〉）がそのまた手下を取り囲んでおり、パレルモの司法官によれば、マフィアは巨大な規模であるというが、日本の暴力団の場合と比べると、メンバーは少な目であるようだ[7]。日本の暴力団は長らく合法とされてきたために[8]、非合法活動を行うシチリアのマフィアの性格とは違った「社会的」な位置づけが与えられ、おそらく、そのために、日本の暴力団は組織全体の大々的な連携が可能となったのであろう。

中央本部が組織の戦略（例えば、縄張りの拡張）の大綱を決定し、実行は下位の組長に委ねられる。他の組織に対して、あからさまな敵意が存在する場合には、勿論、執行部が決定的な役割を果たす。

組長の任命は、互いの同意によるものであり、マフィアの組織にしばしば見られるような投票[9]が行われることは稀れである。こうした「コンセンサス」は、前任者の選択を承認するだけのものである。組長の未亡人が元組長の意志を伝えることもある。例えば、山本健一の未亡人秀子は、渡辺芳則を後継者に推挙した。一方、山口組組長襲名の際には、夫田岡の意志であるとして、未亡人自身が自分で選んだ後継者の名を強引に挙げたことで、コンセンサスによる決定の伝統が断ち切られ、組織内抗争が引き起こされることになった。ともあれ、やくざ組織は実に保守的な世界であり、未亡人の役割は、限定的なものである。そういうわけで、竹中（ほんのわずかの間、山口組の組長であった）の暗殺の後、彼の伴侶であった三十歳の女性は、何も言うべき言葉がなかった。彼女は、法律上の妻ではなかったのである。一時的にポストが空いてしまう場合には、臨時の組長が任命される。

関東のやくざと関西のやくざ

犯罪学者は、関東の組織と、関西の組織をしばしば区別してきた。歴史的な観点からすると、この二つの地域の「犯罪のサブカルチャー」には実際、違いがある。関東では明確に定まった縄張り（東京では、コールガールの電話番号を記した張り紙がされる電話ボックスに関しても、縄張りがはっきりと決まっていると言われている）に根を張る博徒たちで組が構成されているのに対し、関西においては、テキヤの販売網によって縄張りが決まり、関東ほど整然としてはいない。このような縄張り形成の相違は、東京と大阪の中間にある名古屋を境にして感じられる。

関東のやくざは、江戸時代に遡る盗賊の大いなる伝統を継承している。国定忠治の一党の「末裔」である小金井一家を継承する二率会のように非常に古い家系を引く組や、十九世紀の初めに伝説的な清水次郎長によって結成された清水会にまで遡る組もある。江戸初期に

「幕府の台所」と呼ばれた大坂では、もはや罪人やギャングには事欠かなかったが、日本の南部には非常に古い伝統を持つ一家が存在する。例えば国領一家の歴史は十八世紀にまで遡る。九州の鹿児島の小桜一家も同じくらい古く、山口組の拡張路線に対し、独立を保とうと苦慮した。すでに述べたが、山口組と一和会の仲介役をつとめた会津小鉄会は古い伝統を継承している。

会津小鉄会は、江戸末期に三重で誕生した。一八六二年に京都守護職となった会津の中将松平容保（一八三五―一八九三）の荷役を宰領して組は京都にやって来た。その初代会長は会津小鉄の渾名で知られる有名な賭博師上坂仙吉（一八三三―一八八四）である。しかし、一九二〇年代から一九三〇年代にかけては、京都のやくざ一家をひとつの連合（中島連合会）に再編成した侠客、中島源之介の組の台頭によりその影響力を失った。中島連合会はその影響力を大津の町、滋賀県や福井県の町にまで及ぼした。一九六〇年には、京都の有名なやくざのひとりである図越利一（一九一三年生まれ）(10)が中島の継承者となった。図越は、一九七〇年代の半ばに、関西の親分衆に請われ、会津小鉄を襲名した。一九九〇年代の初め、会津小鉄会は日本の暴力団の中で四番手に位置し、京都最大の犯罪組織（組員一六〇〇人）となっていた。組事務所は、京都の複数の界隈にあり、伝統の紋であるひょうたんで飾られている。(11)本部は五条界隈のひっそりとした通りのビルにある。

関西の歴史における侠客系列の大立者は、小林佐兵衛（一八二九―一九一九）であり、実名は明石屋万吉という。大坂に遣わされ、浪人となった将軍のスパイ（同心）の息子で、十一歳の時に父に捨てられ、会津小鉄のもとに預けられた。伝説のとおり、貧窮の犠牲者であった父の敵を取ると自らに誓い、生涯、一人で闘った。彼はかっぱ博打を打つ泥棒であったが、手強いやくざとなり、その影響力は下関にまで及んだ。初めて内職労働者の募集機関を作り、それ故、大阪の下層民の恩人とみなされている手配師の小林は、米価を不正に吊り上げる投機家を相手に闘った。小林は一八八四年に授産所を設立しており、横山源之助は、『日本之下層社会』の中で、彼に賞賛を表している。[12] 小林佐兵衛の人生は、政府からも模範的なものであると評価され、一九一七年には、佐兵衛の米寿を記念して、当時の首相や、複数の閣僚の署名入りで、若干潤色された物語が出版された。小林のブロンズ像まで建てられた（戦時中に、弾丸に鋳直された）。その人生は、多くの文学を生み出し、なかでも司馬遼太郎（一九二三―一九九六）の小説『俄――浪華遊侠伝』[13] は、過去を回想する小林の言葉「わいの生涯は一場の俄や」からタイトルを取っている。また、明治時代には大阪の賭博師の有名な組、酒梅組が結成され、一九九〇年代の初めまで存続し、西成界隈の非合法賭博を取り仕切っていた。

関西の大規模暴力団は、戦後になってことに組織化された。それが大阪の繁華街ミナミを本拠とし、神風特攻隊員に指名されながら戦闘機の故障のために突撃できなかった知識人で、ひときわ個性のきわだつ人物、藤村唯夫率いる南道会の場合である。藤村は焼け野原の大阪に戻ってくると、旧士官や帰還兵士と共に組（日本軍の有名な戦闘機の名前から「ゼロクラブ」と渾名された）を結成した。在日韓国・朝鮮人やくざとの激しい抗争の後、藤村はナンバに

「君臨」したが、一九六三年には、山口組の支援を受けざるを得なくなった(藤村は一九八七年に死去した)。

関西においては縄張りの明確な規定がないため、やくざが警察との「和解策」を気遣い、政治的庇護を得ようとする関東よりも、抗争は頻繁に起こり、また激しい。比較すると、関西のやくざはより粗野で慎みがなく、一層粗暴である。関西のやくざは、より人目をひく態度をとる(こうして、やくざの語源は「役者」であるという、時に展開されるが、ほとんど裏付けられたことのない説を支持してみせている)。関西のやくざは全く身を隠そうとせず、暴力団対策法施行までは、都市の繁華街(あるいは、京都の伝統あるいくつかの通り)に事務所を構えていた。一方、東京では、暴力団事務所にはカモフラージュの企業名が控え目に掲げられている。大阪や神戸で、暴力団は地域の年代記の一部を成している。タクシーの運転手は、やくざの最新の話題を語り、界隈のやくざの居住地を知悉している。東京ではそんなことはない。やくざに関しては、東京は他の地域と同じく慎み深く、まるで、やくざなどいないかのごとくに振舞うのである。

犯罪学者が指摘していた関東と関西の犯罪組織の相違は、一九九〇年代前半にはぼやけてきた。ことに、関西の組織に見られる権力の集中と、関東の犯罪組織に見られる相対的な権力の分散傾向(田岡によって堅実に運営されている山口組、より集団的合議の色彩の濃い住吉連合会は、その二つの例である)との対照ははっきりしなくなった。関東と関西の暴力団の運営構造と権力概念とが相対的に似通ったものになったことが、これら二つの暴力団には表れている。おそらく、世代交代により、こうした関西と関東のやくざの同質化が起こったのであろう。

堀政夫率いる一大勢力、住吉会（組員八〇〇〇人で、一都一道一府一七県の支部に分れ、組員の半分は東京在住）もまた、やくざたちの連合体である。住吉会の会長は、田岡のように独占的な権威を揮う人間というよりも、「仲間の中での一番手」であり、その方針は、合議制により重心を置いたものであった。こうした連合構造においては、下位グループから上位グループへの上納金納入のシステムもより緩やかであり、特に財政面においてはそれぞれの組の自律性が強い。その脱中央集権化は、一九三〇年代、ラッキー・ルチアーノの支配下にあったアメリカのギャング集団を思わせ、組の機能の仕方は、本部会を持つシチリアのマフィアに似ている。一九九〇年に堀政夫が亡くなり、暴力団対策法の施行で警察の取締まりが厳しくなると、住吉会の新会長、西口茂男は組織の管理体制を再編し、合議的傾向は保ちつつも、更に同質的な組織化を行った。

関西においては、逆方向の動きがあった。山口組さえ、より合議主義的な方向へ転換を図った。一種の「執行評議会」で、五代目組長渡辺芳則を支える参謀本部は、組織の変貌を示すものである。前組長の選択の追認によるのではなく、主だった組長らの間での話し合いによって渡辺が任命されたのであるが、これは、それまで組の歴史には見られないことであった。従って、渡辺の威信がより低いものであっても不思議ではない。一九九〇年代半ばには、六人からなる「執行部」は陰の参謀宅見勝[14]に率いられていた。力あり、知的な宅見は、渡辺のアルターエゴ（他我）であると考えられ、宅見の同意なしには、何事も決定されなかった。

従って、合議性の執行部（少なくとも双頭の執行部）が、一九九〇年代前半の日本で最も強力な暴力団の運命を握っていたのである。(15)

関東の主要暴力団である稲川会は、確かによりピラミッド的な構造を有しているが、独特な点がいくつかある。稲川会では、組員（賭博師）の出自が結束の要因となっており、それがまた現代的な活動（経済犯罪）へのスプリングボードになっている。稲川会は、一九八〇年代後半に、水商売（文字どおりにとれば、「水の商売」、つまり、キャバレー、バー、飲食店のこと）、建設業、不動産関連の九〇〇もの合法的事業を管理下に置いていた。稲川会創設者で会長であった稲川聖城が一九八五年に引退すると、稲川会の運営も、より合議制的な色彩が強まった。実際、会長が引退するというのは前代未聞であるが、参謀たちの間にある種の合意が存在していたことを示している。ところで、合議的運営は、組の主要一家（一一九にのぼる）の親分の中から選出された一二人で構成される評議会の設立によって始まった。この「取締役会」は会長石井隆匡を支えることを任務とした。ヒエラルキー上層部の者たちのうちで、会長の継承者となることを主張できたのは、一九九〇年十月発行の組織図では一二番目に位置する稲川の実の息子であろう。

大規模組織と新たな活動

より合議的な色彩の強い組の運営への変化はまた、日本の暴力団拡張の結果でもある。暴力団拡張は、勢力の弱い一家がより勢力ある一家のテリトリーに吸収されるという仕方で進んできた。小さな組は、大規模組織のもとに再編成されたが、そのような選択しか殆どないからというだけではなく、大規模組織に忠誠を誓うと威光が高まり（従って、恐れられ）、自らのテリトリーを守りやすくなり、地域での力を強化することができたからであった。一九九〇年代初めに山口組は、指導者たちの承認をはっきりと得て、拡張路線を取った[16]。

このような組の連合化によって生じたことがいくつかある。まず、暴力団のより広範な連携が可能になり、合法的活動、ことに合法的な経済活動に携わる可能性が高まった。また、下位グループに対しては、経済的貢献をするようにとの上位グループからの圧力が強まった。世代交代によって、日本のやくざは「実業家」になり、一九九〇年代後半から、新世代のやくざは、知能犯および経済的寄生へと向かう傾向を見せはじめた。また、組の連合化により、経済活動に携わる能力が高まり、巨額の資金を運用することが可能になった。一九九二年施行の暴力団対策法（そして、おそらく、特に一九九〇年代初めの不況によって）やくざの合法的事業への参入は歩を緩めるようになった。後に見ていくことになるが、合法的事業への参入は絶えるわけではなかったが、より控え目なものになった。ともあれ犯罪はより巧妙な性質を帯び、やくざの気質も変わっていった。

従来のやくざは、富自体のためというより、力に対する報奨として富を求め、金よりも力を重視していた。新世代の「親分」にとっては、利潤への執着がいかなる動機にも優る。一家の家風やある種の形式主義は維持しているものの、任俠の掟は揺らぎ、任俠のアリバイとしての暴力は一層激しいものになった。利潤の追求と力の追求は、その後、分ちがたいものになっていった。山口組の変貌は、このような気風の変化に対応している。田岡一雄の死後の後継者争いは、伝統主義者と現代的路線を行く者との間の葛藤の表れであったことをすでに見てきた。勝利したのは現代的路線を取った者のほうであった。「五代目組長」としての渡辺芳則の選択はその例である。渡辺は新世代のやくざを代表する人物であり、古いしきたりから自由で、細かなことに拘泥せず、組の伝統よりも効率に重きを置いた。渡辺は、やくざの陰の権力者で、彼自身に似た人物である宅見勝によって権力の座につけられ、宅見は若頭となった。実際、宅見は渡辺のアルターエゴであった。(17)

一九九七年八月の宅見勝暗殺は、やくざの魂の二系列（一方が現代的で控え目、一方が伝統的で過激）の間の闘いの行き着く果てを見せつけているように思われる。一九八〇年代半ばに山口組を揺るがした激しい内部抗争の後の、宅見による穏健路線は、全ての組員の意に沿うものではなかった。宅見は、警察の警戒を呼ぶような、あからさまな衝突は、事業に悪影響があると考えた。「ビジネスやくざ」と渾名された宅見は、控え目ではあるが、魅力に欠けることなく、状況の知的把握が実に優れているとの印象を与えるが、宅見の所属の一家と山口組は、一九八〇年代終わりから一九九〇年代初めにかけてのバブル期に、フロント企業を介して相当な利益を上げた（ことに「イトマン」経営によって）。暗殺の原因は、宅見が衝突を回避しようとしたためであったように思われる。暗殺の前年七月に、宅見は山口組系列の組長、中野太郎と京都の暴力団、会津小鉄との抗争に介入させられていた。中野太郎は闘う姿勢を見せたのだったが、宅見は直接対決を避け、事態を収拾しようとし、それが中野側の不満を招いたと見られる。中野は山口組伝統の硬派路線を代表する人物で、彼にとって、屈辱は血で雪がれなければならないものであった。宅見暗殺の詳細は明らかにされていないが、犯人はおそらく中野の取り巻きたちであろう。そして、何度か小競り合いはあったものの、渡辺芳則が事件を収め、予想されていたような組員間の新たな抗争を生み出すことがなかったのは、やくざの将来の方向性にとって意義深かった。中野は、渡辺が組長を務めたことがある山口組最強の一家である山健組の出身で、渡辺のような控え目なスタンスを取る方向には行かなかったが、報復行動を命ずるのは渡辺にとって、非常に難しかったであろう。また、渡辺は当時、まだ後継者争いの延長線上にあったため、彼の片腕の暗殺者を放置したのだと考えることもできる。いずれにせよ、偉大なる山口組組長は、この事件では麻痺してしまったのか、あるいはわざとなのか、行動するのを控えたのであった。ジャーナリスト溝口敦のようなやくざの専門家には、山口組内部の分裂、ひいてはある種の混沌をあらわにするものと映った(18)。

やくざの一家の変化を示す最近の特徴は、海外進出である。従来やくざは、海外に進出するとしても、日本人コミュニティが存在する地域にだけであった。一般に、やくざが現地で目に立つことは殆どなく(日本の警察は、やくざの海外への進出を在外日本人に知らせることには協力的ではないだけに一層である)、バブルの波に乗り、やくざは総合観光施設(ハワイ、グアム、アメリカ西海岸やオーストラリアのゴールドコースト)に多額の投資を行った。十年後も、日本のやくざの海外躍進はそこそこ続いているようである。現地の警察の協力が強化されても危険は残っている。やくざは、ブラジル（例えば日系ブラジル人の中で日本とのコカイン取引で検挙された者はないけれども）や、不法移民の取引や、大半が福建省経由と思しい覚醒剤の取引を行っている、特に中国南部の現地の盗賊団と利害を共にしているようである。日本に流入する銃器が増加したのは、結局、増大する移民の存在によって共謀が容易になったためである。中国系（香港、台湾、および大陸からの）窃盗団の流入により、ついには海外の窃盗団との連携が容易になった。

日本のやくざと韓国や台湾（かつては覚醒剤の調達源であった）、香港やフィリピンの（売春や武器の取引）窃盗団との間には、六〇年代から密接な関係があった。一方、日本の犯罪「市場」は長らく、比較的閉鎖的であった。一九九〇年代半ばに、とりわけ東京の新宿界隈で活発な動きを見せていた彼らは、中国人窃盗団の来日により変化が見られるようになった。その上、外国人による犯罪や不正行為の件数は、一九九〇年以降、着実に増加している。一九九七年の検挙件数は一万三八〇〇件で、前年比一六パーセント増である。

暴力団の権力構造やメンタリティの変化がどのようなものであろうと、日本のやくざは二十一世紀を目前にして、その偉大な性質を留めている。「伝統的」なシチリアのマフィアと同様、やくざの世界はまず何より社会システムであり、独自の、そして古来からの掟に服しており、陰の文化を形成している。こうした陰の文化を取り上げる前に、やくざの軌跡をつぶさに辿ってみよう。

逆境の若者たち

大阪飛田界隈（すでに述べた古くからの売春街）の縄張りに、彼は武将の風格で陣取っていた。一九九〇年代の初め、そこにはまだ非合法な賭博場が三〇、娼館が五〇は優にあった。寄り気味の鋭く細い両目が輝くごつごつした顔立ち——（昔の不運な事件のせいで）断ち切られた両手の小指——薬指にダイヤモンドの指輪をはめた鬼頭清は一九五〇年代末の大阪のやくざ界の立役者であった。彼は、一線から少々退いていたが、かつては一帯を支配していた。決闘の際、自慢の刀で次々相手を切り付け、一〇年間投獄された。彼は七十三歳にしてなお、大阪のやくざ界の「良心」であった。

町の反対側の端、ナンバの夜の繁華街に建つこれみよがしの豪華な事務所の、黒い革の深々とした椅子に、「幹部」のひとりとしてすでに本書で述べた、まだ若い「殿上人」が、気取りなく上品に（いかにも女出入りは激しそうで、その男が取巻きにこと欠かないことは言うまでもないが）、渡辺芳則によって実践された山口組の統合戦略について、確固たる調子で話していた。大規模犯罪組織の執行部に属しつつ、男は現実主義的で、ドライ、また粉飾がなく、新しい日本のやくざの「魂」を体現していた。

相貌は全く異なる、これら二人のやくざに共通なこととは何であろうか。誰もが詳述しようとはしない過去である。やくざは、自らの社会的出自について語ることを好まない。幼少期、青年期、家族といったことは、ほとんど口にされない話題であり、話題にするとしても、ステレオタイプ的な指標をいくつか挙げたり、両親の貧困が如何に惨めなものであったかを細々話したり、家族の不和について語るだけである。ただ、富裕な階級の出身者や、エリートの道から逸れた者で、世間から除け者にされていることを誇らしく思っている者のみが、自らの幼少期について語る。日本郵船を経て、戦後は神戸のオリエンタルホテルの社長を務めた父を持つ安部譲二はその例である。安部譲二は、刑務所出所後、やくざについての本を書き成功を収める。彼は、自らの人生について語って尽きることがない。他のやくざは、自分の人生のことは語らない。

厳密な意味での犯罪的「最下層」というものはない。非行は都会の構成要素である。しかし、日本においては他国と同様に、貧困や周縁化、差別、搾取は、犯罪にいたる予備課程である。現代の大規模犯罪組織（山口組、住吉会、稲川会）が生まれたのは、神戸、東京、横浜などの港においてであった。

警察庁の統計によれば、やくざの六〇パーセントが中流家庭に、四〇パーセントが恵まれない層に属する。しかし、八〇パーセントは義務教育を越える教育を受けていない。多くは、失踪の癖があり、また不和を抱えた家庭の出身である。彼らとやくざとの最初の接点は、バーやディスコ、娯楽センターでの仕事探しの際である。多くが、軽い窃盗から始まり、少年院に送られている。六〇年代の高度成長期以降、やくざの多くは青年期に暴走族（字義通り取れば、「スピード狂」のことである）(19)の一員であった。

こうした逆境の若者、途方に暮れた若者であったチンピラ（若いやくざ）に対し、暴力団は、よりどころと、やくざ的な陰なる文化の指標と、極端に単純化された関係（忠誠、体力、暴力）から成り立つ世界、選択が限られてくるゆえに結局は安心感をもたらしてくれる世界とを授けるのである。少年院、家族の厄介者としての気ままと無為（竹中三兄弟は、この場合にあてはまる。その一人は、短期間であるが山口組四代目組長であった）。そして、一線が越えられる。これが、やくざの人生のライトモチーフである。

日本においては、やくざが彷徨の案内人であった。やくざは封建社会のいかなるカテゴリーにも属さない人々や、どこにも登録されていない人（無宿人）のための環境システムであった。後に、やくざのメンバーに、被差別のマイノリティ（被差別民と在日韓国・朝鮮人）出身者が見られるようになる。

近代の日本においては、やくざの世界に入っていく経緯は様々であった。チンピラ、倒産した場外馬券売場の元主人、元警官、ニセ弁護士や汚職の官僚まで、やくざの社会的スペクトルの幅は広い。しかし、依然として差別は、やくざの出発点の重要な要素である。広く日本のやくざ界は、貧民街の出身者からなっている。貧民街は、常にというわけではないが、往々にして被差別民の住んでいる界隈である。また、やくざのメンバーの中には、社会的偏見の犠牲者であるもうひとつのマイノリティ、在日韓国・朝鮮人が少なからず含まれている。被差別民も在日韓国・朝鮮人も、つねにまとわりついてきた差別が解消してしまう世界を犯罪に見出している。やくざの世界は、権力と暴力の支配する世界であるが、それは、様々な差異を無効にするものであって、出自や過去は気にならなくなるのである。

「「被差別部落民」や「在日」に対する差別に言及せずして、日本のやくざについて語ることはできない」と山口組の弁護士、山之内幸夫は述べている。[20] 推定されるのは――というのも、この問題に関しては、もちろん、全く統計がないからであるが――日本のやくざのかなりが被差別マイノリティ出身であるということである。我々は、被差別マイノリティに罪を押しつけるつもりは毛頭ない。被差別マイノリティを重罪化するなら、マフィア、ウンドランゲタが存在するという理由で、メッゾジョルノ（イタリア南部の貧困地域）を単純化し、罪を負わせることになってしまう。依然として、現代日本の被差別マイノリティは、社会的偏見のために、周囲からの敵意やそれとない（時にはあからさまな）蔑視にさらされており、犯罪の道に追い込まれがちなのである。全人口の二パーセントに当たる被差別部落出身者（ただし、例えば奈良などの地域では、五パーセントに及ぶ）、在日韓国・朝鮮人などの民族的マイノリティ（全人口の一パーセント未満）が下層の主要構成要素であったし、今日でもなおそうである。また、被差別地区ではそのメンタリティによって、自らのうちに閉じこもりがちで、外の世界から、非行少年たちを擁護する。[21] 朝鮮半島出身のやくざは共同体と縁を切る。同和地区が点在しており、住人がそれを知悉している京都のような町においては、被差別部落出身者に対する周囲の敵意は殊に厳しいものがある。[22] このような分離／差別は、非行を助長しており、被差別民（被差別部落出身者と在日韓国・朝鮮人）の世界はある程度まで、やくざの母胎のひとつでありつづけたのだ。[23] 京都のやくざの親分の息子である宮崎学は、五〇年代から六〇年代にかけての自らの青少年期について書いたルポルタージュ風の物語の中で、父の組のメンバー約四〇人の中に、多くの在日韓国・朝鮮人と被差別部落出身者がいたと述べている。彼らは「人生の行きどまり」から出てきた者たちで、その家族の多くは、かつて河原者や大道芸や、非人や下級売春婦が集まった七条界隈の川辺に、悲惨な状況で暮らしていた、と宮崎は書いている。宮崎によれば、「犬獲り」の地区の子供たちには、ほとんど選択肢がなかったのだという。「土方になるか、やくざになるか」。やくざになることが「解放」される方法であった人々のことについて宮崎は述べている[24]。

このような状況の幾分かは、過去の名残である。かつて、やくざは下層社会を支配しており、古来から差別を受けていた人々との接触があった。すでに述べたように、江戸時代に非人と穢多は、あまりに社会の周縁へと追いやられていたため、やくざの重要構成員となることはなく、やくざは、賭博師や行商人たちから成っていた。旧被差別民たちが、やくざの重要な構成員となり始めるのは、とりわけ、公的には差別の撤廃された、明治期以降のことである。法的には差別が撤廃されたものの、実際には、すでに見てきた通り、差別は貧困層全体に広まっていた。多くの逆境の人々と旧来の被差別民とやくざとが入り乱れる下層社会は、犯罪組織が構成員を得る場となった。今日の暴力団はその伝統を引き継いでいる。

在日韓国・朝鮮人マイノリティもまた、やくざ世界の構成員を生んだ要素のひとつである。一九九〇年代初期に、六五万人の在日韓国・朝鮮人の半数以上が居住していた関西においては特にそうである。在日韓国・朝鮮人たちは、旧台湾省出身者とともに闇市を支配しようとしていた戦後まもなく、やくざの重要構成員となった。彼らは、日本人やくざによる排斥に遭ったが、それでも、地盤を失うことはなかった。これが、大阪の大市場、鶴橋市場の場合であり、在日韓国・朝鮮人たちは、長期間、その市場を不法占拠し続けた。戦後の「空腹」の時代に、大阪の在日韓国・朝鮮人社会の人々が鶴橋市場周辺で仕事を見つけていったのである。闇市時代の自転車商、李熙健《リヒゴン》は、何千円かの資本で信用組合を作り、一九九〇年代初めに、それは日本最大の相互銀行となった。日本人がうち捨ててしまった分野に、巧妙に参入していった在日韓国・朝鮮人もいた。古くから被差別民の仕事とされたために蔑視されていた皮革業やパチンコである。在日韓国・朝鮮人はそうした分野で成功を収めた。またやくざの一員になる在日韓国・朝鮮人もあった。

韓国・朝鮮出身のやくざや、大阪の桃谷（旧生野界隈）などの地元界隈を意のままに支配する在日韓国・朝鮮人で構成された組が、数多く存在する。戦後、最も著名な韓国人やくざのひとりが、柳川次郎である。彼は釜山の出身で、父親が職を見つけるため、一九三〇年代に大阪に来た。戦後、柳川はまず、神戸三宮の市場で闇取引をした。そして逮捕。出所後の五〇年代初め、南道会が支配する大阪梅田駅界隈に土地を入手した。一九五八年には、鬼頭清（彼については、すでに述べた）の率いる鬼頭組との間で、名高い乱闘が起こった。柳川は、一九六〇年代には、大阪に根を下ろすために味方につけていた山口組率いる広域闘争に特に力を尽くした。山口組の縄張りを奈良、京都、福井へと拡大していくのは主に田岡の任務となるが、それは、田岡がプロレスの試合を監督下に置いたためであった。一九六三年に警察庁は、山口組を日本の暴力団の中で五指に入る危険集団であると見なしていた。柳川は一九六九年、減刑を求めるため執務から退いたが、「顧問」として非合法活動を継続した。[25] 柳川は、韓国の反体制リーダーであった金大中（一九九八年二月、韓国大統領に就任）の一九七三年東京での拉致と関係があったようである。確かなのは、朴正熙体制の金大中に対する不評キャンペーンに活発に参加していたことである。

在日韓国・朝鮮人の犯罪世界の、もうひとりの著名人である東声会会長の町井久之は、金大中の拉致事件に直接関与していたとされている。町井は、韓国のＫＣＩＡの仕事が容易になるよう、ホテルに部屋を借り住んでいたという。町井久之は戦後来日し、闇市で仕事を始めていた。一九四七年に、アメリカ占領軍の諜報部の要求に応え、韓国人やくざと横浜の警察との闘争の仲裁役をつとめ、その後、スト破りとして占領軍に仕えた。町井は、二件の殺人容疑があったが、ＧＨＱとのコネによって、追及を免れた。そして一九四八年に、町井は大半が在日韓国・朝鮮人で構成される東声会を設立した。町井は銀座や六本木に土地を得、パチンコ店やバーを経営し、覚醒剤取引にも手を染めた。町井は一九四六年および一九五八年の二回、逮捕されている。在日韓国・朝鮮人コミュニティの中で活発な活動を続ける彼は、在日韓国人組織「民団」と近く、六〇年代、七〇年代の黒幕、児玉誉士夫と繋がりがあった。一九六五年、東声会の解散の後、東亜友愛事業組合と、児玉が社長を務める東亜相互企業の二つのカモフラージュ組織を作った。町井は釜山と下関を結ぶフェリー便を所有していた。彼は、日本と韓国の間の一筋縄ではいかないコネクションの闇の支配者のひとりとなった。彼の所有するソウルや東京のキャバレー、とりわけ、十ばかりの飲食店とナイトクラブが入っているTSK（東亜相互企業）――偶然にも、東声会のイニシャルと同じである――の文字の掲げられた六本木界隈の七階建てのビルは、陰謀の場として有名であった。一九七六年には「銀座の虎」と渾名された人物（二〇年後に亡くなった）の破産が大きな反響を呼んだが、TSKは一九九六年の破産宣告まで、二〇年間にわたって存続した。

在日韓国・朝鮮人コミュニティや被差別部落を出自として持つ著名なやくざの話は示唆に富む。全く違ったタイプの差別（一方が歴史的なものであり、他方は民族的なもの）に由来するものの、合法的な方法による富の獲得や権力への接近が困難であるという同じ壁にぶつかり、多くの個人が不法なものの中に出世の契機を、やくざの世界の中に、貧困と差別から逃れ、「名声」によって人生に復讐する手段を見出しているのである。

陰なる文化

これまでアウトローたちの物語に沿って、やくざに「伝統」を授け、やくざの世界を陰なる文化の受託者にまでしてしまう人間関係のシステムや数々の儀式について述べてきた。続いて、やくざの風俗は変化し――他の社会と同様に――伝統は廃れるということを念頭に置きつつ、やくざの文化を概観していくこととしよう。

やくざの基層文化の中心には、必ずしもやくざの世界に固有というわけではない関係性のシステムが存在しているが、とはいえこの関係システムはやくざの場合、原型的なものとなって立ちあらわれている。「親分・子分」（別の名称で同義のものに、親方・子方がある）のシステムがそれであり、これについては手配師について述べる中で触れたが、さらに詳しく見てゆくのがよいであろう。

これは至極単純な表現であるが、ニュアンスをすべて伝えようとすると翻訳するのが難しい言葉である。オヤは「親」であり、コは「子」であることに注意しよう。ブンは「部分」の意味であり、ここでは、「地位」「位置」の意味である。したがって、「親分・子分」関係とは「親の役割を果たす者」と「子の役割を果たす者」の間に成り立つ関係のことである。[26]この関係には架空の親子関係という理念が実際に存在しているのであるから、親分・子分関係を、西欧文化の文脈から捉えてしまうと、日本語における意味の根本的な点を隠蔽してしまうことになる。つまり、親分・子分関係とは、ヒエラルキー的な性質、つまりは従属関係を伴うものなのである。逆に、親分・子分の表現を「上司—部下」に置き換えたり、「経営者—顧客」に置き換えたりして従属関係を強調すると、契約の観念に基づくというより、単なる職業的関係を超えた二人の個人間での自然な人間関係に基づく相互的な義務を含んだ架空の親子関係、という次元を取り逃がしてしまう。以上、内容については詳述したので、今後の記述において、「親分・子分」の翻訳表現を用いることは控える。

親分・子分の関係は、社会関係の調整メカニズムとして、どのような社会にも、さまざまな次元に存在していたし、また現在でも存在している。日本において、このような関係の図式の起源は非常に古く、職人(この場合は、西欧中世の徒弟制度に似通っていた)、行商人、日雇労働者、やくざの間で定式化されていった。このような関係は、様々な社会層に見られ、その実践、形式、用語は、実に多様である。明治時代においては、こうした関係は、のちに財閥に発展することになる政治的・産業的一派の起源であった。政界のシステムの起源は、とりわけ派閥である。より洗練され、封建的な色合いの薄い家元（「家」と「起源」の意味の漢字で書かれる芸術の分野で用いられる言葉）制度は、師匠に対する弟子の従属と忠誠を含む同様のタイプの関係性を、架空の親子関係の枠組みの中に導入したものである。(27)

ともあれ、こうしたタイプの関係の背後には、高尚なものであれ、卑近なものであれ、権力のメカニズム、権威の表現がある。アメリカ占領軍が日本の政治権力の起源を見定めようとした際、彼らが大いに理解に苦しんだのは、こうした親分・子分の関係の次元であり、そうした関係が社会全体に浸透している点であった。それは、ウィロビーの参謀第二部にとっても、当初労働市場の民主化を推進しようとしていたGHQの労働問題担当部局にとっても研究課題となった(28)――その理由はすでに述べたような幾分か相矛盾するものだった。占領軍は、社会にあまりに根深く浸透したメカニズムに直面し、当初の方針を貫き通すことはできなかった。(29)

親分・子分という言葉は、今日においては（おそらく、やくざの世界との関わりから）軽蔑的とまでは言わないまでも、古めかしく響く。やくざの世界の中でさえ若干廃れ、「親分」よりも、マフィアから借りた「ドン」の用語が好まれる。

親分・子分システムの深層や、その複雑な細部を分析するのは本書のテーマではなく、なおさら、その現代における重要性について評価を下すのは、我々の手の届かない問題である。

ただ、人間関係のシステムに結節点のようなものがあるとしても、現代日本社会は、我々にとってあまりにも多様、従って、あまりに複雑であるので、親分・子分関係でもって、社会関係の原型的図式を作り上げるほど、親分・子分関係を一般化することはできない、とだけ言っておこう[30]。しかし、やくざの世界においては、こうした家父長的な関係構造が、その懐古趣味的な側面は捨象した上で受け継がれており、やくざの基層文化の一面を成しているのである。

親分・子分システムを形作る架空の親子関係には、二つの特色がある。情動的な深い責任の感覚と、それに劣らず強力な求心力である。親分と子分との関係は厳格な倫理規範に依拠しており、非常に強い拘束力を持つ。原始共同体の家父長的なタイプの関係に範を取り、封建的伝統により練り直され制度化された親分・子分関係は、原則としては相互的な忠誠と義務の根源的な感情に基づいている。実際には、子分の親分に対する忠誠は、親分が子分に対して感じる責任感よりも強い。子の親に対する忠誠に重きを置く儒教的伝統が、おそらくこうした均衡を欠いた性格を強めているのであろう。とはいえ、子分の親分に対する忠誠は盲目的なものではない[31]。

親分・子分関係によって生み出される架空の親子関係には、クロード・レヴィ＝ストロースが指摘した通り、二つの次元がある。ひとつが用語体系、すなわち「名称の体系」であり、もう一方が集団の結束と均衡を保つための「態度の体系」である[32]。第一の点を見てみよう。家父長的タイプの基本関係によって、子分は親分に結びつけられ、ヒエラルキーと、上下、および相互的な忠誠のシステムが生まれる。目下の者が主人に忠義を尽くし、敬意、従順、忠誠の心を持ってせねばならないとしたら、主人もまた目下の者に対して義務を負う。確かに、主人は自由裁量の特権を行使する（主人の権限を制限するような契約の形を取る特別の規範は存在しない）が、主人は目下の者に対して「厚情」を具体的に示し、必要とあらば（失業、病気、負債、投獄の際）保護し、恩恵を与えなくてはならない。親分はいわば集団のメンバーと外の世界との間の仲介者の役割を果たし「渡りをつける」、すなわち社会的な距離を無化し、保証人となるのである。こうした役割は、手配師にしばしば見られた（今日でもなお事態は変わっていない）。

親分・子分関係は個人的な関係に基づいているのであるから、こうした関係は、やくざの用語に従うなら、「組」や「一家」といった、より大きな関係のシステムの中にも見られる。やくざにとって、合法的社会はひとつのジャングルであり、一家は一種の「社会契約」である最小限の相互扶助と相互的関係の保証とによって守られているのである。一家には、若干の「犯罪的な部分」がある。組の内部には、生物学的家族関係と共に、手下同士の関係が生み出される。それは、年齢によってではなく、組での経験の長さに応じて、「兄貴分」とか「弟分」といった言葉で示される。かつての賭博者集団においては、兄弟間のヒエラルキーは厳格なものであった。通常、五段階があり、それは、互いに話す時の言葉遣いに反映されていた。親分の妻は「姐御」と呼ばれた。

やくざの妻たちは、形式の上では目立たないが、組の中でかなりの影響力を持っている。

警察は、妻もやくざの一部であると考えている。やくざの大いなる伝統において、やくざの妻はやくざ界の出身でなければならなかった。彼女たちは後継者を決定する際に役割を果たすこともある（それが、田岡一雄の妻、フミ子の場合である）が、やくざの妻が組長になることは殆どない。たいがい、彼女たちはバーやキャバレーを経営しており、非合法な部分も統括していることが多い。男性優位社会がすべてそうであるように、やくざの社会には強力な母権的要素が含み込まれている。母や妻は男たちの殊勲を賞賛する。親分の妻は組員を厳しくとがめることも厭わない。宮崎学は、一メートル四〇センチと小柄で、大阪の西成の下層社会に生まれた博徒の娘である母親が、粗相をした者たちを呼び寄せて、厳しくしかりつけ、「鬼のような顔をした大男が正座して小さくなっていた」「おふくろにしても、親父を掌の上で踊らせているような面が多分にあったような気がする」[33]と書いている。

基本のグループのピラミッド的構造は、二通りの仕方で補完される。別の垂直的構造への参入か、同等なグループとの連携か、である。前者の場合、親分自身、別の親分（しばしば、大親分あるいは総長と呼ばれる）の手下となる。大親分はこれらの子分の手下を「孫分」と見なす。

このようにして、一〇ばかりのグループをピラミッド的構造の下に統合し、何百、何千もの組員をリーダーとの直接的な人間関係によって結びつけ結集させる複雑かつきめ細かな組織が形成される。リーダーはまた似たような状況で、その上位のリーダーと結びつき、ピラミッドの頂点に至るまで、そうした関係が同様に続く。日本の巨大な犯罪組織はすべて、このように組織化されている。

ヒエラルキーの中で同じレベルに位置するグループの間には、同じ組織に属するメンバー同士の絆（兄弟分）と似た「兄弟の契り」が成立している。この場合、親分の手下Aは、グループBの頭を「おじ分」と見なし、お互いを呼び合う際、架空の血縁関係については、すべてグループのメンバーたちの使う呼び名が使われる。元「親分」はヒエラルキーの外部にいる。引退し、顧問（隠居と呼ばれる）を務めているのである。

親分・子分関係はまた、縄張り（縄によって区切られた区域、すなわち交渉あるいは力による征服によって得られた勢力圏）の管理においても役割を果たしており、ライバルの組が侵入してきた際、組員は防衛する（縄張りは、「シマ」とも呼ばれる）[34]。代替わり（跡目継承）の際、決して縄張りは親分の息子に直接受け継がれることはなく、親分に最も近かった子分（一の子分）に受け継がれる。リーダーが、親分として君臨している「縄張り」の一部を、子分のひとりに譲ることもある。すると「分家」ができたと考えられる。一般に、こうした分家は単に本家の系列であるというだけでなく、本家に従属するのである。

親分・子分関係による架空の親子関係には、グループの結束を保つための「態度の体系」も含まれている。職人組織であれ、労働市場の管理下にあるグループであれ、ギャングの組織であれ、集団はメンバー間の連帯感を維持するためのメカニズムや儀式に依拠している。こうした儀式の中で最も重要なのは、入門および破門の儀式、そして、初対面の際の、認知の儀式である。今日では、このような所属の儀式は廃れかけているものの、疑いなくやくざの世界の中で最も忠実に守り続けられている。一方、かつてこうした儀式を執り行っていた他の社会集団（炭鉱労働者、漁師、きこり、日雇労働者）においては、事実上、儀式は消滅してしまっている（極右団体は例外であるが、極右団体は、往々にしてやくざを母胎としている）。

最も荘厳かつ洗練された入門のセレモニーは、子分と親分をこれから結びつけていくことになる絆を示す、独特な儀式によって特色づけられる。それは酒杯の交換（盃事）である。

細部は「一家」により異なるが、式は通常、同様の過程をたどって展開していく。[35] 儀式は陰暦に従い、吉日に、伝統的な和室の床の間の前で行われる。参列者は羽織袴を身につけることが多い。床の間に置かれた三方（神道の儀式で捧げ物をする際に用いられる）の両側に三人が座る。左に親分、右に子分、彼らの前には、仲介役をつとめる仲人（「とりもち」とも呼ばれる）が座る。親分と子分が三方の両側に座り、仲人が両者の間の端の方に座り、部屋の両側に招待者たち（他の組長や配下たち）が一列になって座る場合もある。ことに手配師の場合そうなのであるが、時に親分の妻が奥まったところに座って、式に参加することもある。

三方には三角形に折った白い紙（奉書）が置かれ、その上に酒瓶が二つ、塩を盛った皿が三つ、盃が一つ、背鰭と背鰭を向かい合わせた生の魚が二尾と箸一膳が置かれる。仲人が箸で塩をひとつまみして盃に入れ、魚の頭を三度盃に浸し、親分に差し出すと、親分は一挙にそれを呑み干す。仲人は同じ所作を子分に対しても行い、今度は子分が盃を呑み干す。子分は、グループ所属の証として奉書で包んだ盃をずっと持っておく。

親分は短いスピーチで、別の親分に忠誠を尽くしたり、組のメンバーの妻と関係を持ったりすることは許されず、これから属することになる「一家」に絶対的に従わなければならない、妻子があろうとも、親分のためには命を差し出す覚悟でなければならないと、これから子分になる者に対し注意を促す。これに応えて、子分は約束をする。[36]子分は新たな名前をもらい、名前は、組本部の小さな木札に記される。[37]かつて子分は、さらに組の文字の記された上着も受け取った。

静まり返った中で執り行われる式は、「おめでとうございます」というとりもち役の一声によって終結する。親分はとりもち役に礼を述べたのち、会食の指図をし、セレモニーは終わる。

こうした儀式の形式的な部分は、全て象徴的な意味を持っている。例えば酒と塩と魚の組み合わせは、血（血の交換は、戦前においては極右のテロリスト集団における慣習であった）を表すものとされる。盃に三度酒を注ぐのは、神道式の結婚式においても見られる儀式である。「三三九度」と呼ばれる婚礼における盃の交換は、架空の血縁関係の深く、厳かな絆の創出を告げる、他の儀式とも共通である。例えば、芸者の世界でも同様であり、芸者の世界に入る際、若い舞妓は、姉と決まった人と共にこの儀式を行う。盃の交換は「運命の結びつき」を確固としたものにするのである。[38]

別々に口にされる酒、塩、魚には、それぞれ象徴的な意味あいがある。『古事記』や『日本書紀』の記述によれば、米の発酵品である酒の消費は神話時代にまで遡る。中国の道教においては、すでに酒が不老長寿の薬とされており、おそらく、日本においても似たような発酵の方法が発見されたのであろう。酒は、呑みかたを定めるエチケットからも察せられる通り、世俗の儀式に結びついている。酒は日本古来の宗教である神道信仰の一部をなしており、神との交わりを象徴している。京都の近くには梅宮という神社があり、初めて酒を造った瓊《に》瓊《に》杵尊《ぎのみこと》が祀られている[39]。瓊瓊杵尊は天皇家の祖先にあたり、高天原から降臨してきた天照大神の孫である。飲酒は儀式全体を包み込んでいる。同じ盃で酒を呑むのは、大多数の文明において交わりの意味を持っている。こうした慣行は元服の儀式の際に見られ、それは先程述べたやくざの儀式と類似している[40]。「盃をもらう」「盃をあげる」、逆に「盃を返す」といった特有の表現は、盃の交換のセレモニーのシンボリズムを反映している。酒に交ぜる塩は穢れのなさを象徴し、腹の部分がくっついた形で中心に置かれる魚は、誕生の理念を象徴している。仲介役のとりもちは誓いの保証人であり、グループの外部の世界を代表する証人である。

ひとたび組に入ると、新米子分は修業をしなければならない。かつては下積みの仕事（家の掃除、賭博場の客の下足番等）をさせられた。今日では、他のやくざとの喧嘩で自分の力量を見せつけなくてはならない。新入りの子分は「鉄砲玉」を務める。

親分と子分の間の約束は反故にされることもある。先に反故にするのが親分であることもあるし、不満を抱えた子分のこともある（日雇労働者と手配師の間では、手配師が仕事を見つけてきてやれなかった場合、子分の側が絆を断ち切ることが多い）。田村栄太郎によれば、やくざにおいて親分・子分の絆はより強力で、絶縁の儀式は形式ばった性格をも帯び、しばしば、親分に水の入った「盃を返す」。破門の際に親分は、他の一家に対し、このような人間は自分の一家のメンバーではないときっぱりと伝える。一般に、やくざの世界の掟を犯す者は、他の組にも入れてはもらえない。

やくざが約束を破ったり（親分に対してであれ、子分に対してであれ）、重大な過ちを犯したりした場合には、映画で有名になったが、小指切り落とし、あるいは両手の小指がすでに切り落とされている場合には薬指切り落としの儀式（指詰め）が行われる……。このような慣行は江戸時代に賭博師の間で広まった。指詰めによって刀を握る手の力が弱まるので、手指を切断した者にとっては、自律性の喪失を意味し、親分への忠誠の証となるのである。小指の切断は、やくざのみの慣行ではなく、情夫への愛の証として遊女が行うことでもあった。

指詰めはまた、おとしまえ（「後始末をする」という意味の、古い慣用表現である）と呼ばれる儀式でも行われる。不始末をおかした者は一人で、あるいは侮辱を受けた者の目の前で、指を台の縁に置き、匕首《あいくち》（一種の短刀）で指を切る。それから、切断された指を白い布に丁寧に包み、借りを作ったり、過ちを犯したりして迷惑をかけた相手に対し、恭しく渡すのである。こうした慣行は八〇年代初めには廃れていった。

やくざの世界における重要な儀式の究極は、初対面の際の認知の儀式である。それは、振舞いの規範の中に刻み込まれており、儒教や武士道を取り入れた一種の「実践的倫理」であって、やくざの世界では「仁義」と呼ばれている。仁義の観念は「人への思いやり」という意味の「仁」と、正義という意味の「義」の二つの漢字で表される。「実践倫理」として仁義は、他人に対する振舞いのある種の掟や、先に述べたような親分・子分関係の根本的精神（厚情と保護の見返りとしての忠誠と従順）の反映である物質的、経済的な相互扶助の原則となっている。仁義がもたらす「正義」あるいは「名誉」の原則は、抽象的な概念などではない。普遍的な理想に触れつつ、共同体や、ある種の社会関係のタイプに適用される規範を形作っているのである。「儀礼」として、仁義は認知の証でもあり、「公明正大さ」「一途さ」（この場合、やくざの世界への所属）を示す方法でもある。最後に挙げた仁義の性質は、ことに「仁義を切る」と呼ばれる二人のやくざの間での自己紹介の儀式によく表れている。

この暗号化された挨拶は、中世や江戸の渡り職人の間で広く見られた。親方の家や、泊めてくれる同業者の家で自己紹介するとき、この取り決められた文句を唱えるのである。到着者が「パスワード」をどのように言うかで、真意や属性を判断することができた。賭博師は、職人の世界における認知のしきたりを取り入れた[41]。自己紹介の儀式——日本のやくざ映画の古典的なシーン——は通常、旅の者が訪れる家の玄関で行われる。到着者は笠を取り、両手を玄関に触れ、仁義の決まり文句を一方が唱えると、相手は、ひざを折り、胸を軽く前に突き出し、三つ指をつく、特徴的な間を置く。古風な言葉で自分の名前と出身地と親分の名前を述べる。それから相手が自己紹介する。自己紹介の前には、長々と挨拶[42]（それも定型のものだが）が交わされ、その間、両者は、互いに優先権をゆずりあっている。新たな到着者が、その地位に要求されることを満たせば、身を寄せようとしたグループの「客分」として認められる。

こうした様々な儀式は、他の社会との違いを際立たせようとする世界に独特の振舞い形式の表現である。「一家」は閉じた排他的な組織であり、集団内に存在するべき組織的連帯は「身内」という表現に表れている。「身内」とは集団の精神とメンバー同士の「血縁関係」を強調する言葉である。

グループ内で個々人は、やくざの世界に独特な規範に照らし、行為や振舞い方によって判断される。親分の権威は結局、そのようなものとして押しつけられた正統性以外の正統性を持たないのであるが(親分はいわば生まれつきリーダーなのである)、親分に対する忠義は、遵守しなくてはならない規範の筆頭である。行動規範の第二の重要原則は、「顔を保つ」すなわち、「お金より顔が利く」世界において欠かせない名声を保つことである。

やくざの一家はいずれも、別世界を成しており、その陰なる文化は堅気の世界との断絶を強調するものとなっている。行動規範がことに厳しい日本で、やくざは他所よりも一層、他の社会との断絶を強調する。やくざの文化は多分に意志的な周縁化の要素を含んでいる。

やくざはまた特有の言語を持っており、現代日本においては、様々な方言が存在するが、やくざの言葉には非常な画一性がある。やくざの隠語は、ある種の職業(板前)[43]の言葉と同様に、意味の観点からすると、通用する言葉の改変、あるいは通常とは異なる使用に終始するもので、馴染みのない者にとっては、謎めいて見える。

やくざの隠語を四つのカテゴリーに分けることができる。[44] 隠語全体のうち、昔からあるケースで第一に挙げられるのが、通常、用いられている言葉が別の意味で使用される場合である。例えば、刑事のことを「ハチ」と言ったり、制服を着た警察官を「カモ」と言ったりする。第二のケースが、音位転倒、すなわち通常の言葉のシラブルを移動させるもので（逆さ言葉におけるように）、宿は「ドヤ」になり、「いくら？」という表現が「くいら」になったり、学生が「セイガク」、女が「ナオン」、銀座が「ザギン」となったりする類である。もうひとつのタイプの隠語は略語である。警察のことを「サツ」といったりする類である。それから、狭義の意味での隠語が存在する。酒を「キス」、刑事を「デカ」と呼んだりする類である。

他の社会と一線を画そうとする日本のやくざの意欲の現れたものとして、他に刺青があるが、それは、堅気の社会との断絶、さらには堅気社会の拒否の、消し去ることのできない、また意志的な印である。刺青は印であり、またスティグマでもあり、移行の儀式でもあり、刺青を施す際に痛みに耐えなければならないことから、ごろつきに対する威嚇の手段ともなっている。多くのやくざが刺青をしているといっても、刺青をしている人間が全てやくざかと言えば、全くそんなことはない。時に全身を覆うこともある刺青は、日本の長い伝統に連なるものである。[45] 刺青はもともと、恥辱を与えるためのものであったが、十八世紀末には、マイナーでこそあれ真正なる芸術のレベルにまで高められ、モチーフの点でも担い手の点でも（しばしば版画職人が刺青を施した）浮世絵と関連を持っていた。刺青は、十九世紀初頭には社会現象、下層民のアイデンティティ復権の表現となり、さらには、既存の秩序への異議申し立ての表現ともなった。刺青は、現代の日本人のごく少数派が施しているにすぎないが、選ばれた仲間に属しているということを示す、異議申し立ての意味合いを、ある程度までは留めている。やくざは刺青の世界の一構成要素にすぎない。「金襴の錦を肌に纏《まと》った男たち」は、社会のいかがわしい周縁に結びついている場合もあるが、多くは普通の人々、職人や、小規模経営の商人である……。

合法的社会との断絶を示す（そしてやくざの世界への所属を示す）印は、防衛のシステムともなっている。実際、コード化された言語は集団の機密性が守られるようにとの配慮の現れであり、やくざの行動規範（実践倫理）と同様、全てが、ある種の秩序を統括し、権力や脅威に常に依存しなくてもすむようにするための、必要不可欠なメカニズムなのである。やくざの世界は、より大きな見方をするならば、親分・子分関係から生ずる集団と同様に、宿命の共同体の伝統に根ざしているのである。親分・子分関係に生ずる架空の親子関係は、同じ職業や同じ社会的地位を持つ者たちを統合するグループ形成の要石である。だからといって、序列を形成してもいるこの関係性を理想化するべきではないだろう。やくざの世界では特に、権力や支配に基づく契約の重要性が情緒的な信頼によって隠蔽されてしまってはならないのである。とはいえ、親分・子分関係の相互性に関わる儀式は衰退してきており、警察によれば、盃の儀式は、子分が親分への忠誠を誓う場合、三分の一程度しか行われていない(46)。やくざの陰なる文化の価値観は、とりわけ、集団の結束の手段となっている。

社会的統合

神戸の閑静なブルジョア的界隈、花隅では毎日、防弾チョッキを身にまとい、バケツと箒を持った男が家から出てきて水を大量にまき、玄関先を掃除していた。道の向こう側では、白い割烹着を着た老婦人が身を二つに折り曲げ、同様に玄関先を掃除していた。いつもその老婦人はお辞儀をし、やくざもお辞儀で応えていた。

その通りの入り口の看板には「山健組の方は、車道に駐車しないよう、また近隣の迷惑にならないよう、お願い致します」と書かれている。山口組の幾何学的な金の代紋が彫り込まれた鋼鉄の引き戸がなければ、防犯カメラを備え、防弾ガラスとなっているその小さな家は、他と区別はつかないであろう。それは、山健組、つまりは山口組五代目組長である渡辺芳則一家の事務所である。隣りの駐車場には、スモークのかかった大きな外車が太陽に輝いている。日本のやくざの大多数がそうであるように、渡辺の組も何憚ることもない。郵便配達員は毎日郵便受けに郵便物を配達するし、組に接触を図りたければ、電話帳の「相互扶助団体」の項で番号を探せばよい。事務所の壁や木の板には、組の上下関係の順に、組員の名前が漢字で記されている。程近くには日本共産党支部の事務所があり、少し離れた所にはおびただしい石仏の並ぶ寺があり、十分歩くと……暴力団対策室を擁する兵庫県警本部の建物がある。

それが、一九九二年五月の暴力団対策法施行直前の、そして、神戸の町の有りようを一変させてしまった一九九五年一月十七日の地震以前の状況であった。日本のやくざは伝統的に街中に立派な建物を構え、社会に組み込まれていた。庶民的界隈に事務所を構えるやくざの小規模団体は、近隣の住民から幾分かは不審の目で見られていたものの、だからといって地域社会から追放されていたわけではなかった。そのメンバーたちは自らの刺青を人目に露し、地元の祭りに参加し、神輿(住民たちが肩に担ぐ一種の祭壇)を担いだ。例えば日本最古の本格的な祭りのひとつである東京佃島の祭りでは、江戸時代末にまで遡る由緒ある佃政《つくまさ》組の男たちが神輿を担ぐことが多い。やくざの親分は地元の「名士」であり、誕生や葬式、あるいは開店の際には陣頭に立って指揮をとる。宮崎学によれば、京都の寺山組を率いていた彼の父親は、伏見界隈の指導者と見なされ、近隣の人々が助言や仲裁を求めてやってきていたという[47]。

暴力団対策法によって、やくざは法に触れるものとされ、目に立たないようにするよう求められ、非合法化せざるをえなくなったが、やくざの世界は闇の「制度」であり続けている。神戸の地震の直後、山口組は地元住民のために食料・物資供給センターを開き、やくざたちは、渡辺芳則の私設秘書の指揮の下、被災者たちに温かいスープを配ったりした[48]。極右団体(住吉会の系列であった日本青年社など)も、人道的活動の展開において目立つ存在であった。やくざが市民感覚を発揮したのである。

やくざの世界は細かく枝分かれし、合法的な活動も行っており、活動範囲は犯罪とは関連のない様々な領域や社会層に及んでいる。娯楽業界、行商人、日雇労働者、港湾労働者、トラック運転手[49]……。そして一九八〇年代後半のバブル期以降は実業界の一部の人々にも及んでいる。

イタリアのマフィアやカモッラと比較すると、やくざは暴力性においては劣るものの、彼らと同様に、把握し難い取引がなされたり、陰の共謀が進んだりする堅気社会の周縁の「グレー・ゾーン」を仕切っている。やくざは、後ろ暗い政治的利害関係その他の理由により、正攻法で解決することができないような問題を処理する（そして見返りとして優位を主張する）仲介者の役割を果たしているのである。「われわれは、社会の潤滑剤であり、巷の弁護士である」と、大阪の「ドン」黒沢明は言った。(50) 彼は当時（一九九〇年）五十五歳で、十三年間を刑務所で過ごしていた。「歳の数だけ体に傷がある」と黒沢は冗談を言った。終戦直後の路上でのやくざ間の大掛かりな抗争の際の爆発により、彼の顔には幾つもの切り傷が残っていた。大阪最強の犯罪組織のひとつである黒沢組元組長、黒沢明は、一九八〇年代初めに犯罪の世界から身を引いた。彼は、元のさやに納まり、「足を洗った」（やくざの世界の隠語ではこう言う）。その後は、媒介者としての能力から、警察は彼を「やくざの世界のキッシンジャー」と呼ぶようになった。「組織というのが、自分にとってはひどく物足りなかった。心はからっぽだった」と黒沢は言った。大阪梅田地区のビル（まさに、いくつもの弁護士──「私の意見を求めに来る、いわば同僚たち」──事務所の入っている）の彼のコンサルタント事務所で、半ばまじめに、半ば皮肉交じりに黒沢は言った。元「ボス」は、数々の事件を仲裁しており、失職しはしなかったのである。

社会的寄生？ ごもっとも。しかし、脅しと縁なしとしないこうした仲裁、「周縁的秩序」は、おそらく、日本社会の病理に由来するというより、日本社会の生理に由来するものであろう。このような仲裁は、日本社会が機能していくために必要不可欠なのであり、まさしく、そのために、やくざは罰せられることが比較的少ないのである。

やくざが社会に統合されているのは、いくつかの要因による。やくざが「社会の潤滑剤」としての役割を果たしているのは、彼らが通常、一般の人々（堅気衆）の領域を侵したりせず、その安寧を尊重するからである。それが日本のやくざの大原則である。暴力による仕返しは除き、やくざたちが街中で犯罪のために目立つことはほとんどない。バブルの波に乗り、彼らが合法的活動に参入していったことで、この神聖不可侵の原則が再検討の目にさらされることになった。とはいえ、一九九〇年六月の暴力団員の抗争のさなかに人違いで殺害されたNTT社員の遺族に対し、山口組の弁護士が損害賠償を申し出たことに見られるように、ある程度この原則は維持されてきた。

やくざの享受する社会的統合はまた、権力、すなわち政治家および警察との密かな黙認関係に基礎を置くものである。どのような社会でも必ず、秩序の権力とギャングスターとの間に妥協が成り立っている。ある種の非合法的な活動に対する寛容は、社会秩序の全体的保持のための代償である。ところで、暴力団対策法施行までは、この点で言うと、日本はその典型例だったのである。

犯罪世界と、犯罪と戦うことを職務としている人間たちとの間にあまねく広がる潜在的黙許の関係は、社会の安定の一要素となった。やくざたちは、警察官たちとある種の行動を共有しているだけでなく、いくらか価値観も共有している。映画では、やくざと警察官の態度や着こなしがよく似ているのが目につくが、実生活においても然りである。おそらく、警察官の一部は、やくざの行動を自らの行動に取り入れているのである。そうすることで、やくざの世界に出入りしやすくなるのであろうが、こうしたことが、警察官のメンタリティにどこまで影響しないでいられるものか、と問うてみることもできよう。ともあれ、大規模暴力団との戦いを任務とする警察官たちの数々の腐敗のスキャンダルからは、そう考えさせられる。やくざと、やくざ対策を任務とする警察官との間にある種の模倣関係が作り出される傾向があり、一九九〇年十二月に大阪府警が発行した詳細なマニュアルで、やくざの行動や着こなしを真似ないようにと刑事に命じているほどである。

終戦直後、在日韓国・朝鮮人や在日中国人のギャングスターから守ってくれたやくざに対して、警察官たちが感じた「負い目」に集約されるような、日本のやくざの強烈で反動的な懐古趣味と愛国主義、そして、日米安保条約改定（一九六〇年）による激動期のやくざと政治権力の協力関係とが、司法幹部とその格闘の相手たちとの黙許関係の背景となっている。警察と政界、およびやくざの世界の間の結びつきは、次第に目立たないものとなったが、それでも、三者の間には、常に一種の暗黙の合意が存在していたのである。スキャンダルや解決されない事件の中には、折りに触れ、こうした共謀関係を思い起こさせるものがあった。東京の「ドン」稲川聖城が山口組と一和会の抗争を仲裁しようと決心したのは、警察に推奨されてのことだったと言われていなかったか[51]。それぞれが、このような均衡の中で利得を見出していたのである。少々の非合法的活動には目をつぶり、非合法的活動をある一定レベルに抑止するにとどめることによって警察は、あるやくざ組織のライバル組織が更に悪質な場合には、当のやくざ組織と協力することが可能になった。一九八〇年代末、二三の犯罪組織がひしめいていた東京・新宿で、警察は、少しでも事件があれば組織の指導者たちを招集し、「暴力の予防」と呼ばれる会合の間に、もめごとを仲裁した。新宿界隈を中国人（台湾島出身者および中国大陸からの新参者たち）の窃盗団が跋扈するようになった十年後には事情は変わってしまっていた(52)。

警察とやくざの間の関係は、いつでも調和的であるというわけではない。逮捕されたやくざに対応する係の人数は戦前より減っているが、相変わらず存在している。やくざは警察官と良好な関係を保ちたいと考えているので、やくざの暴力が告発されることは決してない(53)。

非合法性の中でのこうした均衡が、日本の犯罪率がかなり低く、また長年にわたって人々がやくざを迫り来る脅威として感じてこなかったという事実の一因になっている。日本のやくざは、「義侠」たらんと欲し、社会秩序を尊重するのである。「我々は、現代日本の中で、道義を持する最後の者である」と一九九二年に、山口組指導者で、執行部メンバーのひとりが言った。「他の人々、一般の人々、サラリーマン、官僚、政治家は金のことしか頭にない。我々は、武士の規範から引き継がれた価値観に則って生きている。『封建的』行動だって？おそらくそうだが、現代社会の無道徳よりはいいと思っている」。つつましく品があり、青白く厳しい顔にオールバックの、当時まだ若く四十四歳であったその男は、大阪やくざの「巨頭」のひとりであり、やくざの現代的「魂」の代表者であった。初対面の際の伝統的名刺交換で、彼は名刺を二枚くれた。一方には、企業グループの総帥として名前が記されており、もう一方には、黒々として太い書道の文字のような漢字で書かれた名前の右側に、山口組の代紋があった。その男の態度や言葉は、イタリアのマフィアについてマルチェッレ・パドヴァーニが記したのと同じく「野生の個人の倫理と公的振舞いの儀礼的な性質の一致」を体現するものであった。[54] いずれにせよ、至高の理想として持ち出される「名誉」は、暴力の正当化に他ならない。

日本社会のやくざに対する寛容性は、やくざが民衆の想像力に密かに及ぼしている魅力に由来するものでもある。やくざは、文化を育む土壌において、独特かつ両義的で明示し難い位置を占めている。

民衆的想像力におけるやくざ

かつての文学や映画の感傷的な物語の中で、義賊は民衆的記憶の一部を成していた。「徳川時代に平民者流の理想となりし俠」と北村透谷は十九世紀末に書いている。[55] どのような文化においても、犯罪は民衆的叙事詩の一部を成しており、偉大なる犯罪者(十八世紀フランスのカルトゥシュやマンドラン、イギリスのジョナサン・ワイルド〔一六八二?―一七二五。十八世紀の英国で最も有名な犯罪人〕やジャック・シェパード〔一七〇二―一七四一。ロンドンの泥棒〕、日本の国定忠治や清水次郎長)の際立つ面影は、貧者の権力に対する戦いと重ね合わされる彼らの物語と相俟って、ポジティブな人物へと転化した「暗黒のヒーロー」たちなのである。民衆的想像力の中で、彼らは悪を正す者に変貌を遂げ、貧民の報復の体現となる。

正義感の篤さにより、歴史の目で名誉挽回されるのである[56]。

日本において、犯罪はまた、十七世紀から、白浪物や政談における文学的霊感の大いなる源泉でもあった。これらの文学ジャンルは、おそらく一六四九年に邦訳された『棠陰比事』[57]などの中国の裁判小説にインスピレーションを受けたものであろう。明治時代になると、狭義の意味での犯罪文学も生み出された。政府は勧善懲悪を広めようとしていたので、犯罪文学は政府に推奨され、探偵小説、そして現代の推理小説の起源となった。より洗練されたものである現代の推理小説は、犯罪の手口と社会的文脈に一番の重要性を置く[58]。十九世紀末から二十世紀初頭にかけての探偵小説の主人公は、多くの場合犯罪者ではなく捜査官のほうである。その点で江戸の捕物帖の系譜に連なる。このジャンルは七〇年代に再びブームとなった（例えば、笹沢左保の『新大岡政談』）。

明治時代から、すでに述べたように江戸時代の継承者である無法者にまつわる文学が存在していた。この文学で展開されるやくざのイメージは、武士道的あるいは悲劇的であり、それは、長谷川伸（一八八四―一九六三）の股旅物でも同様である。しかし、やくざの理想化が始まったのは主として大正時代（一九一二―一九二六）になってからである。その後、アメリカの推理小説が翻訳されると、同様のジャンルが発展し、日本の作家たちによって、「ハードボイルド」として再生された。推理小説の舞台は、日本のやくざ界とその風俗である。また、ハードボイルドのジャンルは六〇年代初めに、とりわけ佐藤まさあき（一九三七―二〇〇四）の『野望』『ひとり狼』『黒い傷痕の男』などにより、漫画の世界にも浸透した。日本の漫画の専門家が強調するように[59]、佐藤まさあきは、やくざによる警察官殺害に与えた地位や、やくざに与えたイメージによって、犯罪者であると同時に被害者である人物像を初めて作り上げた。しかし、佐藤以前に、才能ある作家たちの何人かがすでに、社会のどん底の表現としてのやくざの社会に魅せられていた。それが、一九二〇年代の無政府主義運動に加わったプロレタリア作家連盟のメンバーで、戦後は左翼との縁を絶った平林たい子（一九〇五―一九七二）の場合であり、彼女は、見事な小説『地底の歌』の中で、やくざの世界を描いている。彼女は、出会ったやくざたちの実話に基づきつつ、無法者たちを社会の下層の代表的人物として描いた。

ハードボイルドは、文学としては価値を認められなかった。そのかわり、映画化され大成功を収めた。六〇年代初めから七〇年代半ばにかけては、約千五百本のやくざ映画が製作された。六〇年代以降は、半ばシリアスで、半ば小説的な映画作品が多くなり、フィクションとしての文学と共に、やくざの人生をテーマとするようになった。やくざ映画のパイオニアのひとりが、藤田五郎[60]である。藤田自身が元やくざであり、戦後、銀座を支配していた町井久之率いる東声会元組員で、後に、作家になった。藤田五郎は三十ばかりのやくざ小説を執筆しており、それらの小説ではやくざの勇敢さや名誉の規範の高貴さ、その悲劇的な運命、また、『任俠百年史』[61]に関わるような仕事に重点が置かれている。やくざのそうしたロマンティックなヴィジョンに対しては、歴史学者や犯罪学者が異議を唱えている。沈滞期の後、一九八〇年代後半に、やくざの風俗を扱った読み物に対する興味の盛り返しが見られた。すでに言及したが、元やくざの安部譲二のような作家たちによってである。安部は、刑務所から出所した一九七九年に、『塀の中の懲りない面々』(一九八六年)を書き始め、百万部印刷された。

なぜ、これほどやくざに夢中になるのだろうか。なぜ、被抑圧者の庇護者である「義賊」のロマンティックな神話は、その後のごく平凡なやくざたちをもいまだに後光で包んでいるのだろうか。なぜ、やくざ気質は長らく日本人の想像力を魅了し続けてきたのだろうか。やくざの風俗や心理の中で、憧れを抱かせるものとは何なのであろうか。

やくざに関する神話は、現実の事件を糧に、時代によって変貌を見せるが、変わらない部分もある。機能の基本が振舞いのコードであり、超越的なものを欠く文明の只中(そこでは、従って「かくあらねばならない」は社会秩序にまさる普遍的原理の機能とはならない)にあるだけに一層豊かな型[62](文字通り「かたち」、すなわちある役割や機能に対するシンボリックな同意)を身に付けることが、その機能の基礎となっているような形式主義的な社会において、やくざは原型的なものを保持しているのである。ある種の振舞いや、行動規範の厳格な遵守は、劣ったものと感じられていた(社会的偏見、所属関係の不在など)以前の地位に取って代わるものであるだけにいっそう、保持するべきアイデンティティを作り上げるものとなっているのであり、やくざは、行動規範である型に誰よりも強い執着を見せる。やくざは自らの振舞いによって、アイデンティティを隠そうとするのではなく外在化するのである――身なりや髪形(刈り上げかパンチパーマ)によって、また以前は組のバッジ装着によって――。

やくざの世界の荘厳な儀式や、やくざの親分の空港到着などは、このような外観へのこだわりを典型的に示している。外車（ベンツ、キャデラック、ロールスロイス）をはじめ、ダブルの礼服に金の時計や腕輪、携帯電話、ボディーガード、ボスが通り過ぎる際に九〇度のお辞儀をする子分たち、といったところが繰り返されるやくざのイメージである。やくざの見栄やはったりには、明確な手段的目標を持ったアイデンティティの復権がある。自己の提示の仕方の中にある挑発は、力関係を課すきっかけとなっているのである。「いい顔だ」（文字通り、「いい顔」、他者に知られている誰か）、「顔が広い」、あるいは逆に「顔を潰す」（別の表現では、面目を失う）といったやくざが愛用する表現が示すように、「顔」へのこだわりは極度に推し進められる。「顔」が規範と行動全体の尺度となっているのである。

やくざは、自らの世界への帰属を、宿命として生きる（宿命主義）。なぜなら、普通の社会に戻り「足を洗う」ことは難しいとわかっているからである。岩井弘融が「マゾヒズム」[63]と呼ぶ自己卑下により、壁に背を向ける感情の中で、彼らは、ますます頑なになっていく。実際、やくざ（賭け事ではずれの数字を指す蔑称で自らを呼ぶことを思い出そう）は自発的に、特有の大げさな言葉遣いで、自らを「社会のくず」とか、「虫けら」などと呼ぶのである。映画『昭和残侠伝』シリーズでは、自らが属している「くず」の世界に帰属しないですむよう救ってやった若者たちが、やくざに仲間入りするのを主人公が拒む。このような自己卑下によって、宿命としての人生、抗いようなくたどる「道」（日本人に今でも広く残っている概念）の観念とも相俟って、やくざは、「人生を演じる（賭ける）」者となるのである。そして、やくざの人生は燃え立ち、芝居じみたものになる。

自己卑下を埋め合わせるかのようなナルシスティックな衝動に突き動かされ、やくざは、何事もとことんまでつきつめないではいられない。やくざはこれみよがしの振舞いによって自らの尊厳を保ち、儀式を崇拝し、富をひけらかすことで、自らの権力と影響力を行使するのである。死へと至る宿命を引き受けるときまで、人生の劇場化は続く。生きては帰れぬ決闘へと向かうヒーローの孤独な道行きのシーンは、やくざ映画の見せ場のひとつであり、それは、歌舞伎の道行き(例えば、心中へと向かう恋人たちなど)のシーンに若干似ている。刺青を露わに、刀を手にして敵の暗殺へと突進するやくざの死への道行きのシーンでは、まとわりつき、嘆くようなメロディが特徴的な、演歌のメランコリックで大仰な感傷主義のフレーズがしばしば流れる。このような封印された宿命は、悲劇的であると同時にどこか人を安心させるものを持っている。(64) 選択は実に決然となされるので、やくざ映画の単純さは、すでに敷かれた道をたどる他にはありえないとしているかのようである。ともあれ、宿命は逃れられない。「やくざの末路は哀れ」なのである。

やくざは脱け出すことのできない、閉じられた世界に生きている。やくざの一員になると、排他的なやくざの倫理の制約網にからめとられ、敵意を持って立ちはだかる外部に直面する。従って、やくざは常に臨戦態勢であり、たえず自らの居場所を取り戻そうと努めているのである。やくざに残された唯一の道は、尊厳を持って耐え忍び、「悲劇的」な宿命を引き受け、「男らしく死ぬ」ことである。日に日に試練にかけられ(男を磨く)、常に勝ち取るべきものとされる過剰な「男らしさ」（男になる）、「礼儀正しさ」の理想の中に、やくざは自らのアイデンティティと「人生のほとんど魔術的な[65]」意味を見出すのである。「男の道を往かねばならない」、「死への畏れはあっても、死に心を煩わせない」。このような筆書きのモットーが、一九九〇年代初め、山口組の「ナンバー2」であった宅見勝の、大阪ナンバの事務所には掲げられていた。やくざたちは、名声への気遣いゆえに、絶対的なものとして生きられる掟へと捧げられる、そんな人生の「美学」に行き着くのだと、犯罪の世界についての著書をいくつか執筆した山口組の弁護士の山之内幸夫は推測している。しかし、要は暴力に支配された世界の純粋な理想化であって、山之内は加えて、名誉の崇拝は暴力行使のアリバイに過ぎないと述べている[66]。

やくざは一般の人々に、漠とした魅力を放ち続けているが、それは、レオナルド・シャーシャがマフィアについて述べていることを思い起こさせる。マフィアと同様にやくざは、その名誉の規範の明確さと厳格さから、人生の悲劇的なヴィジョンに属するものと考えられている。「規範の崩壊に対して無力であるような社会においてマフィアは、カルヴァンも非難しないであろうようなシステムの中に生きている」とシャーシャは書いている。続いて彼はこう言う。「マフィアたちは、根底において、モンテスキューが言うところの、指導的階級が身に備える『徳』を有している[67]」。安部譲二が『さらば、極道[68]』の中で徐々に衰退してきていると告発していた「男の世界」である。

やくざの心理を駆け足で概観してみたが、そこには日本的伝統の典型的な価値がいくつか見られるであろう。宿命の感覚、義務（誓い、名誉にかかわる恩義、友情）と人情との間で引き裂かれる個人、男らしさの崇拝、帰属することで社会的アイデンティティが生まれる、そのような集団への忠誠の感覚、社会関係を支配する規範と作法の遵守。やくざはまた、日本文化の原型的人物である孤独な英雄を体現してもいる。おそらくは組に緊密に結びついていることの代償としてであろう、個人が自らの独自性を主張しようとする時には、孤独の道を取る。やくざは、社会に対抗し宿命を引き受ける個人の孤独な道行きのシンボルなのである。こうした点でやくざは、悪を駆逐するアメリカの無法者のヒーローと、いくつかの類似性がある。

やくざのステレオタイプ化されたイメージは、六〇年代に映画によって広まり、社会の想像力の中ではサムライに替わる位置を占めるようになった。やくざ映画のジャンルは、一九六三年、沢島忠の『人生劇場　飛車角』によって切り開かれた。十年にわたり、やくざ映画はアクション映画の一大ジャンルと競合していた(69)。フランス人の日本映画専門家マックス・テシエが主張するように、やくざ映画の大衆路線を創始した東映が、このようなやくざの神話化されたイメージの伝播に一役買ったと考えるべきであろうか(70)。戦前、無声映画の頃から、映画監督たちは、やくざをしばしば登場させてきた。例えば一九三〇年代の無頼派のシナリオ作家三村伸太郎は股旅物——すなわち放浪の賭博師の冒険物語で、文学では長谷川伸（一八八四—一九六三）、子母沢寛（一八九二—一九六八）らを輩出した——の系列の中で、無法者を絶対自由主義的メッセージの媒体としたのであった。

六〇年代のやくざ映画（任俠映画）のほとんどは、やくざを社会の発展の犠牲者とする傾向があった。日本の歴史的文脈をたどると、明治から今日まで、わずかの例外を除いて、相も変わらず同じ図式が繰り返されてきた。主人公は社会の秩序を乱したくはないのだが、不正を糾すため、あるいは自ら立てた誓いを守るために戦わざるを得ない。実際、やくざは抽象的、普遍的な正義のために戦うことは決してなく、誰かに対する義務を果たすために戦うのである。復讐の容赦なさを受けて立つ名誉により、暴力は正当化される。佐藤忠男によれば、こうしたタイプの孤独なヒーローは、田舎から都会へと乗り出してきた高度経済成長期の若い独身者たちの不安を反映しているという。大都会の中で、根を持たず孤立した彼らは疎外感にさいなまれ、人生の意味を捜し求める。やくざは彼らと同じく社会の発展によって周縁に追いやられた個人であり、巨大都市の匿名的空間に投げ込まれ、不確かで、敵意に満ちた世界の中に暮らし、絶えず自らの居場所を得ようとしていたのであった。

学生運動の大きな広がりによって特色づけられる六〇年代という時代の文脈の中で、やくざ映画は、利潤のみに向かう社会に反抗する者たちによってなされた「反撃」に近い、抵抗の表現としての暴力というメッセージをも広めた。孤独なやくざの物語は、不正な世界に対する個人的反抗の一種の寓話であったのである。

やくざ映画のストーリーに繰り返し現れるいくつかの特徴があるが、映画のスタイルは様々である。「礼儀作法」の「美学」（すなわち、名誉の規範、「極道」）。これは、安藤昇（俳優となった元やくざ）、若山富三郎、そしてとりわけ鶴田浩二（一九八七年死去）や高倉健[71]といった、映画の「スーパースター」のための映画である。血気にはやる若山が派手で感情的な芝居をしたのに対し、鶴田と高倉は「天涯孤独」の暗く、寡黙で、メランコリックな、能面のような顔のヒーローたちであり、不吉な宿命の全重量がのしかかってくるものの、彼らは最も巨大な組織へと挑みかかり、必ず、自らの宿命を引き受けるのである。これがとりわけ、安藤昇の映画が作り出したやくざのイメージである。[72] やくざの反抗的人物は、ほとんどバクーニン的な次元に至るほどで、そのことを象徴的に示すことであるが、六〇年代末の叛乱学生たちは、高倉健を自分たちの「実存的ヒーロー」と仰いだのであった。近代資本主義の日本の拒否という点で、極左と極右が一致を見せた。[73] 三島由紀夫などの作家もやくざ映画の崇拝者であった。三島は、戦後の文化的混乱や、「日本性」の「喪失」と見なされるものを告発し、やくざのライトモチーフである名誉の規範や忍耐力や「徹底主義」の中に、日本再生の力を見出していたのであった。

六〇年代は、時に残酷な社会的影響をもたらしもした、目まぐるしい資本主義の時代であり、やくざ映画は単純な仕方で、近代化といわゆる「伝統的」な価値とで引き裂かれた社会の問題をしかと提示したのであった。より心理的な側面の強い篠田正浩の『乾いた花』（一九六四年）のような映画は、高度経済成長期の日本の個人が抱えていた困難を示している（この映画では、やくざが孤独な反抗者のイメージを提供している）。そして、江戸時代の無法者の神話を広めるのに大いに貢献した後、無法者のより真に迫ったイメージを広め始めていた文学と共に、七〇年代の初めには、映画もやくざのイメージを一新していった。やくざの人生は、パロディの調子を帯び、ニヒリズムに染まる場合が多くなってゆく。深作欣二の『仁義なき戦い』シリーズの五作は、やくざイメージの変化を画すものである。このシリーズでは、組内部での粛清に焦点があてられ、それまで、ほとんど取り上げられたことのなかった、幼少期に広島で被爆したやくざがテーマとなっている。この映画の原作は飯干晃一のベストセラーである。映画監督の市川崑は、一九七三年製作の『股旅』で、すでにやくざの世界における偉大さの喪失と偽善とを描いてみせている。(74) 映画監督の鈴木清順もまた、『東京流れ者』(一九六六年)でやくざの物語をパロディ的に描いており、『東京流れ者』の主題歌は大ヒットした。

一九八〇年代後半に映画製作者たちはやくざ映画のリアリスト的路線を継承し、やくざの妻二六人へのインタビューに基づき成功を収めた家田荘子のルポルタージュ(75)を原作とした『極道の妻《おんな》たち』のシリーズでやくざの妻をブームとし、新境地を開こうと(そして、新たに女性の観客をひきつけようと)した。「マッチョ」の世界で自らの存在を誇示する強い個性を持ったやくざの妻というのは、全く新しいものであるというわけではない。例えば大映は、六〇年代半ばに女主人公を中心に展開される『女賭博師』シリーズを発表していた。このシリーズは、他社によって引き継がれ八作が製作され、前作を上回るヒットとなった。『緋牡丹博徒』(一九六八年)は、やくざ映画の男性スターたちと対をなす女優藤純子が主人公である。二十年後、映画製作者たちは再びこのテーマに取り組み、一九八八年に女やくざの新映画、鷹森立一監督の『姐御』を発表した。五社英雄の最後の作『陽炎』は二〇年代末の熊本を舞台としたもので、やくざの妻であるヒロインおりんは、壮麗な刺青を見せつけ父の復讐をする。『極道の妻たち』シリーズの成功は、そのリアリズムと、このシリーズ十作中七作に出演した女優岩下志麻の存在感によるものである。シリーズ最終作である『極道の妻たち　けじめ』は一九九八年に公開された。

男性主人公のより古典的なトーンのものとしては、一九八八年に森田芳光によって製作された『悲しい色やねん』がやくざの世界の葛藤を表現している。そのリアリズムがさらに興味深い『悲しきヒットマン』は、やくざの世界に否応なく巻き込まれていった契機と、名誉の規範の下での極端な暴力とを同時に描いた山口組の元弁護士山之内幸夫の著作を原作としている。沖縄を舞台にした北野武の『ソナチネ』（一九九三年）は、やくざの世界をあらためて脱神話化し、やくざ自身が逃げ出したいと望んでいる暴力の罠を描き出した。しかし、この映画は日本では殆ど反響を得られなかった。一方、リドリー・スコットの『ブラック・レイン』（一九八九年）をやくざ映画ジャンルの一新と見なすことはできないが（これは、欧米の観客向けのハリウッド映画であり、やくざの想像的人物造形については何ももたらしはしなかった）[76]、日本でこの作品は大成功を収め、二五〇〇万人の動員数を記録した。

いくつかの例外は別として、やくざ映画のジャンルは六〇年代初めのような、大人気を博することはなく、ついには一九九四年、チャンバラ映画、ついでやくざ映画で帝国を築き上げてきた映画製作会社東映が、チャンバラ映画、やくざ映画の製作から撤退すると宣言するに至った。

伝統的なやくざのヒーロー（あるいはヒロイン）は、時代遅れなものとなっていた。カンヌ映画祭で受賞した『Hana-bi』（一九九七年）で暴力のテーマをよみがえらせた北野武のやくざの世界におけるような脱神話的、しかも、戯画的な（愚弄的な）アプローチは、日本の観客よりも全世界の批評家たちに熱狂的に受け入れられた。『ソナチネ』の浜辺で遊びに夢中になるやくざの見習いたちや、『Hana-bi』の刑事の鞄に襲いかかるやくざの群れは、おそらく北野監督の頭の中では、経済的、実存的な危機にある日本社会の反映であり、それはどうしようもなく暗く汚れたものとなっており、継承者がないほどの寓話の域にまで高められている。しかし、北野の映画に登場するやくざたちは、理想化されたやくざほど説得的ではないのである。

〈マフィア・モデル〉

やくざの組織とそのイメージを概観してきたが、次の質問を避けて通るわけにはいかないであろう。日本のやくざは、マルチェッレ・パドヴァーニ言うところの「マフィア・モデル」なのだろうか。[77] マフィアとやくざの文化の共通点は、一目瞭然である。権力とヒエラルキーの崇拝、「一家」のピラミッド的組織、縄張り意識、合法的事業へのマフィア的仲介、文化の風土に根を張る「名誉の文化」（勇気、沈黙、男らしさ）、社会的・経済的寄生から殺人（日本のやくざの場合は比較的稀れ）に至る非合法的実践。その他にも著しい類似性がある。政党との結びつきである。マフィアの場合はキリスト教民主党、やくざの場合は自民党とつながりがある。キリスト教民主党は一九四七年から一九九〇年まで、自民党は一九五五年から一九九三年まで政権を独占し、いずれも透明性を欠いた入札で支持者偏重の予算充当を行ってきた。

マフィアと日本のやくざの類似性の仮説を検証するために、回り道になるが、イタリアの犯罪について触れることを許していただきたい。といっても歴史的にも文化的にも異なる文脈から生まれた複雑な現象を比較するわけではなく、日本の犯罪の特徴を引き出すために、より広い視野の中に日本の犯罪を位置づけるのである。

シチリアのマフィア、カラブリア地方の犯罪組織ウンドランゲタやナポリのカモッラの特色は、その歴史的—文化的風土に由来するものである。これらは行動様式や権力行使の形式を反映して、ヒエラルキー的組織となっている[78]。伝統的な南イタリアにおいては、雑駁に言ってイタリア統一から第二次世界大戦直後まで、マフィアのように振舞うとは、尊敬されるようにすること、「名誉ある人」たること、「二重のモラル」(「一家」の内部で遵守されるべきモラルと外部のモラル)を実践することを意味した。名誉が人間の価値の尺度である。脆弱な政治構造のもとでは、このような名誉の原初的な感覚が法に先立ち、権力システムとなって現れる(この名誉の原初的な感覚は、他者の敬意が保証されるための単なる手段であると見なされている富を凌ぐものである)。権力当局が脆弱だったり弱小だったりするため、代表団を持つ自己調整的権力である犯罪組織は、庇護を与え、仲介し、地域における至高の権力の独占を犯すような危険要素を抑圧することによって、公的正義の代替となっているのである。

以上に述べた、南イタリアの犯罪集団の生まれた社会的背景の第一の特色に加えるべき点は、個人に対して全面的な忠誠を要求する「一家」の優越性である。マフィア、ウンドランゲタやカモッラは、親類関係に中心を置く社会システムのもとに生まれた。血縁によるのであれ婚姻関係によるのであれ、親類関係は通過儀礼によって画される架空の親子関係によって補完される。

組織の面からすると、ウンドランゲタがカラブリア地方の古風な基層文化の「職人的」な表現であり続けているのに対し、ナポリのカモッラは、むしろ大都市の犯罪集団に類似している。一方マフィアは恐るべき効率性の犯罪組織「モデル」であるが、柔軟で適応性がある。マフィアに注目してみることとしよう。

レオナルド・シャーシャの言葉を借りるなら、一九五〇年代から一九六〇年代にかけてマフィアは、アメリカ的護民官政治からキリスト教的デモクラシーへと推移していったという。(79) マフィアは常に権力の側にあり、そこにとどまったが、シチリア社会の変貌に伴い根本的な変容を蒙ることになった。二つの現象が際立った効果をもたらした。世代の自然な交代のプロセスを阻むことになったものの、新たな価値の移入に貢献した(アメリカ出身の)移民。シチリア島に数十億リラを投入しての(そして政治的目的から目を逸らした)国家介入は、もともと非合法かつ莫大な財産の直接間接のマフィア的管理を行っていたマフィア企業の発展の源泉となる。こうした展開は、社会学者のピーノ・アルラッキによれば、権力システムへと転化したマフィアの名誉の規範と経済的富との同一視に行き着く。このような展開はマフィアの正当性の根拠の喪失に相伴っており、マフィアはその後、世論の目には、単なるギャングスターに似通ったものとなっていった。

シチリアを支配してきたキリスト教民主党の政治エリートは、五〇年代から六〇年代にかけてマフィアの集団を権力システムに統合するようになる。こうして、かなりの予算を持つ自立的な新地方行政の中に、数多くの「名誉の人」が見られるようになっていった。マフィアとキリスト教民主党との結託は、権力の異常な集中をもたらした。政治家たちは金とマフィアを抱え、支持者を掌握し、社会運動に枷をはめるための権力を有していた。国家レベルの政治家同士のより厳しい競争、そこから生じる政府の対処の一貫性の喪失、そして七〇年代イタリアの制度的な非統合性は、とりわけ、マフィアが真の政治的自立性を得るのに、有利に働いた。

自らの政治的庇護者をもはるかに上回る、相当の財力を持つ大規模なマフィアの「ファミリー」は、早くも五〇年代、六〇年代に、キリスト教民主党によって培われてきた既存の権力関係を自らに有利なように覆していった。そして、数々の指導者たちの暗殺が示すように、政治ギャングのロビイストたちは、国家との直接対決に突入していった。シチリアの「産業マフィア」は、手元金にものを言わせ、七〇年代半ばからドラッグの国際的市場に乗り出していった。莫大な利益が見込まれたため、ドラッグの取引は伝統的マフィアを大きく変貌させることになった。規範は反故にされ、一九八一年から一九八三年にかけて、マフィア「ファミリー」は殺人の相次ぐさらに激しい抗争に突入していった。

ドラッグの取引により、マフィアには驚くべき富がもたらされたが、それによって、マフィアのメンタリティも変容を蒙り、「ファミリー」の伝統的なヒエラルキー的関係は御破算となり、暴力の原理が君臨することとなった。麻薬取引によって得られた巨額の金と、「粛清」の必要性により、マフィアの経済活動への参入の傾向が著しく強まっていった。マルチェッレ・パドヴァーニによれば、ドラッグがマフィア組織に入ってきたことで、三つの亀裂が生じたという。すなわちマフィアと一般市民の間の亀裂（文化的アリバイは霧消）、マフィアと政治との間の亀裂（キリスト教民主党は、マフィアとの距離を取らざるを得なくなった）、マフィアと国家との亀裂（マフィアはドラッグによる不正な利益を獲得するにあたり、自らに打撃を与えかねない法律を要請する者たちを攻撃の対象とし、地区を問わず、敵を消していった）である。この時期マフィアは、ドラッグとテロリスト活動の「チャンス」をめぐって殺人含みの闘争に明け暮れるうち、かつて自らが復権しようとしていた価値自体には、一切、信を置かなくなっていった。そして一九八二年九月のパレルモ軍警察総監ダッラ・キエーザの暗殺、一九九二年五月のファルコーネ判事暗殺、一九九二年七月のボルセッリーノ判事の暗殺。

シチリアのマフィアの展開を駆け足で見てきたが、根本的に矮小化気味の一般化は免れないものの、組織犯罪のより広い視野の中に日本のやくざを位置づけ、マフィアとの類似性と相違とを見ることができるであろう。

まずはじめに、二つの犯罪組織、マフィアとやくざは、ある種の社会・文化的環境のもとで生じた関係性のモデルを再生産している。まさしく、この二つの犯罪組織によってもたらされた陰なる文化は、その母胎となった社会・文化的世界において優位をなすより一般的な社会性が、純粋に便宜的な目的（暴力の正当化、内部の結束）のために、ゆがめられ、損われた結果として現れたものなのである。マフィアはやくざと同様に、標準的文化への帰属を要求するが、一般社会においては揺らいでいると考えられる価値観のシステムとしての伝統に強い執着を見せるのである。

「家」と名誉の感覚に優位性を認める世界に生まれたマフィアのシチリアのように、日本では、社会組織のパラダイムである家族的要素が、架空の血縁（擬制血縁）のシステムの過剰を招いているのである。集団ほど個人を重んじない社会システムにおいては、擬制の血縁関係が伝統的なタイプの仕事における関係性の原則である（親分・子分）。男らしさの根本的理想としての名誉に与えられる重要性についても同様である。やくざの傲慢なほどの誇りと、彼らの名誉をめぐる争いがマフィアの振舞いとどれほど近いものであるかを知るのに、やくざが他人の意見に極端に敏感であること、他者との関係の中で個人が定義され、自らのアイデンティティが見出されていく社会において「顔」が支配的な役割を占めていることをここで詳述する必要はなかろう。

マフィアややくざの文化は、古風なものなのであろうか。言葉を換えるなら、しばしば指摘されるように、近代社会における「封建主義」のアナクロニズムの単なる遺物と見るべきなのであろうか。社会の不動性を主張する都合のよい解説には警戒しなければならない。まず、すでに見てきたとおり、やくざやマフィアの文化は、彼らが極端なものにしている価値観と結びついているが、こうした価値観はやくざやマフィアを取り巻く社会にも広まっているものである。さらに言うなら、やくざやマフィアの文化を母胎とする組織的システムは、自分たちのものでもある回りの社会環境において見出されないならば、「水の中の魚」のように存続していくことはできないであろう。やくざやマフィアの基層文化は、それを取り巻く社会や文化の形態に似かよったものであり、またその極端な形となっているように思われる。伝統が存続するには文化的養土が必要である。慣習は理由なく絶えたり存続したりすることはない。ある慣習が存続しているのは、慣習が機能し続けているからなのである[80]。

シチリアとカラブリア地方のケースの分析の際に、ピーノ・アルラッキが唱えた「絶えざる変化の社会」という概念は、先進社会における前近代的なタイプの忠誠関係の維持という見かけ上のパラドクスを理解するのに役立つ。ピーノ・アルラッキは、経済構造の発展（市場経済の発展）と、祖型となる文化的構造の伝統主義との間の不均衡（これは日本にも該当するマフィア・タイプの犯罪現象である）を強調している。言い換えれば、参照システムと見なされるシンボリックな領域は、社会・経済的分野と同じリズムで進化していくわけではないのである。だからといってマフィアとやくざは、社会組織の不変の図式を再生産するわけにはいかない。マフィアもやくざも非常な柔軟性から生じ、社会の変化に適応し、ことに高い社会的変動性を取り入れている。人は「名誉の人」に生まれるのでもなければ、「やくざ」に生まれるのでもない。「名誉の人」に、「やくざ」になるのである。

日本と南イタリアの二大犯罪集団は、その土壌に歴史的、文化的に非常な違いがあるものの、類似性を示している。マフィアとやくざは語の抽象的な意味での組織であるというより、集団のメンバーの有機的な連帯性と相競う、生物学的家族の価値（連帯、団結、従順、ヒエラルキー）を内部の運営の中でシステム化する再編成体である。この点で、マフィアとやくざはまず、われわれの眼には関係のシステムであると映り、「マフィア的」（ここでは、マフィアが生まれた環境に言及することなく、言葉の含意のみを掬い上げる形容詞として使っている）文化について語ることが今後、正当化できるように思われるのである。マフィア的文化とは、社会的な秩序、さだめし周縁的な社会秩序の母胎である。

この仮説のもとに、日本と同様にマフィアの犯罪「一家」は、経済的に、また「社会的」に独立の実体であると主張することができよう（たとえ、より広範な再編成のもとにあり、「評議会」が戦略を立てているにしても）。マフィアの場合、「ファミリー」間の絆を意味する《cosca》という言葉は、もともとシチリアの言葉で「朝鮮あざみ」を意味し、より規模の大きな連合へと「ファミリー」を結合させる絆のメタファーとなっている。日本のやくざ組織においても事情は同じである。やくざの社会の基層システムに一体性をもたらしているのは「マフィア的文化」である。

文化的な観点からすると、柔軟で、社会の変化にも適応力あるマフィアとやくざの二つの「社会」は、組織上のパラダイムのようなものである。一九二五年から一九三〇年にかけて、イタリア移民がアメリカにもたらしたのは、「マフィア的な文化態度」である。[81] 同様に、やくざが伝えるのは、まったく異なる土壌に根を張るマフィア的な文化態度である。どちらの場合も、マフィア的文化はやくざ性（マフィア性）の社会的基層システムに団結力を与えるのである。

戦後のイタリアと日本の発展は、歴史的というより社会文化的な面で、共に集中と分散の両方を示している。まず、マフィアと同じくやくざは常に権力側にあった。そのため、やくざの政治参加は自らが主張しようとする文化的価値（力とヒエラルキーの崇拝）と寸分なく調和している。やくざは、自らの富の一部を指導者層から巻き上げようともくろんでいるが、支配的な政治システムを問題視することはない。七〇年代半ばまで、日本の保守的陣営とやくざとのコネクションは悪名高く、数々のスキャンダルの源泉でもあったが、やくざは、シチリアのマフィアほど中心的な政治的役割を果たしたことはなかった[82]。また、日本のやくざの経済的・財政的活動への参加は、一九七〇年代半ばから拡大していたが、マフィアの場合のように（一九八五年にイタリアの国民総生産の一二パーセントを占めていたと推定される）、地域経済の真の掌握へといたったわけではなかった。それに日本のやくざには一九九〇年代初めになっても、マフィアのようにドラッグの国際市場に乗り出し、その帰結としての極度の暴力を招くといった「質的飛躍」（マルチェッレ・パドヴァーニ）は、ついに見られなかった。

確かに、一九五〇年代から六〇年代にかけての政界とやくざとの絆は緊密なものであったが、キリスト教民主党とシチリアのマフィアとの相互浸透のレベルには達していなかった。それに、シチリアのマフィア（七〇年代には、イタリアの制度的崩壊を追い風とし、政治的自立を勝ち取ったが、そのかわりに伝統的な「正統性」を失った）とは異なり、日本のやくざは国家と正面切って対立することはなかった。やくざは社会の仲介者としての役割、「巷の弁護士」の役割を死守することができたのである。このようにやくざが仲介的機能を果たしているのは、司法権力に救いを求めることができないような、ある種の司法的空白が日本にはあること、また、おそらく、さらに根本的に、日本人には裁判に訴えようとしない、そんな漠とした遠慮があるためである。こうした傾向は薄らいではきているが、日本社会にはグレー・ゾーンがあって、きめ細かなネットワークによりその一部をやくざが担い、陰の調停役の機能を果たし続けている。

二十一世紀を目前にして、日本のやくざは、非合法の「整然とした」諸慣行や経済的寄生傾向により、シチリアのマフィアよりもはるかにしっかりと社会に組み込まれている。様々な側面から見て、やくざは結局、合法性の周縁で機能するメカニズムの歯車であり、システム全体の良好な運営にとって欠かすことのできないものなのである。

第五章　あたらしいやくざ

「企業舎弟」

一九八〇年代末から九〇年代初めにかけて、暴力団の経済的寄生傾向が非常に強まった。バブル期にやくざたちは、事業で利益を上げようとするようになった。経済は極度の発展を遂げ、莫大な資金が流通し、貸付がほとんど無利子同然[1]になるほど公定歩合が引き下げられて投資熱が高まり、成功にはやる新世代の事業家や、社内での出世競争に追いたてられている管理職たちのモラルの低下と相俟って、暴力団の事業進出には有利な条件が揃っていた。

一九八〇年代初めには、従来からの非合法的活動（覚醒剤取引、非合法の賭博、売春業）が、やくざの主たる収入源であった。それが八〇年代後半になると事情が変わる。「経済的犯罪」が新たにはびこり始めたのである。やくざたちは、細分化され複雑になった社会の中で、魑魅魍魎の「社会の暗部」を席巻し、また「社会の暗部」を推し広げていったのである。それは、合法性と非合法性が重なり合い、陰の仲裁がなされるグレー・ゾーンである。仲裁役だったやくざは、八〇年代に入って、直接的に、あるいは数々の中間的仲介者を介して、経済競争に加わるようになった。このように、伝承というものを持たず、やくざの世界の古い掟に無関心な新タイプのやくざは、もはや堅気の社会と無縁な集団の中で活動することはない。前世代のやくざに比して教育を受けている新世代のやくざは、新世代の実業家と同じく時代の子であり、実に大胆で、ハイリスク・ハイリターンのセンスを持ち合わせている。やくざは企業家たちに、彼らが今まで持っていなかった何かを授けた。暴力に訴えること、あるいは、事業の決着を早めるための脅し。この時期から、私設探偵事務所には、株買占めや買戻しの試みの背後に暴力団が存在しているのかどうかを知ろうとする、窮地に陥った企業からの依頼の件数が増えていった。こうして暴力団は、一九八〇年代末の「カジノ経済」の要となり、その苦い果実としてグレー・ゾーンが合法性のぎりぎりのところまで拡張し、一連のスキャンダルによって、その広がりが知られることとなった。これはおそらく、日本の経済界を退廃させてやまなかった負の遺産である。

バブル崩壊により、一九九二年以降、暴力団の合法的事業への警戒すべき参入が明らかになってきた。暴力団は、銀行貸付によって数十億円を吸い上げ、大量の株式保有者となっていた。「我々は警告を発するべきラインに達していた」と当時、警察庁の国松孝次は考えていた[2]。数年後、宮脇磊介[3]をはじめとする暴力団研究の専門家は、銀行の不良債権（一九九八年の時点で七六兆円とされる）の三〇パーセントは、様々な困難の道、「マフィアのにおいのする」苦難の航路を行く企業にかかわるものであると見なしていた。

一九九一年九月に、経営者の日本最大組織である経団連が対策に乗り出した。経団連はメンバーに対し、社会秩序をおびやかす組織との絆を全て断ち切るよう求める文書を発表し、同年七月には、警察との連携を図る暴力団対策評議会を設立した。全国銀行連盟は経済活動に関わる暴力団の排除を任務とする特別な評議会を設置した。経済ネットワークへの暴力団の参入を阻み、組織的犯罪対策やマネーロンダリング阻止における他の発展途上国の法律とも見合う法律を整備するようにとの、国際的組織から日本への要求に応えるために、政府は暴力団対策法を採択し、一九九二年三月一日に施行、翌年四月には同法強化を行った。暴力団対策法は、従来「親睦団体」と見なされていた暴力団を非合法と位置づけるもので、一九九一年十月に採択されたマネーロンダリングにかかわる二つの法で補完された[4]。

こうした政策は、バブル後の不景気で、暴力団の合法的活動への進出が阻まれたという点においては、少なくとも貢献を果たしたといえる。しかし、一九九〇年代の一連のスキャンダルが示すとおり、それでも暴力団は金融の世界に特別の地位を得たのであった。

暴力団は確かにマージナルであるが（日本の生産的機構の全体を犯罪化させるわけではない）、経済の駆け引きの場の駒のひとつとなり、バブル期に公式発表（一兆三〇〇〇億円）を大いに上回る収入を得ていた[5]。間接的に暴力団が関与する合法的活動は、大きな広がりを見せていた。やくざの経済活動による収益の算定には留保が必要であるが、莫大な額であることに変わりはない。

末端組員によって運営されるフロント企業（企業舎弟）を介して（企業舎弟のメンバーの中には形式上は暴力団に属していない者もあるが、彼らも暴力団との関わりはある）、暴力団は建設業や不動産業といった経済分野で確固たる地位を占めるにいたった。警察庁によれば、山口組は一九九二年に百ばかりの企業を経営しており、そのうちの三六社は建設業、約二〇社が不動産業、約一〇社が金融分野であったという。若干少なくなるが、稲川会は八社、住吉会は一社の不動産会社を傘下に置いていた。

一九九五年から一九九六年にかけ、バブルを過剰なまでに推し進めた「住専」のスキャンダルが、金融市場へのやくざ参入と、広域暴力団、不正手口、過激な投機家によって回る「第二の経済」の広がりを決定的に見せつけるものとなった。「第二の経済」には、名だたる企業家や銀行家が、事情を承知の上で参与していたのだった。イトマン事件(6)で歯止めのない投資が頂点に達したと考えるなら、負債額が八兆円(そのうち七〇パーセントは回収不可能なものである)に及ぶ住宅ローン会社の倒産は、こうしたやり口が「思わぬ偶発事」(暴走する経済の横滑り)などではなかったことを示している。

多額の負債は、銀行とその勢力範囲内で活動する金融組織、民間投資家、大蔵省幹部と、最も非合法的なやくざの世界との癒着(官僚OBを介する)による投資システムにまさしく発するものである。言い換えれば、それは、社会の健全なセクターとあまり健全でないセクターとが結びつく部分が存在するシステムなのである。一九九七年には、野村證券と第一勧業銀行がゆすり屋と結びついているというスキャンダルが、このような結託の広がりを世に知らしめるものとなった。

一九九五年に「住専」スキャンダルが発生した際、警察庁は、暴力団と関わりを持つ、あるいは、背後に暴力団が控えている不動産企業の数をおよそ二〇社と推定している。住専スキャンダルは、実際、経済のグレー・ゾーンが、名の通ったいくつもの企業に及んでいることを示した。例えば、小さな不動産事務所から始め、株式投資で財を成した大阪最大の不動産会社である末野興産の社長、末野謙一（一九九六年に逮捕）は、やくざと結びついているというので悪名高かった。当時は、大阪を牛耳る関西のもうひとつの大手不動産会社であるあさひ住建の幹部も同様であった。関西のもうひとつの大手不動産会社であるあさひ住建の幹部も同様であった。当時は、大阪を牛耳る「マフィア的名士」の中に、山口組の「ナンバー2」である宅見勝や、やくざと結びつきのある韓国出身の実業家許永中など、警察の知悉するアンタッチャブルの人物がいた。許永中は一九九一年にイトマン事件で逮捕されるが、同様の他の数名と共に、莫大な資金力によって関西の「暗黒経済」を仕切り続けた。彼は、一九九七年十月、韓国に姿を消してしまった（その後、逮捕起訴され、二〇〇五年に実刑判決が確定した）。

やくざの経済への進出は、決して新しい現象ではない。やくざ研究の専門家である猪野健治によれば、暴力団は、一九六〇年代の高度経済成長期の発展を受け、非合法的活動と並行して実業の世界にも参入し始めた[7]。従来からの経済活動（日雇労働者、ことに港湾労働者の管理）に加えて、やくざは興行事業やプロレスや建設業を包囲していた。末端のやくざたちは、サラ金（サラリーマン金融の略語）[8]、つまりは、貸し主は合法的な地位にあるものの、暴利をむさぼる金貸しのことであるが、その借金の取立てに励んだ。積荷の機械化と、興行事業でのやくざたちの強引なやり口により引き起こされたスキャンダルとが相俟って、港湾やショウビジネスにおけるやくざたちの役割は退縮した。しかし、一九八〇年代にやくざは経済活動への復帰に努め、「合法的」活動の多様化を図り始めた。こうしてやくざは地上げ屋として土地投機の要石となった。脅したり暴力を用いたりして住民を立ち退かせ、土地を空けさせ、高騰した価格で売り出すのである。やくざの「仲介」は、市民の様々な紛争処理にまで広がっていた。しばしば示談で解決される交通事故から、産業廃棄物をめぐる住民と企業とのトラブル、倒産した会社の整理といったかなり見返りのよい仕事（債権者の代わりとなり、途中で仲介手数料を払う）(9)まで。このようなマフィア的な仲介は以後も続行し、バブル崩壊後も発展していった。やくざは脅しによって、闇取引や株式取引に介入し始めた。

すでに述べたように、やくざはゆすりに関わり、右翼団体などの偽装組織によって、恐喝を極めて頻繁に行った(10)。街頭でがなりたてている超国家主義の団体の殆どはやくざと結びつきがある。イデオロギーは口実にすぎず、こうした団体は、企業や銀行を標的としたやくざのゆすりの道具にすぎない。様々な「国家主義的」口実のもと、お膝元でなされるこうした組織化された騒動が、自らの威信を傷つけるのではないかと恐れて、標的となった企業は金を払うほうを選ぶ。このような金の支払いは「政治献金」の形を取るので、警察の介入は難しい。実業界の一部とやくざとの間には共謀関係があるだけに、それは一層困難である。総会屋のシステムはその例証である。

総会屋は多数の企業の株を少量ずつ持つ個人で、小株主として総会に参加し、取締役会の意向に有利に計らい、取締役会が面倒な立場に追い込まれないようにする。企業から総会屋への利益供与を禁じた一九八一年の商法改正（一九八二年より実施）により、おそらく総会屋は減少した（六千人を数えていたのが、十年後には約千人になった）が、このような経済的寄生の形態を根絶するには至らなかった。とりわけ一九八一年の商法改正は、予期せぬ歪んだ帰結をもたらした。つまり、商法改正によって総会屋は一層「やくざ化」したのであった。やくざの犯罪化は一九六〇年代に始まった（当時の総会屋の六千人のうち、約千人がやくざであったと推定される）。しかし、それが激化するのは一九八〇年代のことである。一九九七年、金融業界の二つの大黒柱、日本最大の証券会社野村證券と、貯蓄高第二位の第一勧業銀行を巻き込んだスキャンダルが明かすように、依然として、ゆすり屋との絆を強める企業もあったのである。一連のスキャンダルにより、野村證券と第一勧業銀行の幹部が十名ばかり（その中には、元副頭取の酒巻英雄もいた）逮捕され、元頭取の宮崎邦次は自殺した。一九九七年から一九九八年にかけて総計で四つの大手証券会社（野村證券の他、大和證券、日興證券、山一證券）の幹部二八人が逮捕された。プロのゆすり屋による経済の腐敗は更に深いところで進行していた。金融業、サービス業に続き、製造業も蝕まれていた。一九九七年秋、次々と日立グループと三菱グループの複数の企業が総会屋の件でスキャンダルの焦点となり、幹部の何人かが逮捕された。一九九八年八月には日本航空もこうしたスキャンダルの中心となった。プロのゆすり屋とは一体、何なのであろうか。

総会屋は、十九世紀末の株式の一般市民への普及以来存在しており、総会屋が初めてメディアに取り上げられたのは一九〇二年にまで遡る。当時、企業は全て個人所有か親族所有で、株式が導入されたものの、個人か親族が株式を管理しようとしていた。企業幹部は、株主総会での秩序を支配するために、「特殊株主」に救いを求め報酬を渡した。「特殊株主」の機能は、わずらわしい質問が表にならないよう、また幹部の解決策が容易に可決されるよう、他の人間が口出しできないようにすることであった。

一九六〇年代になると、取締役会は株主からの強い圧力を受けるようになり、企業の幹部はますます総会屋に救いを求めるようになった[11]。こうして、悲しくも有名な病である水俣病——化学工場から排出された有機水銀による熊本県域の汚染——を引き起こした株式会社「チッソ」は、多年にわたり、株主総会でこの問題に触れさせないようにすることができたのだった。水俣の悲劇では、一二〇〇人を超える死者が出た。

取締役会の「番犬」たる総会屋は、この時期に両面政策を採るようになり、企業の運営にとって気がかりな情報を総会で暴露し、厄介事を持ち込むことで取締役を脅し始めた。経営が健全であれば、幹部の私生活を非難することもあった。どちらの場合にも会社の評判は危うくなる。それに、被害者が総会屋に対して不平を述べることは稀れである。というのも、彼らは総会屋を必要としているからである。総会屋はこのようにして完全にビジネスの世界に組み込まれたメカニズムとなっており、総会屋との裏取引を専門にする幾人もの幹部を抱えている企業もあるほどである。

商法改正により、市場から雑魚の総会屋は一掃された。最も強力で、組織力ある者たちだけが生き残った。そして一九九〇年代初め、総会屋は一週間だけゆすりを働くというのではなく、強力なゆすりのメカニズムと化したのである。

総会屋は、企業が高額で購読する情報誌（大新聞のコピーにすぎず、スキャンダラスな噂を伝える）の発行により定収入が保証されている。一九九〇年に実施された警察庁の調査によれば、二一〇六社の内、三分の一がこうした形のゆすりに屈していると認めているという。弁護士のイシバセンジによれば、総会屋は、最も強力な「合法的」手段のひとつであり、暴力団は企業の報酬を脅し取るため、総会屋を有しているのである。「根本問題は事業の透明性である。企業が内部の問題を隠すのをやめる日まで、このような寄生傾向は消え去らないであろう(12)」。

一九九〇年代後半になると事情は変わってくるようである。商法改正後の十年間で、第一線の二〇社ばかりの企業が、動く金が次第に高額になるばかりの一連のスキャンダルで総会屋との関係を告訴された。一九九二年十月に、大手スーパーチェーンのイトーヨーカ堂（全国で一四三店舗）グループが総会屋に暴力団員を雇っていた（逮捕された総会屋の中には、やくざ組織である論壇同友会(13)によって管理されている最大規模の総会屋に属する住吉会メンバーが二人いた）ことが発覚し、スキャンダルとなった。翌年、国内で四〇パーセント近くのシェアを持つキリンビールが窮地に陥っていた。調査の結果、キリンビールは十年間で、総会屋に二億円を渡していたことが明らかになった。この場合も、関係した総会屋は住吉会傘下であった。一九九六年には、百貨店の高島屋が十年間で八億円を総会屋に支払っていたことが明らかになった。その翌年には、食品製造の味の素の不正が明らかになった。そしてついに、野村證券と第一勧業銀行のスキャンダルである。野村證券は数千万円を、株価下落の補塡の名目で渡していた。第一勧業銀行は総会屋の小池隆一に対し、二五〇億円の貸付に応じている。下っ端の総会屋であったこの男が、十年間で日本第二の銀行に「気に入られる」ほどのペテン師にのし上がったのは示唆的である。

一九八〇年代末の「カジノ経済」を追い風としたビジネスにおける金の受取り人で裏の情報に通じたやくざたちの要求は、一層厳しいものになっていった。やくざたちは、自分たちに有利になるよう、経済界との力関係を大きく覆した。手下には報酬が払われ、彼らはいわば、「相方《あいかた》」となったのである。総会屋のやくざ化はまた、さらに激しい暴力を招いた。一九九四年二月の富士写真フイルム幹部の暗殺は、どう見ても、そこに原因があるように思われる。犠牲者は、総会屋担当部署の責任者であり、脅迫に曝されていた[14]。同年九月には住友銀行名古屋支店長も暗殺された。彼もまた総会屋関連の責任者であった[14]。

実業界は社会の中で最も非合法的な要素と密かに絆を保ち続けており、警察の仕事は容易なものではない[15]。一九九六年に行われた企業への無作為抽出調査によれば、二五パーセントの企業が「特殊株主」を「抱えて」いるという。なぜだろうか。いくつかの理由が「構造化されている」。まず、株主としての安定性が保証されている産業・金融グループの混合的参与による占拠によって制約を受け、一般株主の権利が弱いこと。次に、混乱を避けようとする幹部の及び腰。経営者たちはサラリーマンで、かつ高い地位に上りつめており、望むのは退職金だけである。騒然たる株主総会や、ぎりぎりになって持ち込まれる決算確認書は、企業の芳しくないイメージを外部に与え、株価低下をもたらしかねない。こうした「混乱」を回避するためには、総会の品位を「金で買う」必要がある。企業の幹部で、プロの総会屋に援助を請うていることを認める者はいないが、「お手盛り」経営の暗黙の掟をきっぱり断ち切る勇気のある者もいないのである。企業の方向性に表面上の調和を与えるためのこのような介入は、銀行において頻繁に見られる。銀行は長らく大蔵省の手の中で守られ、いかがわしい問題を「もみ消す」ある種の方法を洗練させてきた。企業の幹部の責任であるとともに、大蔵省をはじめ、銀行を監督する任務を負った行政の甘やかしのせいである。大手新聞社もまた種々の圧力の下にあり、この問題については慎重で、スキャンダルが発生するまで、もみ消しに加担するのである。一九九七年から一九九八年にかけての事件の後、企業は総会屋から、ある程度の距離を取るようになったように思われる。警察庁によれば、一九九八年五月に、株式上場の二二〇〇社が総会屋との縁を切り、その内の三〇〇社は総会屋の刊行物の購読を停止している。総会屋にとって、それは二〇〇億円の収入減であった。

　総会屋の策略は、暴力団の経済的事業参入のさきがけのひとつであり、投資熱にうかされた日々の名残である。この時期、暴力団はもはや従来の経済的寄生を続けるにとどまらなかった。暴力団は「財政的競争力」を伸ばし、フロント企業を介して銀行家や証券公認仲買人と最大限の交渉を行い、数々の取引を遂行した。株式市場において、フロント企業は、各企業の掌握を狙って株買占めを行う「乗っ取り屋」などに肩入れした。フロント企業が狙ったのは、株式買占めによって付加価値を生じ、うなぎのぼりとなった株価であった。事態が進行していくと、投機家は、ある証券会社に買い注文を出しておいて、別の証券会社を介して全てを売却して、株価を高く維持するようになる（買い注文は、当然ないがしろにされる。こうした株式操作は「鉄砲」と呼ばれていた）。もうひとつの方法は、ある企業に多額の出資をし、更には取締役会への影響力を及ぼし、相場よりも高い値で株を買収するというものである。その有名なケースが、一九九〇年に起きた創立百年の伝統を誇る繊維会社クラボウのケースであり、天正興業が同社の経営権を握った（同社株の買占めを行ったのは、山口組所属の悪名高き暴力団員、坂本一馬率いる日本土地であった）。新聞・雑誌はその後、一流企業への暴力団の大規模資本参入を報じた。例えば稲川会は、一九九一年に私鉄会社東急の資本に参入した。ついに暴力団は「民間投資家」の間での仕手戦（人為的に相場を作って、短期間で大量に投機的売買を行うこと。）を仲裁した。それが、とりわけ住吉会の場合であり、同会はこの分野での「裁定」で有名であった。

一九八〇年代の暴力団の活動の発展は、やくざと実業界との関係が深部で変化したことを示している。以後、従来型の寄生傾向に、経済生活の中で無条件に尊重されている株主との共謀が加わることになった。金に苦労のない時代にあって、銀行は貸付の際、厳しい審査を行わなかった。例えば、住友銀行の系列会社が当時の「乗っ取り屋」のひとりであった小谷光浩に何十億円もの貸付を許したスキャンダルにより、一九八三年より金融界のトップにあった住友銀行会長の磯田一郎は、一九九〇年十月、辞任を余儀なくされた。この名高い銀行家は、イトマン事件にも巻き込まれていた。この事件では、韓国出身の悪名高きやくざの傍らで、愛娘が投機に乗り出したのだった。

住友銀行が、投資熱の日々の最も向こう見ずな者のひとりであった磯田一郎の指揮下にあった点で非難を免れないとしても、日本で最も威信ある金融機関のひとつである実に穏健な日本興業銀行を、住友銀行と同様の「冒険主義」であるとして非難することはできないであろう。ところが、一九九一年八月に、日本興業銀行も、二七〇〇億円分にも及ぶ架空預金証書偽造のスキャンダルに巻き込まれた。一八億円にのぼるこの貸付を受けたのは、大阪の高級料亭の経営者である尾上縫（当時六十歳）で、彼女は思惑筋の投機家として、また関西の非合法領域とのコネクションによって知られていた。尾上縫は一九九八年五月に、「日本史上に前例を見ない」とされる乱脈融資により、十五年の禁固刑が大阪高裁裁判所長により宣告された。道理なきことではないのだが、尾上縫の弁護士は黙認した貸し主の責任を問うた。

経済の場面でのやくざの活躍を指し示す最も際立った事件のひとつが、一九九一年夏の、二大証券会社、野村證券と日興證券からの、関東の暴力団、稲川会会長でやくざの「親分」である石井隆匡への融資である。系列会社のグリーン・サービスと平成ファイナンスを介して、野村證券と日興證券は石井への融資（結局、ゴルフクラブの会員権購入にかこつけて、野村證券と日興證券が石井に献金したもの）を有利に計らい、東急電鉄グループの株価（七三〇億円の利益）の操作をするに至った。野村證券が非合法世界の人間たちとともに「働いた」のは、これが初めてのことでは（また、一九九七年の総会屋スキャンダルが示すように、最後のことでも）なかった。一九六〇年代に、証券会社の顧客には、本書で触れた児玉誉士夫もいた。

警察庁によれば、石井が稲川会を率いていた頃、稲川会は地域の様々な銀行から一〇五〇億円を借り入れており、運送会社の東京佐川急便の担保する四〇〇〇億円により、クレジットラインの恩恵を蒙っていた。同社は、現代日本における政治と実業界、暴力団とやくざ化した極右との関係を最も端的に示すスキャンダルのひとつの中心であった。

「カジノ経済」・やくざ・過激主義と政治

一九八〇年代後半の投機熱は、暴力団が合法的活動の深部にまで参与するのに有利に働いたばかりではなかった。それはまた、やくざと極右や政界との癒着を深め、やくざの寄生傾向を強めることとなった。一九九二年の暴力団対策法以降、警察から暴力団に対し非常に強い圧力がかけられるようになったために、暴力団は、非合法的活動をますます隠蔽しようとするようになった。

日本において「愛国的やくざ主義」は、やくざと政界の関係同様に、目新しい現象ではない。やくざと政界の関係は、一九六〇年代から一九七〇年代にかけての、あからさまな共謀の隆盛期の後、より控え目なものになった。しかし、一九九〇年代の初め、まだ東京の自由民主党本部の一階には、表面上こそ当たり障りはないものの、ひとつの事務所が入っていた。それは自由民主党同志会である。同会の運営委員長、矢崎武明は、日本第三の暴力団である住吉会と結びつきのある極右小集団の顧問であった。『毎日新聞』のインタビュー[16]の中で彼はこう述べている。「党が右翼、やくざにものを頼まなければならないとき、議員は表に出られないから我々が仲立ちをします」。矢崎武明は、住吉会幹部のひとりで、極右団体日本青年会の創始者である小林楠男（一九九〇年死去）と、殊につながりがあった。矢崎が一九五二年に自由民主党同志会に入会したとき、同会はやくざの親分たちで構成されていた。日米安全保障条約改定（一九六〇年）をめぐる左翼との戦いの間、矢崎自身、保守系政治家のボディーガードであった。同志会の旧会長である吉岡秀太郎は『回顧録』で、松葉会（暴力団関根組の偽装「政治」団体）メンバーとつながりがあったと自ら認めている。同志会は自由民主党の有力メンバーのボディーガードを務めた。このようにして同会は、戦前のプロの扇動家で、政治家の護衛を務める極右のやくざで構成される「院外団」のメンバーであった「壮士」の「好戦的分子」の伝統を受け継いでいた。同志会の顧問には、三百団体を統括する「全日本愛国者団体会議」会長の志賀敏行がいた。

葬儀の際に極右の人物から花輪が贈られたり、極右メンバーの主催する儀式に同席したりしていることから明らかなように、保守政治家の中には、やくざの世界とのつながりを拒否しない者もある。(17) 民主主義の大部分においては大概、政治家とやくざとの関係は程度の差こそあれ、権力行使に共通の要素である。日本においては、このような関係は、政治システムのほとんど制度的な歯車となっている。このような癒着を一般化しては確かに問題があろうが、だからといって、竹下登が首相に就任しようとしていた頃、彼が巻き込まれた奇妙な事件を単なる偶発事と見なすことはできないであろう。何年か後、もうひとつのスキャンダル（佐川急便事件）がまたしても、実業界、政界、やくざの癒着を見せつけるものとなった。このスキャンダルにより、自民党の「ドン」、金丸信は、一九九二年十月に政界からの引退を余儀なくされた。まず、佐川急便事件から述べていこう。前代未聞の広がりを持つこのスキャンダルの登場人物である。不正な融資や債務保証の額は五二八〇億円にのぼり、それに加えて二〇億円が政治家たちにばらまかれた。事件の中心は、日本でも最も急激な成長を遂げた佐川急便である。同社は一九五七年、後に名誉会長となる佐川清が京都に設立した。設立当初は小さな運送会社で、従業員は十人ほど、自転車が二台であった。しかし、一九九〇年代初めに佐川急便は日本第二の運送会社にのし上がり、従業員は二千人、千五百台のトラック、二七〇の支店を擁するに至った。佐川清は手荒く地域の運送会社を吸収したり、運送に非合法的なコースを利用したりして、「強引に」事業を拡大させていった。衝突と違反が佐川急便拡張の特徴であり、同社は二つの勢力、すなわち政界とやくざに依存していた。

欲得ずくの政治家、やくざ、企業家が、

伝統的にやくざは運送分野に存在している——企業家としてだけではなく、交通事故の際の「仲裁役」として。佐川清は、一九八六年まで京都の暴力団会津小鉄会の会長であった図越利一と交友があり、図越利一は、ことにボディーガードの役を務めていた。佐川清は手ごわい地域の運送業者との諍いを解決したり、倉庫建設のために使用したい土地を売却してくれない土地所有者を立ち退かせたりするために、暴力団事務所に援助を求めることもあったという。他方で、佐川は政界との結びつきも深め、運輸省との軋轢を解決し、新たな資格を獲得し、税制上の違反を見逃してもらおうとした。政治家の間で佐川急便は、「頼みさえすれば、トラックで現金を配達してくれる」との噂であった。

日本的土壌で、こうした慣行は特別なものではなかった——その規模は異例であるにしても——。佐川清が東京佐川急便社長の渡辺広康に対し、政界との交渉の策略に多額のマージンを残す失態を犯した際に、事態は悪化した。ほどなく二人の間で争いが起こり、一九八九年からの株価暴落で衝突は激化し、佐川急便に吸収された零細運送会社の元社長である渡辺(一九九二年二月逮捕)の指導のもと、政治資金とやくざとのコネクションが、ビジネスの「定石」の域を越えていった。株価高騰を背景に、渡辺は当時、稲川会会長であった石井隆匡の経営する企業に、一二四〇億円を投資した。同時に、豪勢な暮らしをしていた(逮捕前の十五カ月間の出費は一五億円)渡辺は、政界では、最も気前のよい人物と受け止められていた。多額の金が国会議員にばらまかれ、その中には元首相の中曽根康弘や、当時の外務大臣渡辺美智雄、金丸信らが含まれていた。

佐川事件は政治における金の役割——必要な場合は——を明るみに出した。しかし、また、嘆かわしい「細部」にも光を当てた。つまり、一九六〇年代から一九七〇年代にかけての大癒着の時期以後、緩んだと見られていた政界とやくざとの絆が存続していたことである。調査によれば、当時、保守政党の「ドン」であった金丸信が渡辺広康の仲介により稲川会会長石井隆匡とつながりを持っていたこと、何度もやくざに対し仲裁を頼んでいたことが明らかになっている。殊に一九八七年、竹下登への右翼のいやがらせをやめさせようとした時、そして、一九八八年二月に浜田幸一議員が日本共産党の宮本顕治の「リンチ殺人」問題に触れた後、彼が衆議院予算委員長をやめるよう図った時のことである。浜田は若い頃、稲川会の前身組織に属していただけに、浜田に対しては、影響力があった……。

「竹下事件」には多くの不可解な点が残っている。竹下登を標的としたいやがらせ攻撃は、山口組系列の大阪の暴力団、白神組組員稲本虎翁（一九三七―一九九一）が一九七二年に結成した高松市の小集団、日本皇民党によってなされていた。稲本は、山口組「ナンバー2」の宅見勝の「兄弟分」であった。皇民党は、一九八七年秋に「ほめ殺し」と呼ばれる作戦によって反竹下キャンペーンを始めた。「ほめ殺し」とは、賄賂を集める政治家の能力をほめそやすことで、イメージを損ねるというものである。金丸信は、このいやがらせキャンペーンをやめさせるため、石井隆匡にとりなしを頼んだ。そして、謝罪と引き換えにいやがらせは止んだ。奇妙な話ではある。次期首相と目されていた男が、なぜこれほどまでに地方の極右の攻撃を恐れたのだろうか。なぜ金丸は警察ではなく、やくざに働きかけたのであろうか。

この恐喝事件は、ともあれやくざと極右――少なくとも、自らそう主張する人々――との絆を明るみにするものであった。すでに述べたように、一九六〇年代は、第一線の政治家が堂々とやくざとの交友を持っていた時代であった。各人がそれで利益を得ていたのである。殊にやくざは、政治家との交友によって「社会的正統性」を手にすることができ、強奪行為を隠蔽するためのエセ国家主義団体を設立して、それを確固たるものとした。一九八二年の商法改正および、その十年後の暴力団対策法を受けて、やくざは隠蔽のための極右組織を増加させていった。十年間のうちに超国家主義団体の数は三倍になった。一九八〇年代から一九九〇年代にかけての警察庁の調査によれば、二万人を擁する八五〇の極右団体のうち、イデオロギー的な超国家主義の表現であるものは四分の一あるかないか、というところである。殊に、拡声器を付けたトラックで街中を練り歩き、がなりたてている集団の多くは、やくざの「愛国主義的」偽装団体に過ぎない。「愛国主義的やくざ」集団の中には、稲川会顧問で、稲川会系列の暴力団（三本杉一家）の組長である岸悦郎によって一九八一年に設立された大行社が挙げられ、その会員数は四千人に上る。大行社は、一八の都道府県に四二の支部を持ち、暴力によって知られていた。同じく稲川会傘下には、交和青年隊と国防青年会があり、山口組傘下には、政道会、日本国憂会、憂心会などがある。

公害問題が生じ始めた一九六〇年代に、企業は「愛国主義的やくざ」に金を渡し始めた。こうした「ゆすり」は、八〇年代にさらに組織的なものになっていった。やくざは、投機熱を受け実業の世界に参入していったことで、情報や噂のネットワークの結び目に、ゆすりやたかりのための足がかりを得た。やくざたちは、ことに不動産業者、銀行、保険会社を狙った。政治家とのコネをもち出すやくざの脅迫の煩わしさやスキャンダルを懸念して、大半の企業は妥協してしまう。「企業は、実際、合法的に法に訴えるということを殆どしない」と、元朝日新聞社の記者で、極右に関する専門家の高木将幸は述べている。[18] ゆすりには様々な動機がある。祝日に本社の入口に国旗が掲揚されていないといったことや、「北方領土」（歯舞、色丹、択捉、国後の北方四島）返還キャンペーンへの募金願いなどである。またしても贖いは、刊行物の法外な購読料や広告料で紛れてしまう。大行社（稲川会関連）の月刊誌『大行』創刊号（一九八一年八月）には、日本の産業や金融の大手企業の広告が三二一件掲載されている。

大日本朱光会の機関紙『朱光』も広告を掲載している。バブル期当初から、やくざの極右団体はかなりのゆすりをはたらいていた。一九九〇年には企業から五兆円の賄賂がなされ、そのうちのかなりの部分がやくざへの賄賂であった[19]。

自らの信頼性を高め、要求に重みを持たせるために、派手な「テロリスト的」活動を行うグループもあった。戦前の政治家の暗殺には思想的な動機があった。一九六〇年の、大日本愛国党の過激主義者による日本社会党委員長浅沼稲次郎の暗殺の場合もそうであった。それから暗殺の動機はあいまいなものになっていき、犠牲者が出ることはまれになった。一九九四年六月に、松魂塾(極東組傘下のグループ)の過激主義者が、元首相細川護煕の移動中に銃口を向けたが命中しなかった。一九九〇年一月には、天皇に対して不敬発言をしたとされた長崎市長の本島等が負傷した。しかし、本島市長の件も含め、これらの行動は思想的なものというより「広告的」なものであった。

新聞に対する脅しの行為もまた犠牲者を生んだ。一九八七年五月、朝日新聞社西宮支局襲撃で一人が亡くなった。続いて長崎新聞社と沖縄タイムス社が、一九九一年および一九九三年に過激主義者の襲撃被害に遭った。朝日新聞は再び標的とされ、幹部二人が大悲会のメンバーに人質とされたが、それは、リベラルな日刊紙である朝日新聞が体現しているという「国の倫理的堕落」と「偏向」の告発を目的としたものであった。一九九三年に、警察庁はやくざの極右による事件数を二百としており、それは、前年よりも二〇パーセント以上多い数字であった。正気塾(長崎市長を襲撃した過激主義者が同塾所属である)の若島征四郎によれば、当時やくざの世界は「国家の中の一国家であり、我々は社会の矛盾の仲裁者であった」[20]という。その後、やくざは姿を潜めても不思議はなかったのだが、それでも、一大勢力であり続けた。

この世紀末の日本に権力の黒幕の大物はもはやいないとしても、一九六〇年代から一九七〇年代にかけての児玉や笹川よりは確かに小粒ではあるが、政治や実業の舞台で仲裁役を果たしている人物が幾人かいる。野村秋介のケースが特徴的である。野村は、憂国道志会のメンバーで、超国家主義者として名を馳せた。十八年間（十二年間は、保守政治家河野一郎宅への一九六三年の放火の罪により、そして六年間は一九七七年の経団連での人質たてこもり事件の罪で）を刑務所で過ごした後、彼は、極右の新たな代表的人物となった。野村は、一九九二年の衆議院議員選挙に立候補し落選したものの、二万二〇〇〇票を獲得した。「愛国主義者はスタイルを変えなくてはならない。街宣デモは時代遅れである。個人的なコネを介して、もっと志高く行動し、時にはリスクを犯さなければならない」と野村は言明していた[21]。彼は、とことんまで論理を突き詰めねばならなかった。「あなたの目の前には、人生を賭ける一人の男がいる」と一九九三年十月、野村は朝日新聞本社役員応接室でピストル自殺する直前に、朝日新聞社長に向かって言った。このようにして野村は、自らを侮辱した敵だと目していた「腐敗したジャーナリズム」に抗議しようとしたのである[22]。野村は悲劇的ロマンティシズムの染みとおり、日本超国家主義の漂う俳句を残した。「惜別の銅鑼は濃霧のおくで鳴る」。

やくざと極右との共謀が真の超国家主義者たちを悩ませたのは、魑魅魍魎の棲む社会の暗部に君臨する人物たちに、やくざが全否定されてはおらず、やくざが最も非合法的な利益を舞台裏でかすめとっているからである。それが、一九九〇年代初めの「日本政治文化研究所」――文部省承認団体――会長の西山廣喜の場合である。

西山はもともと児玉誉士夫の系列のフィクサーであり、もうひとりの黒幕で、オフィスを構える東京のビジネス街で「室町将軍」とあだ名された三浦義一[23]（一八九八―一九七一）の知己を得た後、児玉誉士夫の右腕となった。西山は、二・二六事件の反乱将校たちの団体名を戴いた昭和維新連盟の会長であった。

「私はやくざではない。私は単に祖国への情熱を持った一人の男に過ぎない」と彼は語った[24]。「私は斟酌しない。もし取り組みが真摯なのであれば、過去は問題にならない。日本の右翼は反社会的勢力ではなく、政治家の行き過ぎに対するブレーキである」。テロリスト的活動の危険？「この社会には、潜在的な危機が存在しており、それは、いやます政治家軽視に現れている。金だけが幅を利かせている。けれども行動を起こさなければならないと考えている人々もいる。過激主義者の行動を完全に排除することはできない」。

一九九二年の暴力団対策法以後の再編成

暴力団対策法の主たる目的は、やくざの市民的活動への参入阻止であった。警察庁の犯罪対策部長国松孝次によれば、暴力団は八〇年代末に大きく変化したという。その大原則――「堅気の人々の生活をおびやかさない」――は死語となった。やくざは地下経済の主要分子となり、ゆすりや強奪、暴力で実業の世界に幅を利かせた一九九〇年代半ばに暴力団はまだ約二万の企業を傘下に収めており、そのうちの四百が東京の企業であった、と宮脇磊介は推定している。[25]やくざたちは実業界と望みうる限りのハイレベルな関係を打ち立て、闇の取引に参加し、ゆすりの手段を行使した。やくざたちは借金を返済しようとしないのみならず、さらに新たに融資を受けるため、銀行に脅しをかけることもあった。企業幹部（ことに住友グループの企業幹部）の自宅への相次ぐ襲撃と、いまだに解明されていない一九九三年から一九九四年にかけての三件の暗殺事件は、やくざとの縁を切ろうとする企業に対する、やくざの暴力的反抗を示すものであったと猪野健治は考えている。[26]

一九九二年の暴力団対策法には二つの目的がある。反社会的な活動を行っている暴力団の「指定」と、強奪や脅迫をこの種の犯罪のより明確な定義によって防止することである。「反社会的集団」としての犯罪組織指定の主要基準は、前科を持つメンバーの比率である。暴力団の指定は、国家公安委員会の地方支部である都道府県公安委員会の管轄である。地方での決定を国家公安委員会が許可することになっている。公開聴取の後、確かに犯罪組織であると示されれば、その暴力団はリストに記載され（官報に公示される）、特別監視下に置かれたり、解散を余儀なくされたりする。指定組織のメンバーは、組織への帰属を利用し（単にある組織に属しているというだけで脅迫のきっかけとなるのであり、従わざるを得なくするに十分である）、強奪のためのゆすりの活動に携われば、すぐさま逮捕され得る。暴対法では、犯罪の種別に関して、強奪、ゆすり、強制的な土地の収用、さまざまな寄付の要求、脅迫の下での公共工事の入札への参加や、民事事件における仲裁料の払い込みが挙げられている。このような行為はすでに捜査の対象になっていたが、証拠を挙げるのが難しいことが多かった。この新法によって、関係する個人が指定暴力団に属しているだけで、以上のような行為は犯罪であると見なされるようになった。

一九九三年三月、暴力団対策法施行一年後に、七大暴力団を始めとして一八の暴力団が指定された。関西を中心に一都一道二府三八県にまたがる五代目山口組（組員二万三一〇〇人）、関東を中心に一都一道二二県にまたがる稲川会（七四〇〇人）、関東、関西の一都一道一府一五県に及ぶ住吉会（八〇〇〇人）、沖縄・那覇の三代目旭琉会（四三〇人）、北九州・福岡の二代目工藤連合草野一家（六〇〇人）、下関と山口の五代目合田一家（三七〇人）、広島の共政会（三三〇人）、沖縄旭琉会（五七〇人）、京都、北海道、大阪の四代目会津小鉄（一六〇〇人）、鹿児島の四代目小桜一家（一九〇人）、笠岡市と岡山市の三代目浅野組（一五〇人）、久留米市をはじめとする福岡県の道仁会（五一〇人）、高松市の親和会（八〇人）、千葉県の双愛会（四三〇人）、熊本県の山野会（一〇〇人）、佐賀県の石川一家（一〇〇人）、広島県の俠道会（一〇〇人）、福岡県の太州会（一五〇人）である。総計で、四万二〇〇〇人のやくざが新たな措置の対象となり、一万五〇〇〇人が逮捕された。一九九二年から一九九三年にかけて五百の組織（総計メンバーは六千人）が解散した。[27] 一九九八年には、合計で二三の暴力団が指定され、警察のより厳しい監視下に置かれることになった。

暴力団対策法は実業界へのやくざの介入を防ぎ、暴力団の収入源の一部（保護の手数料やゆすり）を断ち、やくざが利益を得ている社会的養土から彼らを切り離すことを目的としている。しかし、暴力団対策法適用の成功[28]（財政状況のより厳しい監視、より頻繁な逮捕、やくざの活動を告発する人間の後ろ盾となる世論の変化、暴力団員と認定される人数の減少、暴力団組員間での果たし合い）[29]が喧伝されているものの、多くの犯罪学者[30]と地元の警察官はその点に関して懐疑的であり、暴力団対策法が社会秩序に歪んだ効果を生みはしないかと見ている。

暴力団対策法適用以後、組織は姿を潜めるようになったが、実際にはすでに再編成が始まっていたのである。例えば、暴力団間の抗争が少なくなったのは、警察の取り締まりの結果というよりも、巨大組織の最上層機関の戦略的決断の結果である。一九九二年に設置された司法機関は、とりわけ日本の犯罪社会の構図を深部において改変していこうとするものであった。一九九〇年代半ばから数々の方向性が見られるようになった。まず、活動がより隠れた部分でなされるようになったことである（暴力団、特に反社会的活動を行っているとして指定を受けた組織は、以前のように市中に堂々と事務所を構えることはなくなった）[31]。そして隠蔽活動が発展した。商社（例えば、山口組組長、渡辺芳則の邸宅は一九九三年に、「山輝」という名の不動産会社の本部として登録された）の体裁を取ったり、政治運動の形を取ったり、さらには名古屋のある暴力団の場合、宗教団体として登録されたり……。一九九五年三月二十日、東京の地下鉄でのテロを行ったオウム真理教と関係を持つ暴力団員さえいる。ついに、最も目立つやくざが多数、組を去り、一層非合法的で潜在的危険性を孕む組織を形成するに至った。このようなやくざの展開は、おそらく窃盗や覚醒剤取引の検挙者数の増加と無縁ではない。

暴力団の収入源（実業の世界からだけでなく、従来からのパチンコ、バーなど）に対する監視が強化されたために、おそらくやくざの生活は逼迫し、一九九〇年代には収入が減ったであろう。ことに暴力団対策法は、さらに深刻なマイナスの効果をもたらした。まず、弱小組織に打撃を与え、巨大組織への集中化を促進したことである。三大暴力団に所属するやくざの比率は、一九九一年の六一パーセントから翌年は六四・五パーセントになり、一九九六年には六六・六パーセントになった。暴力団対策法の目的のひとつは、日本最大の暴力団を潰すことであったのだが[32]、ことに山口組は、暴力団の世界の寡頭政治の先鋭化を追い風とした[33]。かくして、山口組は一九九五年時点で大阪において、警察にマークされている一万人のうち、八五〇〇人を支配下に置いていた。言い換えれば、東組や酒梅組（組員七〇〇人）を別として、独立組織は実質上もう存在しなかったのである。また、一九九五年十月の酒梅組組長谷口正雄死去により、西成区の日雇労働者地区（釜ヶ崎）で勢力を誇り、明治時代にまで遡る伝統ある酒梅組の独立性は深刻な危機に陥った。しかし、このような山口組支配下への組織の集中により、大阪の平安が訪れた。一九九五年には、ほんのわずかの諍いしか起こらなかったのである。

新法は、もうひとつのマイナス効果をもたらした。それは、将来に向けてますます痛感されるようになる危険性を孕むものである。猪野健治は、組織が表に立たないように強いられたことで、暴力団は一層不透明で閉鎖的なものになったと考えている[34]。会社組織への変貌に伴う暴力団の退縮は、警察の仕事を一層難しいものにした。実際、暴力団を攻撃したことによって、大半の警察官はやくざやその情報源とのつながりを失った。暴力団対策法によって狙われ、先に逮捕されるのは「末端の人間」（強奪、恐喝などに携わる）である。ところで、彼らは、警察が多少なりとも監視下に置いていた者たちであり、情報提供者でもあったのである。

一九九七年八月の山口組「ナンバー2」の宅見勝暗殺の後の捜査が迷宮入りしてしまったのは、やくざの世界の新たな不透明性を示すものである。白昼の神戸の大ホテルにおけるこの暗殺から一年を経て、警察は四人の犯人を特定する手がかりを何も得ていない。一九八五年、当時の山口組組長竹中正久の暗殺の翌日には警察はすでに容疑者を逮捕し、他の三人の共犯者も突き止めていた。宅見の暗殺の際に、警察が情報提供者を得られなかったのは明らかである。

暴力団対策法の結果として、他にも気がかりな点がある。暴力団は前科を最も多く持つメンバーを実質上というより形式上排除して、自らの集団を「浄化」しようとしたのである。主力一家から構成され、収入を下部組織から払い込まれる「上納金」から得ているために、ほとんど常に「捜査対象とし得ない」中核の回りに、見定めるのがより難しい犯罪集団が形成されている。シチリアのマフィアと同じく、以後、ピラミッドの上層部は、より隠然たる方法で仕事をするようになった。一方、ピラミッドの下層部は、隠蔽のための合法的活動に参入したために、ますます捉え難いものとなった。

一九九二年に施行された暴力団対策法には、性質の異なる二つの潜在的リスクがある。市民の自由を奪うものであること、また、従来やくざと社会との間に存在していた暗黙の均衡が破られかねないことである。第一の点に関して、暴力団が同法を違憲であるとして告訴した。象徴的なことであるが、山口組と会津小鉄会の活動が激しくなる中、人権問題への関与で知られる弁護士たちが、暴力団の弁護を引き受けた。山口組と会津小鉄会は、暴力団対策法の合憲性をめぐり二つの観点から異議を唱えている。すなわち結社の自由の尊重と万人の法の下での平等の原則である。暴力団の弁護士によれば、まず「暴対法」は非犯罪組織にも適用可能であり、公安の道具となりかねない。これが、ことに遠藤誠の説である。[35] 多くが犯罪組織に属してはいないテキヤにも暴対法は適用された。[36] 同法は、テキヤを犯罪者とすることで、暴力団に属していない者をも暴力団に保護を求めるよう仕向けてしまった。

暴力団対策法は適用の対象となる者をことさら際立たせるものであり、法の下での平等の原則に反している。「反社会的」集団であるとして暴力団を指定する基準は、メンバーの前科の件数である。それに対し遠藤誠は、犯罪を犯した者が刑罰を終えると、社会に対する責めは果たしたとして、一般の市民と見なされるのだという点を強調している。一九九五年三月、法の下の平等の原則に基づき、暴力団対策法の合憲性に異議をとなえた原告（一九九二年六月に「反社会的集団」の指定を受けた北九州最大の組織工藤連合草野一家）の訴えを、まず福岡地裁が棄却した。

権利の側面ではなく社会的平等の側面からすると、暴力団対策法は、やくざと市民社会との間に存在していた暗黙の協定を打ち破ることになった。非合法性と社会秩序との間のこうした均衡が、先進国の中で日本が最も犯罪率の低い社会であることに幾分かは貢献していたと考えられる。すでに見てきたとおり、やくざはある一定の許容の枠を超えず、堅気の社会と共存することによって、かなりの行動の可能性を得ていた。今や、やくざの集団は、日本の犯罪史上五世紀ぶりに、「反社会的」組織になったのである。新法によって、やくざは活動領域として認知されていた場所から追われ、範囲は限定し難いが別の空間を得る必要に迫られたのである。

世紀末日本の犯罪の展開は、二つの新たな要素があった。大規模組織の統制を逃れるタイプの犯罪、従って、予期しがたいタイプの犯罪、そして大規模暴力団の麻薬取引への参入である。

一九九〇年代末まで、ハードドラッグ（ヘロインとコカイン）の流通量は徐々に増加していたが（東京の暗黒街で流通する量は、警察に差し押さえられる量をはるかに上回っている）[37]、日本の暴力団はハードドラッグの取引はほとんど行っていなかった。しかし大規模暴力団には、ハードドラッグの取引に本格的に参入する戦略の他、もはや道は残されていないようだった。一方、暴力団はメタンフェタミンの取引（一九九六年に六五〇キログラム押収）は続けており、そのうち九〇パーセントは中国経由であった。ますます多くの「独立」やくざ――往々にして最も危険な分子であり、妥協しないために組を離れたり排除されたりした者たち（「破門された」者たちと呼ばれる）――が、東京の不穏な界隈にいる外国人のやくざと共謀して薬物市場に参入していった。その上、暴力団の従来の収入を減らすことを目的とした一九九二年施行の暴力団対策法により、上位の組の要求に従い毎月「上納金を納める」小規模暴力団もまた、薬物取引参入を図るようになった。毎年警察庁から発行される『警察白書』によれば、薬物関連で逮捕された暴力団員の人数は増加しており、一九九六年には七九〇〇人で、これは前年比七パーセント増にあたる。

暴力団対策法以後の日本の暴力団の戦略的後退は、他方では空隙を生み出し、徐々に新たな犯罪に取って代わられた。従来のやくざ世界から切り離され、しばしば外国人によって担われるこうした犯罪は、大規模暴力団の統制を受けない。みずからの「縄張り」に閉じこもることによって暴力団は、実際、空白地帯を残すことになったのであるが、それは、すぐさま新参の外国人により埋められ、一九九〇年代末には東京の新宿、上野、池袋の「不穏」地帯もまた、日本の暴力団と外国人（中国本土・台湾・香港出身者）窃盗団がひしめく「札付きの場所[38]」となったのである。猪野健治が「大都会の一匹狼」と呼ぶ、組織から切り離されたやくざは、往々にして外国人やくざと共謀し、薬物やメタンフェタミンの販売網や、不法入国者の売春網を統括している。以前にも増して暴力的な、こうした新たな犯罪は、暴力団対策法の直接の対象とはならない——暴力団対策法は病気よりまずい治療法であるかもしれないと、専門家たちは言う。

一九九〇年代半ばから、外国人による犯罪の件数がコンスタントに増加し、それと共にロシアや中国から輸入された銃器が突然大量に出回るようになった[39]。二十一世紀を前に、日本はまだ欧米社会の暴力事件率には達していないが、この現象は気がかりである。

大規模暴力団から独立した一層暴力的な犯罪の拡大は、一面では日本の「犯罪市場」への外国人やくざの参入と結びついている。一九九〇年代末に、移民は非常に厳しい管理のもとに置かれていた。一九九七年の時点で外国人は日本の人口の一パーセントでしかなかった（そのうち約二八万人が不法移民である）が、種々の犯罪により逮捕された外国人（そのうち四〇パーセントが中国人）は、日本の犯罪者全体の二パーセントにのぼる。逮捕される外国人の人数がまだ少ないにしても（一九九六年で六〇〇〇人）、外国人やくざの活動は、日本の犯罪を国際化させたのである。

バブル期の「豊かな」日本では、韓国人のスリ集団や、偽造クレジットカードを専門とするナイジェリア人、イラン人の薬物「ディーラー」が跋扈していた。しかし、一九九〇年代末に、やくざの収入を著しく減少させ「市場」から弱者を一掃した景気後退に持ちこたえていたのは中国人窃盗団だけだった。日本国内の外国人窃盗団に君臨していた台湾人は、九〇年代中頃には、台湾の経済的成長に引きつけられて日本から撤退し始めた。一方、中国本土および香港出身の中国人は、着実に日本に根を張っていた。

中国人窃盗団はメンバーの出身地――すなわち福建省（最も多い）、上海、広東、香港――に応じて構成されている。強力な組織（一九九〇年代半ばに日本に千人のメンバーを擁した香港の14Kのような）を除き、ほとんどの窃盗団は小規模で、メンバーは十人から十五人であった。種々の「古物販売」、宝石店や銀行での強盗や隠匿。中国人窃盗団には固有の専門は無い。何かの工作検討（金庫破り、壁ぶち抜きなど）の要求の電話がひとつでもあれば、中国から専門家を呼び寄せるのである。中国人やくざはまた、パチンコ台に細工を加えもした。そうして違法性が摘発されるまで、六〇〇〇億円を稼ぎ出したのである。

労働力の不法な移入は、在日の中国人窃盗団の主要活動のひとつである。日本には失業者が多いにもかかわらず、報われることの少ない仕事（建設、牧畜、ごみ処理）に携わる労働者は不足している。中国において不法入国網は「蛇頭」（なぜなら彼らは爬虫類のように穴にもぐりこむから）の手に握られている。彼らは香港のギャングや、日本のやくざと結びついており、その伝統的な「職業」のひとつはすでに見てきたとおり日雇労働の管理で、以後、不法移民は工事現場へと流れていくことになる。

移民の大半は福建省出身である。保証金として渡航費分を振り込むが、確かに到着したと家族に伝えるまで手付かずのままにおかれる。従って、割に合わない仕事でなければ成功率は高い、と「新華僑」と呼ばれるものについて研究している日本在住の中国人である莫邦富は言う[40]。こうした不法移民の中には、他に生活の糧が見つからず中国人窃盗団に加わる者たちもいる。

中国人窃盗団メンバーの人数は少なく、これといった専門分野があるわけではなく、犯罪組織というよりも「犯罪職人集団」といった趣が強い[41]。中国人窃盗団は柔軟性ある組織で（やくざのようなピラミッド構成ではない）、縄張りを持たない。様々な都道府県を転々としている。一九九〇年代の末に、東京の歌舞伎町などの界隈で警察の監視が厳しくなると、大阪、名古屋、その他の地方で活動するようになった。しかし、窃盗団同士あるいは、窃盗団内部での果たし合いは頻繁に行われた。

中国人窃盗団メンバーが日本で、後ろ盾として中国人系コミュニティを利用していたのに対し、日本人やくざは中国人窃盗団のようなバックボーンを持っていなかった。一九九〇年代に、日本人やくざは、まだほとんど海外進出してはいなかった。やくざは確かにアジアの他地域（フィリピン、香港、マカオ）やハワイ（日本人観光客や実業家のおかげで財を成したり、売春やゆすり、賭博を取り仕切ったりしていた）に居た。しかし、日本人やくざは米国、オーストラリア（事実、バブル期にやくざたちが富を得たゴールドコースト）でも、あまり目立たない。ヨーロッパではなおさらである。総体的に日本のやくざは、現地当局の注意を引くことを回避する。それに、日本の警察は怪しげな投資がなされようとする際に、捜査において海外の警察と連携しようとの意思はあまりないように見受けられる。

バブル期の「カジノ経済」の波に乗り、やくざがあまりに大きな勢力を持つようになり、力関係が自分たちに不利な方向に展開していると考えた警察は、暴力団対策法で対抗した。同法はやくざの合法的経済への参入を食い止めるのに役立ったが、基本的な違法活動（ゆすり、恐喝、賭博、売春）を厳しく罰し、大規模暴力団を押さえ込んだ結果、轭がなく「粗暴な」外国人を核とする新たな犯罪空間を招来してしまった。暴力団対策法により、警察と情報提供者の絆もなくなり、やくざの世界は戦後以来かつてなく不透明なものとなった。やくざを社会から排除しようとする当局によってなされた世論の変動操作は、いつか、当初の目的に達するのだろうかと問うてみてもよいだろう。一九九〇年代半ばに、やくざの活動に対する苦情件数が急増し、市民運動、例えば、暴力団本部追放の住民運動などが高まりを見せた。世論も今後、変わっていくのだろうか。やくざは伝統的にアンダーグラウンドの社会の要請に応えてきた。世論調査においては、やくざの仲裁を依頼する住民が一部存在するということが、やくざが社会に統合されている理由の主たるものとして挙げられている。ところで、暴力団の「社会的機能」が急速に失われるとは思われない。一九九〇年代末において、やくざ自身の行動――少なくとも社会的敬意をかつて一度も要求してこなかった――よりも、行政、金融、政治の分野で一部がやくざと結びついていた――相次ぐスキャンダルがうんざりするほどはっきり示しているように――という皮肉な事実の方に衝撃を受けていることが世論から窺われるだけになおさらである。

周縁的秩序と社会の暗部

日本のやくざは、常に環境の変化に適応してきたが、十七世紀から現代に至るその歴史には一貫したものがある。やくざは周縁的秩序を構築する一要素であった。果たしてやくざは、今後もそのような機能を持ち続けるのであろうか。デュルケームが当時指摘した「社会と共に発展していく犯罪の世界」のごとく。二十世紀末の日本においては、どうやら二つの傾向が現れてきている。まず、広域暴力団を厳しく取り締まる一九九二年の暴力団対策法のもたらした歪んだ効果である。暴対法には、従来、暴力団によって担われていた社会安定化のための統制を「すり抜ける」小規模の犯罪集団の出現を推し進めてしまうリスクがある。そして、右翼も非右翼も、合法的行為も非合法的行為も並存する社会のグレー・ゾーンの拡大により、合法的活動と絡まり合った犯罪の新たな「経済」が現れた。こうした昨今の変化により、市民社会の要求に応えるやくざの「社会の潤滑剤」としての役割が強まった。これは、一時的なことなのか、今後も続くことであるのかと問うに足る現象である。

すでに見てきたとおり、やくざは江戸時代から二十世紀末に至るまで、社会の周縁的空間における秩序の「保証人」であり続けてきたのであり、表面上は国家への異議を唱えているようでいて、結局は並列的かつ補完的な国家のコマ割だったのである。このような調整的な役割は時代により異なるが、親分は放浪の方向づけを行い、親分率いる組は、漂泊民（犯罪者、行商人、放浪者）の一団の核となっていた。ある時期、やくざの犯罪行為に社会的反乱の形式に通じるものがあったが、日本のやくざは権力の隠然たる歯車であった。当局が、秩序維持をやくざに委ねたほうが適当と見なし、支配権を放棄することを選んだ社会的空間をやくざが取りしきった。このようにしてやくざは、浮動的な周縁の人々を支配下に置くことによって、権力の道具となっていった。これは、日本に固有の現象ではない。ミシェル・フーコーは、ヨーロッパにおいて、殊にフランスで、対処が容易で警察の監督の補助となる軽犯罪を違法性から切り離すのに、いかに監獄が貢献したかを明らかにした(1)。権力者は、犯罪を制圧するよりも、秩序破壊的なダイナミズムから部分的に犯罪を排除して、犯罪のエネルギーを捉え、「有益な非行」に転化させるほうがよいと考えたのである。即ち「自身は違法な存在であるが扱いやすいメンバーの仲介による(2)」社会の周縁の管理の手段とするのである。ブルボン朝時代のナポリのカモッラや昔のマフィアや江戸時代以降のやくざがどのようなものであったにせよ、犯罪組織のそれぞれ（下層民の「平和の番人」であると同時に、非合法的警察、あるいは用心棒の供給者でもある）は、社会組織の基盤システムを構成しており、権力の不足を補い、当局が縮小させるにも管理するにも至らない犯罪の温床を支配し、権力の超法規的機能に加担してきたのである。

日本の場合、権力と犯罪との癒着は産業化とともに進展していった。やくざは日雇労働者を管理し、勃興しつつあった労働運動を破砕させるべく手下を送り込み、一九三〇年代から一九四〇年代にかけて、「大東亜共栄圏」の、ことに傀儡国家である満州国の軍務（スパイ活動、アヘン取引、慰安婦施設の設置、扇動）に就いた。このような状況は敗戦後も存続した。やくざは程度の差こそあれ、公然とアメリカ占領軍の仲介者の役割を果たしていた。そして、アメリカ占領軍が撤退すると、やくざたちは左翼勢力に抵抗する用心棒供給の役割を再開した。最近に至るまで、やくざの歴史を特色づけてきたのは、寛容と抑圧の交代であった。「その五世紀の歴史にわたり、やくざはその時々の利害に応じ、権力に利用されたり抑圧されたりしてきた[3]」と猪野健治は考えている。

日本のやくざは、恵まれない人間たちの庇護的勢力、あるいは異議申し立て勢力にまでなっていた短い期間を除いて、周縁的秩序の番人という役割を失ったことはほとんどなかった。徳川末期に発展した民衆の侵犯行為は、フランスで見られたような社会闘争へと結びつく政治的略奪行為のような域には達しなかった。そして、七月王政期から第二帝政期にかけて見られたような、暴動を起こす下層民、という強迫観念を呼ぶこともなかった。

この二十世紀末の日本において、やくざの自己管理、および境界的な社会空間の超法規的管理の歯車という古くからの役割は弱まった。一方、社会の非合法的活動の要求に応え、別の役割が際立ってきた。即ち社会の「潤滑剤」である。日本のやくざが行っているマフィア・タイプの仲介は、南イタリア以外の場所では見られない、社会的文化的な統合の度合いを示すものである。日本においても南イタリアにおいても、「混在」（ジョバンニ・ファルコーネ判事が、シチリアに関して述べた表現による）状態が存在し、世論は暗黙のうちにやくざを必要悪と認めるまでになっている。しかし、イタリアの制度的崩壊を利用し甚大な政治的影響力を及ぼしたものの、常軌を逸した数々の暗殺により従来の合法性を喪失してしまったマフィアと異なり、日本のやくざは、国家との正面衝突を起こしたことはなかった（一九九〇年代末には必ずしもそうではない）。

日本のやくざの「マフィア的」仲介は、政治的水準および、社会経済的水準の二つの水準で行われており、その政治的役割は時代により異なる。明治時代から一九四〇年代半ばまで、権力と並行して警察の役割を果たしていたやくざは保守政界と緊密なつながりがあった。このような関係は戦後も存続しており、イタリアとの類似を思わずにはいられない。やくざと自民党の周縁部とのつながりは、マフィアとキリスト教民主党とのつながりというショッキングなアナロジーを呼ぶのである(4)。

このような権力との黙契関係は、やくざの根本的な保守性によるものである。やくざは社会的寄生のために、「現状」を維持する必要があり、比較的平穏な状況下で活動を続行していくためには、警察権力に何か貢献しなければ、という漠とした意識を持っている。しかし、やくざと政治家の関係が深まったとき、元来は権力に有利であった関係性が変化する。犯罪の政治的利用は歪んだ効果を生み、ついには権力の決定機関に工作を施すことになったのである。十分な基盤を持つ組織は、合法的活動への参与を容易にしてくれ、司法に歯止めをかけてくれそうな行政機関との黙契関係を築いておいて、自らの地位を安定させようとした。

そもそもやくざが政治家に仕えていたのは、政治家に自らの条件を呑ませるほどの地位にのし上がるだけの影響力を得る可能性を見込んでのことである。この場合、社会関係全体を巻き込む政治家・やくざ密着システムが生じがちである。

戦後の日本においては、やくざと政界との癒着の「黄金時代」が一九七〇年代まで続いた。その後、癒着関係は目立たなくなったが、やくざたちは保守政治家への「貢献」(ボディーガード、献金集め、票の取りまとめ、国の助成金交付への見返りとしての献金の管理への間接的参与など)を続けた。地元政治家とコネを持つがゆえに、やくざは世間に受け入れられ、仲介の能力を強めることとなったのである。しかし、日本のやくざが利益を享受している社会への溶け込みの主たる理由は、彼らが社会の要求に応えてきたという事実に関係している。目についてはいるものの許容され、社会の機能のために「不可欠」な非合法的活動(賭博、売春、盗品の隠匿など)を行うと共に、やくざは合法性と非合法性の境界に「グレー・ゾーン」を形成しており、そこでは白日の下に曝すことのできない問題が処理されている。

このような経済・社会的寄生傾向は、一九九〇年代にかなり強まった。それは、不正取引に関わる闇金の清算にとどまらず、合法性ぎりぎりのこととはいえ慣行となり、いわば市場経済の一部にまでなり、ゆえに市場経済を迷走させることにもなった。長らくやくざは経済界でのゆすりを行うにとどまっていた。一九八〇年代後半のバブル経済の波に乗り、関係の構図が変化して、企業経営者のうちには暴力団に救いを求めたり、事情をよく知った上でやくざと取引したりする者も出てきた。その結果、やくざの社会的「地位」に変化が見られた。

やくざは「パートナー」となり、もはや犯罪者は社会的他者性に属するものではなくなったのである。

やくざは合法的活動に参入し、経済的過程の中に、合法的な社会では抑制されている要素（暴力や暴力による脅迫）を導入し、自由競争を妨げる。また、非合法的活動により、一般企業が手にし得ないような財政的「成果」を享受し、やくざたちは資産負債明細書の裁判所への提出を強いたりして、容易に一般企業を「市場の外」に押しやったり、企業を買い取ったりすることもある。こうしたやり口を日本の社会・経済的機能の一要素とすることはできないとしても、それらは一九九〇年代初めにも、相変わらず日本の政治・企業家的システムの気がかりな傾向を示すものであった。要領よく仲介役を務める「正義」の「巷の弁護士」たる日本のやくざは、当時の投機熱に駆られた経済界の一部の、闇雲な利益簒奪の「哲学」の役割を果たし始める。一九九〇年代のやくざ、少なくとも、中でも知的な部類のやくざたちは、実業家であることを隠しはしなかった。一九九二年の暴力団対策法とバブル後の景気後退によって、ある程度、事態は沈静化した。

しかしながら、日本の実業界の一部とやくざの共謀関係は、「アンダーグラウンド」を拡張させていき、そこでは、やくざによる仲介が行われ、潜在的顧客が徐々に広がりを見せていった。その分、「マフィアのにおいのする」とイタリアでは言われるような人間がいるのである。暴力団には属していないものの、彼らは優位な立場にあり、合法的社会とやくざの社会の間のコミュニケーションを容易なものとした。日本の「ビジネスやくざ」は、依頼人や情報提供者（噂やスキャンダルを広める「裏ジャーナリスト」）や、庇護者、ゆすりを働く男たち、脅迫された企業家たちの入り組む結節点である。イタリアと同様に⑤、日本のやくざは経済発展の歪みの産物である。やくざが経済発展を招いたのではなかったが、彼らはモラルの欠如した企業経営者の「利益至上主義」のメンタリティを利用し、実業家たちに「反社会的サービス」を行い、「下請け」としてではなく、パートナーとしてビジネスに参与していったのである。

どのような社会にも、融通の利かなさを緩和し、法の欠落を埋めるという、全体的機能の必要に対応するぎりぎりの非合法性というものがある。現代日本社会においてやくざは、合法的社会の規範とは別の規範に則り、仲裁の可能性を提供している。しかし、マフィアがついには社会の不安定化の要因となってしまったイタリアとは違って、日本においてはやくざの「犯罪性」（殺人に至る類の）はより希薄で、やくざは一層社会に緊密に組み込まれ、依然として市民社会の歯車であり続けている。しかしバブル期以後、やくざの社会における「捕食動物的・調整役的」役割は、より複雑なものとなった。こうして、ジャン・ド・メヤールが西欧の犯罪について述べたような状況⑥に至った。犯罪はもはや規範の目に見える侵犯ではなくなり、犯罪者はマージナルな人間であるとは見なされなくなった。ジャン・ド・メヤールは、犯罪は、非社会化の指標ではもはやなくなっていると見ている。犯罪はもはや「一般社会のネガティブな反映と考えられるべきではなく、一般社会の経済的・社会的機能に対置したり補足したりする側面」であると見なされるべきであるという。合法的社会と犯罪社会との間の通い路や結節点が増えたために、一九九〇年代後半の日本においては、社会的にマージナルな振舞いから犯罪が生じるとする古典的定義には合致しない犯罪の構造が出現した。

このような変化は犯罪の大半に共通なものであり、殊に日本には適した土壌があった。思想史家の丸山眞男(一九一四—一九九六)は、戦時下の指導者たちの行動についての論文の結論部で、三者の間の弁証法に基づく権力のダイナミズムに光を当てている。[7] 頂点に権威を象徴する「神輿」があり、中間に「役人」、すなわち権力があり、下に暴力の行使者としての「無法者」がいる。丸山によれば、このようなシステムは次のように機能する。すなわち、運動のイニシアティブはロボットから脱し、支配力だけで民衆に働きかけ、次第に「神輿」のほうに上っていき、「神輿」は「役人」(あるいは軍人)に帰する権力の行使の正統化のみを行うのである。役人や軍人は無法者にせっつかれるが、だからといって無法者に脅かされていると感じているわけではない。システムが厳格なために、やくざ(無法者)は決して権力の座につくことはない。やくざは、反抗的であると同時に社会に寄生しているのである。実際には、反抗と寄生の混合には無限のニュアンスがある(「役人」と「無法者」のタイプを兼ね備えている人物も存在する)と丸山はさらに述べている。アウトローの一部である圧力団体が繰り広げる暴力の度合いも時代により異なる。丸山眞男のたとえは、やくざと権力との間に昔から存在する共謀関係を把握するのに役立つ。そのような共謀関係は、今日、新たな形を取り存続している。そして次のような疑問が残る。やくざのふるう暴力は時代遅れの遺物なのか、それとも現代社会を構成する一要素なのであろうか。そこに、ミケーレ・マフソーリの言うような、正常性に対する敵対的関係の表現であると同時に社会・経済的ダイナミズムへの貢献の表現でもある「社会的反逆」[8]の反映を見るべきなのであろうか。そのような典型例であるとすれば、日本の暴力団は、病理的なものに発しているというより、社会的生理に発しているということになろう。

行商人

日本では、祭りが都市の周縁部に追いやられることはなく、社会生活の重要な機会であり続け、日常の節目節目の儀礼を通じ、社会生活の只中から共同体の絆が再生産されてきた。祭りは「故郷の心」であると言われ、住人たちが共同体の一員であると実感するのは、建造物によってというより、界隈や村、神社の祭りの共同性の鏡に照らすことによってである。祭りは「道の文化」の表れであり、それは、市場と教会と政治機関の集まる西欧の広場が象徴する「中心性」に対置されるもので、日本の都市空間における営みの特色となっている。祭りは寺や神社の境内で行われるが、神輿は町や村を縫うように進み、祭りは練り歩きの要素を備えている。

それなしには祭りが真に存在することはあり得ない、そんな祭りの立役者は、行商人たちである。行商人たちの屋台、菓子類、「言葉の魔術師」たちの調子よい口上に、子供たちの夢や、大人たちの放浪への憧れが交錯する。提灯の下、人々の飲み食いする露店から立ち上る煙の中、飛び交う口上や人波に酔い、住民たちは、庶民の風俗の一部をなすこのような人生の妙味を満喫する。行商人たちはそこにいる。祭りの始まりである。

一九九〇年代初め、佃島は、消滅への道を辿り大都会の匿名的世界へと変貌しようとしていた、東京の中の村のような古い界隈であった。佃島の祭りは東京でも最古のものである。将軍家康が、江戸城に魚を供給させるために、摂津国佃村の漁師を呼び寄せ、彼らが隅田川河口の中洲に住み着くようになった十七世紀から、三年毎に漁師たちにより祭りが執り行われてきた。佃島の漁師たちは、自らが崇める海の神である水神を江戸にもたらし、大坂の下町天王寺にある住吉神社の分社を建立した。佃島はまた、佃煮でも有名である。

浅草と同じく空襲を受けなかった佃島は、往時の雰囲気をとどめ、ひっそりとしており、十八世紀からそこに住んでいる家族の伝統が折り重なっているが、地下鉄開通によって、この東京の古いミクロコスモスは再統合され、陳腐化し始めるに到った。

八月の暑気の中、笛に合わせ「わっしょい、わっしょい」の掛け声とともに、鳳凰を戴いた神輿が、ふんどしを身につけ、胸がはだけたように半被を着て、汗びっしょりの体をのぞかせた担ぎ手たちの肩の上で飛び跳ねつつ、狭い道を右に左に揺れながら進んでいく。下町の慣習であるが、たくさんの植木鉢を並べた沿道の家屋の前に出された食堂のいすやベンチに人々は座り、隣りの路地で住民たちはビールや酒をちびちび呑んでいる。行商人たちは、ねじりはち巻きをしてゆったりとした動きで麺を茹でたり、鉄板で炒めたり、忙しく貝や串焼をあぶったりしている。一方、子供たちはかき氷をかき込み、浴衣の袖を遠慮なくたくし上げた女たちは、あまりの暑さに、団扇や扇子であおいでいる。夜も更けると、ビールや酒がしばしば「ただ同然」になり、たっぷりと振舞われる。

このような素朴な庶民的歓喜の雰囲気は、東京豊島区の雑司ヶ谷の法明寺《ほうみよう》の鬼子母神の祭りにもある。雑司ヶ谷は広大な墓地で有名で、そこには夏目漱石の遺骨も納められている。寺に続く道は欅で知られ、中には樹齢四百年に及ぶものもあり、寺の境内は東京最古の驚くべき銀杏の木でお馴染みである。十七世紀に遡る法明寺周辺の静かな路地の続くこの古い界隈は、昔の江戸界隈の中でも、最も人通りの多かった場所である。辺りは古色を帯び静謐で、東京に唯一残る路面電車（早稲田―三ノ輪線）が運行している。

日蓮宗の創始者である日蓮[9]（一二二二―一二八二）の法会のある十月に、法明寺は石榴《ざくろ》のついた提灯で飾られる。灯明、花々、植物、様々なお菓子、熾火《おきび》であぶった串刺しの魚、金太郎飴、熾火の上で規則的に揺すられる長方形の大きな漉器であぶられるいり豆、鯛焼き[10]、ひょうたんの形の小さな器に入った唐辛子を売る人、界隈で名高いお守りのすすきのみみずくを売る人、砂糖でコーティングされ円錐形の氷の上にのった果物、大きな広口びんにはいったシロップ、チョコレートをかけたバナナ……。露店が、物見高い群衆に囲まれ立ち並んでいる。子供たちは型抜きの店の前に寄り集まりしゃがみこんでいる。小さな細工物を作り出す飴屋の器用さに、何分も見入っている。十九世紀のある旅行家の表現を借りるなら、この「グルメの鋳型工」は、小さな木製の吹管の端の砂糖の塊から、うさぎやきつね、へびや天狗の形を生み出すのである。飴屋はこてと小刀で形を作り、筆にシロップを含ませて色付けしていく。今や消滅せんとしている技である。

占い師、幸運の小槌を売る人、焼きとうもろこし売り、薄い紙を使わなければならない金魚すくい、子供向けのお化け屋敷、店にやってきた人に向けてというより、むしろたこ焼きや焼きそばから立ち上る蒸気の中だらだらと留まっている人に聞こえるように、売り子がとがめるような調子で口にする「無理無理」（ああ、もう席がありません！）という言葉で、食べ終わるやさっさと席を空けていかなければならない屋外の食べ物屋や呑み屋。

およそ三百人の行商人が参加する鬼子母神の祭りは、靖国神社や池上本門寺などの祭りと並び、東京の中でも最大規模のもののひとつである。しかし、関東地方で最も印象的なのは、十二月、三千人以上の露天商が集まる秩父の夜祭である。

秩父の夜祭は日本最古の祭りのひとつである。起源は十七世紀半ばに遡る。祭りの中心は、日光東照宮の有名な「眠り猫」の像も製作した著名な棟梁、左甚五郎[11]（一五九四―一六五一）が装飾を施した秩父神社である。夜祭は巨大な六つの山車（ひとつの地区でひとつの山車）で有名であり、山車は数多くの提灯で飾られ、岩に砕ける波の音を思わせる秩父屋《や》台囃子《たいばやし》にのり、百人から二百人の男たちが引っ張っていく。祭りが終ると、山車は解体され、部品は五百もの箱に入念に詰められ、寺の周囲や町の中心部を埋め尽くしていた露天商や大道芸人たちもまた荷物を畳み込み、東北や関東各地のナンバー・プレートを掲げた何百台ものトラックの夜の行列へと去っていく。

一九九〇年代半ばに露天商と屋台は、まだ八万存在し、千ばかりの集団から成っていた。露天商は、日本の北部に多い（北海道一万人、東北地方一万六千人、関東地方一万二千人）。中部地方や西日本では、露天商の数はずっと少ない。中部地方には一万人、近畿地方八千人、中国四国地方が五千人、九州地方が八千人である。露天商たちは、長い歴史の継承者である。享保年間（一七一六―一七三六）に、露天商は職業に携わる者として認知されるようになった。露天商たちは口上の中で誇り高く語っているが、露天商を職業として認知したのは、その公平さにより江戸の庶民から絶大な人気を得ていた町奉行、大岡忠相《ただすけ》（一六七七―一七五一）である。

その存在抜きでは、日本の何千もの祭りが庶民の大きな楽しみの機会でなくなってしまうような「祭りの仕掛け人」とは、いったい誰なのであろうか。「露天商人」と呼ばれる人々は、まず日本の都市の風景から切り離すことができない。戦後の浅草を支配していた露天商の一家丁字家の親分であった芝山益久の、一九五八年に執り行われた荘厳な葬儀が示すとおり、露天商は下町の真の「主」である。露天商、大道芸人、行商人は、民衆の想像力を培ってきた――現代の日本においても――浮浪人でもあった。現代社会の寄る辺なき人々の代表的人物の一人が、一九六九年から山田洋次監督により製作されてきた『男はつらいよ』のタイトルの世界的ロングラン映画のヒーロー、露天商の寅さんである。

戦前の庶民劇を受け継ぐ寅さんの映画は、日本人（二人に一人は、少なくともこの映画シリーズのうちの一作を観たことがある）にとって、気のいい庶民の笑いの砦であり、下町の消えてしまった世界へのノスタルジーが滲んでいる。帽子にウールの腹巻、草履、縞の上着にかばんの寅さんは、庶民の大らかさと助け合いの心からなる場末のヒーローである。寅さんは懸命に働くが、人生の様々な困難に直面しつつも、悪意なく怠けたり、回り道したりするすべも知っている。寅さんは「優しい」。優しさとは、庶民が何よりも大切にする資質である。寅さんは、若干の策略を持ってひとつの道を逸れていく。寅さんは、そのおかしな歩き方、歯に衣着せぬ物言い、放浪によって、大勢順応的な社会の罠にはまってしまった日本のサラリーマンのアンチテーゼとなっているのである。

寅さん映画の成功は、多くを俳優渥美清の、路上を舞台とした「おばかさん」の演技に負っている。渥美清は浅草の下町界隈の有名なストリップ小屋、フランス座の幕間のコントを演ずることからそのキャリアを出発させた。四角い顔、細長い目と大笑いで、渥美清は寅さんになり切っていた。渥美清は「ささやかな自由」を体現していた。それは、勝ち取られたり、もったいぶったりする政治的な自由ではなく、各人がそれぞれ憧れるような類の自由である。一九九六年八月の渥美清の死により、寅さんの奮闘努力にも幕が下りた。渥美清の葬儀の際には、人生がシンプルないくつかの価値からなっていることを教えてくれた寅さんに最後のオマージュを捧げに、暑さをものともせず、二万人もの人々が参列した。「あなたの映画は、私たちの思い出を守ってくれました。さようなら、渥美さん、そして本当にありがとう」と『朝日新聞』には書かれた。[12]

そもそも、映画監督の山田洋次は、あるとき、我々に、寅さんはちょっとしたやくざであったに違いないと説明していた。それから寅さんのやくざとしての側面は薄らぎ、日本の津々浦々に足を延ばす露天商、放浪者となった。露天商という設定の両義性による興味深いずれである。街中の犯罪と隣り合わせに、主流社会の周縁部に暮らす「商業のプロレタリア」寅さんは、理想化と一片の真実とが入り雑じる魅力ある登場人物である。(13) 寅さんは、文学、演劇、語り物の中に見られる貧者の放浪の複雑な陰の文化に位置づけられる。放浪者であれ、半定住者であれ、テキヤはその他の人々と時空を共にしているが、自身を社会の浮動層に近いものとする陰なる文化とその歴史の継承者でもある。

第六章　露天商

神農崇拝の人々

大阪道修町の現代的な界隈に、ビルの陰に隠れ、小さな神社が建っている。ビルに沿ってその神社に近づくことはできるが、鳥居はビルのために移動を余儀なくされたのであった。通りの喧騒からは遠く、大きな樟の木に守られたその小さな木の鳥居は、薬局方の発明家であり、それゆえ薬剤師の守護神でもある中国の神話的皇帝である神農[1]と、薬と療養温泉にまつわる土着の神様である少彦名神《すくなびこなのかみ》を祀るものである。少彦名神は、療養温泉で崇められることが多く、その名は日本最古（八世紀初頭）の年代記である『古事記』にも登場している。道修町界隈は、豊臣秀吉（一五三七—一五九八）の時代から製薬で知られている。界隈は一七二二年の徳川将軍吉宗の病気治癒の後、繁栄するようになった。吉宗は感謝のしるしとして界隈に一二四の薬店の開業を認め、他藩の薬の品質を管理する施設を設けたのである。こうして、道修町界隈は日本の製薬業の中心地のひとつとなった。

奇妙なことに、東京浅草界隈の露天商の店舗にも神農を祀った神棚がある。薬の神様と、祭りの際に寺社の境内に綿菓子や飴の類や金魚や様々な粉や薬味の屋台を出す露天商との間には、いかなる関係があるのだろうか。いかさま師との評判を取り、博徒と共に日本の「極道」の二大構成要素のひとつを成している露天商の間で神農が崇められているのはなぜなのだろうか。

一般に、露天商はテキヤとよばれる。テキヤという言葉は江戸末期に登場したが、その起源については知られていない。語源的に見ると、「やてき」のさかさま言葉（日本の隠語によく見られる）である。かつて、この言葉は漢字の「的」と「屋」で書かれていた。テキヤの語源については、いくつかの解釈が存在する。まず、この言葉は、露天商がとりわけ射的の屋台を出していたことを暗示するものであると考えることができる。また、テキヤの職業の不安定な性格を言い表しているのかもしれない。うまく客という的を射るテキヤはまれであった[2]。テキヤ自身、その語源を知らず、以後、漢字ではなくカタカナで記されるようになったが、全体的にやくざに同化されがちなこの呼称を避けている[3]。後に見ていくが、やくざと行商人との区別は往々にして難しい。というわけで、高見順（一九〇七―一九六五）の小説『いやな感じ』に登場する若い娼婦は、まず主人公を博徒だと思い、それから「ヤーさま」、すなわちテキヤだと思うようになるのである[4]。

行商人は自身を好んで香具師《やし》と呼ぶ。この古い言葉の起源も定かではない。束縛を離れ、野を彷徨う侍を意味する「野武士」、あるいは戦国時代、人通りの多い大街道に跋扈した盗賊に由来するのかもしれない。「野」を意味する漢字は「の」とも「や」とも読むことができ、「武士」の文字は「師」とのつながりも持ち得、そこから「香具師」の言葉になったのかもしれない。また別の語源によれば、香具師は薬師（薬の専門家）、すなわち、薬売りの縮約に由来する。江戸時代末まで医師は同じ漢字で記され、「くすし」という別の読み方がなされていた。江戸時代に、「やし」を示すには、これらの漢字の組み合わせのどちらかが使用されていた。

インタビューに応じてくれたテキヤは、かつては香具師《こうぐし》、すなわち「香りの道具の師匠」と呼ばれていたことを強調した。「香具師」の語源についての第二の説に矛盾せず、行商人たちの数百年にわたる神農崇拝を正当化しうる起源であるといえる。また、テキヤ集団の頭は神農人と呼ばれている。

添田知道によれば、どの時代に神農崇拝が始まったのかはわからない。おそらく、薬草や医学に関する漢籍の到来と時を同じくした仏教伝来の後、日本に知られるようになったのであろう。薬草は、すぐさま行商で扱われるようになった。実際、中国の薬局方は、仏教の布教に貢献した一要素であった。奈良時代（七一〇―七八四）に、行商人は中国から輸入された薬草を売っており、薬草の中には、お香の製造に供されるものもあった。[5] 添田は、行商人や目明しの仕事に携わる香具師《こうぐし》への言及がある明治時代の資料（『古事類苑』）を引用している。[6]

江戸時代の行商人・大道芸人・露天商

やくざの場合と同じく、テキヤ[7]の世界が組織化され、彼らの基層文化が発展したのは、江戸時代のことであった。ある点でテキヤはやくざの伝統との類似を示しているが、違いはある。テキヤは室町時代（十四―十六世紀）に遡り、起源はやくざよりもはるかに古く、やくざはテキヤをモデルとしていると考える者もあるほどである。

中世において、テキヤは浮動的で不安定な社会層の一部を成しており、日本の民俗学の祖である柳田國男[8]が殊に論じたサンカにもともとは似ていたであろうと思われる。文字通り「山の洞穴の住人」を意味するサンカ（山窩）は、村落のはずれに暮らし、隠れ家を出、木で作った細工物を売りに山を降りていった。この仮説をもとに、サンカとテキヤの隠語の類似性を主張する者もある。

職も、決まった住居もなく、職も転々とした昔の日本の行商人や口上師は、村から村へ、市場から市場へと渡り歩いた。江戸時代には、二つの発展が彼らの活動を際立って活気づけた。すなわち、都市と商業の勃興である。

十七世紀は、大坂や江戸の大金貸しや商人の出現に見られるように、商業活動の目覚しい発展によって特色づけられる。確かに前資本主義的な商業社会は十四世紀から存在していた。商人や職人を集めた同業組合である「座」[9]が十二世紀に登場し、非農業民が徐々に解放されて商人や職人になる者も現れ、座は経済発展に乗じ、十四世紀から十五世紀にかけて発展していった。

徳川家の課した参勤交代の制度は、十八世紀に出現することになる貨幣経済の発展に寄与した[10]。大名たちの収入のかなりが、自らの領地と江戸との間の、何かと物入りな長期間の往復に消えていった。大名たちは移動による費用を工面するため、大坂や江戸の大市場で多量の品を売って手形を得なければならないこともしばしばだった。

参勤交代に伴い商業が発達を遂げた。十七世紀末には、世界基準に照らしてみても巨大な都市圏となり、住民が増大して、関東平野の産物だけでは足りないほどの一大消費中心地となっていた江戸に、問屋は物資を供給した。また、井原西鶴の作品が示すとおり、貨幣経済は人里離れた村落にまで及んでいた。

このような前例を見ない発展は、諸藩の間での交易と、大都市の発展を管理下に置こうとする幕府の課した関所制度の改革でさらに進み、社会には一層の流動性が生まれ、村落の自給自足の原則は崩れた。このような展開は、テキヤや行商人には大変な追い風となった。隆盛を極めた元禄時代[11]（一六八八―一七〇七）末の文書には、客に呼びかけ、時には注目を引くために余興もしてみせる行商人たちの行う「立て売り」の急速な拡がりが記録されている。テキヤは薬、鬢付け油、茶の葉、各種の煎じ薬など、ありとあらゆるものを少しずつ売った。

他の社会と同様に日本でも、店舗での販売と露店での販売は、言葉の上で区別がなされている。「浮浪売り」という言葉は、行商人自身による販売を指す。平安時代（八世紀から十二世紀）末の文学の中には、このような商売の基本的な形態が見出される。行商人は「鬻《ひさ》ぎ人」（女性の場合は「鬻ぎ身」）と呼ばれていた。後に、こうした用語は日中、村を離れ、都市で商品を売る農民たちをも指すようになった。行商はまた、祭りの日に寺や神社の境内に露店を出したり、数少ないが、港の前に常設の露店を出したりする浮浪民が携わるものでもあった。

座の発展とともに、「浮浪売り」という言葉は、座に属していない屋台商人を指すようになった。こうした街頭販売を行う商人たちは、「脇売り」「せり売り」と呼ばれる販売に携わった。脅威を感じ始めた一般の商人たちの批判にさらされ、屋台商人たちは、しばしば警察に追われた。江戸時代以降、「浮浪売り」の表現は、零細な行商人、屋台商人を指すようになり、システマティックな仕方で移動し、扱う商品の品揃えにおいてもカバーする地理的範囲においても格段に高いレベルで仕事に携わる商人とは区別された。

大々的な行商の先駆者は、一六四八年に幕府より行商の許可を受けた近江商人である。近江は、京都からさほど遠くない琵琶湖を取り囲む地域の名である（現在の滋賀県）。琵琶湖と日本海との間に位置する近江は、いつの時代にも商業の要衝の地であった。「近江八景」はしばしば絵画の題材となった（ことに安藤広重、一七九七―一八五八）。この地方の一都市である大津は近江商人の精神でことに有名である。大津は、京都から江戸に向かう旅人たちにとっての最初の宿場町であり、また北西部の諸藩からの商品が免税通過する琵琶湖に面した港でもある。大津は、江戸時代に幕府の直轄地となり米市場が作られた。庶民画の大津絵[12]でも有名である。大津絵は、巡礼者や東海道を歩く旅人たちに低価格で販売された。この商人の町の驚くべき繁栄を示すのが、次の言葉である。大津においては「蛇の鮓、鬼の角細工、何をしたればとて売れまじき事にあらず」と『世間胸算用』で西鶴は書いている[13]。

近江商人の歴史は十六世紀、一五三九年の楽市の設立後に始まった。十五世紀以降、交通と交易の発展により、畿内地方（京都）は主要航路（琵琶湖および京都から堺港にかけての淀川）を支配下に置き、瀬戸内海の港にも通じる特権的商業中心地となっていた。ことに、琵琶湖沿岸の村々は、北の地方からの商品が免税通過する場所であった。

町に繁栄をもたらした堺港の商人たちと同様に、近江商人は将軍家康から町の自治権の承認を得た。すでに述べたように貨幣経済（および為替手形）の発展により行商は隆盛を見せた。実際、十六世紀末から近江の行商人たちは肩に籠を背負い、すでに蝦夷地と呼ばれた北海道（さらに国後島までとも言われる）まで赴き、まずアイヌたちから海産物を買い取ったと言われている。近江商人は巧みにも、北海道に関わる裁判権を有していた松前藩主に金を貸した。松前藩主は借金を返済することができず、近江商人は次第に商業上の特権を獲得していった。近江商人はこのようにして日本列島の北の果ての最初の「入植者」となったのである[14]（北海道は明治期から開発されるようになる）。

近江商人は、着実な計算の精神に基づき、リスクをおかす気持ちを抑えて賢慮を示し、信用と、その老獪さをも失うことなく、財を成していった。商売（蚊帳、繊維、薬、ろうそく、干物などの販売）が繁盛するとともに、近江商人は江戸の日本橋や大坂の本町や京都の三条など、各地に支店を開設し、定住するようになった。近江商人はやり手である伊勢商人とライバル関係になった。

近江商人と伊勢商人は、一定の敬意を受けていたものの、彼らの成功をうらやむ江戸の商人たちの、冷やかしの対象であり続けた。長い間「近江泥棒　伊勢乞食」という言い回しが使われていた。もともと近江商人は、若干詐欺的なところがあり、上の部分がない蚊帳など欠陥製品を時に売ったりするとの噂であった……。巡礼の目的地である伊勢でもまた商業が栄えたが、沿道には乞食があふれていた。ともあれ、近江商人と伊勢商人は実在していたのであり――それは、現代日本において「近江屋」や「伊勢屋」の名を冠した商売が繁盛していることからも明らかである――彼らは商業の発展に大きく寄与したのである。

行商によって大きな財を成した商人としては、日本海に面した富山の町の商人が挙げられる。実は、一六八二年に富山の大名が、秘伝の処方箋から即座に作られた煎じ薬によって病気が治ったことから、薬を処方した者に対し、「反魂丹」を大量生産し、諸国に販売する権利を認めたのであった。薬売りは、大名に料金を支払う座が責任を負う行商の形式に統括されていた。「反魂丹」の行商の方法は巧みなものであった。行商人は、病人の家に薬一式の入った袋を置いていく。半年以上の間を置いて、またその家に立ち寄り、使用された薬の分だけ料金を徴収するのである。心理的にも説得的なこの方式によって、富山の薬売りは財を成した。一八七五年、日本各地を行商して回る富山の薬売りはほぼ五千人に上り、二十世紀初頭には、日本の薬の四分の一が富山で製造されていた。伝統的処方に近代的専門性が加わったが、今でも富山の薬売りは殆ど変わっていない。

江戸時代における組織的な行商の発展と、特別許可を与えられていた座の廃止により、諸分野の垣根は低くなっていった。依然として越えなければならない関所は障壁となったが、それでも商業は発展していった。小売商は部分的に問屋に依存していたが、交易の発展は、浮動層の人々から成る多くの零細な行商人の携わる路上での販売にも有利に働いた。朱子学の思想家である荻生徂徠は、最も人里離れた場所にまで行商が栄えている、と書きとめている。行商人は谷も山も重い荷物を背負い、豊かな行商人であれば馬やろばに乗って進んでいった。

このような行商人による路上での販売は、村落・都市間の交流の重要な要素のひとつでもあり、行商人や露天商は、江戸時代における日本の文化的等質性の要因ともなっていた。商品の交換が主要な活動であったが、彼らは日々のニュースや流行を広める役割も担った。許可なく移動してはならないとの決まりをしばしば破り、警戒されたり崇拝されたりした旅芸人(巫女、シャーマン、托鉢僧、盲目の音楽家、さまざまなジャンルの大道芸人)や行商人は、真の庶民文化に発するささやかな伝統を伝える者たちだったのである。

行商人はまた、都市生活に欠かせぬ構成要素でもあった。敦賀の港の路上で、財産の神様である恵比寿様の格好をして商いをする、西鶴の描いた巧みな茶商人・小橋の利助のように、[15]広く知られるようになった人物も何人かいる。近代の偉大な小説家のひとりであり、行商人の父を持つ林芙美子(一九〇四―一九五一)は、小説『下町』[16]に、戦後の東京で家々を訪ねて茶を売る娘を描いている。また、十九世紀初頭に流行した二人の薬の行商人「藤八五文」[17](というのも、一方が、奇跡とされる薬を作った「藤八」の名を叫ぶと、もう一方が「五文」と答え、ふたり揃って「奇妙」と叫んだからである)もいる。

十八世紀には人口が頭打ちとなり、大飢饉(一七三二年、一七八三年)を引き起こすことになった二度の凶作により農村からの人口流出は深刻な事態となり、貧民たちは都市に引きつけられていった。すでに零細な職業がはびこっていた路上には、さらに貧民たちがあふれかえっていった。犯罪に走る者もあれば、街路をうろつき、やりくり算段で、もっぱら行商で生計を立てる者もあった。

市場町の発展により露天商の一部は定住者となり、商店街の誕生につながった。元禄時代の資料には、道行く人々を呼び止める行商人による「立て売り」の隆盛が記されている。問屋商人、米商人、富裕な盲目の金貸し、[18]その他の都市のエリートたちの傍らに、辻々にまで店を広げる零細商人たちがいた。互いの商売の縄張りは重なり合い、路上には仕事場があふれていた。材木商、蠟燭商、金属職人、大工、荷引き、草履職人、提灯職人、下駄職人、畳職人、水汲み、使い走り、行商人が路上の構成員であった。行商人は商品を背負ったり、時に小さな二輪荷馬車や屋台店を使ったりした。路上が彼らの世界であった。

他の場所と同様に江戸においても、街路は貧民が生まれ、挫折し、死んでいく場所であった。そこでは日常の悲劇と人生の遊戯とが交錯し、人々は我勝ちに奪い合った。貧しい者はごろつきや乞食と隣り合わせであった。飢えと孤独と、街路——諍いはすぐさま解決され、連帯のネットワークが形作られる場所——の風俗の一部である暴力とが重なり合うこの世界においては、生き残ることが皆の究極目標であった。行商人はこの世界の魅惑的な一部を成しているが、また別の局面、すなわち見世物にも加担していた。

第七章　路上の花火師たち

祭の仕掛人

テキヤは庶民の娯楽や路上での見世物に結びついている。また、すでに触れた「旅の人」（大道芸人やドサ回りの喜劇役者）のより広いカテゴリーにも混じり込んでいる。巡回する見世物は、もともと物乞いと結びついたものであった。中世に登場した壮大な叙事詩の語り手で、江戸時代になると遊行の歌い手となり、宗教的なのは装束のみとなり、演目がますます世俗化していくことになる琵琶法師や、顔の左右を別の化粧にして一人二役を演じる路上の歌舞伎役者たちもその例である。行商人の側では、ささやかな余興[1]（猿と演じる芸、手品、独楽回し）をしてみたり、有名な歌舞伎役者の声色を真似したりして客の注目を引こうとした。このような見世物は次第に洗練され、商品の販売から独立していった[2]。

テキヤを見世物の職人と見なすことができよう。今日でもなお、テキヤが見世物や小規模の巡回サーカスを仕切っている。このように、テキヤは興行の豊かな歴史に参与しているのである。

見世物は、路上や門前で繰り広げられる大道芸の一部であり、地域で何かあるとき――大概は開店記念であるが――にぎやかに大きな音を立てて祝うチンドン屋（その名は、鈴の「チンチン」と太鼓の「ドンドン」というオノマトペに由来する）や紙芝居は、現代日本における見世物の最後の生き残りである。

日本の都市における、きわめてバルザック的な「浮動する享楽」の色彩豊かではかない表現である「見世物」は、江戸時代の庶民文化に欠かせぬ一要素であった。こうした娯楽の大半は、六世紀以降、大陸から伝来した仏教と共に日本に導入されたようである。大道芸人、手品師、火吹人、刀飲み芸人（火吹人と刀飲み芸人はのろんじ＝呪師すなわち、「まじない師」と呼ばれる。というのも彼らは芸を披露する前に、霊力があるとされる言葉を発するからである）は、庶民に娯楽を提供するようになる以前には、貴族を楽しませる演目を行っていた。室町時代（一三三六―一五七三）、そしてとりわけ江戸時代の都市の繁栄と共に大道芸が盛んになり多様化し、京都の鴨川の河原など、演目の豊富さで有名になる場所もあった。一六九〇年から一六九二年にかけて日本を旅したドイツ人のエンゲルベルト・ケンペル（一六五一―一七一六）は、一六九一年に大坂を訪れた際、大道芸の持つ庶民への魅惑の力について書いている。[3] 西鶴作品の主人公の御用商人の息子は、大道芸人の器用さに驚いている。[4]

見世物は、多くの場合、下品であけすけ、巧みに人の気を引く突飛なもので、縁日の庶民的な楽しみと結びついており、目新しいもの（地方の踊り、また十九世紀の後半以降になると、西洋から輸入された驚くべきテクノロジーなど）を広める媒体でもあった。大道芸は種々の規制の下にあったが、明治以降も存続し、庶民的伝統の命脈を保っており、二十世紀末の大衆文化の側面のいくつかは、その焼き直しとも見えるのである。

元来、宗教的祭礼である開帳に伴うものであった見世物は、世俗的な驚異の表現となった。そこには、今日ならば漫画やポルノで展開されているような、時に不吉な暴力やエロティシズムに関わる幻想や擬装への目配せがある。からくりや手品、奇形のみせびらかし、変態見世物――西洋中世の縁日においても好まれた――や紙切りなどは、見世物の中でも最も広く見られるものであった⑤。

幟のそばに陣取った客引きが縁日の見世物の演目を告げ（あるいは、銭湯の張り出しを利用することさえよくある）、演者は大概うちわや木の板の動きに合わせて口上を述べる。見世物の中にはきわどいものもあった。睾丸が異常に肥大した男だとか、半陰陽の女性であるとか、処刑の場面や拷問にかけられた身体（手足を曲げ伸ばしできる人形「生き人形」もあった）をリアルに表現した図など。大坂で有名な見世物は、観客に向かって座っている女性の着物の裾を上げて陰部を見ようと、観客たちが竹の筒に息を吹き込むというものであった⑥。

当局より、体制転覆の効果を持ちかねないと見られ、しばしば規制の対象となってきた歌舞伎とは違って、庶民向けに束の間、繰り広げられ、軽んじられていた見世物は、一般に検閲を免れた⑦（歌舞伎の舞台では禁制であった女性が見世物には登場し続けた。スポーツというよりエロティックな試合である女相撲は、その一例である）。明治時代には、このようなきわどい見世物は公序良俗に反するものであると見なされ、その多くが禁止された。形を変え、現代の日本に再登場しているものもある。

江戸時代には縁日の見世物が増えた。ことに、日常的秩序の侵犯の空間であり、祭りと違い季節毎というのではなく常に群衆の集まっている盛り場において増加した。都市の庶民文化の拠点である盛り場は、西洋中世の公共の広場と類似している。江戸の大規模な盛り場のひとつが、隅田川に架かる橋（かつては、武蔵の国と下総の国を結んでいた）周辺の両国界隈である。両国の盛り場は、一七六三年に初めて平賀源内の書物で言及されている。

一六六二年に完成し、江戸で最も人通りが激しかったと思われるこの橋の両端には広場があり、常に多くの人々が集まっていた（ことに東岸の回向院付近）。驚くほど見世物が集まって人気を呼び、橋の両端の二つの空間は江戸の見世物の王国となった。もうひとつ、見世物や寄席、行商人で有名な江戸の界隈が、堺町（日本橋から程近い現在の蠣殻町の北部）である。寛永年間（一六二四―一六四四）初めには、名高い芝居小屋が二つあった。一六五七年に焼失した都座と、二世紀後に浅草に移転することになる中村座である。

観音を祭る浅草寺の北西部は、十八世紀中頃から、娯楽の場所として不動の評判を得るようになった。浅草は十九世紀末の近代に至るまでそうした評判を保ち、浅草で繰り広げられる見世物については、実にヴィクトリア朝的な女性だが大胆なところがあって、この地に足を踏み入れたイザベラ・バードが、過激なコメントを残している(8)。

見世物は、時にきわどい性格を帯びたが、十九世紀半ばの開国以後は、西洋の新技術の普及の媒体ともなった。新技術の中でも最も斬新なものが望遠鏡であった。大道芸人たちは、先に述べた生き人形に見られるように、常に創意工夫を凝らし、「覗き」と呼ばれる見世物も登場した。「覗き」とは、基本的には、ひとつの箱の中に人工的に作られた世界を見ることであった。例えば浮世の場面、そして当時最も不思議な世界であった西洋世界である（西洋覗き）[9]。現代日本において「覗き」は、新世界発見よりもピープショーの覗き趣味に似通っている……。

開国とともに、日本の見世物は逆に海外でも知られるようになり、中にはヨーロッパで披露されたものもあった[10]。しかし、十九世紀末から野外での見世物には翳りが見え始めた。理由はいくつかある。これには明治の「公序良俗」に関わる措置、路上の秩序維持政策の強化が関わっているが、見世物の繰り広げられる場所が次第になくなっていき、ついには輸入されたテクノロジーによって実現した新しいタイプの娯楽（映画や写真）に大衆が引き付けられるようになったこともその理由である。例えば、一九一〇年に、浅草六区は映画街となった。見世物の精神はそれでも死に絶えてはいなかった。幕間には、手品師や喜劇役者の余興があった[11]。また、初のストリップショーは、浅草においてであった。一九七〇年代、一九八〇年代にはまだ、東京の街のあちこちに（また大阪でも）少し好色で、見世物のどぎつい性質に特有の庶民的な「即興」、江戸時代の庶民生活の高揚の名残が見られた。

現在においては、寺や神社での祭りが行商人たちに機会を提供しており、葦簀《よしず》がかかり、見世物を繰り広げたり商品を売ったりする屋台や「掛け小屋」を出すテキヤで祭りは活気づく。大きな神社の中には、行商人が屋台を常設する権利を持っていたところもあった。例えば、江戸では湯島天神、芝の神明神社、市谷の八幡神社などである。しかし、一九四九年以降、平日《ひらび》に露店を設置することは禁止され、境内は縁日と「たかば」の日のみ、行商人に開かれるようになった。現在では、境内の露店の常設はもう見られない。

テキヤは、ある程度までは、巷の精神の継承者であったし、今日でもそうである。行商人と西欧中世ならば「ジョングルール」と呼ばれていたような人々とは生活の条件が似ていたので区別するのは難しいが、テキヤはそうした人々とは一線を画そうとしたのだった。テキヤは商品の販売により生計を立てる商人の地位を主張していたのに対し、劣者であると見なされていた中世の「河原者」の伝統の継承者である大道芸人たちは、むしろ乞食に近かった[12]。それが、例えば十八世紀末の有名な大道芸人の名前に由来する「豆蔵」と呼ばれる手品を見せる乞食の「放下師《ほうかし》」の場合である。おそらく、テキヤの自立の要求には、一片の真実があるのだろう。ともあれ、同様に社会の不安定な階層出身で、そうした境遇に暮らす遍歴の者たちは、大道芸人とともに路上の偉大なる「しぐさ」の継承者なのである。

堅気社会の襞の中で

行商人は歴史を通じ、路上での高揚感に、自らの生き残りの機会を見出してきた。行商人は外延の定かでない集団を成し、職業を転々としつつ、法の網の目をくぐり、傘の行商から各種の取引、暴力沙汰になる程の押し売りなどをしながら、風景の中に溶け込んできた。現在を生きる民衆の一部をなしており、ノウハウとして適応の能力だけは有している。彼らは社会の最もいかがわしい要素とも結びつきがあった。それとは別のあり方がどうしたら可能だったというのだろうか。放浪の生活を送るがゆえに、司直の追跡の手を逃れるためには、実際、共謀を働き、よこしまな道を行かざるをえなかったのである。

「世界は金銀たくさんなるものなるに、これをもうくる才覚のならぬは、諸商人に生れて口おしき事ぞかし⒀」と西鶴が描いた十七世紀後半の江戸のような都市では、ひとつの地位につながれていない多くの無頼漢にとって、抜け目なさ、臨機応変の才は必須であった。西鶴は熱に浮かされたような江戸の生き生きとした生活を活写している。「町すじに中棚を出して真ん中に店が立ち」「銭は水のごとくながれ、白《しろ》かねは雪のごとし」「日本橋の人足《あし》、百千万の車のとどろくに聞なしたり」。しかし「これほど世界に多きものなれども、小判一両もたずに、江戸にも年をとるもの有り⒁」と西鶴は書く。なぜならすでに見てきたように、都市の発展により、農村の貧窮とは異なる新たな貧困も生じていたからである。下層民が寄り集まって暮らす長屋の界隈は、多くの場合悲惨のゲットーであった。このような、社会の恵まれない周縁層からテキヤが募られた。土地から切り離された農民、住居も職業もない逃亡者、被差別民（彼らは、いつまでも自らにスティグマを与え続ける出身地を去り、所与の条件から逃れる方法を放浪に見出した）、迷子たち。基本的にテキヤは浮動的、不安定で、士農工商のいずれにも属さず、それゆえ、より周縁へと追いやられた人々から成り立っている。

異分子たるテキヤや行商人は、密かな結託を組織だった連帯にまで変貌させ、都市から都市へ、街道から街道へと遍歴し、反抗の手段を得るために自らの周縁性を利用して集団を成し、やくざと共に、時にはやくざと混じり合いつつ、路上を支配するようになった。経済生活が寄合や座によって定められた原則に従って規制されている社会において、マージナルな人間であっても生き残り、社会に参与しうる方法が作り出されるようにするためには、独自の団体を形成する必要があった。それが例えば西欧中世の乞食の場合であり、盲目の乞食の団体がその最も代表的なものである。世紀の転換点における東京の街路での下層階級の苦難と悲惨についての年代作家である横山源之助は、日本において、零細な職業に携わる人々が生き延びていくための唯一のチャンスは、ある種の職業を支配下に置き庇護もしていた親方の権威に従うことであったと述べている。下層の人々である屋台そば売り、床屋、人力車夫やテキヤがその例である。周縁的な地位の報いとして排除されたり、自らの行う合法的、準合法的、あるいは許容範囲内の活動によって社会へ溶け込んだりしつつ、テキヤは博徒よりは容易に、権威当局と共に合法性ぎりぎりのところに「生き方の流儀」を見出した。すでに述べたが、当局が見返りとして与える「正統性」は、警察のスパイの役割を果たすものとなったのである[15]。

諍いの種ともなるテキヤの重大問題のひとつは、縄張りの確定、すなわち露店の場所割りである。テキヤにとっては、内部で調整し、仲裁の手続きを塩梅する必要があり、通常、市場周辺には、連帯関係と縄張り防衛のメカニズムを備えた団体が結成された。十八世紀の初め、幕府はテキヤ集団のいくつかに公的地位を与えた。テキヤ一家の長は、名字帯刀を許された[16]。彼らは自らの縄張りを支配する役目を負い、市場や寺や神社の境内の行商人たちの生活を統括した。祭りの際、寺社の責任者は、運営についてテキヤと交渉した。テキヤの親分は、場所割りをする区域を支配していた。このような調整役を務める見返りに、テキヤの親分は子分から謝金を受け取った。庇護とゆすりはコインの表裏であった。

手配師の場合に見られるような、社会的周縁空間の管理の委託に帰一する当局と親分とのこの種の共謀関係については、すでに述べた。似たようなプロセスがテキヤの場合にもある。従って警察との関係については、現実にはやくざに関するものとテキヤに関するものの二つのタイプがある。警察とやくざとの協調は、すでに述べたとおり、二重の必要に応えるものであった。当局にとっては、孤立した、従って潜在的な危険性を持った個人を、合法性ぎりぎりの構造の中にではあれ囲い込むのに有利であり、やくざの側にとっては、自らの活動を正当化し、集団への帰属の必要性の基盤の上に成り立つ社会に、集団として地位を得るための手段であった。

やくざと結びついている？　テキヤがどうしてそれ以外であり得たろうか。テキヤとやくざには生活の仕方（放浪、悲惨すれすれの生活の不安定）が共通しており、彼らは同じ場所（街路、宿場町、盛り場）にしばしば姿を見せる。彼らは日常的にアウトローに接し、逃亡者や様々な犯罪者や土地から逃げ出したただの農民を仲間に入れることが多い。宿屋は行商人、大道芸人、売春を行う飯盛り女、僧形、蓬髪のごろつきや非人（厄介な雑役に服させられている失墜者）などが交錯する特権的な場所であった。周縁的な商売はついには自ずと窃盗に繋がっていき、やくざは、自らの獲得したものを流通させたり盗品について状況を把握したりするためにも行商人や古着屋を必要とした。行商人は補助的な役割を果たし、細かな雑用をこなし、情報を与えたり見張りをしたりした。「貧窮の世界においては、ありとあらゆる職業が必然的に結びついている」とブロニスワフ・ゲレメクはパリの周縁民について書いている。(17)事情は日本の都市においても同様である。従って、資料を信頼するならば、行商人の世界と、高所で働き庶民界隈の火消しの役も務めていた鳶(本書第二部第一章で、彼らの境遇については述べた)の世界の間には関連が存在していたことになる。火消しの中でも大名屋敷の保守を任されていた定火消しの給料は低く、役目を務めるのは行商人たちであることが多かった。極道は境界の定かならぬ世界なのである。

非常な混乱期であった江戸時代の末に、テキヤの世界にはあまりにも罪人が多かったので、狭義の意味での行商人組織の反動が起こった。幕府に対し、行商に携わる許可授与の際、もっと慎重であるように要求する請願書が出回った。しかし、テキヤに関する初の規制が定められたのは明治時代になってからであった。一八八三年の法案により、東京での露店は禁止された。政府は、「近代国家」に値しない活動であると見なし、公共的秩序攪乱(乱闘)や衛生(ことに飲食業に携わる行商人)への懸念を示し、対策を正当化した。一九〇一年に今度は見世物興行に携わる人々が規制の対象となった。見世物興行を、空き地や寺社の境内で行うことは許されたが、もはや路上で行うことはできなくなった。このような禁止に続いて妥協も示され、世紀末にはどうにかこうにか行商人の状況は、実質上、以前と変わらぬものになった。しかしテキヤはまず東京、続いて大阪、名古屋(とりわけ中京地区全体が一九九〇年代になってもテキヤの中心地であった）で団体を結成した。行商人はそれぞれ自治体から許可を受け、提灯に自分の名前と所属団体や世話人の名を記さなければならなくなった。一九二六年には大日本神農会が結成され、六十万人の行商人を擁した。この組織に明確なイデオロギーはないが、当時のテキヤの政治的方針を反映している。この日本初のテキヤ組合は警察のスパイとしての役割を喪失してはいるが、「不逞なる社会主義者の全滅」「不純なる労働争議の防圧」「万死以て報国の真情を」を基本方針として高らかに謳いあげている。[18]

添田のような論者は、組合の幹部の精神においてこうした宣言は、主に当局と妥協することを目的としたものであり、かなり明確な方針を反映したものであると見ている。テキヤは国家主義的イデオロギーに執着し、暗黙のうちにスト破りの役割を果たしてきた。――これも、テキヤたちの行ったことである。「テキヤはおおかた右翼だろう？」と、二〇年代半ばから三〇年代にかけての物語である高見順の『いやな感じ』の主人公は、示唆的なせりふを述べている。しかし、組合の思想を広める役割を負ったと思われる機関紙『神農』の創刊号で、テキヤはあらためてやくざとの違いを際立たせようとしている。[19]

敗戦直後にテキヤは「政治的方針」を確定した。テキヤは敗戦に続く窮乏を利用し、より伝統的な集団の形をとって再登場し、当時のやくざの世界のもっとも重要な構成要素となった。実際、テキヤは小売業、および廃墟に花開いた大規模な闇市を全て取り仕切ったのである。しかし、テキヤの活動は、単なる路上の商売を超えた広がりを見せていた。

終戦直後の数年は、テキヤが活躍した時代である。一九四七年、東京には二万二千人のテキヤを支配する三七〇人の親分と約七千人の子分がいた。警察に認められ、政治的には保守陣営の有力メンバーであった小西虎松の援助を受けていたテキヤは、行商人の有力な組合(露店同業組合)を結成したが、組合を率いたのは、当時の第一線のやくざで、アメリカ占領軍によれば「最もたちの悪いならず者」、新宿の闇市を取り仕切っていた尾津喜之助であった。この露店同業組合は、一九五二年に警察により解散させられた。小売業が次第に通常の状況に戻っていくと、テキヤの黄金時代にも終わりがやってきた。しかしテキヤは裏の世界ではなおも力を持っている。テキヤの親分のうちには、一九三〇年代の護国道をモデルとした極右団体である護国団に参加する者もあった。そして、一九六〇年六月のアイゼンハワー大統領の来日予定日を前に、児玉誉士夫は、テキヤに警備を頼んだのであった。[20]

第八章　テキヤ——帰属と拒否

伝統

やくざの基層文化と様々な点で近いテキヤの基層文化にも独自性はある。テキヤには口上の大いなる伝統がある上に、その隠語や習慣はやくざとは異なっている。つまるところ、テキヤは天照大神よりも神農を崇拝している。

江戸時代にテキヤは、『十三香具・虎の巻』という出典の定かでない文書を重要手引書としていた。[1] この文書は関東に一巻、もう一巻が関西にある。しかしテキヤの世界の最も洗練された規則は、もう少し新しい文書『香具仲間掟の事』（一八六四年）に記されている。この文書は口伝を書き留めたものであるようだ。そこには、親分の許にある者だけが仲間であると明確に書かれている。やくざの場合と同様に、このような義務は、係累のない個人からなる集団の中で承認されるために重要であったと思われる。子分は親分が「預かる」。しかし、組のメンバー全てが親分の子分であるというわけではない。このような名誉に浴さない者たちは、「許可子分」と見なされた。

グループのメンバーは「五本の指のように」（「ともだちは五本の指」）連帯感を持っていなくてはならない。このような、五本の指を持つ手への言及は、悔悛のしるしとしての指つめという、やくざに見られる慣行の由来となったのかもしれない(2)。インタビューに応じてくれたテキヤによれば、やはりやくざにおける組への帰属を確固たるものにするやくざの儀式はテキヤ固有の伝統に発するのであって、その逆ではないという(3)。しかしながらテキヤは、隠語だけ取ってみても、やくざとは一線を画している。例えば、テキヤ集団の縄張りを表す言葉（庭場）は、博徒の使う言葉（縄張り）とは異なっている。とはいえ日本の二大極道の伝統には似通ったところがある。

『香具仲間掟の事』に記されているテキヤ「三つの掟」は以下のとおりである。親分に忠誠を尽くし、売上をごまかさない。集団内で諍いは解決し、決して警察に通報したり組織の機密を漏らしたりしてはならない。他人の妻を横取りしない(4)。最後の掟は、テキヤが長期間家を留守にすることから定められたものである。

テキヤの世界に入る際には、儀式の洗礼（「ゲソをつける」、文字通りには「履物を履く」）を浴びなくてはならない。「一家」の評判を保つために、親分は追放された者に対しては責任を負わないと考えていることを明確にさせた破門状を周囲の集団に配布し、メンバーのひとりを破門したことが公表される（メンバーが許された場合には、「一家」の情報に関する同様な手続きが踏まれる）。

伝統的に、最初の七年間、テキヤの見習い（ツマミチョウフと呼ばれる）は金には触らない。

生計は完全に親分に依存している。それから、グループのメンバーとなり、グループの利潤の一部を受け取る権利を得る。そうなるとハンチョウフとなる。チョウフになると完全に自立し、子分として集団に残ったり、自身の「一家」を築いたりすることができる。このような帰属の秩序は一九九〇年代初めになっても存続していたが、消滅する方向にある。多くの若者たちが、職能の獲得に対応したヒエラルキーを問題視し、トレーニングを積まずに働いている。

やくざの場合と同様に、テキヤの集団もピラミッド状に組織化されている。例えば、山田重雄は芝山一家に帰属する石原組二代目組長であり、芝山一家自体、誠心会連合の一部をなしており、誠心会連合は丁字家一家の傘下にある。

組の生活の中で最も重要な儀式は、跡目相続の儀式である。盃を交わす儀式はやくざの場合と実質的には似ている。神農を祀った祭壇中央に掛軸が掛けられ、天照皇大神の名が筆で書かれている。奉納品（野菜、赤飯、酒、鮮魚、果物）が白木の小さな台に載っている。奉納品の前には特別の台の上に大小の刀が、左右には贈答品が置かれる。

部屋の中央、祭壇の左に代を譲る親分が座り、右にはその後継者が座る。神官が祝詞を読み上げ、榊（神道信仰における聖なる木）の枝で清めの儀式を執り行う。引退する親分が、なぜ地位を譲るのかを説明し、補佐に対して新しい後継者を支えるよう要求した後、盃が酌み交わされる。取持人が懐紙で盃を拭き、一方は雄の蝶の、もう一方は雌の蝶の装飾のついた二つの銚子で酒を注ぐ。まず、雄の蝶の銚子から注ぎ、人差し指と中指の腹で酒を拭き取る。

それから雌の蝶の銚子でも同じことを行う。盃は神に祀られる。仲介者は、鯛の頭と腹と尻尾を箸で三度触れ、鯛を盃に浸し、塩にもつける。それから引退する親分に盃を差し出し、親分はそれを三口で飲んで後継者に盃を渡し、後継者もまた同じ所作をする。それから取持人が白い紙に盃を包んで後継者に差し戻すと、後継者はそれを着物の胸元に収める。そして刀が渡され、継承されるものの目録、ことに縄張りと組の代紋がひとつずつ確認されていく。この儀式は神楽(5)で締め括られることもある。

テキヤはまた、「面通《めんとおし》」と呼ばれる認知のサインなのであろうが、独特な挨拶をする。江戸時代から行われているこの挨拶の儀式は、やくざの挨拶に酷似している。テキヤのメンバーは、右手を地面につき、頭を軽く下げ、相手の目をじっと見る。左手は体に沿わせ、拳を握って押し返す。添田によれば、このような姿勢は、挨拶がうまくいかなかった際に喧嘩に備えるものにもなり得るのだという。それから二人は挨拶の言葉を交わし、その間に自己紹介する者は自分の名と親分の名を言う。明治時代以降、この自己紹介の儀式は簡略化され、今ではほとんど行われていない。今では組の名の印刷された名刺の交換にかわった。

テキヤの伝統はやくざの伝統に近いが、二点で異なっている。すなわち独特の「隠語」と洗練された口上の「芸」である。

隠語は世界のあらゆる犯罪組織に共通して存在している。テキヤの場合、隠語は一定の「威厳のライン」以下の周縁の人々によって使われ、いくつかの職業集団の無数の言い回しの中に入り込んでいる。やくざの隠語、かつてのアナーキストの隠語、監獄の隠語、下町の隠語、露天商の隠語、寿司職人の隠語……。こうした言葉を遣う表世界の襞の中で生きる多様な人々——落ちぶれた庶民から、最下層民まで——が重なり合っているのと同様に、たいていこれらの言い回しには重なるところがある。[6]

テキヤの隠語は認知のしるしであると同時に、外部に対する防衛でもある。それはまた共同体として形成されるための手段でもある。テキヤはやくざと一線を画そうとする一方、彼らがネズ（普通、「しろうと」と発音される二つの漢字の独特な読み方で、「玄人」に対して新参者を意味する。隠語では、素人は「間抜け」であるといわれ、「アウトロー」に対抗する力のない情けない奴という意味である）と呼ぶ社会の多数派との違いを際立たせようともする。また一般の人々の中でも、自分の商品を買うだまされやすい人を特に指して、隠語的、軽蔑的に「チョウコ」（あるいは「チョウサン」）と呼ぶ。フランスの行商人の隠語なら《pantre》である。だまされた客は、「かまされた」（「だまされた」という汎用されている言葉と同義である）と言う。やくざの隠語と同様に、テキヤの隠語は通常の言葉を逆にしたものであることが多い。[7]

隠語は、テキヤがどのような職業に携わっているかの大まかなカテゴリーを示すのに役立つ。例えば、フランスの行商人の隠語で《travailler au pâle》という表現で示される屋外でなされている仕事（ホシミセ）を、場所と設備（フランスの行商人たちが《entresort》と呼ぶバラックやテントで、一方から入りもう一方から出ていく）をより必要とする活動と区別している。[8]「コミセ」は飴（動物の形をしていることが多い）を売る小さな店で、路上での商売のもっとも単純なものを指し、「サンズン」はもう少し大きい店のことである。

活動について言えば、「ハボク」とは植物の販売を指し、「タカモノ」は見世物を、「ハジキ」は射的スタンド（犯罪者の隠語で「ハジキ」はピストルを指す）、「ロクマ」は占い師といった具合である。こうした活動は一般に寺社の境内で行われる。他は、祭りや縁日とは関係がないもので、例えば訪問販売（ヤサゴミ）、行商（流し）である。それから、非合法に近い活動、あるいはあきらかな詐欺行為に関わるものがある。猥褻な絵の販売（ガセミツ）は、しばしば人を食った手合いのものである。というのも売り手は絵の意味深な部分しか見せないが、残りは別に猥褻なものではないのである（買い手は後でそれに気づく……）。偽物の販売、あるいはひとつだけが本物で、あとは偽物の入った箱を売ること（「ワリゴト」、あるいは「ガセネタバイ」——例えば、一〇本のしょうゆの瓶のうち、九本は着色した水が入っている）。重量を測るのに客を欺く巧みな操作もまた、テキヤのささやかな詐欺のひとつである。

北園忠治のような人は、自らの職業の名声を顕彰しているが、こうした「陰なる文化」の一要素は、テキヤの客をだます能力と関係している。例えばテキヤは「だます」（「ハッタリバイ」）ために様々なことを行う。例えば、実際には偽物を売っているのであるが、酔っているふりをして、客に高価な物を安い値段で売っていると思い込ませる……。テキヤはしばしば、最後の瞬間に「散らす」ために割って入るサクラと呼ばれる仲間に助けてもらう。「散らす」とは、テキヤの隠語で「売る」ことを意味する。「サクラ」を意味するイメージ豊かなもうひとつの言葉が「トハ」（「鳩」の逆さま言葉）である。鳩は一羽が飛び立つと他もそれに続いて飛び去るが、客の場合も同様である。テキヤの口上で客が殆ど納得しかけた時にサクラがやって来て躊躇することなく買って行くと、他の客たちもサクラと同様に買っていく……。客を騙すもうひとつの方法が「ナキバイ」で、客の同情を誘って買わせるというものである。東京・山谷のテキヤ集団は、このような商売をするので戦後有名であった。

さて、テキヤの偉大な「芸」は、鳴り物入りの宣伝「タンカバイ」である。有名なさわりの一節が、様々な鬢付け油や薬品を売るための「蝦蟇《がま》の膏《あぶら》」と呼ばれる口上である。[9]落語の演目に出てくるこの口上には、「古典」となったいくつかの決まり文句や巧みな言い回しがある。タンカバイの最も洗練された形式が「大ジメ」と呼ばれるものである。これは、小道具を使って派手に宣伝するもので、例えば薬用の粉末を売る商人の場合、蛇を使ったり、あるいは山伏を思わせる服装をしたりする。かつてのテキヤの行っていた最も美しい「大ジメ」は、四十雀《しじゅうから》を使った占いである。四十雀が、客の掌から硬貨をひとつ啄み、神社の賽銭箱に似た小さな箱にその硬貨を落とす。日本の国旗を吊るしてある糸をくちばしで引き、小さな扉を開けて折り畳まれた紙を啄むと、そこには占いが書かれているのである。

有名な口上の一節は、もともと十九世紀末に、台湾の植民地化とともに始まったバナナ売りのためのものであった。バナナの叩き売りで独特なのは、テキヤが口上の調子に合わせて台を打つ際に使う木の貫板《ぬきいた》である。バナナの叩き売りの口上は、浅草界隈の有名なテキヤである甲州家の広野亀之助が考案したものである。その系列に、もうひとりの浅草の偉大な「口上師」である坂野比呂志がいる。深川の下町出身者である坂野は、当初は無声映画の弁士をしていたが、その後、界隈の祭りの儀式を執り行う者となり、それからテキヤになった。

いにしえの浅草の貧しき人々の愉快なるカリスマは、一九八九年五月に七十六歳で亡くなった。

組織

祭りの立役者であるテキヤは、何世紀もの間、都市の侵犯空間である盛り場と結びついていた。日常性から切り離された場所である盛り場は、現代の日本からは殆ど消滅してしまった。[10]往時の盛り場の雰囲気は、年中行事である秩父の祭り（絹高市《きぬのたかまち》）などの大規模な祭りや、若干地味で忘れ去られたような地元や寺の祭りの折りなどに、今でも蘇る。

江戸時代の盛り場であり、戦後直後まで東京の庶民の一大歓楽街であった浅草界隈の発展は、浅草の繁栄に貢献し浅草を伝説の地とするに至ったテキヤと大道芸人の生活の変化を特徴的に示している。

『江戸名所図会』[11]などの十八世紀半ばの浮世絵には、雷門から観音様を祀る浅草寺に続く仲見世通りに沿って並ぶ露店の連なりが描かれている。ほとんどが地べたにただ並べられているだけのものであるが、屋台店もある。屋台販売から見世物まで、その数は七十三。昭和の初め、一九二〇年代後半には、浅草寺に続く仲見世通りには行商人や小売業者がおり、「寺の直売所」の性格を留めていた。浅草は新設された浅草駅の裏手にデパートの松屋（一九三一年）が進出してきたことで変わり始めた。行商人たちは、仲見世通りに沿って「ロードデパート」を作ること（百貨売《ひゃっかばい》）で対抗した。しかし、自分たちの利益を守るためには、政治的代表者を立てなければならないと実感した。行商人たちは、実業家から興行師となった安田俊三を代表者として選び、安田は、東京府議会議員に選出された[12]。

一九四五年三月の米軍による空爆で焼野が原となった浅草の廃墟に花開いた闇市は、一時、浅草に商業空間の性格を与えることになった。それは、関東のテキヤ集団である丁字家佐橋一家の伝説的親分、芝山益久の時代であった。芝山は廃墟を整理し、至る所にと言ってよいほど闇市を設け、当時の大物やくざ尾津喜之助に支配されていた東京の反対側の端の新宿と競いあっていた。浅草のテキヤは金を稼ぐために独特な工夫を凝らした。近くの遊里、吉原の娼館に湯たんぽを売って稼いだ者もあった。娼館には暖房がなかったのである。一九四九年に東京都が平日の野外での販売禁止を決定したことで、浅草はまたもや変貌することになる。芝山は、寺の「ひょうたん池」の周りに露店を集める許可を得た。しかし二年後、池を埋め土地を売って寺の本堂を再建することを都の幹部が決定すると、テキヤ、さらに「ござの娼婦」(ヨタカ)——屋外で活動する——は、再び追放され、仮設ではなく頑丈な造りの常設店が現れた。

長らく、浅草の住人は、芝山益久に特別の恩恵を受けてきた。もともと浅草の一介のやくざであった芝山は、当局とのコネを作るすべを知っており、例えば東京都知事と厚生大臣は芝山の息子の結婚式に出席している。芝山はテキヤの世界の中で、アメリカ占領軍とのつながりをもつひとりであった。闇市によりテキヤは、当時日本のアウトローの世界の中で「高位」にあり、米軍の諜報局はテキヤの親分たちを味方につけようとしていた。偉大なる博徒であった芝山は、一九五八年四月、花札の最中に亡くなった。芝山の愛人は悲しみに暮れ、一カ月後に自殺した。芝山の葬儀には一万人が参列し、浅草は丸一日喪に服し、映画館、商店、レストランはすべて休業した。[13]

仲見世再編成後、浅草のテキヤの中には定住者となる者もあった。また移動を続け、祭りの際、ことに最も有名な三社祭の時期になると浅草にやって来る者もある。祭り前の何日かは、祭りの行われる区域のテキヤの組のリーダーたちは場所の振り分け（「ショバワリ」、場所を意味する言葉を逆にして作った隠語）を行う。浅草で最も有力な組のひとつが甲州家である。一九九〇年代初め、甲州家の親分はナカハジメであった。三社祭の前夜に、彼は、二〇人ばかりの商人たちを従え、土地の地図（テイタ）を手に寺の前の広場を歩き回る。そして、それぞれの商人に割り当てる場所を示し、同じ物を売るテキヤが隣り合わないように指示する。それぞれの場所は白墨で示される。場所割りが終わると、テキヤたちは露店を組み立てる。それぞれが前もって祭りに参加することを伝え、料金を支払わなければならない。

祭りの際、行事を催す寺社の地元のテキヤ集団は、寺社と「奉納金」について交渉する。奉納金とは、寺社の敷地を使用するための料金である。もう一方、祭りの恩恵にあずかっている地元商店街組合も福引の際に使う一定数の品物（例えば花瓶など）をあらかじめ買っておき、テキヤに保証を与える。

地元商店街組合は、街路を使用するために警察署に許可申請をし、路上に露店を開きたい者は、警察署に登録しなければならない。従来のしきたりも墨守されており、料金を払って地元のテキヤ一家の親分から許可を得る必要もある。テキヤの親分は、警察と共に、その件に関わっているのである。許可を得た組の親分は、この権利を、祭りへの参加を希望する別の組のテキヤに又貸しする。祭り参加のために支払わなければならない料金（ショバ代）は、かつて天引きされていた「十分の一税」（カスリ）の代わりである。何日から何日まで開店することを許可する、と記され、警察の印の押された書類をテキヤはそれぞれ受け取る。

商店街組合にとって、テキヤとうまく折り合いをつけていくのは、すべて利益につながることである。テキヤがいなければ「祭りは葬式になってしまう」と言われている。一九八〇年に、秩父市の商工会議所がテキヤの人数縮減を要求し、秩父の夜祭からテキヤが撤退した際、事態はあまりに壊滅的であったので、秩父市はテキヤの翌年の祭りへの参加要求をすぐさま受け入れたのであった。

長らくテキヤの世界では、客を集め、祭りの雰囲気を作り出すことができるために本当のプロと見なされている口上師（コロビシ）と、口上なしにただ物を売る商人（ジンバイシ）との間に、截然たる区別があった。コロビシだけが、寺社の境内に露店を出す特権に浴することができた。コロビシはまた移動する権利を持っており、料金を納めることにより、自分が所属する組とは別の区域で活動を行う権利があった。テキヤのもっとも古い「一家」（会津家、丁字家、飯島、極東、安田、寄居）は、数世紀にわたり、日本中を移動する権利を持っていた。今日では、コロビとジンバイとの区別がはっきりしなくなったが、縄張りの観念は重要なものであり続けている。コロビとジンバイの区別は江戸に遡る。より大きな組への系列化、組の融合、分離、名称変更などにより、グループの「家系図」は複雑なものになり、縄張りの入り組んだ様は解きほぐし難くなっている。しかし、縄張りはそれでも明確に定められ、代々受け継がれている。常設の店を開いているテキヤや、屋外での販売とは何の関わりも持たない仕事に携わっているテキヤの子孫の中には、今でも先祖代々の縄張りを持ち、料金を払って管理を委任している者もある。テキヤの縄張りは、時に互いに一致していたり、重なりあったりするやくざの縄張りと共に、街の隠れた地勢を成している。路上でのあれこれの活動を行うために支払わなければならない場所代はそれぞれ異なる。星座の記された大きな紙を地べたに広げて将来を告げる占い師（ロクマ）も、路上でこまごまとした装飾品を売る放浪の外国人青年も、夜になると繁華街に姿を現す屋台の主人も、このような料金支払いのシステムを免れることはできない。煙の渦と、食欲をそそるにおいに包まれた手押し車（のちに、コンロを載せ、回りに椅子を置いたトラックへと徐々に変わっていく）の伝統的屋台は、日本の都会の夜におなじみのものであった。

福岡には屋台がまだ多数あるが、東京ではだんだん少なくなってきている。屋台の商売をするにあたって、店主は自治体の衛生課と警察に許可申請しなくてはならない。また、テキヤ一家に料金を払い「縄張り」を行き交う権利も得なくてはならない。一九九〇年代半ば以降、屋台の商売は更に厳しい規制下に置かれることになる。アジアの路上の文化である屋台も、日本の都市から消滅する傾向となったのである。

テキヤかやくざか？

テキヤはやくざとの違いを際立たせようとするが、テキヤの歴史、伝統、活動とやくざのそれとの区別をつけるのは難しいことが多い。その実践において、テキヤとやくざの純粋単純な類似性は限られたものであるにしても、両者の境界は浮動的である。ともあれ、監獄において、世界は明確に二つの陣営に分かれている。すなわち「サムライ」と呼ばれるやくざと、その他の囚人である。監獄で何度か過ごした経験を持ち、インタビューに応えてくれたあるテキヤは、後者の一部が、やくざよりも劣位にあると見なされているテキヤであると述べている。博徒の伝統の継承者であるやくざは概して、テキヤに対し侮蔑的であるとは言わないまでも、優越感を持っているのである。

テキヤは、自身の出自である周縁的な社会層にとって、搾取や不正を逃れるためには内的秩序が必要であるとして、自らの習慣や組織を根拠づけている。親分は、手下の者たちと縄張りに住んでいる住民との両方の信頼を得なければ地位を維持することができない。このような見解は、一九五〇年代にテキヤの世界に流布していた文書の中に見られる。(14) この文書は、店舗を持つ一般の商人と、店舗を持たず独立した労働者のほうに類似している行商人との区別を明確に打ち出している。独立の代償として、明日も仕事をできるという保証は何もない。そしてテキヤは自ずと仲間内で、相互防衛と協力の規則を確立していったのであろう。現実というのは、より複雑なものである。

確かにテキヤは、今日、概して真面目に合法的商売を行っている。以前、横行していた詐欺まがいのことは、もはやほとんど行っていないが、殊に暴力的手段に訴えるなど、極道の陰なる文化にも依拠しているのである。

封建時代において、博徒とテキヤや口上師との区別は常に明確だったわけではなく、区別は近代になってもそれほどはっきりしていない。危機の際には特に、二つの世界が融合する傾向にあった。一九二三年の関東大震災直後がその例である。被害を受けた界隈ではあらゆる市場が花開き、助っ人として縄張りを守り組織を強化してくれるよう、テキヤは博徒に呼びかけた。(15)すでに述べたとおり、一九四五年の敗戦の不景気の中、闇市のおかげで「高位を占めた」のは、またしてもテキヤであり、博徒と愚連隊はテキヤ集団の周辺に集まっていた。博徒には当時、非合法の徒党を組む可能性はほとんどなかったが、日本の主権回復を定めたサンフランシスコ講和条約締結(一九五二年)後にようやく、極道の世界における影響力を取り戻した。

幾人かのテキヤの親分の出自を見ると、狭義のやくざとテキヤを隔てる壁は薄いと考えざるを得ない。それは、十九世紀初めに、山梨県の甲府で結成された伝統ある丁字家の場合でもそうである。明治の大物テキヤで、浅草に組を結成した丁子商人の佐橋健太郎の継承者たちは、全て下っ端のやくざであった。先に触れたが、人望あった芝山を、短い空白の後継いだのは小池寛であるが、彼もまた、暴力沙汰で何度か刑に服したやくざであった。もうひとつの大規模なテキヤの組で、群馬県と埼玉県を根城とする全日本寄居連合会(メンバー四千人）の会長に一九七五年に就任した飯久保武もまた、やくざであった。一斉に秩父の夜祭から撤退させられたテキヤの団結の大規模なデモを組織したのが、飯久保である。もうひとり、テキヤの親分になったやくざがいる（これも、良家出身の放蕩息子）。一九八四年に、東京の池袋を縄張りとする極東組幹部を中心として結成された組織である真誠会の会長、松山真一である。極東組は、東京最大規模のテキヤ一家である。極東組は一九九〇年代初めに、千人ばかりの親分と、数千人のメンバーを抱えていた。全国的に見ても、最有力一家のひとつである。極東組の親分たちは、真正のテキヤであると主張しているが、それは、ある程度まで正しい。とはいえ一九六〇年代に極東組は、暴力沙汰やゆすりによって、頻繁に訴訟事件を起こしていた。

松山真一の場合は、狭義のやくざに対するテキヤの位置の両義性を示している。松山は、その履歴からしてやくざとしての要件をすべて備えている。戦後、三浦周一（極東関口）の組に入った際には、数回の検挙歴のあるならず者であった。一九七六年の極東関口一家の親分就任の際、松山は当時のやくざの「ドン」である山口組組長、田岡一雄から祝辞を受けている。けれども、一九七〇年代半ばから、当の松山が、テキヤの縄張りへのやくざ侵入に対する抵抗運動を組織するようになる。松山は関東（信州、富士宮、小田原、甲州、そしてとりわけ本拠地である池袋）のやくざに対し、名高い「抗争」を仕掛けた。また松山は、六〇ばかりのテキヤの一家を結集するやくざ（関東神農同志会）の侵入に抵抗し、テキヤの「カルテル」を結成した。一九八四年二月にテキヤの親分たちはやくざとの妥結交渉をし、両者の敵対関係は一時的には沈静化した。

しかし、テキヤの世界へのやくざの侵入は存続した。やくざは合法的経済活動に一層手を染めるようになるにつれ、中には飲食業（喫茶店のチェーン店など）に多額の投資をしている者もあるテキヤたちを支配下に置こうとするようになった。若いテキヤたちはまた、より多く、手っ取り早く稼げて、もっとステイタスもある博徒の世界に引きつけられていた。一九九〇年代初め、やくざからの自立性を保ちたいと考えるテキヤの組は、やくざの幹部と交渉するために組合を結成して、自らの尊厳を追求しなければならなかった。しかし、一九九二年の暴力団対策法により、かつての均衡は崩れたのだった。

テキヤの流謫

揺れ動く反抗的世界を形成しているテキヤは、常にアイデンティティの問題に苦しんできた。不安定なやくざが「渡世人」と名乗るのに対し、テキヤは「稼業人」と名乗る。テキヤたちによれば、神農同志会にはやくざ集団に似たような点は全くないという。ある程度、テキヤの言い分には根拠がある。テキヤにはやくざとは異なる独自性があるが、類似点も多い。外延の定かならぬ集団テキヤは、その歴史を通じ、みずからの出自（不安定な下層）や許容範囲ぎりぎりの種々の活動により排除されたり、社会的認知を受け社会に溶け込もうと希望を抱いたりしてきた。添田知道が言及している[16]二十世紀初めの著作家で、関西のテキヤと非常に近い立場にあり『香具師奥義書』を書いた和田信義は、テキヤの行動様式を明らかにする分析を試みている。和田によれば、テキヤは、かつて明確なイデオロギーを持ったことはなく、神農信仰の教えを発展させようともしてこなかった。もともとテキヤは、共同体の周縁に置かれた放浪者であったと和田は考えている。テキヤは自由人であるが、その自由の観念を洗練させたり、社会的地位へと変容させたりするには到らなかったと和田は記している。言い換えればテキヤの「自由」は、彼らがひとつの地位に帰属したり従属したりしていないことに由来するものであった。現代社会においてはどうであろうか。

二十世紀末の日本のテキヤの世界は、非常に多様なメンバーから成る。百年単位の歴史を持つ古い「一家」出身のテキヤの子孫もいれば、やくざの輪に再び加わることができなくなってしまった元やくざもいれば、人生にしくじった一般家庭の子息、不運な芸術家もいる。それは、人が通り過ぎていく世界である。田中小実昌は、戦後テキヤとなり、後にアメリカの推理小説の翻訳家、そして作家になったし、副総理だった渡辺美智雄（一九九五年死去）も、戦後、テキヤであった。

路上の主であるテキヤは、自らの独立性を守りたいという気持ちと、恵まれない階層出身の多くの者に共通の、思い切って商人の群れの中に混じり、立派な店を構えて一定の社会的認知を受けたいという希望との間で常に揺れてきた。おそらく、歴史を通じ、権力との間に維持していた曖昧な関係性の源であった希望の両義性によって、テキヤは反動的な社会勢力（徳川治世下の警察組織のスパイ、日本近代における極右の義勇軍、スト破り）となったのである。

そのような両義性にもかかわらず、テキヤは依然として、口上の陶酔や縁日の見世物の強烈な印象、幼い頃の笑いや夢、といった庶民的興奮に結びつく風物を残している。かつての日本の庶民は、金魚売りや紙芝居の声を聞くと、すぐさま吸い寄せられていたものだった。路上の文化の表現、テキヤとその口上、貝類（あさり、しじみ）売りや焼き芋屋や、かつての定斎屋《じょうさい》の独特な物売りの声は、大都会の喧騒に掻き消えてしまった。日常からの解放のひとときである祭りの魔術師「祭りの仕掛け人」はまだ残っている。おそらく、西欧と対照的に日本では、都市から祭りの心が捨て去られたことはなく、庶民に喜びをもたらしてくれる祭りは、都市に当然必要なものとして位置づけられてきたのであろう。

西欧のロマと同様にテキヤは、長らく、定住化に服さない生活をしてきたために、伝統的にある種の不安の種であった。しかし、その生活様式以上に、短絡的にやくざとテキヤを同一視しようとする一九九二年の暴力団対策法が、テキヤの世界を一変させた。すでに見てきたとおり、確かにテキヤとやくざの二つの世界には関連があり、共謀、そして相互参入関係がある。しかし、八万人のテキヤを単純素朴にやくざと結びつけてしまうのは行き過ぎである。歴史的に、テキヤは博徒とともに極道の世界の主流を成してきた。戦後、闇市の主となったテキヤは、極道の世界を支配していた。しかし、テキヤ社会は五十年のうちに変化した。けれども、数多くのテキヤのグループが、競争に際し優位に立てるよう、またやくざの「庇護」により祭りの際により良い場所を取れるよう、テキヤは暴力団やその勢力と緊密なつながりを保っているとして、一九九二年に警察はテキヤとやくざの同一視を正当化した。

暴対法施行数年後、テキヤのいくつかのグループが、祭りへの参加を警察に阻止された

（例えば神奈川県、福岡県、宮城県、そして東京都）。やくざとのかかわりのある、ことに栃木県のテキヤ集団の中には、解散を余儀なくされたものもあった。一方、一九九二年秋に東京の浅草界隈では、住民たちが警察の措置に抗議したため、警察は九百人の常連テキヤに対し、伝統ある酉の市の祭りへの露店出店を許可せざるを得なくなった。

とはいえテキヤの世界は、より一層の定住化を強いる抑圧によって変容し始めた。祭りの仕掛け人とテキヤの歴史、往時の偉大な放浪民の歴史に遡る現代のこの突然変異体は、おそらく決定的な転回点に差し掛かったのである。「我々は社会を拒絶しないが、今日でも独自の掟、伝統、道徳を持って周縁的共同体であり続けている。我々の生活は流動的であるがゆえに、生き延びていくためには、堅固な社会的組織が必要となる」と、極東一家の「良心」である上原俊夫は言った。それは、あとどのくらい続くことなのだろうか？

結論

人間の条件の最も陰鬱な部分にまで到る「社会の暗部」の探訪は、何を残すのだろうか。まず、いくつかの事実である。現代日本は確かに複雑で多様な社会であり、歴史の産物である。それは明白な事実である。ところが、いわゆる日本の「単一民族的」社会の同質性なるものが、西欧において公理のごとく見なされているのみならず（集団主義や、合意によって成りたつ社会のテーマに関して）、日本においても、さらに深い意味において、明治以来、有力なイデオロギーとなっている。それは当時、国家創生の壮大なる神話を持ち出し、またそれを再生産し、「富国強兵」を推し進めるべく明治期に着手された「伝統という発明」の所産なのである。以後「日本人」および「同質性」という観念は、大日本帝国の救世主的イデオロギーの温床となった。当局が、国家のユートピアと自らの利益とをひとつと見るような歴史把握——近代の資料編纂家は、一九四五年以降、マルクス主義によってこうした見方から解放され、その後、次第にマルクス主義の機械論的説明図式から距離を取るようになる——を行ったことで、事実（異論、反抗、断絶）は「事故」であるとして矮小化されたり排除されたりし、記憶の野生の花々や夥しい野草は無視されるに至った。このような問題は、本書の主題をはるかに超えるものである。しかし、周縁的空間の住人たちの物語は、日本社会の多様性のいくつかの側面を浮き彫りにする。

日本には、歴史家の網野善彦が「非農業民」と呼ぶ遍歴の民、船乗り、山人、大道芸人、口上師、世俗の娯楽の仕掛け人などが、中世から存在した。彼らは都市の下層民と共に、主流社会の周縁の浮動的な一団である「賤民」を形成していた。規範を逸脱した振舞いにより浮動の民に属するアウトローと貧者は「都市という奔流」で、互いに隣りあって生活し、共に遍歴を続け、不服従の結果として野に放たれていた。秩序維持に腐心する徳川歴代将軍は、貧民や路上での手仕事に携わる人々の間にヒエラルキー的で差別的な構造を打ち立て、「賤民」の身分を固定しようとしたが、路上の職人たちは遍歴の民であり続け、しばしば秩序への反逆者となった。徳川幕府の衰退期である十九世紀の初頭に、鶴屋南北や河竹黙阿弥などが生んだ、高貴な不実者、罪人、追いはぎ、あばずれなど、下層民の世界の汚辱を表現する歌舞伎の演目は、集団への服従やヒエラルキーという価値によって支配されている「同質な」日本、という安易な決まり文句を破砕させるものである。こうした演目は道徳的秩序の観点からすれば嘆かわしいものであるが、それらは、その主人公たちが体現する野生の個人主義によって、封建的秩序に対しての鮮烈な異議申し立てとなっているのである。

乞食と貧困者を共に主流社会の周縁へと位置づけていた旧来の秩序は、近代化によって崩れた。しかし、歴史的「実質」は変化を蒙りにくく、新たに平民とされた元「のけ者」たちに対する含みの多い差別意識は、人々のメンタリティの中に残り続けた。近代化と共に、都市の下層界隈たる古くからのゲットー周辺に集まる輪郭の定かならぬ貧者の一団へと、偏見は広がっていった。社会は「良き」貧者と「悪しき」貧者、また「おとなしい」放浪者と「手ごわい」放浪者との区別には無関心だった。

明治時代の東京では、一八八〇年代のロンドンにおけるような下層階級の暴動や、パリ・コミューン参加者たちのような秩序破壊的な行動は見られなかった。おそらく、松原岩五郎や横山源之助が記したような「貧困の巣窟」の増大は、一時的な現象であったからであろう。戦需景気（日清戦争、日露戦争による）により、労働力は工場に急速に吸収され、産業化時代の新しいプロレタリアートたちの苦しみの場は、製糸工場の寮や工場に移っていった。そして「貧困のゲットー」は次第に縮小し、沈黙と忘却の淵に追いやられていった。悲惨の民が忘れ去られていったのは、彼らが自らの運命を不正の犠牲者の宿命として受け入れたからだと解釈すべきだろうか。

二十一世紀へのとば口において、貧窮者とやくざとは、諸外国からは繁栄と同質性の側面にしか目を向けられていない日本社会の多様性の証言者であり続けている。貧窮者は生活条件の不平等の表れであり、やくざは法の侵犯による「異者」である。周縁性の二つの表現である貧窮者とやくざとを、数量的・社会経済的な言葉で捉え、彼らの遍歴の道筋を、一方は放浪へ、一方は法の侵犯へと導いたプロセスとつなぎ合わせようとすることも、たしかにできよう。しかし、貧窮と犯罪を取り巻く現実は、社会学的なカテゴリーの網の目を逃れ、捉え難いものである。それは、輪郭が定かならず浮動的な社会の混沌なのである。犯罪を単なる三面記事に帰したり、貧窮を豊かな社会の中での無念な挫折者や好意への適応不可能性に帰したりすれば、我々の眼にとって根本的であると映る次元の貧窮の様相も、やくざの像も、幾分か見逃してしまうことになる。彼らはまた、社会経済的「決定論」や「運命のいたずら」といったことに加えて、不服従の者たちなのである。すべてのやくざや貧窮者が反抗的なわけではない。それでも彼らの中には、何世紀にも亘る異議申し立ての系譜に連なる者たちもいる。すなわち拒絶の人々である。

日本の歴史には、個人的・集団的を問わず反乱や暴動が見られた。日本列島は不服従の者たちの住処でもある。高天原を追われた天照大神の弟で、混沌の種をまき、放浪者の典型となった、激烈な須佐之男命の神話から、学者平賀源内や農本主義の思想家安藤昌益のような十八世紀の偉大な「否定者」たち、平和的ユートピア主義者、女権運動の先駆者たち、そして戦後の「無頼派」の作家たちは、強靭な異議申し立ての血統である。歴史家の家永三郎によれば、「否定の論理」は室町時代以降の日本の歴史の地下水脈を成し、キリスト教の教義と社会主義的な思想の影響の下、明治以後に刷新されたものである。西欧との接触によって、ある種の行動が「理想主義に感染」し、ことに知識人たちの間に、社会の中で不安定な場所にいるという新たな疎外感が生まれた。ジレンマを芸術の奥底で昇華させた者もあれば、日本的イマジネールの豊かな水脈である虚無主義に沈む者もあった。このような「逃亡奴隷意識」によって、自死の慣行は変容を蒙り、精神的な闘いの一部となり、「本質的な幻滅のしるし」となったのであった。(1)また、社会と和解し、規範に適応しようと努める者たちもあった。しかし、拒絶、抵抗、不服従は単に知識人だけのものではなかった。普通の名もなき人々も、私的なものであることが多いが、彼らなりの方法とレベルで、様々な形で社会秩序に異議申し立てしようと立ち上がった。

拒絶は日本人の心性に根付いているものであり、そこから民衆的想像力は幾多の徳を結晶化させた。拒絶は、権威に異議申し立てするものであるとして、世間では責められる態度であるが、ヒロイックな性格もまとっている。反抗者、挫折者、追放者、放浪者は庶民の憧れのアンチヒーローである。それは、実在および架空の——時には実在でもありフィクションでもある。それほど伝説は歴史の肩代わりをしてきた——一連の人物たちが示しているとおりであり、彼らは既存の秩序に反抗してきたのである。往々にして、こうした人物たちの悲壮さが引き立つのは、まさに彼らの挫折によってであった。

しかし、大言壮語とは関わりもなく、悲壮でもない、別のタイプの拒絶というのも存在する。日本には自死の偉大な伝統があるために、自死という激しいかたちで挫折の汚名を雪いだりしようとしなかった人々が存在したことは忘れられがちである。彼らは消え去る。彼らはどのような道を辿るにせよ、自らの失墜を宿命として生きるのである。「役割ナルシズム」や、責任感に基づく戦略を拒否するのである。排除され都市を徘徊する貧者は、ある日「どんづまりの街」へと旅立ち、人生の荒波に打ち捨てられ、拒絶の報いとして孤独を生きる人々である。賽は振られ、遊戯は終わりを告げた。いまや、反抗は、諦観にかわる。

やくざを反抗者と見なせるだろうか。映画は「やくざ」によって、最後まで自らの宿命を完遂する拒絶の人物を理想化した。しかし、やくざは、現実よりも民衆の想像力の中で、一層やくざ然としているのである。やくざは「極道」を一種の実存的選択とすることができたのであり、かつては異議申し立てのために暴力を行使した匪賊でもあったが、今や、社会秩序に異議を申し立てているのではない。彼らは法を拒むが、社会を変革しようとしているわけでも、社会に背を向けているわけでもない。彼らの目的は富を簒奪することであり、日常的に行っているのは暴力と脅しと社会的寄生である。一時期、義賊が存在したのは、無法者たちが主流勢力と戦っていたからというより、主流勢力の側にあったからなのである。やくざは、日雇労働者を仕切り、利用し、またスト破りに手下を送り込んだりすることによって、社会の浮動層の「導き手」の役割を果たした。当局の管理をすり抜けるような境界的な社会空間を管理する一種の権力の代理という地位を手にし、やくざは裏の警察の役割を果たしているのであり、日本は、ミシェル・フーコーが権力による「非合法性の植民地化」と呼ぶものの典型例なのである。

この世紀末の日本において、犯罪と非犯罪、非合法社会と合法社会との間の黙契関係は益々深まり、一層油断ならない、気がかりなものとなってきている。捕食動物たるやくざは調整役的要素であり続けているが、また新たな要素にもなってきている。一九八〇年代後半から一九九〇年代初めにかけての桁外れの投資ブームの時期の「カジノ経済」によって、右翼も非右翼も入り乱れる社会のグレー・ゾーンの拡張に見られるような経済的犯罪の蔓延に立ち会うことになった。やくざと経済界の大物たちが巻き込まれた一九九〇年代の一連のスキャンダルが示すとおり、犯罪（非合法的行為というより広い意味で解釈された）は、社会の「絶対的異者性」といったものではなくなった。合法的社会が、法の規制を逸脱する実業家となったやくざと交渉するようになったのである。犯罪活動は、直接に突き止められるようなものではなくなってきている。というのも、当局が、秩序と両立可能なレベルにやくざの活動を抑制するにとどめ、当局が主権を放棄してしまっている札付きの場所、縄張りをなおもやくざが支配しているのは、やくざの合法的社会への参入が、以来、より巧妙なものになってきているからである。犯罪による迂回が社会化のためのきっかけであるような人々もある。このような展開は阻止されるのだろうか。合法的社会はやくざとの共謀なしに立ちゆくのだろうか。世紀末の日本においては、犯罪が一部で貧窮と結びついているが、少しずつ両者は切り離されてゆく。物言わぬ、孤独な貧窮の民は、最後の偉大な拒絶のヒーローであり続ける。

原注

序

（1）当初は「やくざと女たち」あるいは娼婦・放蕩の女たちをテーマとするはずであった。しかし、潜在する快楽という問題はあまりに大きなテーマであり、主題をアウトローと下層民に絞ることにした。ルイ・シュヴァリエがいみじくも「集団の生の営みの肉体的深奥」と呼ぶものについての探究である続編において、「娼婦」の主題を論じる予定である。Louis CHEVALIER, *Classes laborieuses, classes dangereuses à Paris pendant la première moitié du XIXe siècle*, Paris, Plon, 1958.［ルイ・シュヴァリエ『労働階級と危険な階級』喜安朗ほか訳、みすず書房、一九九三年］および、*Montmartre du plaisir et du crime*, Paris, Éd. Robert Laffont, 1980.［『歓楽と犯罪のモンマルトル』河盛好蔵訳、ちくま学芸文庫、一九九二年］を参照。

（2）周縁的な営みの起源には、当の共同体への、外的・内的要因が介在するものである。とはいえ、社会全体の中にあって、事実、複数の民衆層が、境界的、間質的、あるいは媒介的空間に暮らしており、外の社会とは異なる行動や価値体系を有している。周縁性の概念にはあいまいさがあるが、代替となる用語がないという事情もあり、この概念は、こうした民衆層を把握する上で有益である。日本語においては「周縁的な空間」（境界）はまさしく二つの世界、例えば水と陸地の境い目といった、縁に位置する境域であり、中世においては「日常」から「非日常」（聖なるもの）への移行に関わる場所として、象徴的な機能を果たしていた。

（3）「東京」の旧名称である「江戸」は、諸大名に打ち勝った後、十七世紀初頭に政権を握った徳川家の歴代将軍の居城の地である。明治維新（一八六八年）までの徳川家治世の時代を「江戸時代」と呼ぶ。

（4）特に *Les Marginaux parisiens aux XIVᵉ et XVᵉ siècles*, Paris, Flammarion, 1976. および、*La Potence ou la pitié. L'Europe et les pauvres du Moyen Âge à nos jours*, Paris, Gallimard, 1987.［『憐れみと縛り首――ヨーロッパ史のなかの貧民』早坂真理訳、平凡社、一九九三年］参照のこと。

（5）憐憫は、代受苦――すなわち苦痛において他人に成り代わること――の極端な形を取ることもある。この「身代わりによる救済」は、救済者と救済される者の身体の同一化を前提としている。Hubert DURT の *Dictionnaire encyclopédique du bouddhisme d'après les sources chinoises et japonaises, (Hōbōgirin)*, vol. VII, pp. 803-815. における代受苦に関する項を参照。

（6）黒田日出男『境界の中世 象徴の中世』東京大学出版会、一九八六年、二四四頁。

（7）例えば、ベルナール・フランクの翻訳、解説による。Bernard FRANK, «Comment Gishō-in, pour n'avoir pas reconnu un homme de métamorphose, se vit rendre une offrande et fut en proie au remords», Paris, Gallimard, Coll. «Connaissance de l'Orient», 1968.［巻第二十・第四十話「義紹院不知化人被返施悔語（ぎせうゐん、しらぬくゑにんにせをかへされてくゆること）」新日本古典文学大系『今昔物語集四』岩波書店、一九九四年」（「化人」homme de métamorphoseとは、仏陀の化身のことである）。罪の贖いの手段としての施し（「施しは罪を消す」）というテーマはキリスト教にも存在する。貧者はキリスト者に浄罪の機会を与えるのである。

（8）中世史家の網野善彦らは、漂泊民の管理に腐心した近代国家と共に生まれたイデオロギッシュな作り事であるとして、このような非歴史的視線を批判している。むしろ網野は多次元的なアプローチにより、「日本」と「日本人」が、どの程度まで歴史の産物であるかを懸命に解明している。網野は『日本論の視座——列島の社会と国家』（小学館、一九九〇年）の序章と終章でその見解を展開させている。

第一部

（1）松本四郎「幕末維新期における都市と階級闘争」『歴史学研究』一九七〇年十月、斎藤修「商家奉公人と雑業者・近世都市労働市場における二重構造の形成」『経済研究』一九八五年八月、第三号。Gary P. LEUPPE, *Servants, Shophands and Laborers in the Cities of Tokugawa Japan*, Princeton, Princeton University Press, 1992, p. 4. の引用による。

（2）他に先駆け、「えた」に関する英語の学術研究論文を書いたNINOMIYA Shigeakiは、地方によって異なる五十もの「えた」の名称を挙げている。«An inquiry concerning the origin, development and present situation of the *eta* in relation to the history of social classes in Japan» in *The Translation of the Asiatic Society of Japan*, 1933, 2e série, vol. X.

第一章

（3）中世の社会文化的変化を概括したものに、Pierre-François SOUYRI, *Le Monde à l'envers. La dynamique de la société médiévale*, Paris, Maisonneuve et Larose, 1998. スイリによれば、十六世紀に、ヨーロッパ人の初めての到来に直面したとき、日本の中世社会は政治的には不安定であったにもかかわらず、反撃するだけの力があったのは、社会変動を経てきたからである。

（4）現代の歴史家は、賤民が七―八世紀の奴隷の子孫であるという説は決して定かではなく、朝鮮半島起源というのもさらに疑わしいとしている。

（5）喜田貞吉「特殊部落研究」『民族と歴史』二巻一号、一九一〇年、三二頁。被差別部落についての先駆的研究。のちに多くの被差別部落研究がなされたが、今もなお、必ず参照すべき研究論文である。NINOMIYA Shigeakiの仕事（前掲書）は、多くをこの論文に負っている。

（6）中世において癩者は、聖の領域に属するものと考えられ、施しの与えられる最たるものであった。後、癩者は非人と同列に見なされ、非人のリーダーに依存するようになる。丹生谷哲一

「非人・河原者・散所」『日本通史、第八巻』岩波書店、一九九四年、二二六頁。

(7) NAGAHARA Keiji, «The medieval origins of the *eta-hinin*», *Journal of Japanese Studies*, vol. V, n°. 2, pp. 388-389.

(8)「賤民」に関してさまざまな説を発表している小山靖憲は、「賤民」のいくつかのカテゴリーの特殊な性質を出発点として、あまりに単純化された一般化を行うのは危険であると主張している。例えば、「中世賤民論」『日本歴史』第四巻、中世2、東京大学出版会、一九八五年、一五九—一九八頁。

(9) 中世において被差別民は、かなり無頓着に「河原者」あるいは「非人」と呼ばれていたようである。丹生谷哲一『日本通史』所収前掲論文、二一七頁参照。

(10) W. G. ASTON, *Shinto, the Way of the Gods*, London, Longmans, Green and Co., 1905, pp. 247-248. [W・G・アストン『神道』安田一郎訳、青土社、一九八八年、二二三頁]

(11) François MACÉ, *La Mort et les funérailles dans le Japon ancien*, Paris, Publications orientalistes de France, 1986, p. 7. マセは、仏教伝来以前の日本における死と葬儀に関する思考についての詳細な研究を残しているが、従来なされてきた考察の再検討を迫るものである。古来の神道において、死が最大の穢れと見なされていたとは思われないのである。死が穢れとなるのは後のことである(三九六頁)。マセはことに、元来、神道においては「穢れなさ」が穢れと力動的な対を為し、死は新生へと向かうために必要な一過程であると見なされていたことを立証している。仏教伝来の後、人々は徐々に仏教の中に生と死の輪廻を見出すようになり、こうした輪廻が穢れを象徴的に担うものとなっていく。

(12) 同書、三九七頁。マセも強調するように、清めへの顧慮はまず僧院での儀式に結びつき、後に神社へと広がったもののようである。

(13) YOSHIE Akiko, «Eviter la souillure. Le processus de civilisation dans le Japon ancien», *Annales E.S.C.*, mars-avril 1995, pp. 283-306.

(14) 賤民と天皇を二極とする関係性は、現代の歴史家の研究テーマの一つである。例えば網野善彦の『日本中世の非農業民と天皇制』岩波書店、一九八四年、および菅孝行『賤民文化と天皇制』明石書店、一九八四年を参照。

(15)「特殊部落研究」前掲論文、一一八―一二三頁。「えた」をアボリジニや、果てはヘブライ人の子孫であるとする説もある……。民俗学者の柳田國男は、「えた」の起源を異国に求める説を展開させるに足る事実はないとしている。差別の起源はある種の職業に関わるものである(「所謂特殊部落ノ種類」『国家学会雑誌』第二十七巻、五号)。NINOMIYA Shigeaki 前掲論文、五六頁の引用による。

(16)「特殊部落研究」一一八―一一九頁、NINOMIYA Shigeaki 前掲論文、八八頁の引用による。

(17) NINOMIYA Shigeaki 前掲論文、八八―八九頁で、更に柳田國男の研究「所謂特殊部落ノ種類」(前掲書、一〇〇頁)に触れている。

(18) 例えば、織田信長と豊臣秀吉に仕えた蜂須賀正勝（一五二五―一五八五）は河原者の家系に生まれた。

(19) 東義和「大和の被差別部落」『部落解放研究』第四号、一九七五年三月、一二―三七頁。

(20) 日本人の旅の概念に関しては、特に、宮本常一の『大名の旅』『日本の宿』『旅の発見』（八坂書房、一九八七年）および、西村亨『旅と旅びと』実業之日本社、一九七七年を参照。

(21)「聖《ひじり》」の語は、偉大な苦行僧から厚かましい権力簒奪者まで、広く「聖人」のカテゴリーを指す。「聖」とは一般に、民衆的な場所に生活する遊行の宗教者たちのことである。

(22) 宮本常一『大名の旅』前掲書、二〇―二二頁。

(23) Jacqueline PIGEOT, *Michiyuki-bun, poétique de l'itinéraire dans la littérature du Japon ancien*, Paris, Maisonneuve et Larose, 1982. この問題の考察を深めるにあたって、ピジョー女史の示された数々の事象は有益であった。ここに謝意を表する。

(24) 同書、二六―二七頁。

(25) Ivan MORRIS, *The Nobility of Failure*, London, Meridian Books, 1976, p. 13.［アイヴァン・モリス『高貴なる敗北』斎藤和明訳、中央公論社、一九八一年、二六―二七頁］

(26)「股旅物」については、真野俊和『聖なる旅』東京堂出版、一九九一年、三―五頁参照。近代化により都会への脱出が盛んになった明治維新直後と、一九五〇年代から一九六〇年代にかけての高度経済成長の時期に、股旅物の文学、映画、演歌が生まれ、それらにはデラシネとふるさとへの郷愁の痛みが刻まれている。
(27)『部落史に関する総合的研究』林屋辰三郎監修、第三、部落問題研究所編、柳原書店、一九六二年、一九—二〇頁。
(28) 大乗仏教の経典である法華経の中に見られるこの言葉は、「仏陀でも人間でもない」という意味で、八四二年に初めて使用され、皇太子が廃される（承和の変）ことになった朝廷の高官、橘逸勢の失脚について語ったものである。橘逸勢は橘の姓を「非人」と改められ、追放の身となる。高柳金芳『非人の生活』雄山閣、一九八四年、一二頁参照。非人という言葉は、貧者にねぐらと食事を与えるために設立された悲田院に由来するとする説もある。江戸時代の京都で、非人を集めた場所は、悲田院村と呼ばれた。
(29)『非人の生活』前掲書、一四頁。
(30) 小山靖憲「中世賤民論」前掲論文、一六五—一六六頁。
(31) NAGAHARA Keiji, «The medieval origins of the *eta-hinin*», *op. cit.*, p. 393.
(32)「中世賤民論」前掲論文、一七二頁。
(33) 小山靖憲は、この点に関して「マジカル」という英語を宛て、中世における非人の両義的な状況を強調している。同書、一七四頁。
(34) 同書。
(35) P. -Fr. SOUYRI, *Le Monde à l'envers, op. cit.*, pp. 147–148.

(36) リュート様の三絃の楽器。撥でかき鳴らし、共鳴箱の表面にぴんと張った皮を叩いて奏でる。

(37) 日本の仏教は元来、経典の解釈を異にする複数の潮流、流派に分かれていたのであり、一つの教義のもとに信徒が統合されていたのではなかったことを銘記する必要がある。

(38) G. RENONDEAU, «Le shugendō, histoire, doctrine et rites des anachorètes dits *Yamabushi*», *Cahiers de la société asiatique*, Vol. XVIII, Paris Imprimerie nationale, 1965. 参照。

(39) Hartmut O. ROTERMUND, *Hōsōgami, ou la petite vérole aisément*, Paris, Maisonneuve et Larose, 1991, p. 72.［ハルトムート・オ・ローテルムンド『疱瘡神』岩波書店、一九九五年、一〇四頁］。同著者には山伏についての著作が一冊ある。*Pèlerinage aux neuf sommets, carnet de route d'un religieux itinérant dans le Japon du XIX*^{e} *siècle*, Paris, Éd. Du C.N.R.S., 1983.

(40) Jenet R. GOODWIN, *Alms and Vagabonds, Buddhist Temple and Popular Patronage in Medieval Japan*, Honolulu, University of Hawaii Press, 1994. 参照。

(41) 網野善彦『無縁・公界・楽――日本中世の自由と平和』平凡社、一九八七年。

(42) KATSUMATA Shizuo, «Ikki, Ligues, conjurations et révol-tes dans la société médiévale japonaise», *Annales E.S.C.*, mars-avril 1995, pp. 373-394.

(43) Barbara RUTH, *Medieval Jongleurs in Japan in the Muromachi Age*, John Whitney HALL および TOYODA Takeshi, éd., Berkeley, University of California Press, 1977, pp. 279-309. 参照。

(44) 説話文学については、『今昔物語集』の翻訳 *Konjaku monogatari Histoire qui sont*

maintenant du passé, Paris, Gallimard, 1968. のベルナール・フランクの解説参照。

(45)「語り手が悲劇や悪や異常を語るにつれ、悪や穢れは、語り手に一体化しているものと人々は徐々に思うようになっていった」。YAMAGUCHI Masao, «La structure mythico-théâtrale de la royauté japonaise», *Esprit*, février 1973, p. 319.

(46) 瞽女は江戸時代の終わりまで存在した。十返舎一九『東海道中膝栗毛』(一八〇二年に出版された滑稽譚)参照のこと。ジャン＝アルマン・カンピニョンによるフランス語訳 *A pied sur le Tokaido*, Paris, Picquier, 1992, p. 326.〔『新編日本古典文学全集81、東海道中膝栗毛』小学館、一九九五年、二二四頁〕

(47) 十二世紀後半の日本の政治社会構造を大きく揺るがした源平の戦いについての叙事詩で、時代の不安を反映し、栄枯盛衰、無常の教えを説く物語でもある。ルネ・シフェールの翻訳 Paris, Publications orientalistes de France, 1976.

(48) 西鶴(一六四二—一六九三)は、歌いながら、施しを受けようと柄杓を差し出す信心深い熊野比丘尼の姿を描いている(*Comptes et mécompte*, ルネ・シフェールの翻訳 *Histoires de marchands*, Paris, Publications orientalistes de France, 1990, p. 287.)〔「世間胸算用」『新編日本古典文学全集66、井原西鶴集①』小学館、一九九六年、四五八頁〕

(49) この点に関しては、ジャクリーヌ・ピジョーの論文 «Le voyage comme expérience de la condition humaine au Japon (XIIe-XVe siècle)», *Récits de voyages asiatiques*, Actes du colloque

E.F.E.O.-E.H.E.S.S.（décembre 1994）参照。

（50）売春婦を示す言葉の中で、最もよく使用されるのが「遊女」である。

（51）第二部第一章参照。こうした変遷については、網野善彦『日本論の視座——列島の社会と国家』（前掲書）所収第三章「中世日本の遊行民」参照。

（52）桜井好朗は、漂泊と見世物の発展との間には分ちがたい関係が存在するとしている。『中世日本文化の形成』東京大学出版会、一九八一年、一七—一八頁。

（53）仏門に入り、仏教の教えを守り、寺社のためにお布施を集めたり、時に売春したりして諸国を遊行する女性たち。中世において比丘尼の語は、比丘尼の衣装を着た売春婦の歌い手をも指した。

（54）網野善彦『無縁・公界・楽——日本中世の自由と平和』参照。芸能における賤民の役割については、沖浦和光「日本芸能史における賤民の系譜」『東京部落解放研究』二十五号、一九八〇年参照。

（55）P. -Fr. SOUYRI, *Le Monde à l'envers, op. cit.*, p. 249.

（56）«Des gens étranges à l'allure insolite. Contestation et valeurs nouvelles dans le Japon médiéval», *Annales E.S.C.*, mars-avril 1995, p. 340.

（57）NINOMIYA Hiroyuki, in François HÉRAIL, *Histoire du Japon*, Paris, Horvath, 1990, pp. 90–91.

第二章

（1）逃亡に関してはSusan HANLEY, YAMAMURA Kozo, *Economic and Demographic Change in Preindustrial Japan, 1600–1868*, Princeton, Princeton University Press, 1977. および、HAYAMI Akira, «Population changes», in Gilbert ROZMAN. および、Marius B. JANSEN, *Japan in Transition: from Tokugawa to Meiji*, Princeton, Princeton University Press, 1986. 参照。蜂起については英語文献が豊富である。例えばHugh BORTON, *Peasant Uprisings in Japan of the Tokugawa Period* (1938), New York, Paragon Book Reprint Corp., 1968; Herbert P. BIX, *Peasant Protest in Japan, 1590–1884*, London, Yale University Press, 1986, Anne WALTHALL, *Social Protest and Popular Culture in Eighteenth-Century Japan*, University of Arizona Press, 1986. および同氏監修の *Peasant Uprising in Japan*, Ann Harbor, University of Chicago Press, 1991. を参照のこと。

（2）以下の記述に関しては、主に石井良助監修『江戸時代の被差別社会』（明石書店、一九九五年）を参照した。

（3）荒井貢次郎『近世賤民社会の基礎構造』明石書店、一九八七年、四〇五頁。

（4）*Les tragédie bourgeoises*, t. II, trad. René Sieffert, Paris, Publications orientalistes de France, 1991, p. 257.［『新編日本古典文学全集55、近松門左衛門集②』小学館、一九九八年、二五一頁］。

二人のえたが、煙草に火をつけるにも鍛治屋の火を使わないようにしていることで、はからずも、彼らの「なんともみじめな状況」が明らかになってしまう。彼らは、実際、煙草を吸うのに、火を借りることさえできないのである。この芝居があまり受け入れられなかったのは、芝居では珍しいテーマを扱ったこの戯曲が人々を困惑させるせいであろうとされている。この戯曲は再演されることがなかった(ルネ・シフェールの注釈。二四三頁)。

(5) 高柳金芳『非人の生活』雄山閣、一九八四年、一五―一六頁。

(6) 元来、屈辱の印である刺青は、十八世紀末には、庶民の装飾の伝統、また庶民のアイデンティティ奪回の表現となった。幕府は幾度となく禁止しようとしたが、禁止しきれなかった。

(7) 高柳金芳『非人の生活』前掲書、六〇―六一頁。

(8) ひとたび判決が下されると、親子の縁は断ち切られた。罪人や落伍者、共同体や家族から排除された者たち(勘当により、親は子の犯罪や負債の連帯責任を免れた)は、人別帳から除外され、非人のグループに入れられた。追放や流刑は、殺人者や幼児強姦者、放火者、非合法賭博の組織者や、両親に捨てられた子供の運命であった。森永種夫『流人と非人』岩波新書、一九六三年、二―九頁。森永は、十八世紀初めの長崎の犯科帳と天草に追放された者たちを中心に議論を進めている。

(9) 徳川八代将軍吉宗が一七四二年に発布した「公事方御定書」の中で、非人の身分の発端となる犯罪の定義がなされている。公事方御定書は庶民に適用される民事および刑事の法令及び判例集である。二部からなる御定書のひとつ（「御定書百箇条」の名で知られる）は、少数の家臣たちに配布されただけであった。この「百箇条」の中に非人と流人に関わる措置が記されている。

(10) 井原西鶴（一六四二—一六九三）は非人に転落する道程を概観して見せている。西鶴は、現在の東京都品川区北部に位置する東海寺あたりで暮らす乞食たちに、自分の人生を語らせる。乞食の一人は杜氏で、農村を離れ都市に出てきて悪事を為している。もう一人は自らの才能を頼みすぎた芸人で、そろばん（商人の象徴）勘定を無視してきた。三人目は放蕩息子で親の財産を食い潰し、「車善七（浅草の非人の頭）が中間はづれの、物もらひ」となってしまった（『日本永代蔵』巻二「才覚を笠に着る大黒」）。*Magasin perpétuel du Japon*, trad. Sieffert, in *Histoires de marchands, op. cit.*, pp. 71-72.［『新編日本古典文学全集68、井原西鶴集③』一九九六年、小学館、六七—六九頁］

(11) 高柳金芳『非人の生活』前掲書、三八頁。

(12) 同書、九四頁。先に触れた乞食を、西鶴は藁の筵にくるまった姿で描いている。藁の筵は衣服の役割も果たし、非人の身分の指標でもあった。*Magasin perpétuel du Japon, op. cit.*, p. 71.［『新編日本古典文学全集68、井原西鶴集③』前掲書、六五頁］

(13) 田中喜男『加賀藩非人小屋成立の事情について』ＮＨＫ出版、一九六三年。

(14)『非人の生活』前掲書、七四—七五頁。上記の踊り子については、FURAI SANJIN, *Histoire galante de Shidōken*, trad. Hubert Maes, Paris, L'Asiathèque, 1979, p. 20.［風来山人「風流志道

軒伝」『古典日本文学全集二十九　江戸小説集』筑摩書房、一九六一年、五一頁〕

(15)『流人と非人』前掲書、一五―一七頁、二〇頁。

(16)『非人の生活』前掲書、八一―八二頁。

(17) 概して、京都（特に最も古い海部村の）の穢多共同体の職人は特有の地位を占めていた。というのも、彼らは皮革製品の納入で、宮廷や貴族、寺社とかかわりがあり、権力側はひきかえに彼らに庇護を与えていたからである。

(18) 荒井貢次郎「江戸時代における賤民支配の一考察」『東京部落解放研究』三号、一九七四年十一月、九四―一一三頁。荒井は『近世賤民社会の基礎構造』（前掲書）で、十九世紀初頭の弾左衛門の権威について明確に述べている。弾左衛門は七七二〇世帯を支配下に置き、そのうち五千世帯は江戸の外であった。新町の住民は、皮革製品、網、竹製品、草鞋や笠を製造した。新町は、囲いをめぐらされており、公衆浴場や公営質屋があった（七二―七四頁）。弾左衛門の晩年については、塩見鮮一郎『浅草弾左衛門』（批評社、一九九六年）参照。三巻に上る小説仕立てのこの作品は、当時の資料に基づくものである。

(19) *Histoires de marchands, op. cit.*, p. 181.〔『新編日本古典文学全集68、井原西鶴集③』「日本永代蔵」前掲書、三八―三九頁〕

(20) 石井良助『江戸の賤民』明石書店、一九八八年、一二―一三頁。

(21) この数値は目安である。人口推定は慎重を要する。十八世紀から徳川幕府は定期的に調査を実施した。しかし、この調査は、平民しか把握していない（公卿、武士とその家族、使用人、および各種の被差別民は含まれていない）。もし、平民以外の人口（推定で、およそ全人口の二〇パーセント）も計算に入れるなら、十八世紀初頭の日本の人口は、三千万人弱ということになる（同時期、フランスの人口は二千万人）。Cf. NINOMIYA Hiroyuki, *Histoire du Japon, op. cit.*, p. 355.

(22) 喜田貞吉『民族と歴史』前掲書、一五六―一五八頁。

(23) 同書、一三五―一五八頁。

(24) 松崎武俊「貧困と差別の歴史から生産と労働の歴史へ」『部落解放史』第十八号、一九七九年十二月、七―一七頁。Ian NEARY, *Political Protest and Social Control in Prewar Japan: the Origins of Buraku Liberation*, Manchester, Manchester University Press, 1989, p. 39. の引用より。

(25) 十五世紀に生まれ、おそらく、能と起源を同じくする。幸若舞の歌と主題は十七世紀になると物乞いの形式となった。西鶴は『世間胸算用』の中で幸若舞について書いている。*Comptes et mécomptes, op. cit*, p. 201.［『新編日本古典文学全集68、井原西鶴集③』前掲書、三四七―三四八頁］

(26) 職業リストは主に、荒井貢次郎『近世賤民社会の基礎構造』前掲書、四二一―四三三頁によった。

(27) 同書、三八二―三八三頁。

(28) 同書、五六―五七頁。
(29) 『江戸の賤民』前掲書、一二一―二五頁。
(30) 高柳金芳『乞胸と江戸大道芸』柏書房、一九八一年、四―七頁。また『江戸の賤民』前掲書、三三一―四九頁を参照。
(31) 一般に二人組で、烏帽子をかぶっていた。一方がたわいもないことをしゃべり、もう一方が、それにつっこみを入れた。
(32) 高柳金芳『乞胸と江戸大道芸』前掲書、九―一〇頁。
(33) 石井良助『江戸の賤民』前掲書、二二一―二五頁。
(34) 同書、二二五頁。
(35) 前掲書『近世賤民社会の基礎構造』、一五一―一二一頁。
(36) 同書、一一三頁。
(37) 前掲書『近世賤民社会の基礎構造』、三九〇―三九一頁。他の疫病の場合は不幸とされ、長い間、御祓いがなされたが、癩病者は排除と村八分の対象ともなっていた。Hartmut O. ROTERMUND, «*Hôsôgami*, ou la petite vérole aisément», in *Religion, science et pensée au Japon, actes du Ve congrès international de l'E.A.J.S.*, sous la direction de Hartmut O. ROTERMUND, Paris, 1985, p. 211 sq. 参照。また Alain BRITOT の論文 «La syphilis au Japon à l'époque Edo», *ibid.* は、梅毒患者の運命について触れていないが、梅毒の起源と当時の病理学的

概念について知見をもたらしてくれる。梅毒は西欧におけるような汚辱の印を帯びてはいなかったが、四国の八十八箇所巡りの契機となった。

(38)『柳田國男全集』筑摩書房、一九八九年、第四巻、四五四―四八二頁。また、東京日仏会館の *Dictionnaire historique du Japon 1963-1995* の *sanka* の項を参照。

(39) *Servants, Shophands and Laborers in the Cities of Tokugawa Japan, op. cit.*, p. 5. 著者は、マルクス主義で言う、寄る辺はないが、自らの労働力を自由にできる新しい階級の出現に光を当てている (p. 27)。

(40) 同書、一七頁。ギリシャ・ローマ世界や中国のような規模での奴隷市場は日本には存在しなかった。『日本書紀』には人身売買の記録が見られ、律令制時代には個々に承認されていたが幾度も禁止され、戦国時代には再び盛んになった。人身売買は一五八七年に、豊臣秀吉により禁止された。一六一六年には禁止措置が強化された。こうした措置が取られる一方、個人は、一定期間(三年から十年)身売りをすることができるようになった。職人の見習いや売春の世界の中で広く見られたこうした契約は、往々にして貧窮状況を免れる手段であった。こうした慣行は明治時代に廃止されたが、より巧妙な隷属の形態にとってかわった。すなわち前借金と呼ばれる給与の前払いであるが、一九五六年には違法であるとされた。*Dictionnaire historique du Japon* 前掲書、人身売買の項。

(41) G. P. LEUPPE, *Servants, Shophands and Laborers..., op. cit.*, pp. 18-19.

(42) Roger CHARTIER, «La ville acculturante» in *Histoire de la France urbaine*, Paris, Éd. du Seuil, 1981, t. III, p. 225.

(43) 特に、Bronislaw GEREMEK, *La Potence ou la pitié*, *op. cit.*, chap. IV. 〔ブロニスワフ・ゲレメク『憐れみと縛り首』前掲書、第四章〕および、Michel FOUCAULT, *Histoire de la folie à l'âge classique*, Paris, Plon, 1961, rééd. Gallimard, 1972, chap. II. 〔ミシェル・フーコー『狂気の歴史』第二章、田村俶訳、新潮社、一九七五年〕参照。

(44) *Servants, Shophands and Laborers…*, *op. cit.*, p. 157.

(45) M. FOUCAULT, *Histoire de la folie…*, *op. cit.*, p. 62. 〔ミシェル・フーコー『狂気の歴史』前掲書、六八頁〕

(46) 同書、八〇頁と七三頁。

(47) 石井良助「日本刑罰史における人足寄場の地位」『人足寄場史』人足寄場顕彰会、昭文社、一九七四年、一〇―一三頁。

(48) 佐渡の強制労働については、田中圭一『佐渡金山』教育社、一九八〇年。

(49) 加賀藩主は前田家であった。加賀藩は最も繁栄した藩のひとつで、工芸の発展でも知られていた。お膝元の城下町金沢の人口は徳川時代末期に十万人に上り、名古屋の人口に肩を並べていた。

(50) James MACCLAIN, *Kanazawa: a Seventeenth-Century Japanese Castle Town*, London, Yale

University Press, 1982, pp. 127–128.

(51) 同書、一二九―一三〇頁。

(52) 重松一義『江戸の犯罪白書』PHP研究所、一九八六年、一九六頁。

(53) 収監者の中には謀反に参加する者もあった。『江戸学辞典』弘文堂、一九八四年、一八六頁、および『江戸三百年』講談社、一九七六年、第三巻、六八頁。

(54) 高柳金芳「非人寄場」『人足寄場史』前掲書、四二〇―四三二頁。

(55) 法学者の団藤重光による。同書、六四頁。

(56) 石田梅岩(一六八五―一七四四)は京都に私塾を開き、より多数の聴衆に向け、シンクレティズムの倫理を講じた。梅岩は儒教とともに神道、仏教、道教の流れをも取り入れ、その思想は、「心学」と呼ばれた。商人としての立場を離れることなく、道徳律に従うべしとし、社会における商人の役割の重要性を主張し、「商人道」を提唱した人物として歴史に刻まれている。

(57)『人足寄場史』前掲書、二四―五四頁。

(58) 同書、四六頁。

(59)「寄場」という言葉だけが、日雇労働市場を指す言葉として残った。

(60) そのため、これまでの記述において、インドのカーストとの類比を避けてきた。こうした類比は、単純化されたアナロジーから複雑な観念へ、という道を辿るのでなければ、問題に光を当てるのではなく、むしろ問題をわかりにくくしてしまうものであると思われる。インドのカーストとの対比は、ラフカディオ・ハーン（一八五〇―一九〇四）が行っているようである。「商人階級の最下級の者とこのエタとの間には、ちょうどインドにおける姓階《カスト》の伝統がつくったような、越えがたい壁があったのである」*Japan, an Attempt at Interpretation*, rééd. Tokyo, Tuttle, 1978, p. 249. おそらく、こうした考え方は魅力的ではあるが、このような同一視は拙速であり、混乱を招きかねない。また、D. BARREMAN, «Structure and function of caste systems», in George DE VOS, WAGATSUMA Hiroshi, *Japan's Invisible Race*, Berkeley, University of California Press, 1967, pp. 277-307.

(61) *De la souillure. Essai sur les notions de pollution et de tabou*, préface de Luc de Heusch, Paris, Maspero, 1971, p. 120.

(62) 同じようなことが中世ヨーロッパでも売春婦や癩者、汚辱の徴を身につけた異端者に対してなされていた。Bronislaw GEREMEK, *Les Marginaux parisiens..., op. cit.*, p. 340.

(63)『日本近代思想大系22　差別の諸相』（岩波書店、一九九一年、七三頁）における大江卓の文書の引用。代議士だった大江卓は一九一四年に僧侶となり、旧被差別民の境遇改善のために行動した。

(64) この裁定についての文書が残っているわけではないのでなおさらである。荒井貢次郎『近世賤民社会の基礎構造』前掲書、四九頁。

(65) 引用論文 KATSUMATA Shizuo «Ikki, Ligues, conjurations et révoltes...», p. 385. 参照。

(66) *Histoire du Japon, op. cit.*, p. 400.
(67) 中尾健次『江戸時代の差別観念』における引用より。三一書房、一九九七年、四五―四六頁。
(68) こうしたメンタリティの変化については『部落の歴史と解放運動 前近代編』部落問題研究所、一九八五年。
(69) 前掲書。
(70) 江戸時代における四国八十八箇所の巡礼と地方社会への影響に関しては、Nathalie KOUAME の博士論文 *Le Pèlerinage de Shikoku pendant l'époque Edo* (*1600-1868*), Paris, Institut national des langues et civilisations orientales, 1997-1998. 参照。
(71) *L'Empire du rite. La pensée politique d'Ogyū Sorai, Japon, 1666-1728*, Paris, Librairie Droz, 1998, pp. 94-95.
(72) *Servants, Shophands and Laborers..., op. cit.*, p. 176.

第三章

(1) この点に関しては、未公刊博士論文、W. P. BROOKS, *Outcaste Society in Early Modern Japan*, New York, Columbia University, 1976, pp. 257-271.
(2)「平民」は法的な意味で使われる言葉である。実際、平民は「華族」や「士族」と対を成す用語である。

(3) 以後、旧被差別民を指すのに、「部落民」という簡潔な言葉が広く使われるようになる。
(4) 中でも、被差別部落解放の弁護士であったセンジュジュンノスケとヤノゲンドウの名が挙げられる。
(5) 『近世日本人口の研究』龍吟社、一九四八年、一二四頁、二六五―二七七頁。
(6) 解放運動の歴史については Ian NEARY, *Political Protest and Social Control...*, 前掲書。
(7) インタビュー、一九九三年一月。
(8) 民俗学者の赤松啓介は、二十世紀前半における被差別民への差別の起源を分析している。『差別の民俗学』明石書店、一九九五年。
(9) TAIRA Koji, «Urban poverty ragpickers and the Ants' Villa in Tokyo», *Economic Development and Cultural Change*, vol. XII, n°. 2, janvier 1969, pp. 155-177.
(10) 『ミナト神戸　コレラ・ペスト・スラム』学芸出版、一九八九年。
(11) 同書、一二一―一二三頁。
(12) 同書、一四頁。
(13) L. CHEVALIER, *Classes laborieuses, classes dangereuses*, *op. cit.*, p. 51.［ルイ・シュヴァリエ『労働階級と危険な階級』前掲書、一四頁］
(14) 釜ヶ崎地区の誕生については後に述べる。神戸市と大阪市当局は、もっぱら貧困層の隔離政策を適用したが、こうした政策は同時期のフランス第二帝政下でも見られる。貧民たちは、城壁の外に移送された。殊に Alain FAURE, «Classe malpropre, Classe dangereuse? Quelques remarques à propos des chiffonniers parisiens aux XIXe siècle et de leurs cités» in «L'haleine des faubourg», *Recherches* n°29, décembre 1977. 参照。

(15) 安保則夫『ミナト神戸……』前掲書、一五頁。

(16) 同書、二五〇—二五六頁。

(17) このような被差別部落の膨張に関しては、馬原鉄男『日本資本主義と部落問題』京都部落問題研究、一九七三年、四六頁。

(18) 安保則夫『ミナト神戸……』前掲書、二六八頁。

(19) インタビュー、一九九五年七月。

(20) TAMURA Takeko および、Colette YUGUÉ 翻訳の *Pluie noire*, Paris, Gallimard, 1972.

(21) この最後の迫害については、Otis CARY, *A History of Christianity in Japan*, rééd Tuttle, 1987, 第一巻第十一章を参照。イエズス会宣教師の解説に関しては、長崎二十六聖人資料館館長 Diego R. YUUKI に負っている（インタビュー、一九九五年七月）。

(22) 阿吽社。

(23) 同書、一二—二〇頁。「「」内は著者ポンスの要約である。」

(24) 被差別地区に関しては、明治以来、豊富な文献がある。領家穰の『日本近代化と部落問題』明石書店、一九九六年。また、今日の状況については、磯村英一・宮崎繁樹『現代の人権と同和問題』明石書店、一九九六年。差別に関する最良の研究書が部落問題研究所から刊行されている。この研究所には、被差別部落問題に関する第一線の歴史家や社会学者が在籍している。西欧語ではすでに引用した前掲書Ian NEARYの他に、George DE VOSとHiroshi WAGATSUMAの*Japan's Invisible Race*がある。概説については、Jean-François SABOURET, *L'Autre Japon, les burakumin*, Paris, Maspero, 1983.

第四章

(1) Robert E. COLE, Kenichi TOMINAGA, «Japan's changing occupationnal structure and its significance», in *Japanese Industrialization and Its Social Consequences*, Hugh PATRICK, éd., Berkeley, University of California Press, 1976, p. 58.

(2) この論争では、労農派(支持者の発行する新聞に由来する名)と講座派(理論家たちが議論を展開させた七巻の『日本資本主義発達史講座』に由来する。一九八三年に岩波書店から同書の一部が出版されたが、一九三二年から一九三三年にかけて出版された。検閲を避けるため削除を施した版が出版された)が対立した。論争は大きく二つの時期(一九二七年から一九三二年、そして一九三二年から一九三七年)に分かれ、その間、コミンテルンの二度にわたる介入(「二七年テーゼ」「三二年テーゼ」)により論争は活発化した。ごく図式的に要約すれば、労農派と講座派のスタンスは以下のとおりである。労農派にとってみれば、明治維新は「市民革命」と同等のものであったので、プロレタリア革命への移行が課題であった。講座派は、明治維新は不完全な市民革命であり封建的な要素を存続させてしまったと見た。したがって、革命を二段階にわけて（市民革命を経て社会主義革命を）行うのが適当であるということになる。両陣営の思想的選択に示されるように、この論争は二十世紀初頭の日本自前のマルクス主義思想の豊かさを証し立てるものである。マルクス主義思想は、日本の政治と経済の歴史の数々の事象を映し出すものであった。

（3）SAITO Osamu, «Changing structure of urban employment, and its effects on migration patterns in eighteenth and nineteenth century Japan», *Institute of Economic Research Discussion Paper*, n° 137, mars 1986, Hitotsubashi University.

（4）ことに CHEVALIER, *Classe laborieuses, classes dangereuses*［ルイ・シュヴァリエ『労働階級と危険な階級』］前掲書、および G. S. JONES, *Outcast London. A study of relationship between classes in Victorian society*, London, Peregrine Books, 1976. 参照。

（5）貧困の概念については、北原糸子『都市と貧困の社会史』吉川弘文館、一九九五年。フランス語文献では、Anne GONON, *La position sociale des travailleurs journaliers au Japon*, Institut national des langues et civilisations orientales.（非刊行、一九九一年）に興味深い解説がある。

（6）英国で一八五九年に発表されたスマイルズの著作の日本版である。一八七一年に中村正直（敬宇）が『西国立志編』の題名で発表した邦訳は、実業家の卵たちのバイブルとなった。成功というヴィクトリア朝的な倫理（労働、質素、忍耐、敏捷さ）は、例えば石田梅岩（一六八五—

一七四四）が述べたような江戸時代の商人の倫理と方向性を同じくしている。スマイルズの論の中でとりわけ明治のエリートにとって魅力的だったのは、個人の成功と国家の進歩との間の関係性であった。

（7）Marleigh GRAYER RYAN, *Japan's First Modern Novel: Ukigumo of Futabatei Shimei*, New York, Columbia University Press, 1967.

（8）無政府主義の知識人で、日本の戦闘的国家主義に激しく反対した慧眼の持ち主でもあり（米国との衝突は避けられないと感じていた）、明治天皇暗殺事件に巻き込まれた幸徳秋水は、二十六人の活動家の一人として逮捕され、一九一一年に他十一名と共に処刑された。大逆事件と呼ばれるこの謎の多い事件は、日本の知識人の世界に、フランスにおけるドレフュス事件に比しうる大きな反響を呼んだ。幸徳秋水はキリスト教社会主義の影響を受け、そのため非暴力を信奉しており、無政府主義に与することにはためらいがあったが、米国滞在の後、無政府主義に近づいていった。幸徳秋水は一九〇九年以降、大逆事件の被告たちとは縁を切っている。どう見ても、彼は無実であっただけではなく、「天皇謀殺」は警察のでっち上げによるものであったと考えざるを得ない。処刑の後、抑圧は厳しくなり、革命主義的社会主義は影を潜めた。F. G. NOTEHELFER, *Kōtoku Shūsui, Portraits of a Japanese Radical*, New York, Cambridge University Press, 1977. 参照。

（9）例えばヴィクトリア朝のイギリスにおける貧困の分析に、Gertrude HIMMELFARB の

Poverty and Compassion: the Moral Imagination of the Late Victorians, New York, Knopf, 1991. 参照。

(10) Christiane SÉGUY, *Histoire de la presse japonaise, le développement de la presse à l'époque Meiji et son rôle dans la modernisation du Japon*, Paris, Publications orientalistes de France, 1993. 参照。

(11) 横浜毎日新聞の記者となった横山源之助（一八七一―一九一五）は、東京と大阪の貧民窟についての調査により、貧困の世界の発見の第一人者となった。『日本之下層社会』一八九九年。再版、岩波書店、一九四九年参照。問題の直感的、人道的アプローチに始まり、「下層」という概念を洗練させ、貧困の新たな次元に光を当てることに成功している。横山はまた、一八九七年から一九〇一年にかけて片山潜が主幹を務めた初の労働者の新聞である『労働世界』に数多くの記事を執筆している。片山潜と共に横山は一八九九年、初の労働組合組織である労働組合期成会の創設に加わった。片山と、一九〇一年に出版された『日本の労働運動』の共著者である西川光二郎は、著作の中で、横山の仕事にオマージュを捧げている。

(12) Anne GONON, «De la pauvreté au travail, naissance de la catégorie des travailleurs journaliers (1868-1945)», *Cipango. Cahiers d'études japonaises*, n° 2, février 1993, pp. 37-65.

(13) 同書、四七頁。

(14) 『日本之下層社会』前掲書。

(15) 同書、二三二頁。

(16) 中川清『日本の都市下層』勁草書房、一九八六年、二六―二八頁。

(17) 同書、一五一頁。

(18) 紀田順一郎『東京の下層社会』新潮社、一九九〇年、六四頁。

(19) 「参加型社会学」の草分けである草間八十雄の『近代民衆の記録――流民』新人物往来社、一九七一年、第四巻、四七〇頁、の記述。

(20) 風媒社、一九九三年。

(21) CHŪBASHI Masayoshi および TAIRA Kōji, «Poverty in modern Japan: perceptions and realities» in *Japanese Industrialization and Its Social Consequences*, Hugh PATRICK, éd. 前掲書、三九四頁。

(22) 『日本の都市下層』前掲書、二七頁。

(23) *Japanese Industrialization...* 前掲書、四〇一頁。当局の統計では、一九二〇年の東京の十五区において、貧民とほぼ同率の三・四パーセントが細民となっているので、こちらは控えめな数値である。中川清は、当局の統計は、貧民の数を過小に見ていると考えている。『日本の都市下層』前掲書、四三頁、および一〇九頁。

(24) 『日本之下層社会』前掲書、三二一―三二三頁。

第五章

（1）横山源之助『日本之下層社会』前掲書、一九頁による。

（2）『内地雑居後之日本』岩波書店、一九五四年、三九頁。

（3）CHŪBASHI Masayoshi および TAIRA Kōji, «Poverty in modern Japan: perceptions and realities», in *Japanese Industrialization and Its Social Consequences*, *op. cit.*, p. 418.

（4）この問題に関しては、Andrew GORDON, *The Evolution of Labor Relations in Japan*, Cambridge, Harvard University Press, 1985. および、同氏の論文 «Les rapports sociaux et le mouvement syndical dans l'industrie lourde japonaise au XIXe siècle», *Le Mouvement social*, n° 122, janvier-mars 1983.

（5）横山源之助は、『日本之下層社会』の第三編を桐生と足利の製糸工業に割いている。もうひとつの「古典的」作品は、製糸工場の労働者であった細井和喜蔵著の、一九二五年に出版された『女工哀史』（一九五四年、岩波再版）で、一八八〇年から一九二〇年の間の女工たちの生活を描いている。

（6）Patricia TSURUMI, *Factory Girls, Women in the Thread Mills of Meiji Japan*, Princeton, Princeton University Press, 1990. 参照。

（7）特にこの問題については、谷川健一編『サンカとマタギ』三一書房、一九八九年。

（8）『横山源之助全集』第一巻、明治文献、一九七二年、六四八―六四九頁、隅谷三喜男解説。

(9) 明治期の東京の貧民地区の一つ、万年町で、老女を頭としていた乞食集団については、『近代民衆の記録——流民』前掲書、第四巻、四三五―四三六頁参照。

(10) 長屋とは、平屋の細長い建物で、ひとつの屋根の下に、小さな住まいが並んでいる。井戸と便所も共同である。長屋は木造であるため、簡単に焼けてしまう。長屋は焼屋とも呼ばれた。「九尺二間の陋屋、広きは六畳、大抵四畳の一小廓に、夫婦・子供、同居者を加えて五、六人の人数住めり。これを一の家庭とし言えば一の家庭に相違なけれど、僅かに四畳六畳の間に二、三の家庭を含む。婆あり、血気盛りの若者あり、三十を出でたる女あり、寄留者多きはけだし貧民窟の一現象なるべし」と横山源之助は、長屋での究極の雑居生活について述べている（『日本之下層社会』前掲書、五七頁）。

(11) 岩波書店、再版、一九八八年。引用の文章は、一八頁から二一頁。

(12) *Le Japon moderne*, Flammarion, 1909, pp. 256-257.

(13)『日本之下層社会』前掲書、五六頁および四八頁。

(14) 同書、五四頁。

(15)「木賃宿」の語源は、かつて旅人は自炊せねばならず、宿屋の主人から薪を買っていたことに由来している。薪の値段には睡眠用の筵の分も含まれていた。

(16) 前掲書、二一―二五頁。

(17)『日本之下層社会』一九―二三頁。

(18) 明治期東京の貧民窟については、Paul WALEY, «Les bas quartiers du Tokyo de l'ère Meiji», *Cipango*, Institut national des langues et civilisations orientales, n°5, novembre, 1996, pp. 37-50.

(19) 『日本之下層社会』前掲書、二二頁と二三頁。松原岩五郎は、更に詳しく列挙しているがほぼ同じである（『最暗黒の東京』前掲書、三三頁以降）。松原は、特に鮫ヶ橋の残飯商について述べている。三六頁。

(20) 万年町と山伏町には大道芸人もいた。そこに程近い龍泉寺に住んでいた樋口一葉は、『たけくらべ』で、大道芸人について書いている。彼らが吉原の遊郭界隈の祭りに参加した。

(21) 『日本之下層社会』前掲書、二四頁。

(22) 同書、二七頁。

(23) 同書、三七―三八頁。

(24) このような輸送手段（人力車。英語では、rickshaw となる）の起源は、あまり知られていないが、柳田國男のような民俗学者は、日本人が発明したものだとしている。「われわれが人力車を考案して輸出してやったことを、感謝するような者も少なくはないだろうが、それは決して愉快なる記念ではなかった。そうしてまだ相応に長い期間、これを日本人の発明心のよい一例として、諸所方々に引き廻しているのを、見ずに通ることはできなかろうと思う」「馬の代わりを人というなどは、今ならだれでも進歩とは思うまいが」と述べている。*Manners and Customs of the Japanese in the Meiji Era*. 旺文社、一九五七年、一三七―一三八頁［『明治大正史世相編㊤』

講談社、一九七六年、一九七―二〇一頁〕。食酢醸造業者の小さな車とよく似ているため、ヴィネグレット（二輪の籠車）と呼ばれる人力車に似た乗り物が、実際、短い間ではあるが十八世紀のパリに存在していたらしい。アジアの人力車については、一八七〇年に和泉要助が注目している（人力車のアイデアは、横浜の外国人たちの馬車にインスピレーションを受けたものであろう）。人力車は、その後、中国その他のアジアの国々に「輸出」された。エミール・ギメは一八七七年に鎌倉で、人力車を借りたことを覚えている。乗り心地は悪かった。四輪で二人の車夫が引くものもあり、中には女性の車夫もいた。当初、人力車は龍や牡丹の花で派手に装飾されていた。しかし、一八八六年にこうした装飾は禁止された。人力車の道行く音や、車夫の呼び声は明治期東京に馴染み深いものになっていたが、同年、鉄道馬車が登場し、人力車は厳しい競争に直面することになる。一九一二年には、まだ東京に十五万四千台の人力車があったが、一九二三年の関東大震災直前においては、もはや二万台ばかりしかなかった。また、Edward SEIDENSTICKER, *Low City, High City, Tokyo from Edo to the Earthquake*, New York, Alfred A. Knopf, 1983, pp. 42-47.〔エドワード・サイデンステッカー『東京 下町 山の手 1867-1923』安西徹雄訳、TBSブリタニカ、一九八六年、四三―四八頁〕参照。

(25)『日本之下層社会』前掲書、三五頁。

(26) 戦闘的社会主義者であり、幸徳秋水らとともに大逆事件で死刑に処された奥宮健之（一八五七―一九一一）は、一八八二年に人力車夫の職業ユニオン（車会党）を設立したが、新しい交通機関の登場に押され、長続きはしなかった。
(27)『日本之下層社会』前掲書、三五―三六頁。
(28) 同書、二七―二八頁。
(29) 上野や九段の坂の下にいる「立ちんぼ」に対する横山の態度は穏やかではない。横山は、彼らを「乞食と共に一種のイクジナシ」であると考えた。「各一人につきて見るに、かつて立派に店を備えたりし商人、あるいは良き腕持てる職人などあり。しかも多くは放蕩の経歴を備え、黴毒に感染し居らざるは少なし。あるいは境遇の激変に遇い、堕落してこの群に入りたるもあり」同書、三三―三四頁。
(30) 池上彰彦「後期江戸下層町人の生活」『江戸町人の研究』監修西山松之助、吉川弘文館、一九七四年、第二巻、一七七―二二六頁。
(31) フランス語の翻訳 *A pied sur le Tokaido, op. cit.*, p. 67.〔新編日本古典文学全集81、『東海道中膝栗毛』前掲書、五五頁〕。その熱気については、たとえば、「たがひにあくたいをいつて、ぎりのべわかれる。や次郎兵へをのせたる馬かた」の挨拶を上げることができる。
(32) Chester W. HELPER, «The labor boss system in Japan», *Monthly Labor Review*, January 1949, p. 47.
(33)「親方」という表現の起源については、岩井弘融の『病理集団の構造』誠信書房、一九六三年、三五八―三六三頁。

(34) *Manners and Customs of the Japanese in the Meiji Era, op. cit.*, pp. 116-117.『明治大正史世相編(下)』一三一―一三五頁。
(35) 第二部第四章「やくざの組織・権威・伝統」を参照。
(36) E. S. CRAWCOUR, «Kawamura Zuiken, a seventeenth-century entrepreneur», *The Transaction of the Asiatic Society of Japan*, 3ᵉ série, vol. IX, mai 1966.
(37) A. GORDON, «Les rapports sociaux et le mouvement syndical dans l'industrie lourde japonaise...» 引用論文、八―九頁。
(38) 円の百分の一。当時の銭湯料金は一、二銭。
(39)『日本之下層社会』前掲書、二八―二九頁。
(40) 当時の資料から引かれた逸話。A. GORDON の引用による。
(41)『日本之下層社会』前掲書、四六―四七頁および七四頁。
(42) 同書、七九頁。
(43) 同書、三一四頁。
(44) A. GORDON, *The Evolution of Labor Relations in Japan, op. cit.*, p. 57. および、引用された彼の論文 «Les rapports sociaux et le mouvement syndical...», pp. 13-25. 参照。
(45) YANAGIDA Kunio, *Manners and Customs..., op. cit.*, pp. 116-117.〔『明治大正史世相編(下)』前掲書、一三一―一三五頁〕

(46) 同書。
(47) 中川清『日本の都市下層』前掲書、一九七頁。
(48) 一九二九年、アメリカの株価大暴落により、日本では、農民の四〇パーセントが生活の糧としていた絹の価格暴落が起こった。一九三一年の凶作は事態を一層深刻にした。農民たちは、危機の厳しさに耐えた(何年もの間、農民の娘たちは売春宿に売られた)が、社会不安が蔓延していた。
(49) 沖縄の住民の移民については、安仁屋政昭「移民と出稼ぎ」『近代沖縄の歴史と民衆』平凡社、一九七七年、一四四―一六五頁。
(50) A. GONON, *La position sociale des travailleurs journaliers au Japon*, *op. cit.*, pp. 74-81.
(51) 戦前の日本の民族的マイノリティの状況の概要を伝える簡潔な解説としては、Richard Hanks MITCHELL, *The Korean Minority in Japan*, Berkeley, University of California Press, 1967. Changsoo LEE, George DE VOS, *Koreans in Japan, Ethnic Conflict and Accommodation*, Berkeley, University of California Press, 1981. および『朝鮮社会史辞典』社会評論社、一九八一年。
(52) 拙論 «Une diaspora coréenne oubliée», *Le monde*, 17 août 1989. 参照。
(53) 一九二〇年代、日本には、数多くの朝鮮人のラディカルな組織が存在した。ポグロムの後、一九二五年に、在日本朝鮮労働総同盟が設立され、日本労働総同盟と絆が結ばれた。しかし、活動家の人数は少なかった。在日本朝鮮労働総同盟は、二つの非合法組織と接触があった。朝鮮共産党の支局と青年共産党朝鮮連盟である。その団体の長は、日本の共産党員と同様に、一九二八年から一九二九年にかけての大量検挙の犠牲者となった。翌年、労働組合は活動を停止する。しかし、朝鮮人活動家は日本の労働運動の重要な要因であり続けた。

(54) 上野英信『近代民衆の記録——鉱夫』新人物往来社、一九七一年、第二巻、一〇—一一頁の引用。

(55) 同書、九一—一〇頁。

(56) ひろたまさき『日本近代思想大系22　差別の諸相』岩波書店、一九九〇年、三五一頁。

(57)『坑夫』新潮文庫、一九七六年、一二二頁。この本質的に心理的な青年の物語の中で、漱石は親方の全能を強調し、炭鉱労働者の境遇を明らかにしている。

(58) Mikiso HANE, *Peasants, Rebels and Outcasts, the Underside of Modern Japan*, New York, Pantheon Books, 1982, p. 230. の引用。

(59)『近代民衆の記録——鉱夫』前掲書、二二五頁。

(60) Mikiso HANE, *Peasants, Rebels and Outcasts...*, pp. 233-234. の引用による。

(61) 一九四五年に、花岡鉱山での暴動に続いて、百人ばかりの中国人が虐殺された。生存者と被害者の家族は、日本政府に対し賠償を要求した。

(62) Mikiso HANE, *Peasants, Rebels and Outcasts...*, *op. cit.*, p. 237.

(63) 上野英信『近代民衆の記録――鉱夫』前掲書、二二六頁。

(64) 炭鉱における被差別民、および旧被差別民の割合を推定するのは難しいが、上野英信は大きかったとしている。同書、二二六―二二七頁。

(65) 筑豊地方の炭鉱を研究した岩井弘融『病理集団の構造』五二〇―五二一頁、による。

(66) 大之浦（九州）炭鉱の労働者の息子の意見。浅原健三自身も出稼ぎの炭鉱労働者であった。上野英信『近代民衆の記録――鉱夫』前掲書、一一六頁。

(67) ひろたまさき『日本近代思想大系22 差別の諸相』前掲書、三六三頁。また、炭鉱労働者の自殺率が高かったことが述べられている（三六四頁）。

(68) 吉田磯吉については猪野健治『俠客の条件』現代書館、一九九四年。

(69) 火野は、「戦争小説」と呼ばれるジャンルの代表的作家であり、戦争小説によって大成功を収めた。ちなみに、アメリカ占領軍は彼の著作を禁書としたが、何冊かが翻訳され、アメリカでは、大日本帝国が行った戦争の真実についての資料として受け入れられた。火野は一兵卒を経てプロレタリア運動に参加し、労働組合を創設した。一九三二年に検挙され、急進的思想を否認したものの、最も恵まれない人々の状況には敏感であり続けた。伍長として中国に出征した際に執筆された、戦争にまつわる火野の著作の功績は、一兵卒の感情を明るみにしえた力量によるものである。アンリ・バルビュスが描くような、妥協なき真実である。最も有名な作品である一九三八年出版の『麦と兵隊』は一二〇万部売れた。終戦後、火野は、自殺するまで書き続けた。上野英信や森崎和江といった作家たちが、一九五〇年代の炭鉱労働者の世界を、悲痛な表現で書き上げた。
(70)『侠客の条件』前掲書、一一五―一一六頁。
(71)岩井弘融『病理集団の構造』前掲書、五一五頁。
(72)『ジェルミナル』(十九世紀末の北フランスの炭鉱を描いたエミール・ゾラの小説)と三池炭鉱閉鎖を論点とし、このストライキを扱ったものとして、一九九七年五月三十日付け『ル・モンド』掲載の筆者のルポルタージュを参照。
(73)ひろたまさき『日本近代思想大系22 差別の諸相』三八五―三八六頁。
(74)当初は、民族の権利保護と結びつき、自由民権運動とつながりのあった玄洋社は、のちに超国家主義的になり、日本の海外拡張を支持した。頭山は炭鉱開発会社から、相当の資金を得た。
(75)E. H. NORMAN, «The Genyōsha: a study in the origins of japanese imperialism», *Pacific Affairs*, XVII, 3, 1944, p. 283.
(76)Ivan MORRIS, *Nationalism and the Right Wing in Japan*, Westport, Conn., Greenwood Press, 1974, pp. 77–90.
(77)岩井弘融『病理集団の構造』前掲書、四五一頁参照。
(78)同書引用、四五二頁。
(79)同書、四五三頁。
(80)「寄せ集めの場所」という意味のこの言葉は、江戸末期の「貧者のための監獄」(人足寄場)

に由来する。今日では、日雇労働市場を指す言葉として広く使われている。東京では、「ドヤ街」と呼ばれている。ドヤとは、宿の逆さ言葉であり、隠語である。同じ意味を持つ別の表現であるが、殆ど使われなくなったものに、「人夫出し」がある。

(81) Tokyo, Tuttle, 1948.〔『ニッポン日記』井本威夫訳、筑摩叢書12、一九六三年〕

(82)「堕落論」(一九四六年) (NISHIKAWA Nagao, *Le Roman japonais depuis 1945*, Paris, P.U.F., 1988, p. 65. の引用)。坂口安吾は、太宰治や石川淳と同じく、敗戦の廃墟の中から人間の本質を描くための素材を見出す「無頼派」と呼ぶべき文学流派に属する。

(83)「焼跡のイエス」(一九四六年)、ちくま日本文学全集『石川淳』所収、七六―七七頁。

(84) 近代の日本の企業には、いくつかのタイプの労働者がいる。本工と呼ばれる正規労働者(無期限の契約)、臨時工と呼ばれる臨時従業員(一カ月から一年の契約期間)、そして、季節労働者である。これは、本社の下請け業者の管理から離れた労働者で社外工と呼ばれる。さらに、出稼ぎ者、日雇である。下請け業者に「借りられてきた」労働者たちは、仕事があろうがなかろうが報酬を支払われたが、いわゆる日雇は必要な場合にのみ雇用され、仕事に対する報酬を得た。

(85) 出稼ぎ労働者の数は、一九八〇年代初頭にはかなり減少した。それ以前の状況については、Augustin BERQUE, «Problèmes et politiques migratoires au Japon et riziculture à temps partiel», in «Trois approches de la spatialité japonaise», *Economie et politique du Japon contemporain*, Paris, Ecole des hautes études en sciences sociales, 1977. および鎌田慧『逃げる

民――出稼ぎ労働者』日本評論社、一九七六年。北九州の出稼ぎ労働者については、鎌田慧の「北九州の労働下職」。

(86) A. GONON, *La position sociale des travailleurs journaliers..., op. cit.*, p. 212.

(87)「暴力手配師追放釜ヶ崎共闘会議」の略語。暴力的な手配師を追放するための共同戦線。後に、他の組織も結成された。

(88) 日雇労働者の人数を推定するのは難しい。流動性が大きく、決まった住まいもなく、放浪と、経済的変動のために、計算は不正確になってしまう。一九九〇年代初頭には一五〇万人の日雇労働者がおり、その一部（四十万人）は、定期的あるいは臨時的に寄場の「自由」市場に現れると推定されていた。また、期限付きの仕事のために採用され、飯場で暮らす者もあった。山谷では、日雇労働者は八千人ないし一万人、釜ヶ崎は三万人、寿町（横浜）は六千人、筑豊（福岡）は約千人、笹島（名古屋）が五百人と推定されている。しかし、札幌、青森、仙台、神戸、広島、および北九州には、小規模の寄場が存在していた（鎌田慧はそれについて『逃げる民……』前掲書、で語っている）。日雇労働者の数は、一九九〇年代後半には不況と共に激減する。

(89)「あいりん」の名は、釜ヶ崎の別名のひとつである。

(90) 映画『山谷《やま》――やられたらやりかえせ』は一九八五年十二月に完成した。山谷での生活を描いたものであるが、若干、短絡的な戦闘主義がある。

(91) 国粋会は首都圏の有力暴力団である住吉会に属している。

(92) 一九九〇年、釜ヶ崎では、賭け事と現金による報酬とで、毎日一億円が動いていたと推定されている。『週刊朝日』一九九〇年十月十九日、二四―二六頁。『読売新聞』(一九九〇年十二月八日付け)によれば、日本最大の暴力団山口組は、同時期に非合法の賭博によって、数億の金を得ていた。

(93) 江口英一の調査『山谷、失業の現代的意味』未来社、一九七九年参照。山谷「全盛期」のマルクス主義的記述としては、神崎清『山谷ドヤ街』時事通信社、一九七八年。

(94) キリスト教の慈善団体と一部の個人の献身を除き、日本社会は、この取り残された地区に対して無関心のようである。

(95) この点に関しては、資料の充実した研究として、Anne GONON の *La position sociale des travailleurs journaliers*..., *op. cit.* を参照。

(96) 大島渚の映画『太陽の墓場』(一九六〇年)は、暴力渦巻く戦後の釜ヶ崎を活写している。

(97) 日雇労働者の組織化と集団結成への努力については Anne GONON, *La position sociale des travailleurs journaliers*..., *op. cit.*, pp. 197-216. また、同著者による *Précarité et isolement social. Le monde des travailleurs journaliers japonais*, Tokyo, Maison franco-japonaise, 1995.

(98) 一九九四年、非熟練工の日雇労働者は、一日で一万円から一万三千円を稼いでいた(当時のレートで六五〇フラン相当)。熟練工の場合、報酬は二万円に達することもあった(千フラン相当)。ドヤ一泊は千円から二千五百円である。

第六章

(1) ことに反乱の後には、記憶から抹消するかのように、あまりに重い過去を担った場所の名は変更されていった。山谷は一九六一年の暴動後、地名変更された。それは釜ヶ崎でも同様で、あいりん地区と変更され、一九七三年には萩之茶屋と変わり、最後は中島となった。こうした地名の消滅とドヤ街の差別の諸側面とに関しては、Philippe PELLETIER, «Qualité de la ville et ghettos des travailleurs journaliers au Japon», in *Qualité de la ville, urbanité française, urbanité japonaise.* オーギュスタン・ベルク解説、日仏会館、一九八七年、二一七頁以降。

(2) 菩薩である地蔵は、旅人や子供や妊婦の守護神であり、苦しむあらゆる人々の苦痛を取り除けるものとされている。そのため、処刑場には地蔵が見られる。民間信仰に根付く地蔵は、子孫繁栄を見守る辻々の小さな神でもある。

(3) 十七世紀中葉の鎖国以降、西洋経由の知識は、幕府によって日本居住を許された唯一の外国人であるオランダ人の住む長崎の出島で受容された。そのため、西洋の科学や技術に関する研究は「蘭学」と呼ばれた。日本における西洋医学の始まりについては、John Z. BOWERS, *Western Medical Pioneers in Feudal Japan,* London, Johns Hopkins University Press, 1970.

(4) さらに包括的な視点を提供するものとして、*Médecine et société au Japon,* Gérard SIARY, Hervé BENHAMOU 監修、Paris, Harmattan, 1994.

（5）浄閑寺から、荷風忌の講話を収めた小冊子が発行されている。

（6）この時代に、日本でもっとも著名なキリスト教慈善団体の一つ、隅田川沿いの廃品回収団体「蟻の街」の活動が展開された。蟻の街は、一九三〇年に長崎に来たポーランド出身のフランシスコ会神父のゼノ・ゼブロスキーによって創設され、裕福な家庭の出身で、一生を貧者に捧げ、二十九歳で亡くなった若きクリスチャン北原怜子の活動により、広く知られることとなった。北原は「蟻の街のマリア」と呼ばれた。北原については、日本語で数冊の本が出版されている。英語で書かれたものでは、Paul GLYNN, *The Smile of a Ragpicker*, Sydney, Marist Fathers Books, 1992. ほどなくして、ロベール・バラード神父は、神戸にエマウスの団体である暁光会を設立し、活動範囲は国外にも及んでいる。

（7）帰山は一九八八年七月に亡くなった。山谷三大ドヤを所有し、他にも幾つもの小さな宿泊所を持っていた（総計、約千六百床）。当時の悩みの種は日々の宿泊代を運ぶことだったと帰山は述懐している。宿泊代は一泊ごとに支払われ、たいがい小銭であった。そのため帰山は毎日重い袋を下げて銀行まで持っていかなくてはならなかった。今日でも、いくつかの独立施設を除き、宿泊所の殆どは少数のドヤ師が所有している。

（8）インタビュー。

（9）『ドヤ』底辺の会編、三一書房、一九六一年。

（10）Ph. PELLETIER, «Qualité de la ville et ghettos de travailleurs journaliers...» in *Qualité de la ville…, op. cit.*, pp. 217–229.

(11) 大橋薫『都市の下層社会』誠信書房、一九六四年、一一七―一二〇頁。

(12) インタビュー。

(13) 以前、墓地であった場所に、日本に仏教を導入した聖徳太子が六世紀に「天王寺」を建立した。巡礼者を集める聖地である天王寺界隈は、縁日と市が開かれる場所でもあり、「商人、職人、茶屋や宿屋や賭博場主人、あらゆる種類の僧、巫女、占い師、露天商人、大道芸人、売春婦など、実にさまざまな人々が集まった」と、Anne BOUCHY は、御託宣の飛び交う場所についての著作（*Les Oracles de Shirakata*, Paris, Éd. Philippe Picquier, 1992, p. 166 seq.）に書いている。一九九〇年代半ばも、天王寺界隈は、昔の名残をとどめており、貧困と奔放と庶民の信仰とが隣り合っている。

(14) 開高健『日本三文オペラ』文藝春秋新社、一九五九年、再版、新潮文庫、六頁。

(15) 同書、八頁。

(16) 将棋は、日本で人気が高い（碁の人口八百万人に対し、将棋人口は千二百万人である）。ジャンジャン横丁は、将棋道場で有名である。なぜなら、界隈には、戦前の有名なプロ棋士、坂田三吉（一八七〇―一九四六）が通ったからである。坂田の肖像を掲げている建物もある。坂田は苦戦に陥ったとき、次のような、名文句を口にした。「わしの銀が泣いている」。東京では、芸術としての将棋という純粋な観念が支配していたが、大阪では、重要なのは勝つことであった。多くの将棋道場で、非合法の賭けが行われていた。

(17) この界隈のことを、私は、ある人に教わった。タテベさんである。甲高い声で、老女のように皺々の顔を、ローズウッドの色調の帽子からのぞかせているタテベさんに、私は、日本列島の南の、今も豊かな自然の残る屋久島で出会った。タテベさんは、自分の詩を刻むための木を探していた。タテベさんは刑務所で長い年月を過ごした。その理由については、決して教えてくれなかったが、タテベさんは、私家版の小冊子『風車』に自らの思い出を綴っている。タテベさんは、飛田に暮らし、釜ヶ崎のときと同じくそこで、実に様々な人々に出会った。タテベさんのおかげで、飛田や釜ヶ崎での数日の滞在の間に、この手ごわい世界が目の前に開けてきたのであった。ある日、タテベさんはいなくなった。飛田を去り、どこに行ったのか、誰も知らない。タテベさんが今どこにいようと、ここで、一言御礼を述べておきたい。

(18) 「カラバウ」は、タガログ語で、水牛を示す言葉であり、「忍耐力」の同義語でもある。

(19) 寿町へのフィリピン人移民の生活については Rey VENTURA, *Underground in Japan*, New York, Jonathan Cape, 1992. 仏訳 *Clandestin au Japon*, Paris, Ed. Philippe Picquier, 1996.

(20) 一般的に、差別や分離政策は、界隈の外国人の目には、ほとんど感じ取ることができない。しかし、差別は根強く生き残っている。京都のような敷居の高い都市のほうが、差別が目につく。

(21) 一九六〇年代の東京には、まだ伝統的な意味でのスラムに似た界隈があった。それは、やくざや娼婦たちが暮らしていた高橋である。親が逮捕された場合、その子供の世話をするのは、隣り近所の人々であった。

(22) 日本男性の平均寿命が七十八歳であるのに対し、ドヤ街の平均寿命は五十六歳ぎりぎりである。日本人全体の死亡率が千人に対し六人であるのに対し、ドヤ街においては、千人に対し三十人である。

(23) 山谷の生活については、Edward FOWLER の調査、*Sanya Blues, laboring life in contemporary Tokyo*, Ithaca, Cornell University Press, 1996.［エドワード・ファウラー『山谷ブルース』川島めぐみ訳、洋泉社、一九九八年］

(24) 一九九〇年代後半には、不況のため、その数はめっきり減った。

(25) 山谷については、いつも自分の持っているもの（内面世界や思い出）を我々にも分け与えてくれた、この長年の友人から教わった。彼は、一九九八年五月のある日、ドヤ街の宿泊所の小さな部屋で亡くなった。彼の厚意に感謝の意を表したい。彼は『無関係な生き方』（ペップ出版、一九七七年）と『ルンペン学入門』（ペップ出版、一九八五年）の著者である。

(26) 労働者と農民は、仕事の際にしばしば、汗を吸収させるために鉢巻をする。手ぬぐいを頭に巻くのは、西欧で袖をまくるのと同様に、努力の体勢を意味する。

(27) インタビュー。

(28)「赤ひげ」は、江戸の庶民を描く山本周五郎（一九〇三―一九六七）の小説に登場する医者の渾名である。一九五八年に出版されたこの小説『赤ひげ診療譚』は一九六五年、黒澤明監督により映画化された。

(29) 人間の科学社、一九七九年、五―七頁。

(30) これは、多くの浮浪者の場合もそうである。上野界隈のホームレスの診療に携わった藤原医師の研究に拠れば、約六十人のうち十一人が精神障害者であり、約三十人が精神病であり、事実上全員がアルコール依存症患者であった。一九九〇年の退官の際の講演録『底辺の社会病理』(記念冊子所収)より。

(31) 日本の精神医療システム、少なくともいくつかの病院のシステムは、一九八四年八月の国連人権委員会の調査課題であり、患者の強制収容、鎮痛剤の濫用やさまざまな暴力への苦情に対し、法的措置が取られた。アルコール依存症や放浪で山谷に集まってきた日雇労働者の中には、患者への暴力でスキャンダルとなった宇都宮の精神病院に入院させられた者もあった。日本の精神医学の歴史については、Jean-Claude JUGON, «Aperçus historiques de la psychiatrie japonaise», in *Médecine et société au Japon*, *op. cit.*

(32) 一九九八年、釜ヶ崎近隣地区の住民から、貧窮の日雇労働者向けの宿泊センター建設に対し反対の声が上がったことからも明らかである。A. GONON, *La position sociale des travailleurs journaliers...*, *op. cit.*, p. 191. 参照。

(33) 例えば、大藪寿一『孤独と絶望――あいりん人生追跡調査』幻想社、一九八一年。

(34) インタビュー。

(35) ドヤ街の死者の殆どは身元が確認できないので、キリスト教の慈善団体が、氏名が判明していなくても差し支えないように、お盆に共同葬儀を執り行っている。釜ヶ崎の「ふるさとの家」は、その小さな建物の二階に、身元の分からない遺灰を収める納骨堂を設えた。それぞれの納骨された場所の前には、写真が置かれている。

(36) 三人の死者を出した一九九八年の火事の後、多くのホームレスが付近の公園に移動させられた。

(37) ガリマール社から、ベルナール・フランク (Bernard Frank) の訳で出版されている「姨捨山」の伝説にもとづくこの物語は、今村昌平によって映画化されている。

(38) バルザック『フェラギュス』より。L. CHEVALIER, *Classes laborieuses, classes dangereuses, op. cit.*, p. 149.［『労働階級と危険な階級』七六頁］の引用による。

(39) NINOMIYA Hiroyuki, «Époque moderne» in *Histoire du Japon, op. cit.*, pp. 391-403 参照。

(40) 同書、三九八頁。

(41) *Rioters and Citizens. Mass Protest in Imperial Japan*, Berkeley, University of California Press, 1990, p. XXII.

(42) MARUYAMA Masao, «Ideology and dynamics of japanese fascism» in *Thought and Behaviour in Modern Japanese Politics*, London, Oxford University Press, 1963, pp. 77-78.［丸山眞男「日本ファシズムの思想と行動」『現代日本の思想と行動』上巻、未来社、一九五六年、七

三頁（ただし引用箇所は明治期に関するものではない）」

第二部

（1）例えば、Hans Magnus ENZENSBERGER, *Politique et crime*, Paris, Gallimard, 1969（特に冒頭の論「ガラスケースのまえでの省察」）〔H・M・エンツェンスベルガー『政治と犯罪　国家犯罪をめぐる八つの試論』野村修訳、晶文社、一九六六年〕参照。

第一章

（2）SATO Kazuhiko, «Des gens étranges à l'allure insolite», «Contestation et valeurs nouvelles dans le Japon médiéval», *Annales E.S.C.*, mars-avril 1995. またこうした反抗運動について詳しいものとして、Pierre-François SOUYRI, *Le Monde à l'envers*, *op. cit.*, p. 157.

（3）Br. GEREMEK, *Les Marginaux parisiens*..., *op. cit.*, p. 138.

（4）以前にも、中国からの銅銭輸入後、貨幣の使用は所々で見られた。日本人は十六世紀の末に貨幣を鋳造し始めたが、公的システムが導入されていたわけではなかった。貨幣鋳造システム導入は、十七世紀初頭、徳川幕府によってであった。

（5）Joüon DES LONGRAIS, *L'Est et L'Ouest, institutions du Japon et de l'Occident comparées*, Tokyo, Maison franco-japonaise, 1958, p. 386.

(6) 同書、三八七頁。

(7) 森永種夫『流人と非人』岩波新書、一九六三年、一五一―二〇頁。

(8) 下層民がいかに多かったかは、十八世紀において、日本人の一五パーセントが都市に居住していたことを見れば明らかである。非サムライである「町方」は、都市の人口の四〇パーセントを占め、十八世紀末の江戸の住民全体百十万人から百四十万人のうち四十五万人から五十五万人に上った。特定の身分をもたない浮動層の人口は時代によって異なるが、五万人から七万五千人の間であったと推定される。Cf. Thomas O. WILKINSON, *The Urbanisation of Japanese Labor 1868–1955*, London, University of Masachusetts Press, 1965, pp. 20, 24, annexe, p. 211. すでに見てきたが、ゲーリー・P・ルップは、浮動層の人口はさらに多かったとしている。というのも、資料によれば、明治直前に、江戸の非サムライの六〇パーセントが特定の身分を持たない個人であったと考えられるからである（同書、四頁）。いずれにせよ下層民は、江戸や大坂、京都の人口のかなりの部分を確実に占めていた。

(9) 重松一義『江戸の犯罪白書』ＰＨＰ研究所、一九八六年、一四―一六頁。

(10) 同書、一六頁。

(11) ルネ・シフェールの翻訳 *Ôin hiji: Enquêtes à l'ombres des cersiers*, Paris, Publications orientalistes de France, 1990.

(12) IHARA Saikaku, in *Enquêtes..., op. cit.*, pp. 15–16.〔『新編西鶴全集』第三巻本文編『本朝桜陰

比事』勉誠出版、二〇〇三年、六〇〇―六〇四頁〕

(13)〔五人組をモデルとした〕隣組は軍国主義時代に監視の重要な役割を担い、ことに一九四一年夏以降、その活動は強化された。敗戦で隣組は廃止され、その後は、良好な近隣関係という理論的に限定された機能を持ったものとして再登場することになる。

(14) 重松一義『江戸の犯罪白書』前掲書、八二頁。

(15) 同書、五四―五五頁。

(16) 井原西鶴は、たとえば「恋草からげし八百屋物語」(『好色五人女』巻四)の中で、放火犯お七の拷問を描いている。お七は、数日にわたり馬に乗って町をひき回され、四辻や橋のたもとにさらされ、生きたまま火あぶりにされた(*Cinq Amoureuses*, Paris, Gallimard, 1959, pp. 147–148.)〔『新編日本古典文学全集66、井原西鶴集①』三五七―三五八頁〕(ただし、日本語原典では拷問の具体的な記述はない)。

(17) 重松一義『江戸の犯罪白書』前掲書、八三頁。伝説的盗賊である石川五右衛門(十六世紀末に生きていたとされる)は息子と共に油の釜茹での刑を受け、息子が煮えた油に触れぬよう、五右衛門は腕で支えていたといわれている。その後、「五右衛門風呂」という表現は、かまどで暖められる鉄の浴槽を指すようになった。日本の浴槽の多くは、木であり、かまどからは切りはなされている。

(18) 同書、五七―五九頁。

(19) 同書、六〇—六一頁。

(20) 平松義郎「人足寄場の成立と変遷」『人足寄場史』創文社、一九七四年、九〇—九一頁。

(21) 重松一義『江戸の犯罪白書』前掲書、一八八頁。

(22) 同書、一九五頁。

(23) 「やくざ」という言葉は、博徒の世界に由来する。文字どおり、「や・く・ざ」とは、八・九・三、すなわち、賭け——おそらくは花札の——における負けの数字の組み合わせを意味する。この言葉は「悪い」の同義語となり、俗語では「何の役にも立たない」という意味である。二十世紀以降、やくざという言葉は広く盗賊の世界を指すようになった。田村栄太郎『やくざ考』雄山閣、一九五八年、岩井弘融『病理集団の構造』前掲書、四八頁、加太こうじ『日本のヤクザ』再版、大和書房、一九八七年、一七頁。

(24) 明治維新後、ようやく火消し団が市町村の管轄下に移行した。

(25) この言葉は実際は、戦国時代以後に出現する。

(26) Br. GEREMEK, *Les Marginaux parisiens...*, *op. cit.*, pp. 141-142.

(27) 賭け事、ことにすごろくは仏教（八世紀）とともに、中国から日本に伝来したと考えられる。加太こうじ『日本のヤクザ』大和書房、一九八七年、一六九頁参照。

(28) 岩井弘融『病理集団の構造』前掲書、三四頁。

(29) 増川宏一『賭博の日本史』平凡社、一九八九年、九七—九九頁。

(30) 岩井弘融『病理集団の構造』前掲書、三五頁。

(31) 博打は二つの漢字「博」と「打」からなり、競争と賭の概念、つまり金がらみの賭けを意味する。田村栄太郎の『やくざの生活』(雄山閣、一九八一年、八頁)の解説を参照のこと。賭け事を指すもうひとつの単語が賭博であり、これも賭金の概念を含んでいる。

(32) 増川宏一『賭博の日本史』前掲書、一二一一三頁。

(33)「股旅」という言葉は長谷川伸(一八八四―一九六三)により、一九二九年に書かれた戯曲『股旅草鞋』のタイトルの中で初めて使用されたもののようであるが、ジャンルとしては以前から存在していた。

(34) 田村栄太郎『やくざの生活』前掲書、八四―八五頁。

(35) 貨幣の流通は、融資のシステムを生んだ。一七二三年、江戸では二五〇の担保貸し、あるいは日掛けの金貸しがあった。それらの多くは高利貸しであり、「死ぬ時には二倍になっている」というほどのものであった(その際は、借り手の父が支払う)。借金の多くは、賭博にあてられた。無尽講のシステムも存在した。メンバーは一定額を支払い、決められた日に抽選が行われる。当選者は望みの額を得ることができた。このシステムは現代日本ではねずみ講と呼ばれ一九七九年に禁止された。

(36) この表現の語源は知られていない。荷物の運び手になろうとして宿屋の給仕たちが旅人の周りに形作る「雲」(ハエの群れのような)のことであるとする解釈もある。また、別の解釈によれば、「雲助」とは蜘蛛をも意味する「クモ」という言葉にひっかけたもので、宿屋の給仕が、旅人が捕まるよう巣を張り巡らすというのである。雲助はまた、旅人を背負い、川を渡っておいて、浅瀬に差し掛かるとかなり高額の駄賃を要求した。今野信雄『江戸の旅』岩波新書、一九八六年、一四三頁。

(37) これについては、『日本書紀』(七二〇年編纂)に最初の記述が見られる。長い間、浮浪人という用語は、戸籍に記された住所を遠く離れた個人のことを指していた。逃亡者とは対照的に、浮浪人は当局から把握され、雑役を課された。*Dictionnaire historique du Japon, op. cit.*

(38) 田村栄太郎『やくざの生活』前掲書、五五―五六頁、八六―八七頁。

(39) 筑摩書房、一九八九年。同書は佐賀純一と彼の患者のひとりである伊地知栄治との対話に基づいている。同書にはやくざの生活や、社会の裏側で重みを増して生きている世界についての細部がふんだんに盛り込まれている。日雇労働者や売春婦たちについてである。佐賀はまた、大島渚の『愛のコリーダ』のヒロインとなる阿部定の人生、警察の拷問、一九〇一年の足尾銅山事件など、表の歴史からは無視されている事柄についても触れている(英訳に、*The Gambler's Tale. A Life in Japan's Underworld*, Tokyo, Kodansha International, 1991. 英訳からの仏訳に、*Confession d'un joueur*, Paris, 2d. Phillippe Picquier, 1992)。

(40) 同書(日本語版)、一三三頁。

(41) 同書、一七四―一七五頁。

(42) 同書、五〇―五五頁。近代日本において博打屋や非合法賭博場は、しだいにホテルの客室に場所を移し、目につきにくいものとなった。九〇年代半ばに、東京や大阪では、毎晩数百の非合法の賭博勝負が行われていた。女性向けの賭博の中には、やくざの妻が取り仕切っているものもある。

第二章

(1) *Bandits*, London, George Weidenfeld and Nicolson, London, 1969, 仏訳 Paris, 1972, La Découvert, 1999.［『匪賊の社会史』斎藤三郎訳、みすず書房、一九七二年］

(2) 『森の石松の世界』新潮社、一九八九年、一八頁。森の石松は、有名な義賊、清水次郎長の子分であり、善良であまりに正直なやくざのその悲しい運命が、浪花節の中で語られている。

(3) 映画監督の伊藤大輔は一九五一年に幡随院長兵衛の映画を製作した。(「大江戸五人男」)。

(4) 西欧語のものでは、Maria Teresa ORSINI による翻訳が *Il Giappone*, Centro di cultura italo-giapponese, vol. XXII, 1982. に収められている。

(5) 田村栄太郎『やくざの生活』前掲書。国定忠次については一七九―一八五頁、清水次郎長については二一八―二二六頁。

(6) この伝記は近代日本において、会田範治により翻案され、『東海の大侠 次郎長』のタイトルで出版された。郷土史研究会、一九六八年。この伝記に基づいた英語の物語としては、Oliver

STATLER, *Japanese Inn, a reconstruction of the past*, Tokyo, Tuttle, 1973, Chap. XII, «The Tokaido's Number One Boss».

（7）男伊達は良く知られており、日本を訪れた外国人も、男伊達の話題を耳にしている。フランス海軍次官のモーリス・ドュバールは、*Japon pittoresque* の中で、この弱き者の味方、強き者や圧制者の敵である男伊達について述べている。「男伊達は、警察を助け、また、公衆の安寧などおかまいなしの侍と対決することも恐れない。それゆえ民衆は、男伊達に最も信頼に足る忠実な守護者としての姿を見出し、崇拝したのである」一五二頁（Paris, 1879）。

（8）New York, W. W. Norton, 1959.［『反抗の原初形態』青木保編訳、中央公論社、一九七一年］

（9）*Bandits, op. cit.*, p. 15.［『匪賊の社会史』前掲書、三三頁］

（10）同書、邦訳二二頁。

（11）一九七〇年代のアングラ劇の劇作家たち（寺山修司、唐十郎、鈴木忠志）や映画監督の今村昌平（一九八〇年の映画『ええじゃないか』）が明治以降、抑圧されてきた民衆的想像力の「ディオニュソス的」次元を復活させようとして光を当ててきた異議申し立ての伝統。

（12）Jean CHESNEAUX, «La place des sociétés secrètes dans l'évolution historique de la Chine aux XIXe et XXe siècles», Feiling DAVIS, «Le rôle économique et social des sociétés secrètes», *Mouvements populaires et sociétés secrètes en Chine aud XIXe et XXe siècle*, ouvrage collectif préparé par Jean CHESNEAUX, Feiling DAVIS et Nguyen Nguyet Ho, Paris, Maspero, 1970.

(13)同盟を意味する「一揆」という言葉が農民や下級武士を結集し、しばしば宗教的な勢力によって纏め上げられる反乱的性格を持つ組織を指すようになるのは、十五世紀からである。十五世紀から十六世紀にかけての一向一揆は、ことに注目に値する。一向宗は、大宗派である浄土真宗の勢力下の、政治的軍事的組織を備え平等主義的教義を説く宗派である。初めて天下統一を成し遂げた織田信長、続いて豊臣秀吉が成功に至ったのは、類を見ない暴力と闘争を通じてであった。

Cf. Pierre-François SOUYRI, *Dictionnaire historique du Japon, op. cit.*

(14) Herbert P. BIX, *Peasant Protest in Japan 1590–1884*, London, Yale University Press, 1986, pp. 199–200.

(15)「世直し」は、古く遡る(平安時代)複雑な概念であり、江戸時代後期には、反乱の思想と結びついた。

(16) M. LEWIS, *Rioters and Citizens, op. cit.*, p. 128. の引用による。

(17)「ええじゃないか」については、数多くの書物がある。参照したのは、藤谷俊雄『おかげまいりとええじゃないか』(岩波書店、一九六八年)、および高木俊輔『ええじゃないか』(教育社、一九七九年)。またジョージ・ウィルソンの論文 «Pursuing Millennium in the Meiji Restoration», in Tetsuo NAJITA, J. Victor Koschemann, *Conflict in Modern Japanese History*, Princeton, Princeton University Press, 1982, pp. 177–194. 参照。

(18)『ええじゃないか』前掲書、二三三頁。[ただし、原文には、「一揆と『世直し』は対立的に把握するよりも、両者とも『世直し』の側面であり『ええじゃないか』は『世直し状況』の一要素であったとみておきたい」とある。」

(19) イタリア統一の時代である一八七〇年頃の南イタリアにおいて、似たような状況が見られる。Cf. Franco MOLFESE, *Storia del brigantaggio dopo l'unità*, Milan, Feltrinelli, 1979.

(20) ジャン・シェノーによれば、広東省の秘密結社は、「広範な反対勢力」として登場した。社会運動の役目を果たしていなかったとしても、大衆を動員することには貢献した (*Mouvements populaires et sociétés secrètes en Chine*... *op. cit.*, pp. 37-42.)。「秘密結社の経済的社会的役割」に関する論文の中でフェーリング・デイヴィスは、秘密結社に、儒教的秩序に対する異議申し立てという側面を見出しているが、おそらく、徳川時代のいくつかの例を除き、日本の無法者集団にはこうした側面は見られなかったと思われる。

(21) 遠藤鎮雄『加波山事件』三一書房、一九七一年。

(22) 自由民権運動に関して資料は豊富である。英語文献としては、Herbert NORMAN, *Japan's Emergence as a Modern State*, New York, Institute of Pacific Relations, 1940.［『ハーバート・ノーマン全集第一巻』(岩波書店、一九七七年) 所収、大窪愿二訳「日本における近代国家の成立」］および豊富な資料に基づく研究として、Roger W. BOWEN, *Rebellion and Democracy in Meiji Japan. A study of commoners in the popular rights movement*, Berkeley, University of California Press, 1980.

(23) 以下の記述については、未発表の論文 «The politicization of the Japanese social bandits» を送ってくださったロジェ・W・ボーエン氏に負っている。ボーエン氏は、ことに、自由民権運動の反乱がホブズボームが定義付けるような「社会的盗賊」の枠組みにあてはまるものの、この運動は自然権に根差すものであるので、「前駆政治的」な性質のものであるとすることはできず、「社会的盗賊」からずれてもいることを明らかにしている（二一—二二頁）。

(24) 井出孫六『秩父困民党群像』新人物往来社、一九七三年、一〇頁の引用。

(25) ロジェ・W・ボーエンによれば、田代が博徒の世界に属していたからといって、警察の言うようにそれだけで彼を単なる無法者と見なすことはできない。彼は自らの共同体の善を願い、農民の請願書を執筆する「貧者の弁護士」（代言人）なのである。賭博は養蚕業者の間で行われていたことである。したがって、博徒と農民とは区別しがたい。*Rebellion and Democracy…, op. cit.*, pp. 277-278. 井出孫六（前掲書）もまた秩父農民蜂起の指導者たちの義侠的性質を主張している。

(26) «The politicization of the Japanese social bandits», *op. cit.*, pp. 31-35.

(27) 長谷川昇『博徒と自由民権運動』中公新書、一九七七年、四頁。

(28) 同書、一五〇—一五九頁。

(29) ことに Anton BLOK, «The peasant and the brigand: social banditry reconsidered», *Comparative Studies in Society and History*, 14, n° 4, 1972, pp. 494-503. および、エリック・ホブズボー

ムの返答（pp. 503-505）。ことに盗賊の位置の両義性を述べ（p. 76.［邦訳九二頁］）、何度も自らの言葉に含みを持たせようとした功績をホブズボームに認めなければならない。ホブズボームは最後に、心性において、体裁のあまりよくないものに対しては何でも抵抗する無法者の姿の象徴的な次元について述べている。

（30）この点に関してはPhil BILLINGSLEY, *Bandits in Republican China*, Stanford University Press, 1988.［フィル・ビリングズリー『匪賊——近代中国の辺境と中央』山田潤訳、筑摩書房、一九九四年］

（31）昭和（天皇裕仁の在位期間。一九二六年十二月から一九八九年一月まで）の犯罪の展開については、昭和を対象とした特別欄（「昭和の刑事政策」）が設けられた一九八九年の『犯罪白書』の統計を参照のこと。英語文献としては*Crime and Criminal Policy in Japan from 1926 to 1988*, SHIKITA Minoru, TSUCHIYA Shinichi, éd., Tokyo, Japan Criminal Policy Society, 1990.

（32）A. GORDON, *The Evolution of Labor Relations in Japan*, *op. cit.*; Stephan S. LARGE, *Organized Workers and Socialist Politics in Interwar Japan*, Cambridge, Mass., Cambridge University Press, 1981; John W. BENETT et Iwao ISHINO, *Paternalism in the Japanese Economy*, Westport, Conn., Greenwood Press, 1963. 参照。

（33）Ivan MORRIS の *Nationalism and the Right Wing...*, *op. cit.* の丸山眞男の前書き参照。

（34）国粋会は「『危険思想』、とりわけて産業での危険思想におびえる大実業家と政治家の側に立った、猪突猛進の戦闘的な反動を代表していた」とリチャード・ストーリィは述べている（*The Double Patriots, a study of Japanese nationalism*, Westport, Conn., Greenwood Press, 1973, p. 29.）。［『超国家主義の心理と行動——昭和帝国のナショナリズム』内山秀夫訳、日本経済社、二〇〇三年、三五—三六頁］

（35）床次については、『右翼事典』社会問題研究会、双葉社、一九七〇年。英語文献としては、I. MORRIS, *Nationalism and the Right Wing..., op. cit.*, pp. 314, 338-339.

（36）『病理社会の構造』前掲書、四六頁。

（37）一九二二年設立。

（38）Herbert NORMAN, «The Genyōsha: a study in the origins of japanese imperialism», *Pacific Affaires*, vol. XVII, n° 3, sept. 1944. ［『ハーバート・ノーマン全集』第二巻、第五章、福岡玄洋社「日本帝国主義の源流」］および、Richard STORRY, *The Double Patriots..., op. cit.*, pp. 9-11. ［リチャード・ストーリィ『超国家主義の心理と行動——昭和帝国のナショナリズム』前掲書、一三—一六頁］参照。

（39）『玄洋社社史』、一九一七年発行。

（40）Robert BOOTH と Taro FUKUDA の *I was Defeated* のタイトルで英語に訳された評伝（東京、一九五一年）を参照のこと。児玉の生涯については、『児玉誉士夫の虚像と実像』創魂出版、一九七〇年。

(41) 薬品の行商のふれこみで、一八八六年、上海に設立された製薬会社薬善堂は、実際には、モンゴルまでスパイを派遣する諜報機関であった。岩井弘融『病理社会の構造』前掲書、六三五頁。諜報活動の一環として、玄洋社は上海、天津、韓国の釜山に高級娼館を有しており、娼館常連の中国や韓国の責任者たちを脅迫することができた。

(42) Phil BILLINGSLEY, *Bandits in Republic China, op. cit.*, pp. 216–217. [『匪賊—近代中国の辺境と中央』二九三頁] 彼は、二〇年代初頭、他の中国人二人と共に、上海のフランス租界で麻薬の取引を牛耳っていた。

(43) こうした転覆の戦略に加えて、二十世紀初頭の日本は、他地域にとってみれば新思想(国家主義、社会主義)のるつぼであったことは考慮に値する。後に革命家になる数多くの中国人や韓国の知識人たちが東京に留学していた。日本が一九一一年の辛亥革命の父孫文に行った援助は、真摯な自由主義と、この試みで満州国転覆の可能性をもくろむ臆面もない拡張主義との両方の影響下にあった日本の政策の両義性をよく示している。この複雑なメカニズムについては、ことに、Marius B. JANSEN, *The Japanese and Sun Yat-sen*, Stanford University Press, 1954.

(44) 大日本帝国の兵士たちのために売春することを強制された、主に朝鮮半島出身の二〇万人の女性たちを指す婉曲表現。一九九二年一月に、軍の責任を明らかにした文書が発見されたため、宮沢内閣は事実を認め、日本政府として謝罪の意を表した(『ル・モンド』一九九二年八月五日付け)。この問題に関する英語文献として、George HICKS, *The Comfort Women*, Tokyo, Yen-

books, 1995.［ジョージ・ヒックス『性の奴隷　従軍慰安婦』浜田徹訳、三一書房、一九九五年］

(45)『病理集団の構造』前掲書、四七頁。当時の中国におけるやくざの役割については、森川哲郎が触れている。『血の宣告　ドン田中　狙撃事件』三一書房、一九七九年、二〇九頁。作家の高見順は小説『いやな感じ』の中で、一九二〇年代末から一九三〇年代にかけての満州や上海の政治の末端部で暗躍する人々を描いている。

(46) Ph. BILLINGSLEY, *Bandits in Republic China, op. cit.*, p. 221.［フィル・ビリングズリー『匪賊——近代中国の辺境と中央』二九九頁］

(47) 渡辺龍策「秘録川島芳子——その生涯の真相と謎』徳間書店、一九八五年、Richard DEACON, *Kempeitai, the Japanese Secret service Then and Now*, rééd. Tokyo, Tuttle, 1990. が川島芳子について数ページ（pp. 150-155.）にわたって書いている。

(48) John G. ROBERTS, *Mitsui, Three Centuries of Japanese Business*, Weatherhill, 1973, pp. 312-313.

(49) 同書、三一三頁。日本の麻薬問題に関しては、Frederick T. MERRILL, *Japan and the Opium Menace*, New York, Arno Press, rééd. 1981. および、論文 Jonathan MARSHALL, «Opium and the politics of gangsterism in Nationalist China, 1927-1945», *Bulletin of Concerned Asian Scholars*, juillet-septembre 1976.

(50) Fr. T. MERRILL, *Japan and the Opium Menace, op. cit.*, pp. 98-99. 麻薬は日本侵略以前、中

国で広く出回っていたが、日本の占領により、例えば、「日本人が広範な毒を広めた」り、「アヘン窟が数百単位で増えていく」上海（*Shanghai: opium, jeu, prostitution*, texte établi par l'Institut de recherches historiques de Shanghai, Paris, Éd. Philippe Picquier, 1992, p. 48.）で、状況は悪化した。同書で、日本人と強く結びつき、日本国籍を取得した麻薬商人である葉清和の姿が描かれている（pp. 52-78.）。上海のフランス租界における麻薬取引をとりしきっていたもっとも活発な秘密結社である青幇については、Brian G. MARTIN, *The Shanghai Green Gang. Politics and Organized Crime, 1919-1937*, Berkeley, University of California Press, 1996. 参照。そのリーダーの一人である杜月笙（一八八一―一九五一）は、フランスの警察と密接な関係を持ち、厚遇を受ける見返りとして、共産主義者たちの身柄を「引渡し」ていた。一九三七年から一九四一年にかけての時期については、Frederic WAKEMAN, *The Shanghai Badlands: wartime terrorism and urban crime, 1937-1941*, New York, Cambridge University Press, 1996.

(51)「カモッラ」の語源は明らかではない。スペイン語に由来するのかもしれない。ハンス・マグヌス・エンツェンスベルガーによれば（*Politique et Crime*, *op. cit.*, p. 121.〔『政治と犯罪』前掲書、一六八頁〕）、中心的組織を持つ犯罪が文学に初めて現れるのもスペインからである。修道士組織に範をとった、この「名誉ある社会」は、アラゴン人支配下のナポリで登場した。カモッラという言葉は、一七三五年に初めて公式文書で使用された。しかし、もともと監獄から生じた悪事を働く人々の組織としてカモッラが語られるようになるのは、十九世紀初頭のことである。

(52) カモッラについての短い余談に関しては、Alberto CONSIGLIO, *Camorra*, Milan, Cino del DUCA, 1959. および、Marc MONNIER, *La camorra*, rééd, Naples, Arturo Berisio, 1965.（ナポリを愛するこのスイス人教授の同書初版は一八六三年である）および、M. MARMO, «Ordine e disordine: la camorra napoletana delle Ottocento», Merdiana, 1990, pp. 7-8, p. 157, et suiv.

(53) カモッラはいわば「正統的警察よりも犯罪についての知識を持った独立警察」を形成していた。街路や「監獄や、評判の悪い場所や、市場」の秩序維持を任務とする「下層民エリート」である、とM・モニエは述べている。同書、一一三頁。

(54) *La Camorra*, *op. cit.*, pp. 126-127.

第三章

(1) Alfred MCCOY, *La Politique de l'héroïn en Asie du Sud-Est*, Paris, Flammarion, 1980, pp. 47, 52-62. 参照。

(2) シチリア進出を容易にするような、マフィアとアメリカの権力当局とのあいだでの「契約」があったことを確証するような信頼に足る研究は全くなされていない、とマリ・アンヌ・マタールーボヌッキは述べている（*Histoire de la Mafia*, Bruxelles, Ed. Complexe, 1994, pp. 173-174.)。同著者はまた、米国が何人かの政治的責任者を任命するに当たって Politique du pire（目的達成のため一時的に悪い手段をとる政策）を取っているにもかかわらず、米国とマフィアの親分との接触を過小に評価する傾向がある。
（3）岩井弘融『犯罪社会学』弘文堂、一九七六年、二一一―二一二頁。
（4）ペニスを指す言葉に由来するのかもしれない。
（5）終戦時に二百五十万人近くの朝鮮人と二十五万人の旧台湾省出身者がいた。
（6）田岡が回想録の中で記している武勲である。田岡一雄『山口組三代目――田岡一雄自伝』三巻、徳間書店、一九七三年。この作品に基づき、東映は一連の映画を製作している。
（7）インタビュー。宮崎学『不逞者』角川書店、一九八八年、九一―一五頁。
（8）父についての本の中で、娘・尾津豊子は、戦後のやくざの大立者の姿を描いている。尾津（一八九八―一九七七）は、「光は新宿より」のスローガンのもと、敗戦の四日後、新宿に闇市を組織した。このスローガンはさかんにマスコミで取り上げられた。ありとあらゆるものが売られ交換される廃墟の中のこの巨大な「奇跡の庭」は、戦後の東京の名所のひとつであった。尾津の手柄は、新橋界隈での旧台湾省出身のやくざとの大抗争の際に、三千人のテキヤを動員したことである。尾津は一九四八年に逮捕され、一九五二年に釈放され、再びテキヤのまとめ役となり、一九六〇年にはアメリカ大統領アイゼンハワー来日予定に備え、警備を組織した。『光は新宿より』東京、K&Kプレス、一九九八年参照。
（9）天皇は、亡くなると、在位の年号で呼ばれるようになる。こうして裕仁は、一九八九年に昭和天皇になった。

（10）「マッカーサーの協力者たちは、事実を否認しているが、おそらく、日本を支配するため、ゆすりや強奪を働くやくざを援助したのである」とハリー・エマーソン・ワイルドは書いている（*Typhoon in Tokyo*, London, MacMilan, 1954, p. 171.）。GHQの行政部門に配属されたワイルドは、占領軍がやくざと共に行動する様をつぶさに見た。マーク・ゲインは、*Japan Diary*〔井本威夫訳『ニッポン日記』筑摩叢書12、一九六三年、二四四頁〕の中で、「安藤事件は、白日の下にさらされるのを軍が好むと好まざるとにかかわらず清掃されなければならない腐りきった下水溜のような事件なのである」と書いている（London, William Sloane, 1948, p. 263.）。やくざとアメリカ人との関係については、David E. KAPLAN および、Alex DUBRO, *Yakuza. The explosive account of Japan's criminal underworld*, New York, Addison-Wesley, 1986, 特に第２部《The Kodama years》仏訳 *Yakuza, la mafia japonaise*, Paris, Éd. Philippe Picquier, 1990.〔デイビッド・E・カプラン、アレック・デュブロ『ヤクザ――ニッポン的犯罪地下帝国と右翼』松井道男訳、第三書館、一九九一年〕

（11）I. MORRIS, *Nationalism and the Right Wing*..., *op. cit.* ことに第４章参照。

（12）アメリカ軍事諜報局の公開資料には、解放と引き換えに、笹川良一がアメリカ人のために、随時、情報提供者として働いたことが明記されている。その弟である笹川良平は、GHQの協力者リストにすでに登場していた。共同通信による（*Daily Yomiuri*, 14 janvier 1995）.

（13）この点に関しては、I. MORRIS, *Nationalism and the Right Wing*..., *op. cit.*, p. 68, chap. VIII.

参照。
(14) D. E. KAPLAN, A. DUBRO, *Yakuza, op. cit.*, pp. 57-58, 62.〔ディビッド・E・カプラン『ヤクザ』第三書館、一九九一年、七二頁、七八―七九頁〕参照。
(15) 波瀾万丈の生涯を送った田中清玄は一九〇六年に生まれ、共産党のメンバーであった。一九三〇年に逮捕されると、田中の母は「天皇に衷心を示し」自死した。逮捕後、田中は、共産党を離脱する。釈放後、田中は禅の修行をし、天皇の熱烈な崇拝者となった。戦後は建設会社を経営し、特に、国外のエネルギー資源開発やアジア支援行政の分野で政界や財界の黒幕の役割を果たした。一九九三年死去。
(16) 岩井弘融『病理集団の構造』前掲書、一三五頁。
(17) 同書、一三三頁。
(18) D. M. BROWN, *Nationalism in Japan*, Berkeley, University of California Press, 1955, p. 248.
(19) 満州傀儡政権のナンバー2、通商産業大臣、東郷内閣の副大臣を務め、出所から十年もたたぬうちに首相となる。
(20) 笹川は、一九八七年にフランスで財団を設立し（笹川はアメリカ、スカンジナビア、英国にも財団を設立している）、レジオン・ドヌール章に推薦されている。拙論、『ル・モンド』一九八八年十一月十日記事参照。
(21) *Le Monde*, 15 juin 1994.

(22) 愛国反共抜刀隊結成計画については、おそらくは幾分小説仕立てになっているものとして、荒原朴水『大右翼史』大日本国民党、一九九六年、四八三―四八五頁。著者の思想は右翼に類似しており、この書物は客観的というには程遠いが、当時の雰囲気を伝えるものである。木村については、例えば猪野健治の記事（『エコノミスト』一九七六年二月二十六日）および、『血の宣告……』前掲書、森川哲郎の解説、二一七頁参照。

(23) 一九六〇年の危機については、特に、George PACKARD, *Protest in Tokyo: the security treaty crisis of 1960*, Princeton, Princeton University Press, 1966.

(24) このことについての資料は数多いが特に、猪野健治『やくざと日本人』三笠書房、一九七四年、二五四―二五八頁。また勇敢なジャーナリスト NAKAMURA Koji の記事《Samurai Spirit》, *Far Eastern Economic Review*, 一九七一年十月十六日参照。同著者は当時、右翼活動を知る手がかりになる内密情報文書を発表している。

(25) 『やくざと日本人』前掲書、二五五―二五六頁。

(26) インタビュー。

(27) 政財界の指導者たちの一連の暗殺事件。橘は終身刑に処されたが、一九四〇年、恩赦にあずかった。

(28) 東声会については、『週刊新潮』（一九七〇年七月十八日）および『エコノミスト』（一九七六年三月十六日）参照。

(29) 河野一郎は興味深い政治家である。やくざと結びついたこの保守陣営の偉大なトップは、五〇年代初めに日本共産党書記長の徳田球一を中国に逃した人物でもある。

(30) インタビュー。

(31) 児玉誉士夫の晩年と、ロッキード事件（アメリカと最も非合法的な人物との間の緊密な関係を示すものである）への関与については、D. E. KAPLAN, A. DUBRO, *Yakuza, op. cit.*, chap. IV［ディビッド・E・カプラン、アレック・デュブロ『ヤクザ』前掲書、第四章］参照。

(32) 徳間書店、一九七三年。同じ出版社から、飯干晃一『山口組三代目』。

(33) うずくような、嘆くようなメロディの感傷主義的な歌である演歌は、こぶしをきかせて歌われる、庶民的感受性の表現のひとつであり、十九世紀末に登場して以来、様々な様式に抗し、生き延びてきた。*D'Edo à Tokyo, op. cit.*, pp. 355-359.［『江戸から東京へ』前掲書、二四一―二四三頁］参照。

(34) 山口組内部でのこの継承抗争について、大阪や神戸のやくざの世界での取材の他に、以下を参考にした。溝口敦『山口組vs一和会』三一書房、一九八五年、『血と抗争』三一書房、一九八五年、山口組四代目組長の竹中正久の人生についての書『荒ぶる獅子』徳間書店、一九八八年、『山口組五代目』三一書房、一九九〇年。組長によって内部から見て書かれたものとして、小田悦治『極道の戦場』宝島社、一九九四年（「極道」は、やくざ社会を指す大阪の表現である）。

(35) 溝口敦『山口組五代目』前掲書、一四頁。

(36) この複雑な名称については、後の記述を参照のこと。
(37) 徳川時代末から知られている伝統ある組（以後の記述を参照）。
(38) ことに、稲川の秘書、森泉人の『総裁稲川聖城の素顔と実像』廣済堂出版、一九八八年。
(39) 関東会については一九六四年七月十八日から八月一日にかけて『毎日新聞』に掲載された一連の記事を参照のこと。
(40) 週刊誌『アサヒ芸能』（一九九〇年十一月八日）の堀についての弁護的な記事を参照。
(41) ことに、『日本の大親分、十三人の完全データ』共著、政界往来、一九八五年、および、猪野健治の論文集『現代親分論』現代書館、一九九四年。

第四章

(1) 一九九〇年代初めに行われた警察の調査によれば、九五九人のやくざのうち、大半のメンバーの収入は比較的少なく、二〇・九パーセントが月の収入が二十万円以下で、二〇・五パーセントが二十万円から三十万円の間、一七・二パーセントが三十万円から五十万円の間、一二パーセントが五十万円から百万円の間である。月収が百万円を超えるものは、わずか、五・九パーセントである。そして二〇パーセントが無収入あるいは月収十万円未満である。
(2) 山口組の場合、こうした寄付金は、三つの項目に割り当てられる。運営費、慶弔費あるいは、義理掛け、そして、積立金である。

（3）山口組の上納金の額を取り上げれば十分である。一九八九年に課税対象となっていた暴力団の収益は五兆円を超えており、公式発表額の五倍近くである。

（4）一九九〇年代の末の日本は、ドラッグ——少なくとも「ハード」ドラッグ（コカイン、ヘロイン）の蔓延を比較的免れていた。ところが、薬物の差し押さえ件数は徐々に増加し、コロンビア人麻薬密売人とのつながりが明らかになってきていた。警察庁は、コカイン使用者を十五万人と推定していた。日本では、ことに覚醒剤（メタンフェタミン）が大量に出回っていた。覚醒剤はさまざまな社会層で使用されている。トラックの運転手から主婦まで、果ては心身沮喪したインテリまで。一九九六年には覚醒剤の使用で二万人が逮捕され（前年比一三パーセント増）、中毒者は百万人と見られる。毎年、二百キロから六百キロのアンフェタミン（おそらく、出回っている量の一〇パーセント）が差し押さえられている。かつてアンフェタミンは、韓国や台湾で製造されていたが、その後は、三分の二が中国の福建省で製造されている。日本において麻薬は十八世紀から知られ、医療目的で使用されていたが、常に使用は厳しく抑制されていた。一方、覚醒剤は戦中に兵士たちの間で広がり、敗戦後の五年間は、ヘロインおよびヒロポンと呼ばれる覚醒剤をはじめとする薬物蔓延の最初のピークとなった。

（5）暴力団による被差別者の「保護」については、平岡谿《たかし》「社会運動標榜ゴロの取締り」『警察学論集』第四十巻四号、一九八七年四月、六六頁以降。

（6）パチンコはいわば電動のビリヤードであり、日本人に非常に人気の高い娯楽である。その起源と機能については、拙著 *D'Edo à Tokyo, op. cit.*, pp. 399–402.［神谷幹夫訳『江戸から東京へ』筑摩書房、一九九二年、二七九―二八二頁］参照。パチンコで金を儲けるわけではなく、パチンコ玉を獲得し、それを様々な商品（煙草、食料品、おもちゃ、ネクタイ、家庭用品）に交換し、たいがいの場合、パチンコ店に隣接している理論的には非合法な換金所で、商品の値段の半額で換金してもらう。換金所は景品を市場に流し、その際、いくらかの儲けを得るのである。パチンコ店は、多くが在日韓国・朝鮮人によって経営されている。経営者の一部は暴力団の組員である。

（7）*Les Dernières Années de la Mafia* (Paris, Gallimard, 1987.) の中で、マルチェッレ・パドヴァーニは、マフィアの一家それぞれの連携は、評議会や、代表者を中都市の評議会や、中央本部に送り込んでいる地方の支部を通してなされており、ドラッグが大量流入した一九七〇年代まで中央本部が大きな存在であった、と述べている。

（8）暴力団対策法施行までは、組は相互扶助組織とみなされ、街中に堂々と居を構えていた。組の名や紋章を掲げた事務所は日本全国で約四千にも上った。

（9）M. PADOVANI, *Les Dernières Années de la Mafia, op. cit.*, pp. 70–72.

（10）山平重樹による彼の評伝『残俠』（双葉社、一九九二年）参照。

（11）これは、大酒飲みで、いつも腰にひょうたんをつるしていた親方に敬意を表しているのであろう。会津小鉄会の初代組長であった上坂仙吉が組の紋として選んだ。一九八六年に会津小鉄会四代目組長に就任した高山登久太郎は、回想録『警鐘（パート2）』ぴいぷる社、一九九三年、の中で組の歴史について語っている（二五〇―二五四頁）。さらに詳しい話については、原田弘『俠客　会津小鉄追想録』自費出版、一九九〇年。著者は会津小鉄会創立者の孫である。

(12) 前掲書、六七頁以降。本書第一部第五章参照のこと。

(13) 講談社、一九七二年。

(14) 元々、南道会の会員であった宅見は、若い頃は大阪ミナミ界隈の流したちを取り仕切っていた。建設業の下請け業者元締め（他の下請け業者を監督下に置く）として、入札の際の手数料で財をなした。宅見はまた、キャバレーやバーの分野にも大きな影響力を揮っていた。一九九二年七月には法律違反で逮捕され、釈放された。宅見は糖尿病と肝炎に苦しみ、同年八月にフランスに入国しようとした（治療のためという名目で）が国外退去させられた。一九九七年八月に宅見は暗殺された。

(15) 溝口敦『山口組五代目』前掲書、二二六頁。

(16) インタビュー。

(17) 社会科学者が一九七一年に実施した調査によれば、やくざの四二パーセントが片手の小指を切断しており、一〇パーセントが左右の小指を切断している。八〇パーセントが刺青をしている。麦島文夫、星野周弘、清永賢二『暴力団員の断指と刺青』警察大学校（非公刊）。二十年後に行われた同様の調査からは、やくざの風俗が変化していることが判明した。新世代の組長たちは、小指を切断していない。

(18) 豊国道雄「宅見射殺で始まった地下経済の大告発」『現代』一九九七年十一月。
(19) 『警察白書』一九八九年版、三七―三九頁。データは古くなるが、麦島文夫の「組織犯罪」『犯罪心理学　犯罪行動の現代的理解』(安香宏・麦島文夫共編、有斐閣、一九七五年、三〇一頁)も参照のこと。
(20) インタビュー。山之内幸夫は一九八四年十一月刊の『文藝春秋』で、この説を展開している(四〇三―四〇四頁)。山之内は一九九一年初めに、恐喝未遂事件で数カ月間、拘留された。この事件で、彼は宅見勝の組の調停者をつとめていた。
(21) この点に関しては、Walter L. AMES, *Police and Community in Japan*, Berkeley, University of California Press, 1981, pp. 94-104.［ウォルター・L・エイムズ『日本警察の生態学』後藤孝典訳、勁草書房、一九八五年、一〇六―一一八頁］参照。
(22) いまだに厳しい差別が残る瀬戸内海の村々にも被差別地区が存在し、ことに自然災害(台風による)が被差別地区に集中しがちである。Philippe PELLETIER, *L'insularité dans la mer Intérieure japonaise*, C.R.E.T. (Université de Bordeaux) 1992, pp. 143-144.
(23) 会津小鉄会四代目組長、高山登久太郎は韓国系(釜山生まれ、大阪育ち)であった。「在日韓国人として私は、小さいころ「チョーセン」「チョーセン」と言われ、日本人社会の中で有形無形の差別を受けて育った。もっとも腕っぷしには自信があり、喧嘩で私にかなう者はいなかったから、そのうち面と向かって私に「チョーセン」と言う者はいなくなったのだが――」と彼は書いている（『警鐘（パート2）』前掲書、二五六頁）。「私のような人間にとって、他に選択の余地はなかったから、やくざの世界に入った」（インタビュー、一九九四年七月）。

(24)『突破者』南風社、一九九六年、二六―三一頁。

(25) この時期以前の柳川次郎の人生については、飯干晃一『柳川組戦闘』（徳間書店、一九八七年）参照。また、『突破者』（前掲書）参照。

(26) 親と子の関係（生物学的な意味で）を示す「オヤコ」という表現は、初め、指導者とその追随者との関係を指し、それから血縁を指すようになったのであろうとする解説も幾つかある（岩井弘融が『病理集団の構造』（前掲書、三五七頁）で引用している『社会学辞典』の中の、竹内利美によるこの語に関する記述による）。同様の解説を民俗学者の柳田國男がしている。

(27) この概念の分析については拙著 *D'Edo à Tokyo, op. cit.*, pp. 279, 289 suiv.［『江戸から東京へ』前掲書、一七〇頁、一七九―一八三頁］参照のこと。

(28) この点に関しては、John W. BENNETTE, Iwao ISHINO, *Paternalism in the Japanese Economy*, Westport, Conn., Greenwood Press, 1972, p. 13. および、Kazuo KAWAI, *Japan's American Interlude*, Chicago, University of Chicago Press, 1960, pp. 115, 127.

(29) Ivan MORRIS, *Nationalism and the Right Wing…, op. cit.*, p. 320.

(30)「生みの親」といった古文書に見られる表現が示すとおり、日本における架空の親子関係は、非常に広範に見られる現象であった（ある）。こうした表現は、血縁による親子関係と共に、少なくとも社会的には同程度に重要な架空の親子関係のシステムが存在していたことを意味している。戦前の日本社会においては、子の将来に対する親の心配ができるだけ軽減されるように、生まれた時から子供は多くの「代父、代母」に見守られていた。子に名前を付ける名付け親、成人を祝う烏帽子を被せる烏帽子親、結婚を取り持つ者、要するに架空の父親として選ばれた者は全て「親」なのであり、将来の保証の大本となっていたに違いない（特に、岩井弘融が『病理社会の構造』（前掲書、三五八―三五九頁）の中で引用している民俗学者の柳田國男の説明による）。

(31) 思想史家の丸山眞男は、まさに、服従が全面的なものでなければならなかったからこそ、領主が過ちを犯したり非倫理的な振舞いをしたりしないよう、臣下は倫理的責任感から必死に、領主を思い止まらせようともしたのだと述べ、封建的関係の複雑性を明らかにしている。逆説的なことであるが、切羽詰まると、忠誠心は裏切りに至ることもある。『忠誠と反逆――転形期日本の精神史的位相』（筑摩書房、一九九二年）所収「忠誠と反逆」（三―一〇九頁）参照のこと。

(32) *Anthropologie structurale*, Paris, Plon, 1958, p. 45.［『構造人類学』荒川幾男訳、みすず書房、一九七二年、四四頁）］

(33)『突破者』前掲書、二二四―二二六頁。

(34) 縄張りの観念は、かつてのテキヤやすり等、やくざ以外の集団にも見られた。戦前まではそうであった（他者の縄張りを侵した場合、罰として人差し指が切断された）。『浅草博徒一代』（前掲書、六五頁）にその逸話がおさめられている。

(35) こうした儀式の進行については、大阪飛田界隈の親分で、東京浅草界隈のテキヤの親分でもある人物による記述があり、田村栄太郎『やくざの生活』(前掲書、九八―一〇〇頁)に記されている。また『やくざ事典』(雄山閣、一九七一年、一四八頁、一五八頁)参照。英語文献としてはJ. W. BENNETTE, Iwao ISHINO, *Paternalism in the Japanese Economy*, *op. cit.*, pp. 48-50. 一九八九年六月の、渡辺芳則の山口組五代目組長就任の際の盃事のビデオには、黒の礼服や暗い色の着物を着た百人ばかりのやくざの親分が立ち会うこの儀式の詳細が写し出されている。「筑紫哲也ニュース23」で、このフィルムを紹介したTBSテレビは、著作権に抵触しているとして、やくざにより、訴えられた……。

(36) 例えば岩井弘融は、子分に対して組への忠誠の意味を呼びかける仲人のスピーチを引いている。「イヨイヨ之カラ親子ノ盃ヲスル。コノ盃ヲ背負ッタ以上、一家ニ忠義、親分ニ孝、タトエ妻子ハ食ワズニイルトモ親分ノタメ一命ヲ捨テテモツクセ」「オ前タチニハ肉親ノ親モイル。シカシオ前タチハ之カラ一生コノ稼業デ暮ラス決心ヲシタ。入ッタ以上、自分ノ親モ大切ダガ稼業ハコレデ一生ヲ暮ラスモノデアル。親分コソ、オ前タチノ永久ナ親ト思エ、水火モ辞セズ挺身シテツクセ」(『暴力』平凡社、一九五七年、四五頁。)その他の一切の縁を否定する考え方は、中国の秘密結社で要求される個人の一途な忠誠を思い起こさせなくはない。「ひとたび洪門(三合会)に入れば、もはや親類縁者も、履歴もない」Feiling DAVIS, *Mouvements populaires et sociétés secrètes en Chine*..., *op. cit.*, p. 235.

(37) 山口組五代目組長、渡辺芳則出身の組である神戸の山健組事務所に例が見られることをすでに確認したが、これは、暴力団対策法施行まで続いていたしきたりである。

(38) 日本におけるこのような親子関係は「縁」を思い起こさせる。この「縁」という漢字は、分かち合われる運命の関係（依存や愛の）の意味を有するいくつもの言葉を記すのに用いられる。日本の仏教思想においては「縁」は、外的かつ間接的な原因を意味するサンスクリットの pratiyaya に対応する。「縁」は、二人の人間の間の特有の親近性を前提としており、ある時、この「縁」を結び（縁結び）、いわば公的関係にいたることになる。このようにして結ばれた絆は容易に途切れるものではなく、「縁を切」らなければ断ち切れないのである。

(39) 酒とその「文化」については、U. S. CASAL, «Some notes on the sakazuki and the role of sake drinking in Japan», in *The transaction of the Asiatic Society of Japan*, 2e serie, vol. XIX, décembre 1940, pp. 1-187.

(40) 元服の儀式は、思春期から成人への移行を示す中国起源のもので、日本では、奈良時代（七一〇—七八四）から貴族および武士階級の家庭で行われていた。成人への仲間入りは、いくつかの儀式によって象徴的に示されていた。青年（十二歳から十六歳）は髪を結い、着替えて、これから「仮の息子」とみなされる青年の人生に責任を持つ、しっかりした人物である親（この場合、烏帽子親と呼ばれる）から烏帽子（成人男子の着ける絹の帽子。後には黒漆を塗って補強した紙製のものとなった）を受け取る。烏帽子親は、幼名にかえて、新たな名前を与える。江戸時代には単純化され、儀式は「烏帽子祝い」の名で庶民の間にも広まった。今でもこの儀式が残っている地域（京都、香川、八丈島）がある。*Dictionnaire historique du Japon, op. cit.*, entrée: eboshi-oya.

（41）田村栄太郎『やくざの生活』前掲書、五九頁。

（42）「仁義」と定型の文句についての分析としては、岩井弘融『病理集団の構造』前掲書、二六一頁参照。自己紹介の儀式はテキヤの場合、若干異なる。

（43）同様にフランスでも、肉屋の隠語がある。

（44）一九八〇年に、警視庁は、若手警察官の研修のため、暴力団と暴走族の隠語を七百語収録した小冊子を発行した。

（45）日本の刺青の伝統については拙著 *Peau de brocard*, seuil, 2002. を参照のこと。

（46）『暴力団壊滅作戦』警察庁、一九七八年。

（47）『突破者』前掲書。

（48）『週刊大衆』一九九五年二月十三日。

（49）やくざがリクルート活動を行う社会の下層の出身であるトラック運転手たちは、やくざとある種の価値観（体力や、忍耐力の重要視）を共有しているように思われる。日本の幹線道路を走るトラックは、やくざが崇める伝説的ヒーローたちで飾られている。トラック運転手は江戸時代の駕籠かきや飛脚の文化の継承者であるように思われる。

(50) インタビュー。

(51) 溝口敦『山口組五代目』前掲書、一一七頁。

(52) *Le Monde*, 7 octobre 1994.

(53)『浅草博徒一代』前掲書、一〇〇頁。

(54) *Les dernières Années de la Mafia, op. cit.*, p. 21.

(55)「徳川氏時代の平民的理想」［『透谷全集第一巻』岩波書店、一九五〇年］（一八九二年）、多田道太郎の引用、*Japanese Popular Culture*, Wesport, Conn., Greenwood Press, 1973, p. 175. による。

(56) 西欧の義賊についてロベール・マンドルーが *De la culture populaire aux XVIIe siècle*, Paris, Imago, 1985, pp. 126-127.［『民衆本の世界』二宮宏之・長谷川輝夫訳、人文書院、一九八八年、一五七―一五九頁］で述べているとおり。

(57) *Les Enquêtes du juge Ti* のタイトルで Robert H. Van Guilik 翻訳（Paris, U.G.E., coll. 10/18）。

(58) 日本の犯罪文学に関するセシル坂井の論 *Histoire de la littérature populaire japonaise, faits et perspectives 1900-1980*, Paris, L'Harmattan, 1987, pp. 141-188. 参照。

(59) 石子順造他『劇画の思想』太平出版社、一九七三年。

(60) 藤田は一九九三年十二月に自殺した。

(61) 鎌倉出版、一九八〇年。

(62) 型の概念については、拙著『江戸から東京へ』を参照のこと。この概念については、拙著

D'Edo à Tokyo, op. cit., pp. 149 sq., 281-286, 367-368.［『江戸から東京へ』前掲書、八七―一〇〇頁、一七四―一七九頁、二五〇―二五一頁］参照。

（63）『病理集団の構造』前掲書、七三五頁。

（64）日本映画の専門家であるドナルド・リチーの *Japanese Cinema: Film Style and National Character*, New York, Doubleday Anchor, 1971, p. 75.［『日本の映画』梶川忠訳、行路社、二〇〇一年、一二〇頁］による。

（65）岩井弘融『病理集団の構造』前掲書、七三一―七三二頁。

（66）インタビュー。

（67）*La Sicile comme métaphore*, trad. franç. Paris, Stock, 1979, p. 76.

（68）角川書店、一九八七年。「極道」とは、「極端な道」すなわち、やくざの掟である。

（69）評論家佐藤忠男の *Currents in Japanese Cinema*, Tōkyō, Kodansha, 1982. による。

（70）*Image du cinéma japonais*, Paris, Henri Veyrier, 1990, p. 123.

（71）高倉健は一九三一年に北九州の炭鉱町に生まれ、東京の明治大学を卒業し、一九五五年に俳優になった。日本映画の好個のヒーローとなり、数十年にわたり、正直で無口、社会と戦う掟に忠実な不良者を体現している。高倉の役者人生の中で、刑事役は十ばかりにすぎないが、そのひとつが『ブラック・レイン』の刑事である。

（72）SATO Tadao, *Currents in Japanese Cinema, op. cit.*, pp. 51-53.

(73) Ian BURMA, *Cinéma d'aujourd'hui*, hiver, 1979-1980, n° 15, p. 45.

(74) 映画に登場するやくざについては、SATO Tadao の *Currents in Japanese Cinema, op. cit.*, Ian BURMA, *A Japanese Mirror*, London, Jonathan Cape, 1984, Chap. X, Gregory BARRETT, *Archetypes in Japanese Film*, Salinsgrove, Susquehanna University Press, 1989, et Mark SCHILLING «Yakuza films: Fading celluloid heroes», *Japan Quarterly*, juillet-septembre 1996.

(75)『極道の妻たち』文藝春秋、一九八六年。

(76)『ブラック・レイン』は二十世紀末のアメリカ人の日本認識の表現としては興味深い。リドリー・スコットのカメラは、実際、日本というものが生産的であるとともに息苦しいものであることを伝え、アメリカ人刑事（マイケル・ダグラス）は、近づきがたく、二枚舌はお手の物の日本人に対し、個人主義の美徳について、ほとんど惜しみなく説教する。シドニー・ポラックのやくざ映画（一九七五年）は異なる世界からやってきた二人の男が主人公で（一方をロバート・ミッチャム、もう一方を高倉健が演ずる）、やくざ映画の規則と形式を遵守しつつ、西欧的クリシェにあたうかぎり反発している。日本映画の専門家ドナルド・リチーは、この映画はやくざ映画のジャンルへの「真摯なオマージュ」であるとの賛辞を寄せ、未曾有の「シリアスかつ娯楽的な」やくざ映画であると評価している（*Newsweek*, 27 janvier 1975）。

(77) *Les Dernières Années de la Mafia, op. cit.*

(78) マフィアの展開について、八〇年代前半のナポリとシチリアの状況についての議論を補足するものとして、以下を参照した。Pino ARLACCHI, *La mafia imprenditrice, l'etica mafiosa e lo spirito del capitalismo*, Bologne, Il Mulino, 1983, Henner HESS, *La Mafia*, traduction italienne, Rome, Laterza, 1973, Francis A. J. IANNI, *Des affaires de famille*, *la mafia à New York*, Paris, Plon, 1972, S. F. ROMANO, *Storia della mafia*, rééd, Milan, Mondodori, 1966, Bari, Laterza, 1993, Salvatore LUPO, *Storia della Mafia*, Bari, Laterza, 1993, Marie-Anne MATARD BONUCCI, *Histoire de la Mafia*, Bruxells, Éd. Complexe, 1994, M. PADOVANI, *Les Dernières Années de la Mafia, op. cit.*

（79）*La Sicile comme métaphore*, *op. cit.*, p. 51.

（80）Claude LÉVI-STRAUSS, «Le père Noël supplicié», Les *Temps modernes*, n°77, 1962.〔『サンタクロースの秘密』中沢新一訳、せりか書房、一九九五年〕

（81）Fr. A. J. IANNI, *Des affaires de famille*..., *op. cit.*

（82）戦後数十年については、堀真琴『汚職』（毎日新聞社、一九七五年）を参照のこと。六〇年代初めにイタリアと日本で撮影された二枚の写真が、この二つの国における犯罪の世界と政治権力との結びつきを示している。写真の一方は、日本風庭園で、児玉誉士夫（非合法社会の黒幕）と稲川聖城（東京の巨大組織の会長）が、自由民主党の有力者河野一郎と共にいる。もう一方の写真では、戦後のシチリアのマフィアのドンのひとりであるジェンコ・ルッソが大臣や議員と共にいる。

第五章

(1) 一九八五年のプラザ合意の後、円が高騰し、日本銀行は、円高の影響をもろに受ける何千もの中小企業の倒産を回避するため、貸付を優遇した。こうした貸付の過剰により、不動産市場や株式市場の高騰（土地の評価額が、株式投資のための向こう見ずな貸付の担保となった）に特色付けられる「カジノ経済」を招来した。一九八九年になってようやく大蔵省は安易な投機を抑制するための対策を取った。

(2) インタビュー。国松孝次は後に警察庁長官に就任した。一九九五年三月、襲撃され負傷した。数カ月後に復職し、一九九七年に退官した。

(3) インタビュー。

(4) 日本の司法の深刻な欠落を埋め、覚醒剤や、向精神剤の非合法取引に関する一九九八年のウィーン協定批准への道を開いたこうした政策によって、日本では厳格に守られてきた銀行の守秘権の原則が若干損なわれた。銀行は実際、会計と、不審な資金（土地）の譲渡に関する情報を大蔵省に与え、顧客の身許を確認する義務を課された。犯人の財産の差し押えも許容された。新たな政策は、場合によっては被告人に対し、自らの無実の証拠を掲げる義務も課す。しかしながら、このような進歩も政策の適用方法が徹底性を欠き、ことに銀行がこうした規則を遵守しているかどうかの監視が十分でないために、頭打ちになっているようだった（一九九一年十月四日、*Le*

Monde の筆者執筆記事を参照のこと)。

(5) 警察庁暴力団対策第二課の課長補佐であったウチダジュンイチによる(一九九〇年三月)。暴力団の所得はかなり過少に算定されている、と同課の元課長で企業の顧問となった宮脇磊介は推測する(インタビュー、一九九五年十一月)。一九八九年の警察庁の調査は、十年前の調査に続けて実施されたもので、前回の調査では、一九七八年の暴力団の収入は一兆円に上っていた。一方、二つの調査を隔てる十年のうちに、日本の国民所得は倍増している。暴力団の場合も同様に違いない。宮脇磊介によれば、バブル期に合法的活動から得られたやくざの収入は、非合法的活動から得られた収入をはるかに上回っていたという。

(6) イトマンは百年以上の歴史を持つ老舗商社であった。イトマンは裏でやくざ(経営者の中には悪名高きやくざ伊藤寿永光がいた)に操られており、常軌を逸した投機に走り、そのため一九九一年、七千億円にのぼる負債を抱えて衝撃的な破産を迎えた。

(7) インタビュー。

(8) 「サラ金」はかつての高利貸しで、戦後に誕生し、一九七三年の石油ショックの後、急速に発展した。無担保でサラリーマンに金を貸す合法会社で、一九八〇年代末に、二十万社近く存在し、他に、学生ローンを専門とする組織があった。金を借りるためには、サラリーマンあるいは学生の身分が証明できれば良い。利子は最初わずかに見えるが、一年で計算すると一〇〇パーセントを超える。貸し主は、はじめの四カ月間は、要求された払い込み額の中から利子を取る。返済が遅れるほど負債は嵩んでいく。「借金取り立て」役により、貸し主は司法に訴えなくて済み、「借金取り立て」役は、手数料が手に入るだけに熱心に仕事に取り組む。自宅や雇用主のところに押しかけて責め立てたり、近隣に噂を撒き散らしたり、公衆の面前で罵倒したり、様々な暴力を加えたり、脅したり侮辱したりする。債務者はすっかり神経が参って金を返済し、蒸発したり、自殺したりする（自殺と「蒸発」の多くは、サラ金の陰謀と関わりがある）。そんな事態となっても取り立てはやまず、今度は残された妻や未亡人が標的となる……。

(9) 伝統的に、示談による同意が裁判より好まれる。裁判には時間がかかりすぎるので、訴訟を起こす気になれないのである。警察によれば、一九九〇年に、本来ならば法廷で争われるべき二万二八四四件の民法上の係争にやくざが関与していた。すなわち商売上の借金、交通事故などに関連するものである。このような民事係争へのやくざの介入は伊丹十三の映画『ミンボーの女』のテーマであるが、この映画のため伊丹は一九九二年五月、襲撃の被害者となった。

(10) 平岡豁《たかし》の論文「社会運動標榜ゴロの取締り」『警察学論集』第四十巻四号（一九八七年四月）、六六頁以降参照。

(11) フィクションと、多くの場合ビジネスの最先端の情報とが入り混じっているジャンルである企業小説の名作が、一九五八年から産業界とやくざとの癒着の問題に注目をひきつけてきた。城山三郎（一九二七年生まれ）は、日本社会のある種のメカニズムを非難する企業小説の巨匠とされている。一九九〇年代の企業小説については、筆者記事 «Romanciers du business», *Le*

Monde, 13 avril 1993.

(12) インタビュー、一九九一年一月。

(13) 東京のビジネス街に威容を誇るこの団体は、一九八〇年代、半官半民時代の日本航空や、野村證券の利益を取り計らった。Al Allezhauser, *Nomura, légende et histoire secrète d'une dynastie japonaise*, trad. franc., Paris, Albin Michel, 1990, pp. 306-307. 当時のもうひとつの住吉会傘下の強力な総会屋グループは、青嵐である。

(14) 犠牲者はおそらく、やくざに対し、住友銀行の政策転換のつけを払ったのであろう。住友銀行は、自社イメージを立て直すために、暴力団とのつながりを断ち切ろうとしていた(『AERA』一九九四年十月二十六日)。

(15) 様々な事実が示すとおり、裏づけがなくはない非難である。大阪の家電チェーン店、上新電機の創業者の未亡人は、社長を辞任させ家族経営を再開できるよう、やくざに援助を求めた(『朝日新聞』一九九三年二月十六日)。住友重工は公共工事への反対を押さえ込むために、やくざ化した筑波の極右団体に一億円を支払っていた(『読売新聞』一九九四年五月九日)。この種の事件は枚挙にいとまがない。

(16) 一九九二年四月十四日。

(17) このようにして、一九八九年六月に、元経済企画庁長官の原田憲と、元農林水産大臣の加藤六月と、元外務大臣の園田直の未亡人が、悪名高きやくざの兄(弟)で、自身、とりわけ知識人への威嚇行動に責任をもつやくざの組織である、義人党党員の高橋信義の結婚式に列席していたのである（*Mainichi Daily News*, 一九九二年五月十五日）。竹下登は首相時代の一九八七年十一月に、鈴木正男を会長とする極右イデオロギー団体である大東塾の二人のメンバーを官邸に迎えていた。

(18) インタビュー。

(19) 高木将幸による。

(20) インタビュー、一九九二年三月。

(21) インタビュー、一九八九年四月。

(22) 『週刊朝日』は、野村の主宰する「風の会」の名を書くのに、漢字の「風」と「虱」の類似性を利用してキャプションをつけた風刺画を掲載していた。

(23) 影響力ある実業家で、戦前は極右と強いつながりがあった。戦後は、大亜細亜協会顧問となり、殉国青年会の創立に参加した。

(24) インタビュー、一九九二年十一月。

(25) インタビュー。

(26) 『暴対法体制下のやくざ』現代書館、一九九四年、三二―三三頁など。

(27) 暴力団対策法適用の効果については『警察白書』一九九四年、一六二頁参照のこと。

(28) 暴力団対策法適用後、市民から警察へのやくざ対策の依頼や相談の件数が、一年で一七パーセント増加した。およそ二百の地区で、暴力団事務所設置防止キャンペーンが行われた。

(29) 一九九三年の警察庁の調査では、暴力団組員の人数は九万人に上ると見られ、そのうちの五万六千人が「専従」のメンバーであると考えられる。一年間で「専従」の暴力団組員の数は一一・三パーセント（七千二百人）減少した。これは、やくざの人数の実質的な減少を意味しない。すべての暴力団組員が、堅気の生活に戻ったわけではないのである。あまりに目に立つ者のうちには、暴力団を去った者もあったが、フロント企業で働く者もあった。「専従」のメンバー数は減ったが、一方、準構成員の数は増加傾向にあった。やくざの社会復帰（マスコミは、切り取った小指を足の指で挿げ替える外科手術などの逸話を報道した）の効果はほとんどなかった。

(30) 例えば一九九三年二月二十七日付け『朝日新聞』の社説を参照のこと。

(31) 暴力団対策法適用後、やくざたちは、警察が把握した内部運営が示すように、数々の処置を取った。すなわち、本部の組章や代紋の除去、外観を目立たせないようにすること（一般市民とのトラブルや、暴力による果たし合いはとにかく避ける）、組への帰属を言明しないこと、組の名の変更、あまりに妥協的なメンバーの徹底排除といったことである。

(32) 実際、このような現象は暴力団対策法施行以前にすでに始まっていた。『毎日新聞』の調査（一九九二年六月二十四日）によれば、山口組傘下の組織の数は一九九〇年から一九九一年にかけて、九四〇から一三三〇へと増加している。稲川会の場合、系列団体は四十の増加（三四〇から三八〇）、住吉会は二十の増加（三八〇から四〇〇）である。山口組がこれほどの勢力を誇ったことはなかった。狭義の意味でのメンバーの数と傘下にある人間の数を考慮すると、三万三千人が山口組ということになり、日本の暴力団員の三人に一人が山口組組員ということになるようである。

(33) 広域暴力団が出現した六〇年代半ばの警察の暴力団対策強化も、似たような効果を持った。集中化を促進したのである。弱小の組織は解散したり、他の組織の勢力下に置かれたりした。

(34) インタビュー。

(35) 筆者記事《Les droits des gangsters et des citoyens》, *Le Monde*, 24 juin 1992. 参照。

(36) 「テキヤ」の項を参照のこと。

(37) 一九九六年に警察はマリファナ一八〇キログラム、アヘン三三キログラム、コカイン二三キログラム、ヘロイン四キログラムを押収した。

(38) 例えば新宿区の歌舞伎町界隈は、長らく暴力団(関東二十日会など)によって支配されており、互いの縄張りが入り組み合う十ばかりの組織の代表者が再編され、それぞれの利益のバランスが図られていた。多くの建物の所有者が台湾・韓国・朝鮮出身者である地区に、台湾・韓国・朝鮮出身者のやくざが数多く存在する。日本に帰化している者が多く、警察の注意を引かないようにし、彼らは日本のやくざのために一肌脱いでいる。やくざに対し、姿を潜めるよう強いる暴力団対策法は、新参者、特に非合法の入国で増大した中国人のやくざには有利に働いた。彼らは日本のやくざの世界の掟を遵守せず、一九九四年末の相次ぐ殺人によって、歌舞伎町の秩序をおびやかした(『ル・モンド』一九九四年十月七日付け)。この時期については、吾妻博勝『新宿歌舞伎町マフィアの棲む街』文春文庫、再版、一九九八年参照。小説家の馳星周は、中国人窃盗団に追われるブラジル人の物語を通して、歌舞伎町の夜の世界を描いた。このベストセラー(一五〇万部)の後、馳は同様の主題で数冊を発表している。

(39) 一九九五年の一月から六月まで、警察の調査では、銃器による事件が百件、それにより二十三人の死者が出た。警察は、三万から五万の銃器が毎年日本に持ち込まれていると推定している。

(40) インタビュー、一九九七年四月。

(41) 吾妻博勝、インタビュー。

周縁的秩序と社会の暗部/行商人

(1) *Surveiller et punir*, Paris, Gallimard, 1975, p. 287.〔『監獄の誕生』田村俶訳、新潮社、一九七七年、二七九頁〕

(2) *ibid.*, p. 285.〔邦訳二七七頁〕

(3) 『暴対法体制下のやくざ』前掲書、九頁。

(4) M. PADOVANI, *Les Dernières Années de la Mafia, op. cit.*, 最終章。

(5) Marcelle PADOVANI, Giovanni FALCONE, *Cosa nostra, le juge et les hommes d'honneur*, Paris, Éditions No 1, Austral, 1991, p. 99.

（6）«Le crime à venir», *Le débat*, no 94, mars-avril 1997, pp. 115-117.

（7）«Thought and behaviour patterns of Japan's wartime leaders», *Thought and Behaviour in Modern Japan, op. cit.*, pp. 128-131.［「軍国支配者の精神形態」『現代政治の思想と行動』前掲書、一二三―一二四頁］

（8）«Dynamique de la dissidence», *Cahiers internationaux de sociologie*, vol. LXIV, 1978.

（9）鬼子母神信仰は、一生を法華経に基づくゆるぎない宗教活動に捧げた日蓮により日本に広められた。雑司が谷の法明寺にまつられている仏像は慈母の鬼子母神である。Bernard FRANK, «Le panthéon bouddhique et la société japonaise: problèmes généraux et approche méthodologique», in *Annuaire du Collège de France, 1979-1980*, 80e année, 1980. 参照。

（10）伝説によれば、母親が病気になってしまった貧しい少女が鬼子母神にお参りに来ていた。仏は少女の願いをかなえると、少女に、薄のみみずくを作るように命じた。

（11）甚五郎は、資料の裏付けがないものの、生涯の細部にわたって語り継がれている日本の歴史上の人物の一人である。*Dictionnaire historique du Japon, op. cit.*, vol. VII. の項目を参照。

（12）一九九六年八月八日。

（13）寅さんシリーズから題名のインスピレーションをうけ、一九九〇年に葦書房から出版された書物『香具師（テキヤ）はつらいよ』の中で北園忠治は、好感の持てる放浪に対しオマージュを捧げている。（一七八頁）。北園は二十八歳でテキヤ稼業を始め、九州のテキヤ協会の会長をつとめている。

第六章

（1）中国の伝説的皇帝神農は、紀元前二八三八年から前二六九八年にかけて皇位にあったと言われている。神農は、植物の治療的効能を発見した人物として、薬剤師たちの同業組合にあがめられており、多くの寺が神農を祀っている。

（2）添田知道『香具師（てきや）の生活』雄山閣、一九八一年、六一―六三頁。

（3）例えば岩波の辞典『広辞苑』の最近の版では、テキヤは、いかがわしい物を売り、客を欺く行商人として定義されている。

（4）前掲書、二五頁［新潮文庫、一九七四年、三六頁］。「ヤーさま」という表現はやくざを指すのにも用いられる。

（5）『香具師（てきや）の生活』前掲書。著者の添田知道は浅草の世界について驚くべき知識を持っており、神農とテキヤの関係について詳述している（一三―六〇頁）。

（6）同書、九二頁。一七一八年に行商人たちに市民権を与え、二年後に江戸の町奉行になった大岡忠相（一六七七―一七五一）によって、行商人の職業が認められた後、行商人たちは、諸国を経巡り情報を集め、幕府への情報提供者となった。室町京之介『香具師口上集』創拓社、一九八三年、一〇二―一〇四頁。

(7) 用語上の混乱を避けるために、以下の記述においては他の呼称は避け、テキヤの語を用いる。

(8) 『柳田國男全集』筑摩書房、一九八九年、第四巻、四五四—四八二頁。

(9) 「座」という言葉は、会に関わる決定がなされる寄合において、組合のメンバーが規則に従い占めている席を意味する。

(10) 日本では十四世紀末になって、ようやく貨幣が鋳造されるようになった。それまで銅貨は中国から輸入されていた。

(11) 添田知道『香具師（てきや）の生活』前掲書、六四頁。

(12) たとえば、柳宗悦の論文《Peasants paintings of Otsu, Japan》, in *Eastern Art*, Philadelphia, 1930, vol. II, pp. 5-36. 前掲書。

(13) *Histoires de marchands, op. cit.*, p. 64.［『井原西鶴集』前掲書、第四巻、五九頁、小学館、一九九六年］

(14) Ch. D. SHELDON, *The Rise of the Merchant Class in Tokugawa Japan, op. cit.*, p. 145. 参照。

(15) *Histoires de marchands, op. cit.*, p. 126.［『井原西鶴集』前掲書、第四巻、一三一—一三三頁］

(16) 仏訳、in *Les Ailes, la grenade, les cheveux blancs*, nouvelles japonaises traduites par le groupe Kirin, Paris, Éd. Philippe Picquier, 1986.

(17) 一八九三年に火事で焼失することになる浅草の有名な劇場中村座で、歌舞伎の主だった役者たちが、この二人組を演じるほどであった。

(18) 江戸時代に盲人たちは、固有のヒエラルキーと法、裁判所まで有する組合（当道の座）に加入していた。当局は盲人組合に対し、ことに金貸し業に携わる権利を認めた。多くの盲目の金貸したちは下層民の暮らしをしていたが、かなり豊かになり贅沢かつ放漫な生活を送る者もあった。彼らは人々からは疎まれ、しばしば復讐された。

第七章

(1) 添田知道『香具師（てきや）の生活』前掲書、六七頁。このような芸を披露する商人に関しては、鹿島萬兵衛『江戸の夕栄』再版、中央公論社、一九七七年、九六頁。

(2) 添田知道『香具師（てきや）の生活』前掲書、一四八頁。

(3) 一六四一年からオランダの商人たちは、長崎の出島に籠るようにとの幕府の命令を受けた。一年に一度、春になると使節団の幹部やお付きの者たちは江戸に行き、将軍に忠誠を誓った。博物学者のエンゲルベルト・ケンペルは、日本滞在の記録をつけた。Cf. James MACLEHOSE, *The History of Japan*, vol. III, 1906, pp. 6-7.［『日本誌上巻』、今井正訳、霞ヶ関出版、一九七三年、三六五—三七〇頁（ただし、邦訳には大道芸に関する記述は見当たらない。）］

(4)『世間胸算用』*This Scheming World* のタイトルで翻訳されている（Tokyo, Tuttle, 1965, p. 107）。

(5) 見世物のこのような豊かさ、多様さについては、Hubert MAES «Attractions foraines au

Japon sous les Tokugawa», in *Histoire galante de Shikoden* (pp. 95-124.), Paris, L'Asiathèque, 1979 および、Andrew L. MARKUS «The Carnival of Edo: *misemono* spectacles from contemporary accounts», *Harvard Journal of Asian Studies*, vol. 45, n° 2, déc. 1985.

（6）添田知道の引用した例。『香具師（てきや）の生活』前掲書、一一二頁。

（7）たとえば、Donald H. SHIVELY, «Bakufu *versus* Kabuki», in *Studies in the Institutional History of Early Modern Japan*, John W. HALL, Marius B. JANSEN, éd., Princeton, Princeton University Press, 1970, pp. 231-262.

（8）Isabella L. BIRD, *Unbeaten Tracks in Japan*, London, G. T. Putnam, 1880, p. 75, rééd. Tokyo, Tuttle, 1973.〔イザベラ・バード『日本奥地紀行』高梨健吉訳、平凡社、一九七三年、三四一三五頁〕

（9）Andrew L. MARKUS の論文引用、pp. 525-527.

（10）同書、五三五―五三七頁。マークスは、一八六七年、ロンドンで日本の大道芸人の見世物に立ち会ったジョン・ラスキンのコメントを引用している。この偉大な耽美主義者は、細かなことについては明らかにしていない。ラスキンは見世物について「劣等人種の産物」であると語り、「最も下等な動物」にたとえている（*Time, and Tide, and Munera Pulversis*, London, 1929）。

（11）FUJIMOTO T., *The Nightside of Japan*, London, T. Werner Laurie, Ltd., 1927, p. 2.

（12）添田知道『香具師（てきや）の生活』前掲書、九八頁。

(13) *Histoires de marchands, op. cit.*, p. 64.［「世間胸算用」巻五『新編日本古典文学全集68、井原西鶴集③』四七一頁］

(14) *idid.*, p. 297.［同書、四七一頁］

(15) テキヤの仕事は当局により認知されていたが、テキヤはしばしば、諸国にネットワークを持つ詐欺師、あるいは、非合法賭博の組織者と見なされていた。室町京之介『香具師口上集』前掲書、一一一頁。

(16) 江戸時代に、名字帯刀の名誉を授けることにより庶民の地位を高める慣行が始まった。

(17) *Les Marginaux parisien..., op. cit.*, p. 177.

(18) 添田知道『香具師（てきや）の生活』前掲書、一七一頁。

(19) 添田知道『香具師（てきや）の生活』同書、一七一―一七五頁。

(20) この点に関しては、NAKAMURA Kōji in *Far Eastern Economic Review*, 16 octobre 1971. の論文、および猪野健治『やくざと日本人』現代書館、一九九三年、二五九―二六二頁参照。

第八章

(1) 添田知道『香具師（てきや）の生活』前掲書、六七頁。

(2) 同書、一一七―一一八頁。

(3) 東京のテキヤ協会の事務局長であり、関東最大のグループのひとつである極東組の幹部の一人である上原俊夫から、内部組織についての情報を得ることができた。
(4) 添田知道『香具師(てきや)の生活』前掲書、一二〇頁。
(5) 元来、音楽に合わせ神前で繰り広げられる踊りで、神々自身が演じたとされている。神楽は平安時代から宮廷儀式となった。それに対し、伊勢神宮と出雲大社で執り行われていた清めの儀式に関連する中世に登場した踊りは、「里神楽」と呼ばれる。
(6) 高見順のような作家の好む豊かでイメージに富んだ言葉である。高見の『いやな感じ』の翻訳にあたって、様々な話し言葉のニュアンスを伝えようと努めたマーク・メクレアンは、高見順には、わざとくだらない部分を残しているというより、「くすんだスパンコール」ともいうべきエクリチュールからくる表現復権の意識があると、前書きで述べている。
(7) たとえば、北園忠治『香具師はつらいよ』(前掲書、一五三―一六四頁)に多数の例がある。
(8) Annie LORENZO, *Profession Forain*, Paris, Ėd. Charles Massin, pp. 5-7.
(9) 落語については *D'Édo à Tokyo* で述べた(前掲書、一九五頁。邦訳『江戸から東京へ』一三四―一三五頁)。詳細な研究として Anne BAYARD-SAKAI, *La Parole comme art : le rakugo japonais*, Paris, L'Harmattan, 1992. および、同著者による落語のアンソロジー *Rakugo*, Paris, Éd. Philippe Picquier, 1993.
(10) 現代の東京の盛り場の一つの運命については、江戸時代以来の上野の盛り場についての研究書である神崎宣武『盛り場の民俗史』岩波書店、一九九三年参照。

(11)『日本風俗名所図絵』第四巻、角川書店、一九八〇年。

(12) 室町京之介『香具師口上集』前掲書、一三八―一四七頁。

(13) この大物テキヤについては、朝倉喬司「祝祭都市の漂流民」第三章、共著『新・ヤクザという生き方』所収、JICC出版、一九九〇年、二三五―二四〇頁。

(14) 犯罪学者前田信二郎の『犯罪社会学の諸問題』有信堂、一九五五年、三三一―三三四頁の引用による。

(15)『新・ヤクザという生き方』前掲書、二二九―二三〇頁。

(16)『香具師(てきや)の生活』前掲書、一七五―一七七頁。

結論

(1) Maurice PINGUET, *La Mort volontaire au Japon*, Paris, Gallimard, 1984, p. 273. [モーリス・パンゲ『自死の日本史』竹内信夫訳、筑摩書房、一九八六年、三七〇頁]

訳者あとがき

本書は、フィリップ・ポンス（Philippe Pons）著 *Misère et crime au Japon—du XVIIe siècle à nos jours*（Paris, Gallimard, 1999）の全訳である。フランス語の表題を直訳するとすれば「日本における貧困と犯罪　十七世紀から現代まで」となろうが、原著のフランス語タイトルには直訳では抜け落ちてしまう含みがある。それゆえ、日本語版の表題では直訳を避け、日本社会の暗部に焦点を当てつつ独自の社会史を叙述した同書の内容を端的にアピールするものとして、編集部からの提案もあり、『裏社会の日本史』とした。

ポンス氏は本書で、日本の中世から現代に至るまでを対象に、社会の規範的価値から逸れる人々、すなわち周縁層とされる人々の営みの推移を、歴史学、文化人類学、社会学、文学、さらに現地探索の成果をも交えつつ描いている。その根幹にあるのは、「周縁的」な社会が往々にして、一般社会の陰画・鏡像であり、社会全体の機能を解く鍵である、との視点である。

本書の中で、ポンス氏は周縁層を、被差別身分や社会的・経済的落伍に由来する「不如意の」周縁層と、しばしば個人の実存的選択に由来し、負の身分を一種の力へと転化する契機を孕んでもいる「能動的」周縁層の二つに分けている。前者については本書の第一部で、後者については第二部で記述されている。第一部で論じられるのは、穢多、非人、明治維新後のプロレタリアート、現代のホームレスといった人々の営みである。中世における賤民の位置づけから始まり、身分制の強化される江戸時代における下層社会の諸相、国民国家成立後の新たな貧困と差別の諸相を経て、現代の都市の只中に取り残された経済的弱者の現状までが辿られる。第二部では江戸時代の義賊や博徒、近代以降のやくざの諸相、テキヤ、露天商の営みが、歴史と社会の変動を背景に、また民衆的想像力における表象の問題をも視野に収め、論じられている。アウトローと政治や経済の権力との相互作用、相互浸透の記述からは、日本社会の深部が浮かび上がる。

中世史家の網野善彦氏の研究や、社会学系列の「逸脱論」や「排除論」がきっかけとなって、「周縁」あるいは「マージナル」という概念が広く浸透するようになって久しいが、本書ほどの広がりと徹底性をもって、日本の周縁民や、マージナル層が論じられたことはなかったのではなかろうか。

この途方もない広がりを持つ書物を構想したポンス氏は、一九四二年パリ生まれ。現在、『ル・モンド』東京支局長である。日本滞在は三十年を超える。氏は哲学・政治学・日本語を学んだのち、東京日仏会館の研究員となった。フランスの社会科学高等研究院の現代日本研究センター創設にも参与しており、川端康成の『古都』仏訳をアルバン・ミシェル社から上梓している。

一九七五年に『ル・モンド』紙の日本特派員となったポンス氏は、一九八一年から一九八五年までローマ特派員の時期を経て、現在に至るまで、『ル・モンド』紙上に日本関連記事を執筆し続けている。二〇〇四年四月、イラクで日本の青年三人が人質とされた事件で、「自己責任論」が国内メディアで喧しい中、青年たちの志を昂然と支持し、日本のマス・メディアの論調を批判したポンス氏の『ル・モンド』掲載記事が『朝日新聞』で取り上げられ、大きな反響を呼んだことは記憶に新しい。氏の記者としての活動は『ル・モンド』のホームページで辿ることができるし、記事全文を取り寄せるシステムもある。『ル・モンド』はいわゆる中道左派とされるクオリティ・ペーパーであり、氏の政治的な立場や主張について、見方は分かれるであろうが、記事をお読みいただければ、氏の日常的な記者活動の広がりがいかばかりであるか、氏が日本に関してどれほど手厳しい批判者であるか、また温かくユーモアある理解者であるかが、おわかりいただけると思う。

ポンス氏は、多忙な記者活動の傍らで、日本に関する書物も著している。本書の他には以下のものがある。（＊印は共著）

- *Les Relations triangulaires entre l'URSS, la Chine et le Japon en matière énergétique*, Paris, Ecole des hautes études en sciences sociales, 1976
- *Des villes nommées Tokyo*, ouvrage collectif sous la direction de Philippe Pons, Paris, Autrement, 1984 ＊

田中千春訳『不思議、Tokyo。――フランス人の見たニッポン』講談社、一九八五年
・*Japon, le consensus, mythe et réalités*, ouvrage collectif, Paris, Economica, 1984 ＊
・*D'Edo à Tokyo, mémoire et modernité*, Paris, Gallimard, 1988
神谷幹夫訳『江戸から東京へ』筑摩書房、一九九二年
・*Japon*, Paris, Seuil, 1988
・*Tokyo, extravagante et humaine*, Autrement, 2000 ＊
・*Peau de brocart*, Paris, Seuil, 2000
・*Le Japon des Japonais*, Paris, Seuil, 2002 ＊

氏の著作には、歴史学、人類学、文学をはじめ多分野の膨大な書物の読解がベースにあることが感じられると共に、現地に足を延ばし、人々の生活に触れ、観察を重ねた形跡がありありと見てとれる。ポンス氏独自の「地政学」が躍如としている。

本書の翻訳にあたっても、氏の知的咀嚼力（実際に精力的に現地へと足を運ぶことも多いのであるから「知的体力」と言ってもよいのかもしれない）には圧倒される思いだった。アンテナは日本の上代から現代まで、さらに西欧における日本研究に及び、果てはやくざとマフィアの対比、大物親分へのインタビュー、場末に潜行してのルポルタージュまで……。訳し進めながら、どんな細部も見逃すことなく、しかも自在に広がっていく知性と、体験の鮮烈さに、しばしば呆然となったものである。

外国人によって書かれたという事実を措くにしても、本書が、従来あまり記述されてこなかった側面を論じたユニークな日本文化論となっていることは疑いを容れないが、本書が、まずはフランス語で、従って、フランス人の読者を対象として書かれた書物であることを看過することもできないであろう。すなわち、異文化を眺めるとき、人は往々にして「オリエンタリズム」の罠に陥りがちである。異文化に自らのファンタスムを投影し、それに応える像に対象を押し込めてしまうという愚である。標準的なフランス人の日本に対する理解は、今日もなお、おそらく、我々が考えている以上に平板なものである。「フジヤマ」「ゲイシャ」「サムライ」「カミカゼ」あるいは、「エコノミック・アニマル」といった紋切り型を超えるイメージは、依然として伝わり難い。ポンス氏は、そのような平板な日本理解に強烈な矛盾を感じ続けてきた一人である。

ポンス氏は、ルース・ベネディクトの『菊と刀』、あるいは中根千枝や丸山眞男の著作を始めとして、数多くの日本論の古典を消化した上で、等身大の日本の現実に立ち混じる経験を積み重ねるにつれ、支配層たる武士の倫理や心性、スタティックなイエの論理を中心とした文化論だけでは、日本の歴史や社会、ことに現代の日本の姿を捉えることにはならないと痛感するに至る。そして、アンチテーゼとして書かれたのが、『江戸から東京へ』である。同書でポンス氏は、現代の東京の生の流儀を形作っているものが、どれだけ多分に江戸の庶民文化に由来しているかを明らかにしている。

「劇の大道具の部屋を歩いているようだ」と氏の表現する東京の街のひとつひとつの細部が

謎を投げかけてくる。氏は謎をキャッチすると、その意味を解いてくれそうな書物を鋭敏に探り当て、すぐさまそのエッセンスを見抜いてしまう。そうして、文化論のキャノン（標準）とされるものも、サブカルチャー系列とされるものも、分け隔てなく強靭に咀嚼していく。そんな風にポンス氏は『江戸から東京へ』を書くにあたって、日本に関する体験と知識のネットワークを紡いでこられたのだろうと想像される。『江戸から東京へ』は、多中心の文化のコラージュが綾なす「ポップ」とも言えるイメージがそのまま日本の庶民文化の活力を映し出す、そのような書物であり、武士やエリートの「生真面目」な美学に染まった、西欧で支配的な日本文化論を、鮮やかに切り返して見せているのである。

『江戸から東京へ』から十一年を経て上梓された本書では、前著の主たるテーマであった「庶民」よりもさらに対象が局限され、独自の価値や規範が形成される暗部へと視線がシフトした、と表現することもできよう。下層民とやくざとに議論の中心は絞り込まれており、前著が多彩なコラージュで様々な角度から庶民文化の魅力を提示した書物であったとすれば、本書は暗部へとそろそろと降りていき、息を潜めて細部に見入る観察者の語りを聞く印象である。しかも細部の豊かさと、対象とする時代の幅広さは矛盾なく両立している。日本の下層民とやくざとを一望の下に収める著作は筆者には他に思い当たらないが、ルイ・シュヴァリエの『労働階級と危険な階級』『歓楽と犯罪のモンマルトル』、ブロニスワフ・ゲレメクの『十四世紀から十五世紀にかけてのパリのマージナル民』や『憐れみと縛り首――ヨーロッパ史のなかの貧民』といった、西欧におけるスケールの大きな優れた文化史・社会史研究が、本書のモデルになったであろうことは想像に難くない。氏は、異国たる日本を対象に、これら優れた著作に並ぶ研究を遂行されたのだとも言えるのではなかろうか。

安易な概念化や断定、裁断を避け、ひたすら細部にわたって理解を重ねようと努めること。悲嘆調の物語としてでもなく、いたずらに好奇心をかきたてるスキャンダラスな語りとしてでもなく、節度をもって踏みとどまり、歴史や社会の大きなコンテクストにひきよせ、相対化の視点に照らしつつ対象を記述しようとすること。それが、ポンス氏のスタイルであるが、しかし、これは、実に得がたいものなのではあるまいか。唐突なのだが、ここで私は、詩人と記者、また表現において詩と学術的記述という違いはあれ、ポンス氏は、十九世紀のパリの貧困や犯罪をも独自のポエジーとして定着させたボードレールの遠い子孫なのだと思わずにはいられない。ボードレールも貧困のありように執拗な目を向けつつ、自らに涙することを禁じていた。都市を生きる人間たちの逸脱的要素をも、都市の一種の生理のように怜悧に描いていた。

ところで、そもそも「周縁」とは、中心的なもの、あるいは規範的な何かを想定しない限りは存在し得ないもので、「周縁層」の営みに注目するというポンス氏の視線そのものに、実は権力の磁場を浮かび上がらせる仕掛けがあったと言える。着眼としては、ある意味でフーコーに近いものがあるだろう。最も典型的な歴史が、権力の交替の歴史として書かれているとすれば、本書は、いわば裏返しの歴史である。見慣れぬ歴史の風景が現れていよう。裏側から見ることで、相矛盾するエネルギーが拮抗しつつ形作られていく歴史のダイナミズムが、一層まざまざと感得されるように思われる。例えば、学校の教科書の中では、単に輝かしいものとして通り一遍に語られがちな「身分解放令」。しかし、本書においては、人道的な動機は無視し得ないにしても、多分に蝦夷地開発のための人員動員の必要性、国民皆兵の布石として、また、近代国家の仲間入りのためのイメージ戦略といったことが大きな要因であった、との思いがけない(少なくとも表立って語られることのない)見解が示される。実に痛烈なリアル・ポリティクスである。また、農民一揆や自由民権運動を担った人々の中に、多くの「俠客」や「やくざ」が含まれていたこと。そして「やくざ」が社会改革的な勢力であったのは、日本においては束の間に過ぎなかったのはなぜなのか、といった謎解き。被差別身分にありながら、幕府から一種の権威を付与され、共同体内の裁判権まで有していた弾左衛門という存在。また権力の手先の役割をも演じていた江戸期の被差別民に対する「庶民」の側の鬱屈した差別感情……。他にも、本書の中には、歴史の実像のパラドクサルな認識が多々見られるが、これは、日本の歴史に馴染みのないフランスの読者にとってよりも、自国の歴史をある程度は知っている日本の読者にとって、よりスリリングで興味深い部分であろう。

ポンス氏は、本書を「物言わぬ、孤独な貧窮の民は、最後の偉大な拒絶のヒーローであり続ける」という言葉で結んでいる。これを読んで、悲惨さの過度の美化であると感ずる読者もあろう。かつては日本にも、貧者や病者を聖の顕現とする感受性があったが、近代化によって、そうした感受性は急速に喪われた。しかし、ポンス氏は、現代日本に身を置きつつも、キリスト教の伝統に由来するのであろう、貧者に何らかの精神的な価値を見ようとする心性を保ち続けているように思われる。事実、フランスにおいて、貧者は現代日本のような、冷たい無関心の中に取り残されてはいないように見受けられる。物乞いをする人に硬貨が手渡されるのは、地下鉄や路上で繰り返される日常の一齣であり、貧者への炊き出しや、「心のレストラン」と呼ばれるチャリティも生活に定着した行事として国民が見守っている。まるで目の前にレモンがあるとかないとか言うのと同列に、社会に「連帯《ソリダリテ》」(それは結局、ワークシェアリングのことなのだが)があるとかないとか、ことあるごとに口にする彼らには、確実に社会の構成員として貧者に位置を与える文化がある。フランス語版の読者にとって、ポンス氏の結びの言葉は深く納得されるものであろう。日本語版の読者も、少し注意深く読むなら、貧者の存在を無きものとするかのような社会とそのあり方への強烈なアンチテーゼとして受け止めることができるのではないか、と訳者としては指摘しておきたい。二〇〇五年の十月から十一月にかけて移民層に発し全土に広がったフランスの暴動は、貧者や弱者の側も、社会の矛盾を矛盾として表現する回路を持つ文化あってこその、極端なあらわれであったのではなかろうか。かたや、豊かだと言われるこの国で、毎年三万人を超える自殺者があり、その理由の多くが経済的な問題であるとか、小学校の給食費の援助を自治体から受ける低所得層が一〇パーセントを超える、などといった統計を突きつけられると、「繁栄と飽食の日本」などというのは幻想で、苦しい人々が声を上げる回路を持てない社会なのかも知れないと考えざるを得ないのである。

ポンス氏は、本書を上梓して一年後には、早くも *Peau de brocart*（『錦絵の肌』）を刊行している。この本は、日本における刺青の文化を論じたもので、豊富な写真や図版が収められている。堅気の文化とは一線を画する反抗精神と威厳の美学的表現であるこの偉大な伝統を、例によって書物を読み解き、また、刺青の現場へ、彫物師への取材を交え、氏は隈なく追っている。『裏社会の日本史』の二大テーマのひとつである「能動的」周縁性のテーマの延長線上にあり、その美的エッセンスに特に焦点を当てたものとも言えるだろう。社会的逸脱や肉体的苦痛とも緊密に結ばれた主題が取り上げられていながら、同書は不思議な明るさに満ちた書物に仕上がっている。「拒絶」の心性を日本の歴史の力勁い水脈として捉えるポンス氏のファンタスムのフィルターを通しているせいだろうか……。蓋し、何気ない日常にもファンタスムの目を向けられるというのが、本当に成熟した生き方であるのかもしれない。二〇〇二年に上梓されたフランソワ・スイリ氏との共著である新タイプのガイド・ブック（従来のガイドブックのように名所旧跡中心ではなく、人を中心とした記述をめざしたシリーズの一冊）*Le Japon des Japonais*（『日本人の日本』）にも、多様な日本の現在を生きる人々がありのままに記されているのだが、決して特殊なものではない彼らの言葉やしぐさが、我々日本人の目にも実に興味深いものとして立ち上がってくるのである。今後も、ポンス氏が日本および日本人について新たな視角をもたらし、異文化理解のみならず、自己認識や歴史認識の深化に寄与されることを願ってやまない。

＊

本書の翻訳の方針について、以下に述べておく。

基本的には全訳であるが、原著巻末の人名索引と事項索引は割愛した。原著において注は全て各頁に脚注の形で掲載されているが、本書では巻末にまとめた。また、注の中で言及されている欧文文献に対応する日本語文献が存在する場合は、書名と出版社、出版年、該当頁を〔 〕内に記した。本文および注の中で、日本の読者にわかりづらいと思われる事項についてば、〔 〕内に訳者の補足説明を加えておいた。原著の中で、明らかな事実誤認と見られた記述については訂正を施した。また、事実誤認の上に展開された見解、さらに、プライバシー保護や人権尊重の観点に鑑み不適切と思われる部分については、編集部との協議の結果、削除した。また、現在差別語とされている語彙や、昔の地名、組織名などに関して、歴史上の用語として、あるいは文献引用に基づき使用されている場合、議論の流れを損なわぬよう、表現の差し替えは行わず、そのまま訳文に採用した部分が多数存在することをお断りしておく。原著は数多くの文献・資料を踏まえて執筆されたものであるので、出来る限り、原典と突き合わせつつ訳文を作るよう心がけたが、充分照合しきれなかった部分も残った。インタヴューに基づいている記述についても、事実の再確認に努めたが、これには自ずと限界があった。翻訳を典拠として記述された部分については、原典とのずれが生じている場合がままあるが、ずれが著しいものについては、〔 〕内に訳者補注として、その旨を記しておいた。また、人名や地名に関して、著者に尋ねたものの回答が得られず最後まで漢字表記の確定できなかったものが幾つかあり、やむを得ずカタカナで残してある。御教示いただければ幸いである。

*

本書の翻訳を薦めてくださったのは、母校の恩師である竹内信夫氏である。一九九九年三月、訳者が二年半のフランス留学を終え、静岡大学への赴任を前に、研究室へ挨拶に伺った折、まだゲラの状態であった原著の抜粋を手渡してくださったのである。竹内氏は筑摩書房よりモーリス・パンゲ著『自死の日本史』の翻訳を上梓しておられ、周知のごとく名訳の誉れ高いが、「同書の系列作品と目されているようだ」とおっしゃった。長かった学生生活を終えたばかりでパリぼけも残る自分には、思いもかけない光栄な話だったが、戸惑い、かつ緊張を覚えずにはいられなかった。本書のテーマである日本の裏面史に通じているわけでもない自分に、果たして担える仕事だろうか、読むに堪える日本語にできるだろうか、と自問自答したが、渡されたコピーを読むうち、歴史の暗部、人間の暗部へと測鉛をおろす真摯な知性ともいうべきものの迫力を感じ、それに気圧されるようにして、本書の翻訳をお引き受けする決心をした。

一九九九年の初冬には、筑摩書房より、完成した原著が届いたが、実際に訳出の作業に取り掛かってみると当該分野の知識不足は想像以上の壁となった。また差別の重い現実をも見据える内容を日本語にする心理的な葛藤をなかなか克服できないでいた。弱さと怠惰から、ついには長きにわたって訳業を放擲していた時期があることを告白せねばならない。その間も編集部の岩川哲司氏は辛抱強く見守り、励ましてくださっていたが、この期間のことを思うと慙愧の念に堪えない。一応の訳出作業を終えたのは三年ほど前のことになるが、固有名詞の表記確定や事実確認の作業など、依然残された仕事は多かった。ポンス氏に教えを乞いたかったが、多忙な氏を煩わせるわけにもいかず、また個人的な事情で断続的にしか作業を進められず、完成は今日までずれ込んでしまった。

誠に多岐の分野にわたる本書の翻訳にあたっては、独力ではとても山積する問題を解決しきれるものではなかった。柴田依子、大原郁朗、桑島道夫、仲谷満寿美、山下秀智の諸氏は、お忙しい中、訳者の疑問点を解明してくださった。最後の仕上げの段階では、煩雑な注や固有名詞、年号の確認に至るまで、校閲部には並々ならぬご尽力をいただいた。とはいえ、拙訳に、思わぬ誤解が潜んでいないとも限らない。読者諸賢の忌憚ないご指摘を乞う次第である。

原著出版後、実に六年を閲したことになるが、ともあれ翻訳を完了することができたのは、皆様のお力添えあってのことである。翻訳の遅れをお詫びすると共に、心よりの感謝を捧げたい。

文庫版訳者あとがき

二〇〇六年に筑摩書房より刊行された拙訳フィリップ・ポンス著『裏社会の日本史』（フランス語原著 Philippe Pons, *Misère et crime au Japon : du XVIIe siècle à nos jours*, Gallimard 1999）が、このたび「ちくま学芸文庫」に収録されることとなった。文庫化により新たな読者を得られることは、訳者にとっても大きな喜びである。

日本社会の周縁に生きる人々を歴史の厚みの中に辿っていく本書は、決して気楽に読めるものではないが、二〇〇六年の訳書刊行からまもなく、朝日新聞に斎藤美奈子氏の書評、毎日新聞に田中優子氏の書評が掲載されるなどして読者を得て、幸いにも四刷まで版を重ねた。

フランス語原著が刊行されたのは一九九九年であり、単行本の訳者あとがきに記した通り、原著のゲラ段階でフランス語テクストを手にしていながら邦訳の完成が二〇〇六年にずれ込んだのは、ひとえに訳者の不徳の致すところである。翻訳の仕上げの段階では、夥しい固有名詞の漢字表記を確定したり、フランス語に訳された日本語の原文を探し出したりするのに四苦八苦であった。その頃ゼロ歳児であった次男は、甘え足りなかったのだろうか、少し難しい思春期を迎えている。しかし次男の中学入学直後に文庫収録の話をいただき、乳児を抱えて校正ゲラに向かった日々も、報われたような気がした。単行本を担当下さった岩川哲司氏の、妥協を許さず良い本を世に送り出そうとされる編集者としての姿勢、そして温かい励ましは、今も心に残る。

「人間の条件の最も暗鬱なる領域にまで至る「暗部」への探訪」と、ポンス氏は本書執筆の試みについて述べている。日本という異郷に住まうポンス氏の日本の周縁的存在の探求には、実存的という他ない位相が含まれている。それが文庫化されようとも残る本書の重みである。

なお、本書をめぐっては「フィリップ・ポンス　日本への視座――*Misère et crime au Japon* を中心に――」と題した三十頁の論文を『翻訳の文化／文化の翻訳』（静岡大学人文学部翻訳文化研究会）第五号（二〇一〇年三月）に発表している。勤務先の大学の紀要論文であるが、リポジトリ登録されており、ネット上で読むことができる（URL は https://ci.nii.ac.jp/naid/110007571846）。ご一読いただければ幸いである。

本訳書のちくま学芸文庫収録のお声がけを下さったのは、筑摩書房編集局の渡辺英明氏である。氏は、文庫版のための翻訳権の取得から校正作業に至るまで文庫化の全てにわたってご尽力下さった。ここに感謝の意を表したい。

二〇一八年六月三十日　　安永　愛

この作品は二〇〇六年三月、筑摩書房より刊行された。

「不思議の国のアリス」を英語で読む　別宮貞徳

このけたはずれにおもしろい、奇抜な名作を、いっしょに英語で読んでみませんか――『アリス』の世界を原文で味わうための、またとない道案内。

さらば学校英語
実践翻訳の技術　別宮貞徳

英文の意味を的確に理解し、センスのいい日本語に翻訳するコツは？　日本人が陥る誤訳の罠は？　達人ベック先生が技の真髄を伝授する実践講座。

裏返し文章講座　別宮貞徳

翻訳批評で名高いベック氏ならではの文章読本。翻訳文を素材に、ヘンな文章、意味不明の言い回しを一刀両断、明晰な文章を書くコツを伝授する。

ステップアップ翻訳講座　別宮貞徳

欠陥翻訳撲滅の闘士・ベック先生が、意味不明の訳を斬る！　なぜダメなのか懇切に説明、初級から上級まで、課題文を通してポイントをレクチャーする。

漢文入門　前野直彬

漢文読解のポイントは「訓読」にあり！　その方法はいかにして確立されたか、歴史も踏まえつつ漢文を読むための基礎知識を伝授。　（齋藤希史）

わたしの外国語学習法　ロンブ・カトー　米原万里訳

16ヵ国語を独学で身につけた著者が明かす語学学習の秘訣。特殊な才能がなくても外国語は必ず習得できる！　という楽天主義に感染させてくれる。

言海　大槻文彦

統率された精確な語釈、味わい深い用例、明治の刊行以来昭和まで最もポピュラーで多くの作家に愛された辞書『言海』が文庫で。　（武藤康史）

名指導書で読む
筑摩書房　なつかしの高校国語　筑摩書房編集部編

名だたる文学者による編纂・解説で長らく学校現場で愛された幻の国語教材。教室で親しんだ名作と、珠玉の論考からなる傑作選が遂に復活！

柳田国男を読む　赤坂憲雄

稲作・常民・祖霊のいわゆる「柳田民俗学」の向こう側にこそ、その思想の豊かさと可能性があった。テクストを徹底的に読み込んだ、柳田論の決定版。

夜這いの民俗学・夜這いの性愛論　赤松啓介

筆おろし、若衆入り、水揚げ……。古来、日本人は性に対し大らかだった。在野の学者が集めた、柳田が切り捨てた性民俗の実像。（上野千鶴子）

差別の民俗学　赤松啓介

人間存在の病巣〈差別〉。実地調査を通して、その実態・深層構造を詳らかにし、根源的解消を企図した赤松民俗学のひとつの到達点。（赤坂憲雄）

非常民の民俗文化　赤松啓介

柳田民俗学による「常民」概念を逆説的な梃子として、「非常民」こそが人間であることを宣言した、赤松民俗学最高の到達点。（阿部謹也）

日本の昔話（上）　稲田浩二編

神々が人界をめぐり鶴女房が飛来する語りの世界。はるかな時をこえて育まれた各地の昔話の集大成。上巻は「桃太郎」などのむかしがたり103話を収録。

日本の昔話（下）　稲田浩二編

ほんの少し前まで、昔話は幼な子が人生の最初に楽しむ文芸だった。下巻には「かちかち山」など動物昔話29話、笑い話123話、形式話7話を収録。

アイヌ歳時記　萱野茂

アイヌ文化とはどのようなものか。その四季の暮らしをたどりながら、食文化、習俗、神話・伝承、世界観などを幅広く紹介する。（北原次郎太）

異人論　小松和彦

「異人殺し」のフォークロアの解析を通し、隠蔽され続けてきた日本文化の「闇」の領野を透視する。新しい民俗学誕生を告げる書。（中沢新一）

聴耳草紙　佐々木喜善

昔話発掘の先駆者として「日本のグリム」とも呼ばれる著者の代表作。故郷・遠野の昔話を語り口を生かして綴った一八三篇。（益田勝実／石井正己）

新編 霊魂観の系譜　桜井徳太郎

死後、人はどこへ行くのか。事故死した者にはなぜ特別な儀礼が必要なのか。3・11を機に再び問われる魂の弔い方。民俗学の名著を増補復刊。（宮田登）

火の起原の神話　J・G・フレイザー　青江舜二郎訳

人類はいかにして火を手に入れたのか。世界各地より夥しい神話や伝説を渉猟し、文明初期の人類の精神世界を探った名著。（前田耕作）

未開社会における性と抑圧　B・マリノフスキー　阿部年晴／真崎義博訳

人類における性は、内なる自然と文化的力との相互作用のドラマである。この人間存在の深淵に到るテーマを比較文化的視点から問い直した古典的名著。

ケガレの民俗誌　宮田登

被差別部落、性差別、非常民の世界など、日本民俗の深層に根づいている不浄なる観念と差別の問題を考察した先駆的名著。（赤坂憲雄）

はじめての民俗学　宮田登

現代社会に生きる人々が抱く不安や畏れ、怖さの源はどこにあるのか。民俗学の入門的知識をやさしく説きつつ、現代社会に潜むフォークロアに迫る。

南方熊楠随筆集　益田勝実編

博覧強記にして奔放不羈、稀代の天才にして孤高の自由人・南方熊楠。この猥雑なまでに豊饒な不世出の頭脳のエッセンス。（益田勝実）

奇談雑史　宮負定雄　佐藤正英／武田由紀子校訂・注

霊異、怨霊、幽明界など、さまざまな奇異な話の集大成。柳田国男は、本書より名論文「山の神とヲコゼ」を生み出す。日本民俗学、説話文学の幻の名著。

贈与論　マルセル・モース　吉田禎吾／江川純一訳

「贈与と交換こそが根源的人類社会を創出した」。人類学、宗教学、経済学ほか諸学に多大の影響を与えた不朽の名著、待望の新訳決定版。

山口昌男コレクション　山口昌男　今福龍太編

20世紀後半の思想界を疾走した著者の代表的論考をほぼ刊行編年順に収録。この独創的な人類学者＝思想家の知の世界を一冊で総覧する。（今福龍太）

貧困の文化　オスカー・ルイス　高山智博／染谷臣道／宮本勝訳

大都市に暮らす貧困家庭を対象とした、画期的なフィールドワーク。発表されるや大きなセンセーションを巻き起こした都市人類学の先駆的書物。

今昔東海道独案内　西篇　今井金吾

江戸時代、弥次喜多も辿った五十三次はどうなっていたのか。二万五千分の一地図を手に訪ねる。西篇は浜松より京都までに伊勢街道を付す。（金沢正脩）

物語による日本の歴史　石母田正／武者小路穣

古事記から平家物語まで代表的古典文学を通して、国生みからはじまる日本の歴史を子ども向けにやさしく語り直す。網野善彦編集の名著。（中沢新一）

増補　学校と工場　猪木武徳

経済発展に必要とされる知識と技能は、どこで、どのように修得されたのか。学校、会社、軍隊など、人的資源の形成と配分のシステムを探る日本近代史。

泉光院江戸旅日記　石川英輔

文化九年（一八一二）から六年二ヶ月、鹿児島から秋田まで歩きぬいた野田泉光院の記録を詳細にたどり、描き出す江戸期のくらし。（永井義男）

居酒屋の誕生　飯野亮一

寛延年間の江戸に誕生しすぐに大発展を遂げた居酒屋。しかしなぜ他の都市ではなく江戸だったのか。一次資料を丹念にひもとき、その誕生の謎にせまる。

すし　天ぷら　蕎麦　うなぎ　飯野亮一

二八蕎麦の二八とは？　握りずしの元祖は？　なぜうなぎに山椒？　膨大な一次史料を渉猟しそんな疑問を徹底解明。これを読まずに食文化は語れない！

増補　アジア主義を問いなおす　井上寿一

侵略を正当化するレトリックか、それとも真の共存共栄をめざした理想か。アジア主義を外交史的観点から再考し、その今日的意義を問う。増補決定版。

たべもの起源事典　日本編　岡田哲

駅蕎麦・豚カツにやや珍しい郷土料理、レトルト食品・デパート食堂まで。広義の〈和〉のたべものと食文化事象一三〇〇項目収録。小腹のすく事典！

たべもの起源事典　世界編　岡田哲

西洋・中華、エスニック料理まで。バラエティ豊かな食の来歴を繙けば、そこでは王侯貴族も庶民も共に知恵を絞っていた。全一二〇〇項目で読む食の世界史！

士(サムライ)の思想　笠谷和比古

中世に発する武家社会の展開とともに形成された日本型組織。「家(イエ)」を核にした組織特性と派生する諸問題について、日本近世史家が鋭く迫る。

東京の下層社会　紀田順一郎

性急な近代化の陰で生みだされた都市の下層民。落伍者として捨て去られた彼らの実態に迫り、日本人の人間観の歪みを焙りだす。(長山靖生)

土方歳三日記(上)　菊地明編著

幕末を疾走したその生涯を、綿密な考証で明らかに。上巻は元治元年まで。新選組結成、芹沢鴨斬殺、池田屋事件……時代はいよいよ風雲急を告げる。

土方歳三日記(下)　菊地明編著

鳥羽伏見の戦に敗れ東走する新選組。近藤亡き後、敗軍の将・土方は会津、そして北海道へ。下巻は慶応元年から明治二年、函館で戦死するまでを追う。

江戸の城づくり　北原糸子

一大国家事業だった江戸城の天下普請。大都市・江戸の基盤はいかに築かれたのか。外堀、上水などインフラの視点から都市づくりを再現する。(金森安孝)

増補 絵画史料で歴史を読む　黒田日出男

歴史学は文献研究だけではない。絵巻・曼荼羅・肖像画など過去の絵画を史料として読み解き、斬新な手法で日本史を掘り下げた一冊。(三浦篤)

滞日十年(上)　ジョセフ・C・グルー　石川欣一訳

日米開戦にいたるまでの激動の十年、どのような外交交渉が行われたのか。駐日アメリカ大使による貴重な記録。上巻は１９３２年から１９３９年まで。

滞日十年(下)　ジョセフ・C・グルー　石川欣一訳

知日派の駐日大使グルーは日米開戦の回避に奔走。下巻は、ついに日米が戦端を開き、１９４２年、戦時交換船で帰国するまでの迫真の記録。(保阪正康)

東京裁判 幻の弁護側資料　小堀桂一郎編

我々は東京裁判の真実を知っているのか？ 準備されたものの未提出に終わった膨大な裁判資料から18篇を精選。緻密な解説とともに裁判の虚構に迫る。

頼朝がひらいた中世　河内祥輔

軟禁状態の中、数人の手勢でなぜ源頼朝は挙兵に成功したのか。鎌倉幕府成立論に、史料の徹底的な読解から、新たな視座を提示する。（三田武繁）

一揆の原理　呉座勇一

虐げられた民衆たちの決死の抵抗として語られてきた一揆。だがそれは戦後歴史学が生んだ幻想にすぎない。これまでの通俗的理解を覆す痛快な一揆論！

甲陽軍鑑　佐藤正英校訂・訳

武田信玄と甲州武士団の思想と行動の集大成。大部から、山本勘助の物語や川中島の合戦など、その白眉を収録。新校訂の原文に現代語訳を付す。

機関銃下の首相官邸　迫水久常

二・二六事件では叛乱軍を欺いて岡田首相を救出し、終戦時には鈴木首相を支えた著者が明かす、天皇・軍部・内閣をめぐる迫真の秘話記録。（井上寿一）

増補　八月十五日の神話　佐藤卓己

ポツダム宣言を受諾した「八月十四日」や降伏文書に調印した「九月二日」でなく、「終戦」はなぜ「八月十五日」なのか。「戦後」の起点の謎を解く。

考古学と古代史のあいだ　白石太一郎

巨大古墳、倭国、卑弥呼。多くの謎につつまれた日本の古代。考古学と古代史学の交差する視点からその謎を解明するスリリングな論考。（森下章司）

江戸はこうして造られた　鈴木理生

家康江戸入り後の百年間は謎に包まれている。海岸部へ進出し、河川や自然地形をたくみに生かした都市の草創期を復原する。（野口武彦）

お世継ぎのつくりかた　鈴木理生

多くの子を存分に活用した家康、大奥お世継ぎ戦争の行方、貧乏長屋住人の性意識。性と子造りから江戸の政に迫る仰天の歴史読み物。（氏家幹人）

増補　革命的な、あまりに革命的な　絓《すが》秀実

「一九六八年の革命は「勝利」し続けている」とは何を意味するのか。ニューレフトの諸潮流を丹念に跡づけた批評家の主著、増補文庫化！（王寺賢太）

戦国の城を歩く　千田嘉博

室町時代の館から戦国の山城へ、そして信長の安土城へ。城跡を歩いて、その形の変化を読み、新しい中世の歴史像に迫る。（小島道裕）

性愛の日本中世　田中貴子

稚児を愛した僧侶、「愛法」を求めて稲荷山にもうでる貴族の姫君。中世の性愛信仰・説話を介して、日本のエロスの歴史を覗く。（川村邦光）

琉球の時代　高良倉吉

いまだ多くの謎に包まれた古琉球王国。成立の秘密や、壮大な交易ルートにより花開いた独特の文化を探り、悲劇と栄光の歴史ドラマに迫る。（与那原恵）

増補 倭寇と勘合貿易　田中健夫　村井章介編

14世紀以降の東アジアの貿易の歴史を、各国の国内事情との関連で論じたグローバル・ヒストリーの先駆的名著。（村井章介）

世界史のなかの戦国日本　村井章介

世界史の文脈の中で日本列島を眺めてみるとそこには意外な発見が！　戦国時代の日本はそうとうにグローバルだった！　（橋本雄）

増補 中世日本の内と外　村井章介

国家間の争いなんておかまいなし。中世の東アジア人は海を自由に行き交い生計を立てていた。私たちの「内と外」の認識を歴史からたどる。（榎本渉）

博徒の幕末維新　高橋敏

黒船来航の動乱期、アウトローたちが歴史の表舞台に躍り出てくる。虚実を腑分けし、稗史を歴史の中に位置付けなおした記念碑的労作。（鹿島茂）

増補 〈歴史〉はいかに語られるか　成田龍一

「国民の物語」としての歴史は、総動員体制下いかに機能したか。多様なテキストから過去／現在を語る装置としての歴史を問い直す。（福井憲彦）

日本の百年（全10巻）　鶴見俊輔／松本三之介／橋川文三／今井清一編著

明治・大正・昭和を生きてきた人々の息づかいが実感できる、臨場感あふれた迫真のドキュメント。いま私たちが汲みとるべき歴史的教訓の宝庫。

御一新の嵐　日本の百年1　鶴見俊輔編著
一八五三年、ペリーが来航し鎖国が破られた。日本の歴史は未曾有の変革期を迎える。時代に先駆けた人、取り残された人、そこで何が達成されたのか。

わき立つ民論　日本の百年2　松本三之介編著
帝国憲法制定に向けて着々と国の体制を整える明治国家。しかし、政府に対する不満の声は、近代日本最大の政治運動自由民権運動となって高まる。

強国をめざして　日本の百年3　松本三之介編著
一八八九年二月十一日、帝国憲法発布、国民の意識は高揚した。外に日清戦争に勝利し、内に産業革命進展のなか、近代日本は興隆期を迎える。

明治の栄光　日本の百年4　橋川文三編著
日露戦争に勝利した日本は世界から瞠目されたが、勝利はやがて侵略の歴史へと塗り替えられ、大逆事件の衝撃のうちに、時代は大正へと移ってゆく。

成金天下　日本の百年5　今井清一編著
第一次世界大戦の勃発により、日本は軍需景気に沸き立った。すべては金、金の一方で、民衆は生活難を訴え、各地にデモクラシー運動の昂揚をみる。

震災にゆらぐ　日本の百年6　今井清一編著
一九二三年九月一日、大地震が関東を襲い、一挙に帝都が焼失。社会の基盤をもゆさぶった未曾有の体験は、さらに険しい昭和への前奏曲だった。

アジア解放の夢　日本の百年7　橋川文三編著
内に、東北の大凶作、権力による苛烈な弾圧、昭和維新の嵐。外に、満州国の建設、大陸戦線の拡大、抗日の激流。不安と退廃によどんだ昭和時代前期。

果てしなき戦線　日本の百年8　橋川文三　今井清一　編著
日中戦争から太平洋戦争へ戦線は拡大。日本は史上最大の賭けに一切の国力を傾け、そして敗れた。民族の栄光と悲惨、苛酷な現実と悪夢の記録。

廃墟の中から　日本の百年9　鶴見俊輔編著
特攻隊の生き残り、引揚者、ヤミ屋、戦災孤児。新たな明日を夢み、さまざまな思いを抱いて必死に生きた、敗戦直後の想像を絶する窮乏の時代。

増補 海洋国家日本の戦後史　宮城大蔵

戦後アジアの巨大な変貌の背後には、開発と経済成長という日本の「非政治」的な戦略があった。海域アジアの戦後史に果たした日本の軌跡をたどる。

日本の外交　添谷芳秀

憲法九条と日米安保条約に根差した戦後外交。それがもたらした国家像の決定的な分裂をどう乗り越えるか。戦後史を読みなおし、その実像と展望を示す。

古代史おさらい帖　森浩一

考古学・古代史の重鎮が、「土地」「年代」「人」の基本概念を徹底的に再検証。「古代史」をめぐる諸問題の見取り図がわかる名著。

江戸の坂　東京の坂(全)　横関英一

東京の坂道とその名前からは、江戸の暮らしや庶民の心が透かし見える。東京中の坂を渉猟し、元祖「坂道」本と謳われた幻の名著。（鈴木博之）

明治富豪史　横山源之助

維新そっちのけで海外投資に励み、贋札を発行してまで資本の蓄積に邁進する新興企業家・財閥創業者たちの姿を明らかにした明治裏面史。（色川大吉）

北一輝　渡辺京二

明治天皇制国家を批判し、のち二・二六事件に連座して刑死した日本最大の政治思想家北一輝の生涯。第33回毎日出版文化賞受賞の名著。（臼井隆一郎）

民衆という幻像　渡辺京二コレクション2　民衆論　渡辺京二　小川哲生編

生活民が抱く「前近代」と、近代市民社会との軋み。著者生涯のテーマ「ひとりの小さきものの実存と歴史の間の深淵」をめぐる三九篇を収録。（髙山文彦）

中世を旅する人びと　阿部謹也

西洋中世の庶民の社会史。旅籠が客に課す厳格なルールや、遍歴職人必須の身分証明のための暗号など、興味深い史実を紹介。（平野啓一郎）

中世の星の下で　阿部謹也

中世ヨーロッパの庶民の暮らしを具体的、克明に描き、その歓びと涙、人と人との絆、深層意識を解き明かした中世史研究の傑作。（網野善彦）

ちくま学芸文庫

裏社会《うらしゃかい》の日《に》本史《ほんし》

二〇一八年八月十日　第一刷発行

著者　フィリップ・ポンス
訳者　安永　愛（やすなが・あい）
発行者　喜入冬子
発行所　株式会社　筑摩書房
　東京都台東区蔵前二―五―三　〒一一一―八七五五
　振替〇〇一六〇―八―四一二三
装幀者　安野光雅
印刷所　明和印刷株式会社
製本所　株式会社積信堂

乱丁・落丁本の場合は、左記宛にご送付下さい。
送料小社負担でお取り替えいたします。
ご注文・お問い合わせも左記へお願いします。
筑摩書房サービスセンター
埼玉県さいたま市北区櫛引町二―六〇四　〒三三一―八五〇七
電話番号　〇四八―六五一―〇〇五三

ISBN978-4-480-09881-8 C0136